광기, 언어, 문학

광기, 언어, 문학

초판 1쇄 펴낸날 2026년 1월 30일

지은이 미셸 푸코
옮긴이 오트르망 심세광·전혜리
펴낸이 이건복
펴낸곳 도서출판 동녘

편집 김현정 김혜윤 이심지 이정신 이지원 홍주은
디자인 김태호
마케팅 신연경 임세현
관리 서숙희 이주원

만든 사람들
편집 이정신 **디자인** 김태호 **교정·교열** 고나리

인쇄·제본 영신사 **라미네이팅** 북웨어 **종이** 한서지업사

등록 제311-1980-01호 1980년 3월 25일
주소 (10881) 경기도 파주시 회동길 77-26
전화 영업 031-955-3000 편집 031-955-3005 **팩스** 031-955-3009
홈페이지 www.dongnyok.com **전자우편** editor@dongnyok.com
페이스북·인스타그램 @dongnyokpub

ISBN 978-89-7297-199-3 (04100)
978-89-7297-844-2 (세트)

• 잘못 만들어진 책은 구입처에서 바꿔 드립니다.
• 책값은 뒤표지에 쓰여 있습니다.

Folie, langage, littérature

광기, 언어, 문학

오트르망 심세광·전혜리 옮김

미셸 푸코 미공개 선집 5

미셸 푸코

동녘

일러두기

1. 맞춤법과 띄어쓰기는 〈한글 맞춤법〉에 따랐다.
2. 외국 인명이나 지명, 작품명은 되도록 국립국어원의 〈외래어 표기법〉에 따르되, 필요에 따라서는 원어의 발음에 가깝게 표기하는 것을 원칙으로 삼았다. 단, 굳어진 용례는 관행을 따라 표기했다.
3. 본문에 등장하는 외서는 국내에 번역된 경우 번역서 제목으로 표기했다. 단 본문에 등장하는 고전은 번역에 직접 참고하지 않은 경우 별도로 한국어 판본의 서지 정보를 표기하지 않았다.
4. 본문에 사용한 기호의 쓰임새는 다음과 같다.
   《 》: 단행본, 잡지
   〈 〉: 강의, 단편, 논문, 시 등
   〔 〕: 푸코가 직접 말하지 않았거나 잘 들리지 않아서 이해가 힘든 부분을 원서 편집자가 추측해서 추가하거나, 옮긴이가 번역하는 과정에서 원서에는 없지만 한국어로 옮겼을 때 이해하기 힘든 부분을 추가로 설명한 것이다. 따라서 원서 편집자나 옮긴이의 해석이 들어 있으며, 가독성을 높이는 데 목적이 있다. 옮긴이가 추가한 내용일 경우에는 '옮긴이'라고 표기한다.
5. 각주는 대부분 이 책의 원서 편집자가 단 것이며, 옮긴이가 추가한 내용은 '옮긴이'라고 표기한다. 숫자로 표시한 각주는 해당 내용에 덧붙이는 것이고, 알파벳으로 표시한 각주는 해당 텍스트의 작성 상태에 관한 것이다.

차 례

푸코 작품 약어

AN *Les anormaux. Cours au Collège de France. 1974-1975*, éd. V. Marchetti et A. Salomoni, Paris, Seuil-Gallimard, 1999. 《비정상인들》, 박정자 옮김, 동문선, 2001.

CCS *Qu'est-ce que la critique? suivi de La culture de soi*, éd. H.-P. Fruchaud et D. Lorenzini, Paris, Vrin, 2015. 《비판이란 무엇인가?/자기 수양》, 오트르망 옮김, 동녘, 2016.

CV *Le courage de la vérité. Le gouvernement de soi et des autres II. Cours au Collège de France*. 1984, éd. F. Gros, Paris, Seuil-Gallimard, 2009. 국내 미번역, 《진실의 용기, 자기 통치와 타자 통치 제2권: 콜레주드프랑스 강의 1984년》.

DE II *Dits et écrits II, 1976-1988*, éd. D. Defert et F. Ewald avec la collaboration de J. Lagrange, Paris, Gallimard, 2001. 국내 미번역, 《말과 글 제2권: 1976-1988년》.

DV *Discours et vérité précédé de La parrêsia*, éd, H.-P. Fruchaud et D. Lorenzini, Paris, Vrin, 2016. 《담론과 진실: 파레시아》, 오트르망 옮김, 동녘, 2017.

GSA *Le gouvernement de soi et des autres I. Cours au Collège de France. 1982-1983*, éd. F. Gros, Paris, Seuil-Gallimard, 2008. 국내 미번역, 《자기 통치와 타자 통치 제1권: 콜레주드프랑스 강의 1982-1983년》.

GV *Du gouvernement des vivants. Cours au Collège de France. 1979-1980*, éd. M. Senellart, Paris, Seuil-Gallimard, 2012. 국내 미번역, 《생명 존재들의 통치에 관하여: 콜레주드프랑스 강의 1982-1983년》.

HF *Histoire de la folie à l'âge classique*, Paris, Gallimard, 1972(première édition: Folie et déraison. Histoire de la folie à l'âge classique, Paris, Plon, 1961). 《광기의 역사》, 이규현 옮김, 나남, 2003.

HS *L'herméneutique du sujet. Cours au Collège de France. 1981-1982*, éd. F. Gros, Paris, Seuil-Gallimard, 2001. 《주체의 해석학》, 심세광 옮김, 동문선, 2007.

MC *Les mots et les choses. Une archéologie des sciences humaines*, Paris, Gallimard, 1966. 《말과 사물》, 이규현 옮김, 민음사, 2012.

MFDV *Mal faire, dire vrai. Fonction de l'aveu en justice*, éd. F. Brion et B. Harcourt, Louvain-la-Neuve, Presses universitaires de Louvain, 2012. 국내 미번역, 《악을 행하고 진실을 고백하다: 사법에서 고백의 기능》.

OHS *L'origine de l'herméneutique de soi. Conférences prononcées à Dartmouth College, 1980*, éd. H.-P. Fruchaud et D. Lorenzini, Paris, Vrin, 2013. 《자기해석학의 기원》, 오트르망 옮김, 동녘, 2022.

SP *Surveiller et punir. Naissance de la prison*, Paris, Gallimard, 1975. 《감시와 처벌: 감옥의 탄생》, 오생근 옮김, 나남, 2016.

SS *Histoire de la sexualité III. souci de soi*, Paris, Gallimard, 1984. 《성의 역사 3: 자기 배려》(이하 《자기 배려》),

이혜숙 · 이영목 옮김, 나남, 2016. *갈리마르에서 'tel' 시리즈로 나온 책은 쪽수가 다르다.

SV *Subjectivité et vérité. Cours au Collège de France. 1980-1981*, éd. F. Gros, Paris, Seuil-Gallimard, 2014. 국내 미번역, 《주체성과 진실: 콜레주드프랑스 강의 1980-1981년》.

UP *Histoire de la sexualité II. L'usage des plaisirs*, Paris, Gallimard, 1984. 《성의 역사 2: 쾌락의 활용》(이하 《쾌락의 활용》), 문경자 · 신은영 옮김, 나남, 2018. *갈리마르에서 'tel' 시리즈로 나온 책은 쪽수가 다르다.

VS *Histoire de la sexualité I. La volonté de savoir*, Paris, Gallimard, 1976. 《성의 역사 1: 지식의 의지》(이하 《지식의 의지》), 이규현 옮김, 나남, 2010.

일러두기

이 책은 푸코가 광기, 언어, 문학에 할애한 일련의 강연과 텍스트를 소개하고 있으며 대부분은 미간행 자료다. 1950년대에 쓰여진 듯한 〈현상학적 경험—바타유에게 있어서의 경험〉을 제외하면 1960년대 중반부터 1970년대 초반 사이의 텍스트들로, 전반적으로는 푸코의 사유에서 광기, 언어, 문학이라는 주제가 중심적 위치를 점유하는 10년 동안의 시기에 속한다.

실제로 이 텍스트들은 다음과 같은 세 주요 문제계를 중심으로 구성되어 있다. 첫 번째는 우리 사회에서 광인의 위상과 자리, 그리고 그러한 견지에서 볼 때 "서구" 사회를 다른 사회와 구별 짓는 요소다. 두 번째는 특히 세 가지 중요한 참조물—바로크 연극, 앙토냉 아르토의 잔혹연극, 그리고 레몽 루셀의 작품—을 토대로 고찰한 광기, 언어, 문학의 관계다. 그리고 마지막은 1960년대 문학 분석의 변화다. 발자크의 《절대의 탐구》에 나타난 작품의 부재라는 모티브에 관한 연구, 플로베르의 《성 앙투안의 유혹》과 《부바르와 페퀴셰》에서의 욕망과 지식의 관계에 대한 연구가 이 일련의 연구 전체를 완성한다. 마지막으로 한 가지 덧붙여야겠다. 바타유와 관련해 한계체험이라는 개념이 〔이 책에 수록된 텍스트들에서 - 옮긴이〕 처음으로 고찰된다. 비록 이 개념이 명시적으로 등장하지는 않지만.

이 책에 수록된 텍스트들은 다음의 1차 자료를 기반으로 교정되었다.

—1967년 튀니스에서 있었던 두 강연(〈광기와 문명〉, 〈구조주의와

문학 분석〉)은 캘리포니아 대학 버클리 캠퍼스에 보존되어 있는 녹음 자료를 토대로 교정했다.

—그 외의 텍스트들은 프랑스 국립도서관에 보관되어 있는 자필 원고(Fonds-Foucault, NAF 28730, boîte 54 et 57)를 토대로 편집 담당자가 작업했다.

텍스트들은 가능한 한 1차 자료에 충실하게 교정했다. 다만 텍스트의 이해를 돕기 위해 필요하다고 생각되는 경우 반복된 표현들을 삭제하고 부정확한 문장 구성을 고쳤다.

우리는 특히 프랑스 국립도서관이 본서의 근간이 된 자필 수고 열람을 허락해준 것에 감사한다. 그 소중한 도움이 없었다면 이 작업은 불가능했을 것이다.

H. P. 프뤼쇼

D. 로렌치니

J. 르벨.

서문

열세 편의 텍스트

여기서 우리가 한 권의 책으로 묶어 소개하는 텍스트들은 여러 면에서 주목할 만하다.

《임상의학의 탄생》[1]과 같은 해인 1963년에 출간된《레몽 루셀》[2]의 중요성은 익히 알려져 있다. 더 일반적으로 1960년대 문학에 대한 푸코의 관심 역시 잘 알려진 사실이다. 문학에 대한 푸코의 이러한 열정은 그의 초기 주요 저작들의 기이한 주변부를 이루고 있는 듯하다. 25년 전〔1994년-옮긴이〕《말과 글*Dits et écrits*》의 출간으로, 우리는 그의 문학 관련 여러 텍스트를 새로이 이해할 수 있게 되었다. 실제로 푸코는 거기서 과거의 문인들(사드Sade, 횔덜린Hölderlin, 네르발Nerval, 플로베르Flaubert, 말라르메Mallarmé, 베른Verne, 루셀, 아르토Artaud, 브리세Brisset)과 세 명의 정신적 스승(바타유Bataille, 블랑쇼Blanchot, 클로소프스키Klossowski) 그리고 푸코 자신이 글을 쓸 당시 문학에서 가장 생생한 현실태를 이루고 있던 한 세대의 작가들(솔레르스Sollers, 티보도Thibaudeau, 로브그리예Robbe-Grillet, 뷔토르Butor, 라포르트Laporte, 플레네Pleynet)을 번갈아가며 참조한다. 이 복잡한 자료체를 읽고 주해하는 방식에는 대체로 세 가지 지침이 있었다. 첫째, 광기 경험과 에크리튀르〔écriture, 글쓰기-옮긴이〕 경험의 교차가 근본적 연결점을 구성하며,[3] 이 교차가 현상학적 상기(광기 경험에서든

---

1 Michel Foucault, *Naissance de la clinique. Une archéologie du regard médical,* Paris, P.U.F., 1963.
2 Michel Foucault, *Raymond Roussel*, Paris, Gallimard, 1963.
3 에크리튀르(글쓰기) 경험과 광기 경험 간의 친연 관계parenté는 푸코에게서 되풀이되는 주제다.

에크리튀르 경험에서든, 중요한 것은 침묵이 은폐하고 있는 원초적 경험이 드러나도록 만들어야 한다는 생각)와 언어에 대한 일정한 관계를 동시에 내포한다는 것을 보여주는 것이 중요했다. 둘째, 푸코의 "문학적" 분석들이 1960년대뿐 아니라 한참 나중까지도 중심이 될 두 주제를 나름의 방식으로 실험했음이 드러났다는 것이다. 그것은 바로 의식과 내면 세계를 갖춘 모든 형태의 심리학화된 주체에 대한 근본적 비판, 그리고 의미하고자 하는[4] 모든 의도로부터 독립적인 언어의 물질성에 대한, 즉 언어의 음성적 측면이나 음향적 밀도에 대한 예리한 관심이었다. 마지막으로, 푸코가 1963년부터 참여해 주요 텍스트들을 발표했던 《크리티크*Critique*》지나, 공식적으로 합류한 적은 없지만 그들의 입장이나 출판물에 대해 늘 언급했던 《텔 켈*Tel Quel*》 그룹과의 관계가, 이 특이한 작업〔문학에 대한 푸코의 텍스트들-옮긴이〕의 전개 맥락을 잘 나타낸다는 점이 종종 강조되었다. 이는 다음과 같은 명백한 특이성 때문이었다. 한편으로 푸코의 문학 관련 텍스트들은 연대기적으로 대략 《광기의 역사》[5] 출간에서부터 《말과 사물》[6] 출간에 이르는 비교적 짧은 시기에 한정

이를테면 다음을 보라. "La folie, l'absence d'œuvre(광기, 작품의 부재)"(1964), dans Dits et écrits *I, 1954-1975*, éd. D. Defert et F. Ewald, Paris, Gallimard, 2001, n° 25, p. 440-448. 문인의 형상과 광인의 형상(특히 분열증 환자라는 특수한 형상)의 중첩은 푸코가 횔덜린, 네르발, 브리세, 루셀, 아르토, 볼프슨Wolfson에 관심을 가졌던 이유를 설명해주는 듯하다. 모든 경우에 푸코는 공통 경험에 대한 지각과 공통 행위에 대한 지각 사이에서 망설이는 듯 보인다. **공통 경험**은 주체의 해체 및 진리와의 근원적 관계와 관련된 어떤 경험이다. 반면 **공통 행위**는 문학가가 광기를 통해 표상의 지배력에서 벗어나 언어의 물질성과 새로운 관계를 맺는 것, 즉 또 다른 코드를 구축해나가는 과정을 의미한다.

4 옮긴이 - 여기서 '의미하다signifier'는 특정 기표signifiant로 특정 기의signifié를 가리키는 것을 뜻한다. 특정 기표와 특정 기의의 연결은 필연적이기보다 자의적이다. 특정 기표를 특정 기의에만 연결시키고 다른 기의와의 연결은 허락하지 않는 것은, 저자의 의도대로 텍스트를 해석하려는 구비평의 경향과 관련될 수 있다. 반면 독자의 다양한 해석을 허용하는 것은 신비평의 경향이다.

5 M. Foucault, *Folie et déraison. Histoire de la folie à l'âge classique*, Paris, Plon, 1961 ; rééd. *Histoire de la folie à l'âge classique*, Paris, Gallimard, 1972〔《광기의 역사》, 이규현 옮김, 나남출판, 2020〕.

6 M. Foucault, *Les mots et les choses. Une archéologie des sciences humaines*, Paris, Gallimard, 1966〔《말과 사물》, 이규현 옮김, 민음사, 2012〕.

되고, 1970년대 초에 이르면 사라진다는 것이다.[7] 다른 한편으로 이 텍스트들 내에는 푸코가 당시 단호히 주장하던 두 가지 이론적 입장이 반영되지 않았다는 점이다. 그 두 가지는 역사화historicisation, 그리고 구조주의로 서로 양 극단에 팽팽하게 놓여 있었다. 역사화를 급진적으로 옹호하는 그의 태도는 1961년 이래 누차 확인되었으며, 명확한 시기 구분을 포함하는 (광기의) 역사〔《광기의 역사》-옮긴이〕, (의학적 시선의) 고고학〔《임상의학의 탄생》-옮긴이〕, 그리고 (인간과학의) 고고학〔《말과 사물》-옮긴이〕의 형태를 순차적으로 취하게 된다. 또 푸코가 눈에 띄게 매혹되었던 구조주의라는 것은 하나의 학파나 유파라기보다는, 오히려 그가 종종 말했듯 "데카르트에서 현상학에 이르기까지" 지속된 주체 중심성이라는 집요한 환상을 떨쳐내게 해주는 방법론을 공유하는 공동체라 할 수 있다.[8]

본서가 처음 한 권의 책으로 엮은 열세 편의 텍스트 대부분은 미발표된 것으로, 앞서 말한 문제들과 관련해 전혀 다른 전망을 제공해 쟁점들을 크게 변화시키는 데 기여할 것이다. 확실히 이 텍스트들은 광기와 문학이라는, 1960년대의 두 "고전적" 대상에 초점을 맞추고 있다. 그러므로 우리는 독자들이 이 텍스트들에 용이하게 접근할 수 있도록, 이 두 주제의 축에 따라 텍스트들을 배열하기로 결정했다. 따라서 독자들은 먼저 광기를 주제로 하는 다섯 편의 텍스트를, 다음으로 현상학과 바타유의 경험 개념에

---

7 이 점에 관해서는 필자(쥐디트 르벨Judith Revel)의 다음 글을 보라. "Histoire d'une disparition. Foucault et la littérature(사라짐의 역사. 푸코와 문학)", *Le Débat*, n° 79, 1994, p. 82-90.

8 여기서 중요한 것은 푸코가 평생에 걸쳐 계속해서 동원하게 될 어떤 연속성이다. 이를테면 다음을 보라. M. Foucault, "Sexualité et solitude(성 현상과 고독)"(1981), dans *Dits et écrits II, 1976-1988*, éd. D. Defert et F. Ewald, Paris, Gallimard, 2001, n° 295, p. 987-997. 주체의 형상과 관련해 푸코는 이렇게 쓴다. "이 물음이 중요성을 갖게 된 것은 후설의 영향이다. 그러나 주체의 중심적 위상은 제도적 맥락과도 관련된다. 데카르트와 더불어 프랑스 대학에서 철학이 시작된 이래로 철학은 늘 데카르트적인 방식으로만 진전할 수 있었기 때문이다(*ibid*, p. 988)."

관한 아주 다른 어조의 짧은 텍스트를, 그리고 문학 분석 및 비평과 관련된 다섯 편의 텍스트를, 마지막으로 각각 플로베르와 발자크Balzac를 다룬 두 텍스트를 발견하게 될 것이다. 우리가 확인할 수 있는 한에서(혹은 몇몇 단서들, 특히 서지학적 성격의 단서들로 추정할 수 있는 한에서) 이 텍스트들의 집필 시기는 모두 1960년대 후반에 속한다. 다만 〈현상학적 경험—바타유에게 있어서의 경험〉은 예외로, 집필 시기를 확정하기는 어렵지만 훨씬 더 이른 시기의 것일 수 있다. 이 텍스트들에서 암묵적으로 드러나는 이러한 시기 구분의 중심축은 《말과 사물》 출간 시점부터 《지식의 고고학》 탈고에 이르는 기간인데, 이는 푸코의 튀니스 체류 시기〔1966년 9월부터 1968년 10월까지-옮긴이〕와 일치한다. 그러므로 독자들이 여기서 읽는 것은 광기나 문학 **일반**에 관한 1960년대 전반의 푸코의 글이 아니라, 동일한 주제에 관한 보다 후기에 속하는 버전이다. 미리 밝혀두건대, 후기의 논조는 명확히 다르다. 푸코가 자주 사용하던 방식대로, 이전 작업으로 되돌아가거나 이전에 다뤄진 연구 대상을 재검토하는 경우에도.

첫째로 확인할 수 있는 사실은 이렇다. 1965년에서 1967년 사이의 전환기에 즈음해, 철학자 푸코는 놀라울 정도로 연구의 방향 전환을 겪게 된다는 것이다. 물론 이 열세 편의 글들은 그 위상, 구상 정도, 글쓰기 방식에 있어 결코 균질적이지 않다. 우리가 여기 모아놓은 텍스트들은 하나 혹은 그 이상의 식별 가능한 연속물(연속적인 강연, 강의, 세미나, 혹은 일련의 균질적인 라디오 방송)로서의 통일성을 갖춘 것도 아니고, 작성된 시기를 정확히 특정하기 어려운 경우도 있다. 또 원고의 형태나 완성도 면에서 큰 차이를 보인다. 예컨대 1967년 튀니스의 클럽 타하르 하다드에서 이루어진 두 번의 강연(2월의 〈구조주의와 문학 분석〉과 4월의 〈광기와 문명〉)이나 앞에서 집필 시기 추정이 어렵다고 했던 〈현상학적 경험—바타유에게 있어서의 경험〉처럼 완전히 완성된 원고가 있는가 하면, 매우 도식화되어 있거나 개략적인 구상안에 가까운 텍스트(연대 미상이나 어쨌든 1965년 이후에 쓰여진 것으로 보이는 이 책의 첫 텍스트 〈광기와 문명〉, 그리고 〈광기와 사회〉)도 있다. 그렇다고 해서 우리가 흔히 덜 완성된 원고의 징표로 여기는 그래픽적 표식들(지면 위 공간의 위계적 구분, 항목들을 나열하기 위한 일련의 라틴 문자나 그리스 문자 혹은 숫자, **들여쓰기**, 대시(-) 등)이 반드시 세심한 집필 방식과 모순된다는 의미는 아니다. 가끔 푸코가 구성한 논증이 매우 강하게 구조화되어 있을 때, 그 논증의 뼈대가 그래픽적으로 노출되는 것이다. 이를테면 〈문학과 광기〉(바로크 연극과 아르토 연극에서의 광기에 관한 글)나 〈문학 분석의 새로운 방법들〉(특히 단계적 배열이 뚜렷하게 드러나 그것이 사유의 고정 방식을 조직한 글)에서 그러하다. 여기서 우리는 거의 연상적으로, 프랑스 국립도서관(BnF)이 2013년에 새로 확보한 미출간 자료 상자들 속에서 발견된 세 장의 종이를 떠올리게 된다. 1962~1963년경의 것으로 추정되는, 간결하게 **에피그람**이라고 표기된 브리세와 루셀에 관한 자료다.[9] 거기에는 손으로 그린 세 개의 기하학적 구성도와 함께 그것들의 작성 규칙도 쓰여 있었는데, 그 라틴어 텍스트는 각각 이등변삼각형, 미로, 그리고 안경 모양의 "형태"를 하고 있었다. 이는 **사유의 도식**이 지닌 힘, 그리고 그 구성 규칙의 힘을 보여준다. 이는 일찍이 푸코가 매혹되어 "기법"이라 불렀던 것의 구현체 중 하나가 아닐까? 또한 몇 해 후인 1973년에 푸코가 마그리트의 〈이것은 파이프가 아니다〉에 대해 쓴 아름다운 글을 뒷받침하는 기묘한 가설인 "해체된 칼리그람"

9 BnF, Fonds Foucault, NAF 28730, boîte 54.

도 생각나게 한다. "알파벳을 보완하라. 수사학의 도움 없이 반복하라. 사물을 이중의 문자 구조의 함정에 빠뜨려라. [⋯] 기호로서의 문자는 단어들을 고정시킬 수 있게 해준다. 한편 선은 사물을 형상화하는 것을 허락한다. 그래서 칼리그람은 우리의 알파벳 문명의 가장 오래된 대립들, 그러니까 보여주기와 이름 붙이기, 형상화하기와 말하기, 복제하기와 분절하기, 모방하기와 의미하기, 바라보기와 읽기라는 대립들을 놀이로 지워버리려 든다."[10] 결국 푸코의 주제인 글쓰기의 물질성과 그것의 시각적 고정 방식을 다루는 일은, 곧 사유의 조직화를 다루는 일이다. 그리고 이는 이 책에 수록된 텍스트들이 우리에게 상기시켜주려는 바이다.

두 번째로 확인되는 사실은 이렇다. 이 열세 편의 텍스트들은 하나의 반복 체계 전체를 전개하는데, 이를 따라가보는 것은 매우 흥미롭다. 어떤 모티프, 레퍼런스, 때로는 이름, 새로 만들어지고 다시 활용되는 표현, 이것들의 반복은, 가설들이 구성되고 정식화되는 느린 작업, 즉 아이디어들이 점차 대략적으로 짜여 들어가는 과정을 나름의 방식으로 추적할 수 있게 해준다. 그러므로 각 텍스트를 그 자체로 읽되 또한 연속해서, 더 정확히 말하면 하나의 계열로 읽어야 한다. 다시 말해 가로지르는 독서가 열어주는 경로를 따라가야 한다. 이를 보여주는 예가 하나 있다. 우리가 열 번째로 제시하는 텍스트는 원래 제목이 없었고(내용을 명확히 하고 그 대상을 최대한 가깝게 드러내기 위해 "언어 외적인 것과 문학"이라는 제목을 붙였다), 명확한 집필 시기도 남아 있지 않았다. 그러나 데리다

10 M. Foucault, *Ceci n'est pas une pipe. Deux lettres et quatre dessins de René Magritte*, Paris, Fata Morgana, 1973, p. 20-22(《이것은 파이프가 아니다》, 김현 옮김, 고려대학교 출판부, 2010, p. 20-22). 1967년 8월 15일에 작고한 마그리트를 추모하기 위해 출간된, 더 짧지만 동일한 제목을 가진 이 텍스트의 첫 번째 버전은 다음에 실려 있다. *Les Cahiers du chemin*, n°2, 1968(이 텍스트는 다음에 다시 실렸다. M. Foucault, *Dits et écrits 1*, *op. cit.*, n°53, p. 663-678).

의 《그라마톨로지*De la grammatologie*》에 대한 언급이 있는 것으로 보아 1967년 이후에 쓰였을 것으로 추정된다. 이 글은 언어 외적인 것extralinguistique[11]이라는 개념을 도입한다. 이 개념은 푸코의 다른 텍스트들에는 거의 등장하지 않지만 이 열 번째 글에서는 중요한 전개 대상으로 다뤄진다. 이는 부분적으로는 1966년 갈리마르 출판사에서 출간된 에밀 벵베니스트의 《일반언어학의 여러 문제》 제1권[12]에 관해 논하고자 하는 의지에서 비롯되었을 수 있다. 이 책의 열한 번째 글 역시 정확한 집필 시기는 알려져 있지 않지만, 푸코가 직접 붙인 "문학 분석과 구조주의"라는 제목이 달려 있다. 이 글은 "언어 외적인 것"이라는 개념을 곧바로 재도입해 이를 실제로 적용시킨다. 조이스Joyce, 프루스트Proust, 로브그리예, 뷔토르, 발자크 분석에 적용시키며, 도스토예프스키Dostoïevski에 대해서는 상당히 간결하게, 플로베르에 대해서는 매우 상세하게 적용시킨다. 그리고 여기서는, 앞서 언급한 텍스트〔열 번째 텍스트-옮긴이〕에서 명시적으로 제시되지 않았던 이론적 참조 체계 전체가 나타난다. 그중에서도 핵심은 프리에토Prieto 연구다. 문제는 두 텍스트 중 어느 것이 먼저 쓰였는가를 아는 것(혹은 단순히 그것만 아는 것)이 아니다. 중요한 것은 두 텍스트 사이의 횡단적 관계가 어떻게 하나의 가설을 형성하고 정식화하는지(예컨대 "문학은 자기 내부에서, 언어 체계langue를 벗어나면서 언표들을 실존 가능하게 하는 그 언어 외적 차원을

---

11 이 용어는 푸코가 《지식의 고고학》 서문으로 최종 채택하지 않은, 다른 대체 서문들 중 하나에서 두 차례 등장한다. 이와 관련해서는 다음을 참조하라. M. Foucault, "Introduction à *L'archéologie du savoir*(지식의 고고학 서문)", éd. M. Rueff, *Les Études Phlosophiques*, n°153, 2015, p. 327-352.

12 É. Benveniste, *Problèmes de linguistique générale*, Paris, Gallimard, 1966〔《일반언어학의 여러 문제》, 김현권 옮김, 지만지, 2010〕. 피에르 노라Pierre Nora가 이끌던 '인간과학 총서Bibliothèque des sciences humaines' 시리즈는 에밀 벵베니스트의 이 책과 푸코의 《말과 사물》을 같은 해에 출간했으며, 그 1년 전에는 G. 칼람그리올Calame-Griaule의 《민족학과 언어. 도곤족에서의 입말*Ethnologie et langage. La parole chez les Dogon*》도 출간했다. 푸코는 본서에 수록된 〈문학 분석과 구조주의〉에서 칼람그리올의 이 책을 인용한다.

스스로 구성하는 담론으로 정의될 수 있을 것입니다."[13]), 그리고 실제로 그러한 가설이 그 시험대인 문학 텍스트들을 효과적으로 설명하는 데 어떻게 동원되고 투입되는지를 이해하는 것이다. 그러나 이러한 횡단성은 이 외에도 많다. 예컨대 〈문학 분석과 구조주의〉에서 플로베르를 다루는 방식과, 이보다 조금 뒤인 1970년 버팔로 대학에서 열린 강연 〈부바르와 페퀴셰—두 가지 유혹〉에서 플로베르를 다루는 방식을 연결할 수 있다. 마찬가지로 푸코가 동일한 텍스트의 연속이지만 약간 다른 두 버전의 글(각각 1964년과 1970년에 발표)을 통해 각기 다른 방식으로 《성 앙투안의 유혹》을 논한 것도 우리는 기억하고 있다〔〈도서관 환상La Bibliotheque fantastique〉, 《미셸 푸코의 문학비평》, 김현 편, 문학과지성사, 1989-옮긴이〕.

세 번째로 확인되는 사실은 앞서 언급한 내용과도 연결되는 것으로, 이 열세 편의 글 속에 이미 알려진 것들의 익숙한 흔적(이를테면 빈번히 등장하는 《광기의 역사》의 특정 구절들)이 분명하게 발견된다는 것이다. 혹은 다른 글에서 나온 분석들이 살짝 다르게 제시된 경우도 있다(아르토에 대한 분석이나 누보로망의 몇몇 인물들에 대한 분석, 프루스트나 플로베르에 대한 논평, 루소에 대한 언급 등. 이미 잘 알려진 푸코의 다른 텍스트들에서도 핵심을 이루는 주제임을 독자들은 모르지 않는다). 우리가 이번에 처음으로 소개하는 글들을 이해하는 데 다른 텍스트들이 도움이 된다고 판단한 경우, 각주에서 참조 문헌으로 명시했다. 그것들〔여기서 소개하는 글들과 다른 텍스트들-옮긴이〕 사이의 미세한 차이를 포함한 반향 현상을 추적하는 일은 대단히 흥미로울 것이다. 하지만 무엇보다 주목할 점은, 이 책에 실린 텍스트들에서 완전히 새로운 일련의 요소들이 발견된다는 사실이다. 이는

13 본서 〈문학 분석과 구조주의〉, p. 275.

1960년대 중반에 푸코가 시도했던 작업에 대한 우리의 기존 인식을 변화시키고 복잡하게 만드는 데 기여한다. 때로 전혀 기대하지 못한 방식으로 나타나는 이 다양한 요소들을 살펴볼 필요가 있다.

네 가지 차이점

이 열세 편의 글 속에서 미세한 변형들—우리가 익숙하다고 생각한 만큼 우리를 놀라게 하는 변형들—을 발견할 것이라고 말할 수 있으면 좋겠다. 그러나 그 차이는 겉으로 보이는 것보다 훨씬 더 깊으며, 그 차이의 정도를 명확히 인식하는 것이 중요하다. 이러한 차이는 본질적으로 네 가지로 요약될 수 있으며, 이는 다음의 네 가지 중요한 차원과 연관되어 있다. 첫째는 구조주의와의 관계, 둘째는 제시된 분석의 범위, 셋째는 동원된 학문들의 모델, 마지막으로는 역사와의 관계다.

첫 번째 차이이자 가장 일반적인 차이는, 광기에 관한 글과 문학 분석에 전념한 글 모두를 관통하고 있다. 그것은 우리의 예상보다 훨씬 더 명확한 **구조주의 측** 입장 표명이다. 이러한 입장은 《말과 사물》의 출간 이후 종종 확실하게 푸코의 입장으로 간주되었으나, 지금까지는 당사자인 푸코가 그 점에 대해 몹시 곤혹스러워한다는 인상을 주기도 했다. 1960년대 말에 푸코가 보인 이러한 곤혹스러움의 다양한 표현들은 잘 알려져 있고, 이는 결국 1970년에 출간된 《담론의 질서》에 등장하는 그 유명한 "비꼼"으로 이어진다. ("그리고 이제 어휘가 부족한 이들은 내키는 대로, '그게 구조주의다'라고 말한다."[14]) 《말과 글》에 수록된 글들에서도 이런 곤혹의

---

14 M. Foucault, *L'ordre du discours*, Paris, Gallimard, 1971, p. 72(《담론의 질서》, 허경 옮김, 세창출판사,

표현이 적지 않게 등장한다. 이러한 표현은 대체로 두 형태를 취한다. 한편으로 구조주의의 중요성을 인정하면서도, 그것을 진정한 학파라기보다 공통의 분석 방법, 다시 말해 "특정 활동 영역들 내부에서만 존재하는 이론적 활동"[15]으로 규정하는 것이다. 다른 한편으로는 구조주의의 전략적 가치가 본질적으로 주체에 대한 모든 참조를 급진적으로 폐기할 수 있게 해준다는 점을 강조하는 것이다. ("우선 부정적 관점에서 보자면, 구조주의를 본질적으로 특징짓는 것은 인간 주체, 인간 의식, 인간 실존 등의 중요성을 의문시하는 것입니다."[16]) 이 두 요소가 교차하는 지점에서, 푸코는 자기 작업의 특수성을 전개한다. 즉 구조주의와의 근접성을 주장하면서도 동시에 그것과의 거리를 신중하게 유지한다. 왜냐하면 구조주의자들과 달리, 푸코가 분석하려는 것은 "언어의 체계도 아니고, 일반적으로 그것의 형식적 구성 규칙들도 아니다. 〔…〕 내가 제기하는 문제는 코드가 아니라 사건의 문제다. 요컨대 언표들의 실존 법칙, 그것들을 가능하게 만든 것"[17]이기 때문이다. 주체라는 형상의 참조를 폐기하는 것 또한 분명 푸코 사유의 핵심 요소다. 하지만 푸코 자신이 지적하듯, 이러한 사유는 이미 그의 작업에서 바타유와 블랑쇼라는 이중의 참조를 통해 요청된 것이었다. 구조주의와 가깝게 느껴진 것은, 단지 이러한 근본적 비판의 가능성을 새로운 방

2020, p. 90(번역 수정)〕.

15 M. Foucault, "La philosophie structuraliste permet de diagnostiquer ce qu'est 'aujourd'hui('오늘날'이란 무엇인지 진단할 수 있게 해주는 구조주의 철학)"(1967), *Dits et écrits I, op. cit.*, n°47, p. 583. 같은 텍스트에서 푸코는 이렇게 덧붙인다. "내가 하려고 했던 것은, 오늘날까지 구조주의적 분석이 스며들지 않은 영역들 안에 그런 분석을 도입하는 것이었다."

16 M. Foucault, "Interview avec Michel Foucault(미셸 푸코와의 인터뷰)"(1968), *Dits et écrits I, op. cit.*, n°54, p. 651.

17 M. Foucault, "Réponse à une question(질문에 대한 답변)"(1968), *Dits et écrits I, op. cit.*, n°58, p. 681. 훨씬 더 간결하게, 몇 줄 아래에서 푸코는 이렇게 말한다. "담론에서 탐구해야 할 것은 구조주의적 방법론처럼 구성의 법칙이 아니라, 존재의 조건이다." 그리고 각주에서는 이렇게 말한다. "내가 이른바 '구조주의자'가 아니라는 점을 굳이 또다시 명확히 해야 할까?"(*ibid.*, p. 682).

식과 새로운 표현으로 제안한 데서 비롯된 것이었다. "오랫동안 내 안에는 일종의 제대로 해결되지 않은 갈등이 있었습니다. 한쪽에는 블랑쇼와 바타유에 대한 열정이 있었고, 다른 쪽에는 특정한 실증적 연구에 대한, 이를테면 뒤메질Dumézil이나 레비스트로스Lévi-Strauss 같은 사람들의 연구에 대한 관심이 있었죠. 하지만 결국, 유일한 공통 분모는 종교 문제인 이 두 방향 모두가 동일한 정도로 나를 주체의 소멸이라는 주제로 이끌었습니다."[18]

우리가 오늘 일독을 권하는 이 텍스트들은, 집필 시기 면에서 앞에서 언급한 이미 잘 알려진 글들과 정확히 겹침에도 불구하고, 그 어조는 완전히 다르다. 물론 여기서 구조주의 자체에 대한 직접적 언급은 거의 찾아볼 수 없다(1967년 2월 4일 타하르 하다드 클럽에서 행한 강연의 "구조주의와 문학 분석"이라는 제목, 그리고 연대 미상의 텍스트 "문학 분석과 구조주의"라는 제목을 제외하면 말이다). 하지만 〔구조주의와 관련된-옮긴이〕 일련의 단서들이 상당히 확실히, 그리고 자주 반복적으로 나타난다. 여기서 분석 대상으로 재부상하는 광기와 관련해서는,《광기의 역사》에서 푸코가 **분할**의 효과라 규정했던 지리적·역사적 특수성이 상대적으로, 그러나 뚜렷하게 소거된다. 물론 푸코는 때때로 "유럽 문화"를 "유럽 외 지역에서 연구될 수 있었던 대부분의 문화들"[19]과 대조해 언급하지만, 그럼에도 불구하고 그는 이렇게 단언한다. "광기는 모든 사회에서 발견되는 항상적 기능입니다."[20] 이런 말도 했다. "광기가 실제로는 어떤 종류의 **사회적 기능**이며 모든 사회에서 매우 명확한 역할, 결국 모든

18 M. Foucault, "Qui êtes-vous professeur Foucault?(푸코 선생, 당신은 누구입니까?)"(1967), *Dits et écrits I*, *it.*, n°50, p. 614.

19 본서 〈광기와 문명〉, p. 35.

20 본서 〈광기와 문명〉, p. 39.

문명에서 꽤 일관된 역할을 담당하고 있다는 것입니다."[21] 이렇게 광기라는 주제를 사회적 기능으로 일반화하는 것은, 푸코 분석이 늘 의존하는 것처럼 보였던 시대 구분의 중요성을 즉각적으로 축소시킨다. 따라서 두 가지 경우가 나타난다. 첫째, 푸코가 수행한 역사적 분할의 원리가 모호해지면서 모순된 연대기적 지표가 늘어나는 경우다. 예를 들어 우리〔서구-옮긴이〕 문화의 포섭적 성격이 동일한 텍스트 안에서 한편으로는 "중세에 발견되는 것으로 그 대부분은 19세기까지 활력을 유지해온"[22] 배제의 의례와 실천이 소멸한 결과로 설명되다가, 돌연 18세기 말의 것으로 간주되는 식이다.[23] 그리고 광인이라는 형상이 제도화되지 않은 현상에 대한 설명도 연대기적으로 매우 불분명하게 부유하고 있는 듯 보인다. 왜냐하면 푸코는 "우리 문명에서는 이러한 현상이 18세기 말까지, 보다 정확히 말하면 중세 말까지만"[24] 해당된다고 말하면서도, 한편으로는 광기를 역사적 분할을 초월한 기능으로 제시하기 때문이다. 더 나아가 광기를 사후적으로 (명확한 역사적 결정에 속하는) 일련의 변형들이 가해진 보편적 구조로 제시하기도 한다. 예컨대 정신의학이 광기와 관련해 작동했던 방식에 대해 푸코는 이렇게 말한다. "광기의 항상적이고 보편적이며 민족학적이고 사회학적인 위상 내부에서 비로소 정신의학이 어떤 역할을 담당하게 되었다는 것입니다. 정신의학의 중요성은 이미 존재하고 있던 **보편적 구조 내부**에 삽입되었다는 사실에 있습니다."[25]

두 번째 차이점은, 푸코가 스스로에게 부여한 참조 학문 모

21 본서 〈광기와 문명-1967년 4월 튀니스의 클럽 타하르 하디드에서의 강연〉, p. 57.
22 본서 〈광기와 문명〉, p. 35.
23 본서 p. 37. "마찬가지로 광인들이 더 이상 배제된 자가 아니게 되었을 때(18세기 말 무렵)."
24 본서 p. 44.
25 본서 〈광기와 문명-1967년 4월 튀니스의 클럽 타하르 하다드에서의 강연〉, p. 75.

델로 보이는 것에서 확인할 수 있는 명시적 변화와 관련된다. 1960년대 초반부터 푸코가 연관되어 있던 방법론적 틀, 자신의 저서들에 붙인 제목으로 보나 그 저서들에서 전개한 분석으로 보나, 스스로 주장한 방법론적 틀은 바로 역사였다. 물론 이는 헤겔적 표상과는 완전히 반대되는 역사 개념이다.[26] 오히려 니체 독해, 그리고 비판적 인식론 및 동시대 사료 편찬의 성과들에 힘입어 재구성된 역사다. 그래도 어쨌든 역사였다.《광기의 역사》,《임상의학의 탄생》(의학적 시선의 고고학),《말과 사물》(인간과학의 고고학), 이 세 저작은 곧 세 가지 시대 구분, 세 가지 대상 분할, 세 가지 역사화 방식(광기, 임상의학, 지식의 대상으로 구성된 인간)이다. 우리가 지금까지 알고 있던 푸코 텍스트들에 등장하는 역사와의 이러한 관계는 비판자들에 의해 때때로 다소 가혹하게 다루어졌다. 하지만 바로 그 때문에 역사와의 관계가 푸코 대응의 출발점이 되었다. 예컨대 1966년, 책(《말과 사물》-옮긴이) 출간 직후 있었던 레몽 벨루르Raymond Bellour와의 매우 탁월한 대담을 떠올릴 수 있다. 거기서 푸코는 자신의 방법이 갖는 관점의 특수성을 다음과 같이 힘주어 재확인한다. "각각의 시대 구분은 역사 속에서 사건들의 일정한 수준을 재단하며, 반대로 사건들의 각 층위는 저마다의 시대 구분을 요구합니다. 바로 이것이 까다로운 문제들의 총체를 이룹니다. 어느 수준을 선택하느냐에 따라 서로 다른 시대 구분을 설정해야 하고, 어떤 시대 구분을 고르느냐에 따라 서로 다른 수준에 도달하기 때문입니다."[27]

26 이 점에 대해서는 이를테면 푸코가 1970년대 말에 다음과 같이 회고적으로 말하는 것을 보라. " Entretien avec Foucault(푸코와의 인터뷰)"(1978), *Ditx et écrits II, op. cit.*, n°281, p. 860-914.

27 M. Foucault, "Sur les façons d'écrire l'histoire(역사를 쓰는 방법들에 관하여)"(1967), *Dits et écrits I, op. cit.*, n°48, p. 614.

우리가 여기서 소개하는 텍스트들에서 모델은 달라 보인다. 〔푸코는-옮긴이〕 민족학 모델, 그리고 그보다 좀 덜한 정도로 사회학 모델을 차례로, 혹은 동시에 취한다. 푸코는 실제로 이렇게 쓴다. "사회학, 민족학, 문화 분석이 밝혀낸 것."[28] 여기에는 그가 추론의 출발점으로 확실하게 수용한 기반이 있다. 그러나 이런 방법론적 준거가 긴장을 완전히 해소해주지는 않는다. 예컨대 〈문학과 광기〉에서 푸코 사유의 출발점이 된 것은, 광기가 모든 사회적 공간에 자리 잡는 것과 관련해 사회학자들과 민족학자들이 제공한 답변이 불충분하다는 사실 자체였다.[29] 그러나 이 대화는 푸코가 언급한 민족지적 탐구들이 열어놓은 준거와 논쟁의 장 속에서 이루어졌다. 레비스트로스에 대한 빈번한 언급(《친족의 기본 구조*Structures élémentaires de la parenté*》나 《구조주의 인류학*Anthropologie structurale*》이 주로 언급되며, 1964년과 1967년에 각각 출간된 《신화학*Mythologiques*》 1권과 2권에 대한 언급은 〈구조주의와 문학 분석〉[30]에만 등장한다), "사회적 기호"로서의 여성의 순환이라는 주제에 대한 재언급,[31] 근친상간 금지에 대한 언급,[32] 남비콰라Nambikwara 사회에 대한 레비스트로스의 분석[33] 및 도곤족의 입말에 대한 주느비에브 칼람그리올의 연구에 대한

---

28 본서 〈광기와 문명〉, p. 33. 몇 줄 아래에는 이렇게 쓰여 있다. "일반적으로 족히 30년 전부터 우리가 사회학과 민족학으로부터 배워온 것은 〔…〕"(p. 34) 또한 광인의 "사회학적 친연성parenté"과 관련해서는 다음과 같은 구절이 있다. "이런 정의는 민족학에서만 유효한 것이 아니며"(p. 40).

29 본서 〈문학과 광기〉, p. 98. "사회학자들과 민족학자들은 이에 대한 간단하고 자명한 답을 가지고 있습니다. 〔…〕 이러한 답변은 대단히 편리하지만 유감스럽게도 대단히 불충분합니다."

30 본서 〈구조주의와 문학 분석〉, p. 189, 223-224, 228.

31 예를 들면 다음을 보라. 본서 〈문학 분석의 새로운 방법들〉, p. 158. "그래서 레비스트로스는 원시사회에서 여성은 단순히 욕망의 대상(따라서 가치 있는 대상)일 뿐 아니라 기호이기도 했다는 사실을 밝혀냈습니다." 또는 다음을 보라. 본서 p. 184. "레비스트로스: 여성은 단순히 소비되는 대상이 아니라, 그들에게 의미를 부여하는 여러 구조들에 따라 유통됩니다. 여성은 사회적 기호인 것입니다."

32 본서 〈광기와 문명〉, p. 33-34.

33 본서 〈광기와 문명〉, p. 40, 〈광기와 문명-1967년 4월 튀니스의 클럽 타하르 하다드에서의 강연〉, p. 61-62.

암시[34] 등이 그러하다. 이 모든 것이 일종의 촘촘한 그물망을 형성하여 푸코의 분석을 말 그대로 떠받치고 있는 듯 보인다.

세 번째 차이점은 푸코가 튀니지 체류 시기에 집필한 텍스트들에서 언어학이 차지하는 위치와 명백하게 관련되어 있다. 엄밀히 말해 이 위치가 "새로운" 것은 아니다. 푸코의 텍스트들에서 언어학이 중요한 자리를 차지하고 있다는 사실은 이미 잘 알려져 있었으며, 이는 《지식의 고고학》(1969)에 드러나는 참조 체계를 부분적으로 결정했다. 이 저서는 언어학, 언어철학, 그리고 분석철학에 대해 푸코가 얼마나 잘 이해하고 있었는지를 잘 보여준다. 당시 튀니스 대학 철학과장이었던 제라르 들레달Gérard Deledalle의 장서가 중요했다는 사실은 여러 차례 강조되었다, 푸코는 그것을 열심히 활용했던 것으로 보이며, 2013년 프랑스 국립도서관이 확보한 자료 상자들 속에서 발견된 일부 독서 카드들이 그 사실을 아주 분명하게 보여준다.[35] 우리가 이번에 소개하는 텍스트들에서 푸코의 사유는 루이 J. 프리에토Luis J. Prieto가 1966년에 출간한《메시지와 기호*Messages et signaux*》의 직접적 영향하에 놓여 있는 듯하다. 실제로 프리에토의 이름은 1967년 2월 타하르 하다드 클럽에서 열린 강연 〈구조주의와 문학 분석〉과, 마찬가지로 1967년에 집필된 것으로 추정되는 〈언어 외적인 것과 문학〉에서 여러 차례 반복적으로 등장한다. 이는 프리에토가 파리 8대학 뱅센 캠퍼스에 1969년 2월 신설된 사회학과의 기호학 부교수로 임명되기 훨씬 전의 일이며, 그로부터 채 1년도 지나지 않아 제네바 대

34 본서 〈문학 분석과 구조주의〉, p. 290.

35 BnF, Fonds Foucault, NAF 28730, boîte 43. 이 주제에 관해서는 다음을 보라. Martin Rueff, "Introduction à Larchéologie du savoir", art. cit. 푸코의 텍스트 말미에 뤼에프는 43번 상자를 구성하는 문서들의 요약 기술을 부록으로 싣는다. 그 문서들은 오스틴, 라일Ryle, 콰인Quine, 비트겐슈타인, 에이어Ayer, 스트로슨Strawson, 굿맨Goodman, 퍼트넘Putnam 등에 대한 것들이다.

학의 일반언어학 교수이자 과거 소쉬르가 맡았던 석좌 교수직에 오르기 전의 일이다. 야콥슨Jakobson과의 논의도 밀도 있게 다뤄진다. 이러한 논의는 〈문학 분석의 새로운 방법들〉(연대 미상, 1960년대 중반으로 추정), 〈언어 외적인 것과 문학〉 그리고 〈문학 분석과 구조주의〉에서 나타나며, 이는 푸코가 1964년 브뤼셀 생루이 대학에서 진행한 〈문학과 언어 활동〉[36]이라는 강연 두 번째 회차에서 이미 대략적으로 제시한 요소들을 발전시킨 것이다. 또한 J. L.오스틴J. L. Austin에 대한 언급도 매우 빈번히 나타나 푸코의 언어학에 대한 관심을 확인할 수 있다. 그 관심은 독서 카드와 《지식의 고고학》 일부 대목에서 드러나는 것보다 덜 앵글로색슨적이다. 오히려 소쉬르의 궤적과 그의 작업이 끊임없이 키운 논쟁들에 더 깊이 몰두하여, 거기에 주네트Genette(1966년에 《형상들 I*Figures I*》 출간)나 바르트의 작업 같은 문학 비평의 가장 혁신적인 최신의 연구들을 통합시킨다.

마지막으로 네 번째 차이점은 역사와의 관계다. 이미 강조했지만, 푸코는 이 책에 수록된 텍스트들에서 역사화 원리를 민족학적 모델(또는 정도는 덜하지만 사회학적 모델)로 상당 부분 대체한 듯 보인다. 그리고 《광기의 역사》 때부터 푸코에게서 너무나도 핵심적으로 보였던 시대 구분 작업으로부터 거리를 두는 것처럼 보이기도 한다. 물론 분할partages이 갖는 역사적 성격에 대한 관심은 여전히 유지된다. 이를테면 〈문학과 광기—바로크 연극과 아르토 연극에서의 광기〉에서는 분할이 갖는 역사적 성격의 중요성이

36 M. Foucault, "Littérature et langage"(1964), *La grande étrange. À propos de littérature*, éd. Ph. Artières, J.-F. Bert, M. Potte-Bonneville et J. Revel, Paris, Éditions de l'EHESS, 2013, p. 75-144〔《거대한 낯섦》, 허경 옮김, 그린비, 2023, p. 140-183〕. 야콥슨에 대해서는 특히 p. 110-115를 보라.

재확인된다.[37] 그러나 상당히 뜻밖의 전개를 보여주는 텍스트가 있는데, 바로 1967년 2월 타하르 하다드 클럽에서 열린 강연 내용을 담은 〈구조주의와 문학 분석〉이다. 푸코가 이 텍스트에서 취하는 아주 놀라운 입장이 무엇인지 좀 더 잘 이해하기 위해 잠시 과거로 돌아가보자. 《말과 사물》 마지막 부분에서 푸코는 담론의 대상이 된 인간과 인간과학의 '탄생'에 할애한 이 책의 토대를 이루는 삼중 구조("세 가지 모델": 문헌학, 경제학, 생물학[38])를 환기시킨 후 차례로 역사,[39] 정신분석학, 민족지학을 논한다.[40] 여기서 특히 우리의 관심을 끄는 것은 민족지학의 위상인데, 상반된 두 '입장들' 사이에서 이리저리 갈등하는 것처럼 보이기 때문이다. 한편으로 민족지학은 다른 인간과학과 마찬가지로 역사와 연결된 부분이 있다. "민족지학은 그 자체로 어떤 특정한 상황, 곧 절대적으로 특수한 사건으로부터만 가능하다. 그 사건에는 우리의 역사성뿐 아니라 민족지학의 대상을 구성할 수 있는 모든 인간의 역사성도 함께 관여한다. (…) 민족지학은 사실상 우리 문화사에 고유하게 속하는 가능성에 뿌리를 두고 있으며, 나아가 모든 역사와의 근본적 관계에 속하는 가능성에 뿌리를 두고 있다."[41] 다른 한편 민족지학은 "역사 없는 민족들"과 관계할 뿐 아니라 "사건들의 연

---

37 57번 상자에 있는 이 미완성 텍스트는 이 강연의 첫 부분의 다른 버전처럼 보인다. 첫 부분의 주장들이 반복되고 있지만("광기 없는 사회는 없다", "분할 없는 문화는 없다"), 문학과 광기의 연관성에 관해 다음과 같은 내용을 발견할 수 있다. 이러한 관계는 역사 전반에 걸쳐 동일한 형태로 나타나는 것은 아닙니다. 오히려 계속해서 변화해왔지만 결코 사라지지는 않습니다(본서 p. 103, 각주 a). 그리고 몇 줄 아래에서 이렇게 말한다. 다음의 말을 이해해주십시오. 특정한 시대의 문학에서 광기가 다른 형상이 아니라 이런 형상을 하고 있는 이유는, 역사의 두께 때문입니다(같은 곳).

38 M. Foucault, *Les mots et les choses*, *op. cit.*, p. 366-378〔《말과 사물》, 이규현 옮김, 민음사, 2012, p. 485-500〕.

39 *Ibid.*, p. 378-385〔《말과 사물》, p. 500-508〕. 푸코는 "역사"라는 말을 대문자로 시작한다(Histoire).

40 *Ibid.*, p. 385-398〔《말과 사물》, p. 508-525〕.

41 *Ibid.*, p. 388〔《말과 사물》, p. 512〕.

속보다는 구조의 불변항들"[42] 연구를 선호하는 학문이며, 훨씬 더 강력하게는 역사 문제를 전도시키는 학문이기도 하다. "왜냐하면 이 경우에는 사용된 상징 체계에 따라, 규정된 규칙에 따라, 선택되고 확립된 기능적 규범에 따라, 각 문화가 어떤 종류의 역사적 생성을 할 수 있는지를 결정하는 것이 문제이기 때문이다. 민족지학은 곧바로 뿌리에서부터 그 문화에 나타날 수 있는 역사성과의 양식을 재포착하려고 한다."[43] 따라서 난점은 전적으로 역사 문제와 관련되어 있는 것으로 보인다. 민족지학은 여느 인간과학과 마찬가지로 특정한 역사적 분할의 산물이자 "모든 민족지학 일반을 구성하는 역사성과의 관계"[44]를 드러낼 수 있는 특수한 지식 담론이기도 하다. 이러한 역사의 문제, 더 정확하게는 지식 담론과 표상의 역사성 문제가 푸코가 고민하는 핵심이다. 결국 이는《말과 사물》에 등장했다가 3년 후《지식의 고고학》에 재등장하는 "역사적 선험a priori historique"이라는 표현으로 구체화된다. 이와 동시에 푸코 저서들에 대한 여러 비판은 그가 역사와 관계 맺는 모호한 방식을 정확하게 겨냥했는데, 그중에서도 중요한 두 가지 국면이 있었다. 하나는《광기의 역사》출간 후에 있었던 자크 데리다의 비판이다.[45] 데리다는 데카르트의《성찰》첫 번째 장에 대한 푸코의 논평을 비판하는 데 그치지 않고, 이 저작(《광기의 역사》-옮긴이)이 역사와 맺고 있는 관계가 본질적으로 지속 불가능하다고 통렬하게 지적했다. 다른 하나는《말과 사물》출간 후

42 *Ibid.*, p. 388(《말과 사물》, p. 512).

43 *Ibid.*, p. 389(《말과 사물》, p. 513).

44 *Ibid.*, p. 391(《말과 사물》, p. 517).

45 J. Derrida, "Cogito et histoire de la folie(코기토와 광기의 역사)", *Revue de métaphysique et de morale*, vol. 68, n°4, 1963, p. 460-494. 다음에 다시 실렸다. *L'écriture et la différence*(글쓰기와 차이), Paris, Seuil, 1967, p. 51-97(〈코기토와 광기의 역사〉,《글쓰기와 차이》, 남수인 옮김, 동문선, 2001, p. 55-103).

에 제기된, 동일한 문제에 대한 비판이다. 《라르크*L'Arc*》지에 실린 장폴 사르트르의 유명한 논문이나, 미셸 드 세르토Michel de Certeau가 1967년에 발표한 가혹한 해석을 예로 들 수 있다.[46] 이러한 비판의 영향은 명백하다. 푸코로 하여금, 특히 당대의 역사학 논쟁으로 파고들어 역사성 문제를 좀 더 "기술技術적으로" 수용하게끔 몰아갔다. 당시의 몇몇 텍스트들 속에 그러한 흔적이 명확하게 남아 있으며,[47] 끝내 실현되지 못한 브로델Braudel에 관한 집필 계획 또한 그 증거다.[48]

〈구조주의와 문학 분석〉에서는 전혀 다른 시나리오가 전개되며, 아마도 이번 미공개 텍스트들 중 가장 큰 놀라움을 선사할 것이다. 실제로 여기서 우리는 역사와의 관계가 체계적으로 폐기되는 장면을 목격한다. 즉 **역사 없이** 작업하겠다는, 혹은 더 정확히는 대상(여기서는 특히 문학 텍스트)을 포착하는 역사의 내재적 메커니즘 자체를 해체해버리겠다는 노골적 의지가 드러난다. 여기서 분석은 두 가지 지점에 집중된다. 하나는 생산 개념이고, 다른 하나는 인과성 개념이다.

---

46 J.-P. Sartre, "Jean-Paul Sartre répond(장폴 사르트르가 답하다)", *L'Arc*, n°30, 1966, p. 87-96 그리고 M. de Certeau, "Les sciences humaines et la mort de l'homme(인간과학 그리고 인간의 죽음)", *Études*, vol. 326, 1967, p. 344-360. 다음에 다시 실렸다. Ph. Artières *et alii* (dir.), *"Les mots et les choses" de Michel Foucault. Regards critiques. 1966-1968*(미셸 푸코의 "말과 사물" : 비판적 시선들, 1966-1968), Caen, Presses universitaires de Caen, 2009, p. 75-89 et 173-197.

47 여기서 특히 1967-1968년 사이의 세 텍스트를 생각해보고자 한다. 이 세 텍스트는 다음과 같다. "Sur les façons d'écrire l'histoire", "Réponse à une question", "Sur l'archéologie des sciences. Réponse au Cercle d'épistémologie(과학의 고고학에 관하여. 인식론 서클에 대한 답변)"(1968) DE I, *op. cit.*, n°59, p. 724-759.

48 다니엘 드페르Daniel Defert가 작성한 M. Foucault, *Œuvres*, t. I, "Bibliothèque de la Pléiade", Paris, Gallimard, 2015의 〈연보〉에는 다음의 내용이 실려 있다. "역사라는 건 정말이지 엄청나게 재미있습니다. (역사 안에서) 인간은 덜 고독하면서도 충분히 자유롭지요" (편지 중). 또한 〈연보〉에 이런 내용도 나온다. "푸코는 (1962년 2월에) 페르낭 브로델의 《지중해》 재판본에 관한 글을 쓸 계획을 세웠으며, 심지어 역사학에 관한 책을 집필할 구상까지 품고 있었다. 이는 인간과학에 대한 또 다른 고고학적 탐구의 기회가 되었을 것이다." 1969년 출간된 《지식의 고고학》 서문에는 이러한 역사학적 독해의 흔적이 뚜렷하게 남아 있다. 비록 명시적으로 인용되는 이름은 없지만, 그 참고 문헌들은 풍부하며 누구의 것인지 매우 쉽게 알아볼 수 있다.

첫 번째 개념, 즉 생산과 관련한 특별한 의미를 강조해두는 것이 중요하다. 푸코가 말하는 "대상[…]의 경제적 생산"[49]이란, 실제로는 어떤 문학 작품이 작품으로 존재하고 있다는 사실을 설명하는 모든 요소들의 총체를 가리킨다. 고전적 문학 비평의 기능이 바로 이것을 설명하는 것이다. "왜냐하면 문학 분석은 비평적이었기 때문입니다. 달리 말해 문학 분석은 선별을 행하는 검열, 판단을 제시하는 미학이자 동시에 작품 생산에 관한 일종의 역사 기술, 즉 작품이 생산된 이유로 작품을 환원시키는 설명이었습니다."[50] 이처럼 역사와 생산은 작품이 작품으로 구성되는 과정을 복원한다는 점에서 서로 결부되어 있다. 이와 반대로 푸코가 요청하는 문학 분석은, 그러한 과정을 배제하고 **기록을 기록으로서** 분석하는 것이다. 푸코는 작품의 과정적 역사를 대체하는 다른 모델—생물학의 최신 분석에서 차용한 정보 모델—을 제시하며 이를 "데익솔로지적deixologique" 분석이라고 부른다. 이 대립은 강하게 설정된다. "또한 여러분은 왜, 그리고 어떻게 문학 작품 생산에 대한 역사 분석이 더 이상 문학 분석의 본질적이고 일차적인 주제가 될 수 없는지도 알게 될 것입니다. 왜냐하면 문학 분석은 이제 작품이 어떻게 생산될 수 있었는지를 고심할 필요가 없기 때문입니다. 대신 어떻게 작품이 자신이나 자신의 몇몇 양상들을 드러내는 또 다른 언어, 요컨대 분석의 언어를 발생시킬 수 있는지를 고심합니다."[51] 〔고전적 문학 분석과-옮긴이〕 정반대되는 내용이다. "우리는 늘 머릿속에 어떤 에너지론적 혹은 인과적 도식을, 제가 경제적 도식이라 부르는 것을 갖고 있었습니다. 인

49 본서 〈구조주의와 문학 분석〉, p. 191.
50 본서 〈구조주의와 문학 분석〉, p. 195.
51 본서 〈구조주의와 문학 분석〉, p. 197.

간의 작품들은 어떻게 생산될 수 있는가라는 물음의 도식 말입니다. 그래서 우리는 탐구하고 또 탐구했지만 인간도, 생산 행위도, 인과관계도, 인과관계의 경로도 발견하지 못했습니다. 우리가 발견한 것은 제가 데익솔로지적 구조, 기록의 구조, 구조와 그 동형성들이라 부르는 어떤 것이었습니다."[52]

인과성 개념은 생산 개념과 직접적으로 연결되어 있다. 왜냐하면 인과성은 생산의 내밀한 톱니바퀴를 형성하는 듯 보이기 때문이다. 즉 역사가 있는 곳에는 인과성이 있다는 것이다. 이 지점에서도 1967년 강연 텍스트는 놀라움을 안겨준다. 같은 해에 출간된《말과 글》에는 어떤 '단순하고' 기계적인 인과성에 대한 비판이 결코 역사를 배제하는 것이 아니라 오히려 역사의 결정 메커니즘을 훨씬 더 풍요롭게 재고하게 만든다는 단서가 포함되어 있기 때문이다. 이는 특정한 역사 기술의 중심에 놓여 있는 문제이기도 하다.[53] 그런데 튀니지 청중 앞에서 푸코는 한층 '경직된' 선택을 한 듯하다. 역사에 대한 비인과적인 방식의 접근을 수용할 가능성이나, 인과성 개념 자체를 극단적 단순화로부터 떼어내 새롭게 재활용할 가능성을 전혀 고려하지 않는 것이다. 심지어 그가 다른 곳에서 주목할 만한 역사의 재구성 사례로 제시했던 알튀세르의 분석조차 이 강연에서는 무효화된 듯 보인다.

"알튀세르가 마르크스를 설명할 때 구조주의를 활용해 시도

52 본서 〈구조주의와 문학 분석〉, p. 228.

53 이를테면 1967년 6월에 발표된 다음의 글을 보라. M. Foucualt, "Sur les façons d'écrire l'histoire (역사를 쓰는 방식에 대하여)". 이 글에서 푸코는 새로운 역사학 연구들을 언급하며 다음과 같이 매우 명확하게 기술한다. "역사학적 방법론을 정의하고자 했던 보편적인 인과관계보다 훨씬 더 다양한 유형의 관계와 결속 방식들이 역사 분석에 도입되고 있다. 이로써 어쩌면 역사상 처음으로, 시간의 흐름에 따라 기호, 흔적, 제도, 관습, 작품 등의 형태로 쌓인 일련의 재료들을 하나의 객관적인 대상으로 분석할 수 있는 가능성이 열렸다." 그리고 푸코는 이러한 변화의 예로 한편으로는 "브로델, 케임브리지학파, 러시아학파 등의 연구"를, 다른 한편으로는 "알튀세르가 《자본을 읽자》 서두에서 전개한, 역사 개념에 대한 매우 주목할 만한 비판과 분석"을 인용한다(*ibid.*, p. 614-615).

했던 바가 바로 그것입니다. 즉 그는 우리가 대략적으로 기계적 인과성이라고 불렀던 것이 아닌, 일종의 역사적 유형의 인과성을 발견하려 했습니다. 바로 그것이 그가 추구한 구조적 분석 수준에 고유한 인과성일 것입니다. 이렇게 말하는 것이 알튀세르의 사유를 왜곡하는 것은 아니라고 생각합니다. 하지만 저는 그와 생각이 다릅니다. 왜냐하면 구조의 인식론적 수준은 인과성이 아니라 필연성의 수준이기 때문입니다. 그런데 잘 알려져 있듯이 논리학에서 인과성은 존재하지 않습니다. 유효한 언표들 사이에서 설정될 수 있는 관계는, 인과성을 결코 결정할 수 없는 관계입니다. 게다가—논리학자들의 문제이지만—인과적 추론을 일련의 유효한 명제들로 변환하는 일은 대단히 어렵습니다. 제 생각에 구조 분석에서 우리는 언표들 간의 관계를 설정하는 단계에 와 있으며, 이 관계는 인과관계일 수 없습니다. 우리에게 있는 것은 필연성의 관계입니다. 그리고 우리가 할 일은 새로운 형태의 인과관계를 찾아내는 것이 아니라, 인과성을 필연성으로 대체하는 것입니다. 따라서 알튀세르의 시도는 훌륭했지만, 바로 그 점〔필연성과 인과성의 혼동－옮긴이〕 때문에 결국 실패할 수밖에 없다고 생각합니다."[54]

요약하자면 푸코가 당초 문학 분석을 쇄신하기 위해 제시한, 사실상 언표 이론이 된 이 논의는 역사를 배제하는 것으로 보인다. 우리는《지식의 고고학》이 집필되던 바로 그 순간에 서 있는 것이다. 이 저작은 결국 한편으로는 '언표들 간에 확립될 수 있는 관계들'에 대한 연구를, 다른 한편으로는 역사학적 실천 내부에

54 본서 〈구조주의와 문학 분석〉, p. 236.

서 그 구성 요소들을 재정의하려는 사람들과의 은밀하면서도 끊임없는 대화를, 극도로 긴장된 방식으로 중첩시키게 될 것이다.[55]

그러므로 1967년 강연은 그 자체로 푸코 사유의 운동에서 본질적인 이정표를 나타낸다. 즉 어느 한 시점에 그는 역사로부터의 탈출을 꾀하고자 한 것이다. 물론 우리는 이러한 시도가 지속되지 않았음을 확인하게 된다. 푸코의 성찰은 결국 역사를 **다른** 방식으로 실천하는 법, 즉 **다른** 역사를 창조하는 법을 심화시키는 방식으로 나아갔기 때문이다.

쥐디트 르벨

55 푸코는 여러 명의 아날학파 역사가들을 암시적으로 언급하면서도 정작 오랜 기간 개인적 친분을 맺어온 폴 벤느Paul Veyne는 언급하지 않는다. 하지만 우리는 폴 벤느가 1971년 쇠유Seuil 출판사에서 낸 《역사를 어떻게 쓰는가Comment on écrit l 'histoire》(김현경·이상길 옮김, 새물결, 2004)를 떠올리지 않을 수 없다. 그는 1978년에 이 책의 재판본을 내면서 〈푸코, 역사를 혁신하다〉라는 매우 아름다운 글을 추가하기도 했다. 이 책에서 벤느는 역사 분석에서의 인과성과 피드백에 관한 매우 흥미진진한 고찰을 전개했다.

1. 광기와 문명*

〔1〕

아시다시피 어느 특정 시기 이후로 문명[1]은, 그것이 수용하고 받아들이는 바뿐 아니라 가치 있다고 여기는 바를 통해서, 그러나 동시에 특히 그것이 거부하고 금지하는 것을 통해서 정의됩니다.

일반적으로 문화를 연구한 사회학자들은 금지를 어떤 적극적-긍정적 현상이 발생시키는 자연스러운 귀결로 간주했습니다.

예를 들어 근친상간이 금지되었던 것은 그것이 핏줄—개인들이 사회의 생생한 실체로 인정해야 하는 것—의 터부를 위반했기 때문이라고 간주했습니다.

그러나 사회학, 민족학, 문화 분석이 밝혀낸 것은 부정적 현상(선택, 배제, 금지, 거부)이 적극적 긍정적 현상에서 파생한 것(즉 긍정적 현상들의 어두운 부분에 불과한 것)이 아니라는 사실, 긍정적 현상과 동일한 평면 위에서 동일한 자격으로 분할 행위—사회는 이를 통해 사회의 품행과 선택을 구조화한다—를 지시한다는 사실입

---

* BnF, Fonds Foucault, NAF 28730, boîte 57, dossiers 5 et 6.

1 "문명"이라는 말은 푸코에게서는 의외의 용어다. 게다가 이 용어가 두 번이나, 그것도 두 번의 연속된 발언에서 사용된다(〈광기와 문명—1967년 4월 튀니스의 클럽 타하르 하다드에서의 강연〉도 참조할 것).이 용어는 에밀 벵베니스트의 다음 글에 대한 반응으로 나온 것일 수 있다 "Civilisation, Contribution à l'histoire du mot(문명이라는 낱말의 역사에 대한 기여)", in *Eventail de l'histoire vivante. Hommage à Lucien Febvre*(살아 있는 역사의 부채살. 뤼시앵 페브르 헌정집), Paris, Armand Colin, 1954. 다음 책의 말미에 재수록. *Problèmes de linguistique Générale,* t. I, Paris, Gallimard, 1966(《일반언어학의 여러 문제 1》, 김현권 옮김, 지만지, 2012). 벵베니스트는 다음 책에 수록된 페브르의 발표에 의거하고 있다. *Civilisation, Le mot et l'idée*(문명이라는 낱말과 그 개념), Paris, Publications du Centre international de synthèse-La Renaissance du livre, 1930. P. 1-55.

니다.

따라서 먼저 핏줄이 사회의 실체로서 인정되고 그다음 그에 따라 족외혼 규정이, 그리고 최종적으로 근친상간 금지가 생겨난 것이 아니라는 말입니다.[2] 레비스트로스 이후로 우리는 다음과 같은 하나의 연속적인 사항들이 존재함을 알고 있습니다.

장인어른을 얻어야만 하는 계약상의 의무, 그리고 자신의 누이와 결혼함으로써 그녀를 범하는 것은 금지된다는 규칙.

일반적으로 족히 30년 전부터 우리가 사회학과 민족학으로부터 배워온 것은 다음과 같습니다.

α. 사회는 복잡한 행위들을 통해 작동하는데 그 행위들의 다양한 요소들은 서로 연관되어 있다.

β. 이 행위들은, 다른 여러 품행들을 배제하는 한에서만 비로소 하나의 품행(혹은 일련의 품행들)을 창설한다는 점에서, 불연속성과 단절을 도입한다.

γ. 문화의 형태들을 연속적인 추진력의 결과로, 혹은 자기 자신으로부터 출발해 점차 자신이 만나는 장애물들을 배제함으로써 발전하는 실정적 요소의 개화開花로 이해해서는 안 된다. 오히려 자연의 연속을 절단하고, 하나의 가능성을 규정할 땐 반드시 그 가능성에 상관적인 불가능성도 규정하는, 일종의 격자로 이해할 필요가 있다.

---

2 푸코는 여기서 에밀 뒤르켐이 다음의 논문에서 논의한 근친상간 금지에 관한 이론을 참조하고 있는 것 같다. "La prohibition de l'inceste et ses origins(근친상간 금지와 그 기원들)", *L'Année sociologique*, vol. 1, 1896-1897, p. 1-70. 이 논문은 다음의 책에 재수록되었다. *Journal sociologique,* Paris, P.U.F., 1969, p. 37-101. 푸코는 클로드 레비스트로스의 분석에도 의거하고 있다. 그의 저서 《친족의 기본 구조 *Les structures élémentaires de la parenté*》는 1949년 P.U.F. 출판사에서 출간되었지만 새로운 서문이 붙은 제2판은 1967년 무통Mouton 출판사에서 간행되었다. 이 글에는 이 책이 명시적으로 인용되지는 않지만 레비스트로스의 이름은 등장한다. 반면 같은 시기에 쓰여진 푸코의 다른 글들에는 레비스트로스의 이 책이 빈번히 등장한다(예를 들면 본서 p. 61-62, 158, 184).

문화와 문명은 연속적인 것도, 진화하는 것(명시적이든 아니든 그것들을 유기체와 동일시한 19세기의 메타포가 그러길 바랬던 것처럼)도 아닙니다. 문화와 문명은 체계적인 것입니다. 요컨대 양자택일oui ou non 형태의 선택—서로 연관되어 있는 선택—의 총체에 따라 진행되어갑니다.

그런데 이 사실은 우리 문화(16세기 이래 유럽 대륙 전체에 걸쳐 동일한 것이라고는 할 수 없을지라도 충분히 공통되는 양식에 따라 발전해온 문화)의 특이한 양상에 의해 오랫동안 은폐돼왔습니다.

유럽의 문화는, 유럽 외 지역에서 연구될 수 있었던 대부분의 문화들과는 대조적으로 포섭하는 문화라고 말할 수 있습니다.

a. 이러한 포섭적 성격은 먼저, 배제와 관련된 여러 의례와 실천—중세에 발견되는 것으로 그 대부분은 19세기까지 활력을 유지해온—의 소멸을 통해 나타납니다.

—이것은 여러 종교, 여러 질병, 여러 다른 문화 형식에 들어맞습니다.

—배제의 실천이 여전히 〔작동하는〕[a] 것은 대략적으로 인종과 관련해서일 뿐입니다.

—하지만 이는 스캔들의 지평에 있고

—이론적 정당화를 결여한 폭력의 풍토 안에 있는 특징적인 것입니다.

중세 그리스도교 문명이 배제의 의례가 가장 많고 가장 폭력적인 문명들 가운데 하나였음은 사실입니다(반대로 동시대의 이슬람 문명은 너무도 호의적이었습니다). 또한 중세 그리스도교 문명이 이슬람 문화들보다 훨씬 더 호의적이고 '관대한' 문화로 변모했다는

a 읽기가 어려워 추정했다.

것 역시 사실입니다.

b. 하지만 특히 이 포섭적 성격은 가장 실정적이고, 실제로 보다 더 흥미로운 방식으로 나타납니다.

—18세기 이래로 우리는 우리 문명이 '관대하다'고 말하는 데 익숙해졌습니다.

—하지만 그것은 관용이 아닙니다. 사실 그것은 포섭입니다. 배제되었던 것, 분할이 향한 측에 있었던 것이 인정되고 용인되며 수용될 뿐만 아니라 긍정적인 형식으로 다시 취해져서 우리 고유 문화의 일부로 경험되고, 우리에게 속하는 것으로 사유되었습니다.

다른 문화들은 단순히 허용되기만 하는 것이 아니라 우리 문화 내부에 다음과 같은 두 방식으로 다시 취해집니다.

—우리가 동화시키려고 시도하는 어떤 종류의 재산으로서. 이를테면 힌두 사상이나 일본 회화, 흑인 예술이 그렇습니다.

(이러한 동화 과정을, 중세 지중해 연안 지방에서 그리스도교적이면서도 이슬람적인 예술이 생산될 수 있었던 과정과 〔비교하는〕[a] 것도 흥미로울 것입니다. 또한 이러한 문제가 왜 언제나 예술과 관련된 것인가라는 점에 대해 탐구하는 것도 흥미로울 것입니다.)

—하지만 또한 지식의 대상으로서. 이 점이 분명 독특합니다. 다른 문화들을 독립적인 인식의 대상으로 삼는 〔서구 문화 외에-옮긴이〕 문화는 따로 없습니다.

민족학은 우리 민족 특유의 절대적 특질들 중 하나입니다.

(동화와 인식을 통한) 이러한 기묘한 포섭 과정이 다른 문화들에

a 초고에는 "연구하는"으로 되어 있다.

대한 우리의 태도에만 해당하는 것은 아닙니다. 다음과 같은 배제와 관련해서도 발견됩니다.

—환자의 배제

—중범죄자의 배제

—광인의 배제

이러한 절차가 단순히 진보의 결과, 인간화 및 보편적 가치 인식의 결과라고 선의로 받아들이는 쪽도 있습니다.

그런데, 사실 여기에는 너무나도 복잡한 문제의 영역이 있습니다.

α. 우리 문화에서 배제 과정이 사라지는 순간, 그 과정이 다른 문화들에서, 아마도 모든 문화에서 중대한 역할을 한다는 사실이 발견됩니다. 그리고 결과적으로 〔이러한 발견은〕 우리가 우리도 모르는 배제의 메커니즘 위에서 살고 있을지도 모른다는 생각을 불러일으킵니다.

β. 어쨌든 포섭이 배제를 대체할 때, 그것은 그저 어떤 장벽이 무너진 것이 아닙니다. 새로운, 아마도 더 복잡한 새로운 메커니즘들이 나타나는 것입니다.

—분명한 것은, 우리가 다른 문화들을 포섭한다고 해서 그것들과의 관계가 단순화되는 것은 아니라는 사실입니다.

—마찬가지로 광인들이 더 이상 배제된 자가 아니게 되었을 때(18세기 말 무렵), 광기에 관한 어떤 종류의 문제가 우리 문화 내부에서 제기되었습니다. 광인에게 접근하거나 그로부터 멀어지는 어떤 종류의 방식, 광인을 인식하거나 자신과 구별하는 어떤 종류의 방식이 모습을 드러내며 대단히 복잡한 품행들과 제도들을 발생시키게 됩니다.

제가 보여드리고 싶은 것은, 우리가 광인들을 포섭하는 방식이 아마도 오래된 과거의 배제 기능이 (결국 대단히 조금) 변화된 것에 불과하다는 사실입니다.

—외관상으로는 심리학과 정신의학 같은 메커니즘이 발견됨으로써 광인들에 대한 접근이 이루어졌습니다.

—외관상으로 광인들의 포섭은 그들에게 적합화된 의학적 실천 덕분에 가능했습니다.[a]

사람들은 이렇게 말하는 데 익숙해져 있습니다. 정신질환은 본질적으로 질병임에도 불구하고 오랫동안 병리적 사실로 간주되지 않았고, 소위 원시적인 문화들에서는 오늘날에도 의학적 현상으로서가 아니라 종교 현상 등으로 해석된다고 말입니다.

그러나 이런 분석을 전복시킬 필요가 있습니다. 광기는 모든 문화에서 발견되는 하나의 현상으로, 몇몇 특정한 문화(부분적으로는 그리스-로마 문명, 보다 전면적으로는 이슬람 문명, 그보다 더 전면적으로는 [우리 문명[b]])만이 광기에 의학적 위상을 부여했습니다.

광기의 의료화는, 광기라는 현상을 해석하는 가능한 방식들 가운데 하나에 불과합니다.

---

a "제가 보여드리고 싶은 것은 (…) 의학적 실천 덕분에 가능했습니다" 대신에 푸코는 애초에 다음과 같이 썼다:
비교해보면 배제 행위는 신경증적 억압이나, 히스테리 환자에게 고유한 분열과 같은 것입니다. 포섭 행위는 현재 그러한 상태에 있는 것을 비현실로 만든다는 점에서 오히려 정신질환에서의 부인에 가깝습니다.
제가 20세기 유럽 사회에서 연구하고자 하는 것은 바로 이러한 몇몇 메커니즘인데, 그때 참조하고자 하는 것은
—18세기까지 우리 문화에서 일어난 것
—그리고 우리 문화와 대단히 다른 어떤 문화의 형태에서 일어날 수 있는 것입니다.
우리 사회에서 광기에 관해 명백한 첫 번째 사실은, 광기가 의료적 모델의 테두리 안으로 회수되었다는 점입니다.

b 단어가 누락되어 추측함.

II

광기는 모든 사회에서 발견되는 항상적 기능입니다.

a. 18세기 이래로, 아니 아마도 중세 이래로 유럽에서는 광기가 일정한 쇠퇴와 연관되어 있거나, 정반대로 진보의 일정한 가속화와 연관되어 있다고 말하는 일이 흔했습니다.

그러므로 결국 아주 단순하고 행복한 사회는 광인을 모른다는 생각이 당연시되었습니다.

b. 그러나 실제로는 아무리 단순하게 생각되는 사회라 할지라도 (아무리 우리 사회와 다르다 할지라도) 모든 사회에는 범죄자로도 병자로도 성스러운 사람으로도 간주되지 않는,[c] 일정 부류의 개인들이 항시 존재해왔다는 사실이 밝혀집니다. 이런 부류의 개인들은 a)생산 활동(노동), b)놀이 활동, c)가족 내 위상, d)그들의 말의 가치, e)그들을 지시하는 비제도적 특성 등 (다섯 가지) 측면에서 다른 개인들과 다른 위상을 갖고 있습니다.

이런 정의와 관련해 다음의 두 가지 사항을 지적하고자 합니다.

1) 이 다섯 가지 기준은 모든 사회 내에서 다른 개인들과 동일시할 수 없는 개인들을 정의할 수 있게 해줍니다.

—이런 부류의 개인들은 노동 및 놀이와 관련해 그들이 갖는 특수한 위상 때문에, 그리고 그들을 지시하는 비

c 원고의 여백에 다음과 같이 쓰여 있다:
예를 들어 오스트레일리아 원주민들에게는 초자연적 힘을 가진 강한 사람들margidjbu, 주술사들로부터 박해받는 사람들, 그리고 "다른 사람들처럼 행동하지 않는" 사람bengwar[3]이 있다.

3 푸코가 여기서 가리키는 것은 아마도 이것이다. R. Bastide, *Sociologies des maladies mantales*(정신병의 사회학), Flammation, 1965, p. 77.

제도적 특성 때문에 병자들에 가까울 수 있습니다.

그러나 이들은 병자들과 구별됩니다. 왜냐하면 병자들의 가정에서의 위상과 병자들이 사용하는 언어의 가치는 변질되지 않기 때문입니다.

—이들은 또한 많은 사회에서 발견되는 일정 범주의 개인들, 요컨대 성이나 가족과 관련된 (일반적으로 특수한 직업적 위상을 가진) 일탈자들에 가깝습니다.

—남비콰라족 독신자들

—북아메리카의 동성애자들

—아마도 중세 시대의 수도사들

—이러한 개인들은 그들이 사용하는 언어의 특수성, 가족 내 위상의 특수성, 그들 직업의 특수성으로 인해 성스러운 인물들에 가까워 보입니다.

그러나 이들은 그들을 지시하는 비제도적 성격으로 인해 성스러운 인물들과 구별됩니다.

이 모든 것을 통해 우리는 광인의 "사회학적 친연성"을 파악할 수 있습니다.

2) 이런 정의는 민족학에서만 유효한 것이 아니며, 우리 문명 내 광인의 위치를 정의할 수 있게 해준다는 점에 주목해야 합니다.

1. 광인은 직업과 관련해 특이한 지위를 갖고 있습니다. 17세기에는 광인들을 실업자들에 포함시켰습니다.

2. 광인은 놀이와 관련된 제도들에서 특이한 위상을 갖고 있습니다.

a)우선 광인은 특권적 대상과 같은 존재입니다. 요컨대 조소의 대상 즉 사람들에게 웃음거리가 되는 자

입니다. 반면에 병자는 (상상에 의한 병자가 아닌 한) 조소의 대상이 되지 않습니다.[a]

b)다음으로 다른 사람들을 조소하고 조롱하는 인물, 다른 사람들의 진실을 알고 있는 인물입니다.

—바로크 시대의 연극에서, 광인은 누구보다 상세하게 사태를 알고 있으나 정작 사람들은 그 사실을 모르는 인물이었습니다.

—광기는 세계를 〔밖에 내거는〕 것(유희로서 세계를 폭로하는 것)으로 나타납니다. 에라스뮈스의 《우신예찬》.[5]

c)마지막으로 광기는 축제와 일체가 됩니다. 광기와 축제가 이 정도로까지 일체화되는 문명은 우리〔서구-옮긴이〕 문화가 유일할 수 있습니다.

—중세 이래로 서구에서 유일하게 비종교적인 대규모 축제들은(노동 관련 몇몇 축제를 제외하고) 모두 광기의 축제였습니다. 이런 축제들은 직업상 지위의 역전, 성 관련 규칙 중단, 언어 해방(사제 모욕), 개인을 규정하는 제도 중단(가면)으로 특징지어집니다.[6]

---

a 여백에 다음과 같이 적혀 있다: 소포클레스의 《아이아스》[4] 이래로.

4 Sophocle, *Ajax,* trad. Fr. J. Grosjean, dans *Tragiques grecs. Eschyle, Sophocle*, "Bibliothèque de la Pléiade", Paris, Gallimard, 1967, p. 413-483(〈아이아스〉, 《소포클레스 비극 전집》, 천병희 옮김, 도서출판 숲, 2008).

5 Érasme, *Éloge de la folie*, trad. Fr. P. de Nolhac, Paris, Garnier-Flammarion, 1964〔에라스뮈스, 《우신예찬》, 김남우 옮김, 열린책들, 2011〕. 다음을 참조할 것, Michel Foucault, *Folie et déraison. Histoire de la folieà l'âge Classique,* Paris, Plon, 1961, p. 29-32〔미셸 푸코, 《광기의 역사》, 이규현 옮김, 나남, 2003, p. 72-81〕.

6 다음을 참조할 것. M. Foucault, "Langage de la folie : la folie et la fête(광기의 언어: 광기와 축제)." 이는 1963년 1월 7일 프랑스 국영 채널 France III에서 방송된 라디오 프로그램 〈파롤의 활용(L'usage de la parole)〉(장 도아J. Doat 제작)에서 내보낸 총 5회 시리즈 중 첫 번째 것이었다. 다음도 참조. J. -F. Bert et E. Basso(dir.), *Foucault à Münsterlingen. À l'origine de l' "Histoire de la folie"*(뮌스터링겐의 푸코. 《광기의 역사》의 기원에서), Paris, Éditions de l'EHESS, 2015.

—오늘날에도 여전히 축제는 광기와의 동일시로 특징지어집니다. 만취, 마약.[a]

3. 우리 사회에서 광인은 가족 내에서 특이한 지위를 갖습니다.

α)우선 광기는 오랫동안 가족에 의해 지정되고 결정되었습니다. 18세기 말까지는 가족(혹은 직계 측근)의 요청만으로도 다음과 같은 조치가 취해졌습니다.

—봉인 영장〔절대 왕정기에 국왕이 개인에게 발부한 명령서 - 옮긴이〕

—경찰 대리관에 의한 처벌

β)다른 한편으로 광기는 가족 내 개인의 위상을 변화시켰습니다.

—금치산을 통해 가족(혹은 가족의 일원)은 민법상의 사인인 광인을 대리하게 되었습니다.

—광인은 남편과 부친의 권리를 상실했습니다.

오늘날에도 여전히 가족 관련 광인의 권리는 크게 수정되고 있습니다(이혼 불가).

γ)제도의 수준이 아니라 환상의 수준에서

—광기는 성범죄와 결부됩니다(방탕은 광기와 결부되고, 정숙은 정상적이고 제도화된 가족 생활과 결부되어 광기와는 양립할 수 없습니다).

—가족의 수치인 광기는 은폐됩니다(많은 광인들

a 여백에 다음과 같이 적혀 있다: 사드Sade, 페터 바이스Peter Weiss.[7]

7 푸코가 참조하고 있는 것은 페터 바이스의 다음 희곡이다. P. Weiss, *La persécution et l'assassinat de Jean-Paul Marat représentés par le groupe théâtral de l'hospice de Charenton sous la direction de Monsieur de Sade*(사드의 연출로 샤랑통 병원 극단이 재현한 장폴 마라의 박해와 암살), trad. Fr. J. Baudrillard, Paris, Seuil, 1965.

이 가족에 "흡수되어" "유폐됩니다").

4. 광인의 말은 특수한 위상을 갖고 있습니다. 그의 말이 아무것도 아니라거나 부적절하다는 것이 아니라 괄호나 인용부호 체계 내에서 취해진다는 뜻입니다. 광인의 말은 일상적인 말에 호응하는 반응도 아니고 종교적 말에 호응하는 반응도 아닌 일련의 반응을 발생시킵니다.

—예컨대 그것은 광대의 말입니다.

—그것은 힘을 상실한 상태라 그것이 불쾌하더라도 상처가 되지는 않습니다. 그것은 무딘 것입니다.

—그럼에도 불구하고 진실을 말하는 역할을 담당합니다. 그것은 위장된 말입니다.

a) 광인이 거짓을 말하는 경우, 그가 감추고 있는 진실을 찾아야 합니다.

b) 광인이 진실을 말하는 경우, 마치 우연처럼 진지함이 결여된 채로 발화되는 것입니다. 광대의 말은, 스스로는 소유하지 않은 진실의 매개 역할을 합니다.

—바로 이런 이유로 서구 세계에서 광인의 말과 문학의 말은 서로 동일시되고 종종 결부되었습니다.

—이〔광인의 말과 문학의 말의 결부-옮긴이〕 주제는 항시 존재해왔습니다.

—하지만 문학의 언어가 제도적 지위를 바꾸는 시대마다 절정과 위기의 시기가 있었습니다.

문학의 언어를 어떻게 들어야 할지 모르게 되는 상황에 처할 때마다 광기의 모델이 작동했습니다.

다음과 같은 세 가지 방향에서.

—모든 시는 광기라는 생각

—시로 광기를 경청하려는 의지

—작가 자신에게는, 광기로서의 문학 경험

이는 16세기에 타소〔이탈리아 시인 토르콰토 타소Torquato Tasso - 옮긴이〕, 그리고 페르미시옹 백작[8]에게 발생한 경험이었습니다.

이는 18세기 말에 횔덜린과 블레이크Blake에게 발생한 경험이었습니다

이는 20세기에 루셀과 아르토에게 발생한 경험이었습니다.

5. 광인 전반의 민족학적 위상을 특징짓는 마지막 특징은 광인으로서의 지시가 제도화되지 않았다는 사실인데, 이는 우리 문화에서도 발견됩니다.

그러나 명백한 차이가 하나 있는데 우리 문명에서는 이러한 현상이 18세기 말까지, 보다 정확히 말하면 중세 말까지만 해당된다는 것입니다.

달리 말해, 우리 문명은 다른 사회에서 광인이 가질 수 있는 위상과 비교했을 때 광인의 민족학적 위상을 변화시킨 것이 아닙니다. 우리 사회는 단지 광기의 세계에 발을 들여놓는 것을 의례화하고 코드화했습니다. 그리고 광인이 세계를 침범하는 것을, 사회로 들어오는 것을 막기 위해, 또한 아무나 무분별하게 광기의 세계로 들어가는 것을

8 Bernard de Bluet d'Arbères, 별칭 페르미시옹Permission 백작(1566-1606). 이와 관련해서는 M. Foucault, *Folie et déraison. Histoire de la folie à l'âge Classique*, *op. cit.*, p. 53(《광기의 역사》, p. 110) 참조.

막기 위해 방벽을 설치했습니다.

그러므로 통상적으로 행해지는 분석을 역전시킬 필요가 있습니다.

—통상적으로 우리 문명은 민족학적으로 형성되고 규정된 어떤 종류의 인물들을 토대로, 그때까지 병적인 성격이 알려지지 않았던 진정한 병자들을 발견했다고 간주했습니다.

—그러나 사실 우리 문명은 모든 문화에 항시 존재하는 듯한 광인이라는 민족학적 인물에 어떤 변화를 유발시켰습니다. 요컨대 다른 곳에서는 발견되지 않는 무언가를 추가한 것입니다.

우리 문명은 광인의 세계로 들어가는 것과 〔그〕 세계로부터 나오는 것을 코드화했습니다. 우리 문명이 개인들을 강제로 광인으로 만드는 일을 담당하지 않았다 하더라도 (이 점에 대해서는 좀 검토가 필요할지 모릅니다), 이제는 누가 광인이고 광인이 아닌지를 말하는 기준에 대한 책임을 담당하고 있습니다.

그러한 조작이 바로 광인들의 의료화입니다. 그 조작을 통해 배제의 형태는 포섭의 형태가 되었습니다.

III

그러면 이제 그것이 어떻게 행해질 수 있었는지, 그 기묘한 절차가 발생시킨 결과가 무엇이었는지 간단히 제시해보고자 합니다.

A. 역사적 경위

1. 우리 문명에서 중세의 광인이 차지한 위상을 특징짓는 것은 다음과 같습니다.

—한편으로 광인이 담당해야 하는 역할이 명확하다는 것입니다. 순진한 증언자, 진실을 말하는 자, 결백한 자의 역할입니다.

—또 다른 한편으로 이 역할을 담당하는 개인들에 대한 무관심입니다.

따라서 다음과 같은 결과가 생깁니다.

— 급격한 이동 속도, 기동성

즉 광인들의 배

—매우 제한적인 성격의 강제 조치들

a) 종교 관련 일정한 직무 수행의 불가능(미친 사제는 진정으로 영성체를 행할 수 없다)과 일정한 민사적 행위 수행의 불가능

b) (흥분 상태의 사람들과 동일시되는) "광란 상태의 사람들"을 위한 구속 병상

도시 성문에 딸려 있는 감방은 이러한 상황의 특징입니다.

16세기에 광인들의 이동이 대단히 용이했다는 사실, 바로 이로부터 제대로 자리 잡지 못하고 사회에 "부적응한" 채 떠도는 자들의 무리가 비롯되었습니다.

2. 광인들의 이러한 위상을 변화시킨 사건은 결코 고전적 합리주의의 출현이 아니라, 우리 사회가 직업에 대해 갖게 된 요구에서 나타난 대단히 중대한 변화였습니다.

—17세기 초반의 큰 경제 위기, 〔그리고 그로 인한〕 도시의 실업자들

—국군 창설

—중상주의 정책 창시[a]

이 모든 사항들이 개인의 직업과 관련된 위상, 그리고 노동 규칙에 대한 새로운 감수성을 발생시켰습니다.

(즉 색욕이나 자만심이 아니라 태만이 가장 심각한 죄가 됩니다.)

그 결과 유럽 전체에 걸쳐 위험하고 나태하며 소란스러운 모든 개인들을 거대한 수감 시설(함부르크, 리옹, 파리, 런던)에 감금하려는 일반화된 시책이 생겨납니다. 이와 관련해 다음과 같은 사항들에 주목할 필요가 있습니다.

1) 이 시책은 경찰 기구의 창설과 상관적이었다는 사실

2) 이 수감 시설 내의 노동 규칙이 강제적이었다는 사실

3) 이 시설에는 실업자, 노동할 수 없는 노인, "자유사상가"(이 시기에 이 용어는 주정뱅이와 방탕아로 의미가 변화), 가족의 재산을 탕진한 가부장, 그리고 광인이 아무런 구별 없이 있었다는 사실

4) 이러한 사람들의 수가 17세기 말 파리에서 6000명에 달할 정도로 대단히 증가했다는 사실

어쨌든 이 사건이 중요한 것은 다음의 두 가지 이유 때문입니다.

—첫째, 이 사건은 광인을 사회학적 위상 면에서 매우 다른 특정한 사람들과 동일시함으로써 광인의 민족학적 역할을 (부분적이고 표면적으로나마) 소거했습니다.

a 여백에 다음과 같이 쓰여 있다: 종교, 노동의 규칙.

—예를 들면 노인들

—예를 들면 방탕아들

—예를 들면 실업자들(중세 도시에는 거의 존재하지 않았던 것으로 보임). 도시 실업자들

—둘째, 이 사건은 광인으로 하여금 순전히 부정적인 역할을 담당하게 했습니다. 즉 무용한 자, 노동하지 않는 자(그러므로 죄에 한쪽 발을 들여놓은 자), 그리고 방탕아에 가까운 자라는 역할을.

따라서 그는 제거해야 할 개인, 그 앞에서는 눈과 귀를 닫아야 할 존재가 되었습니다.

광인은 "사회학적으로 무력화된" 인물이 되었습니다. 즉 이 유형은 근본적으로 희미해집니다. 그 대신 죄 있는 자가 됩니다.

하지만 이는 의학적 분석이나 고찰의 결과가 아닙니다. 사회적 요청의 변화가 발생시킨 결과입니다.[9]

3. 마지막으로, 우리를 근대까지 이끌게 되는 제3의 사건이 있었습니다.[10]

그것은 고전주의 시대 전반에 걸쳐 존속했던 감금 시설의 폐지로, 18세기 말에 발생했습니다.

—외관상으로는 해방운동의 일환이었습니다.

—하지만 일부는 정치적 이유도 있고 또 경제적 이유도 있었습니다.

---

9 광인을 포함한 이러한 사람들의 감금과 관련해서는 다음을 참조할 것. M. Foucault, *Folie et déraison. Histoire de la folie à l'âge Classique*, *op. cit.*, partie I, chap. II, "Le grand renfermement", p 54-96(《광기의 역사》, 제1부 제2장, p. 113-164).

10 이 사건과 관련해서는 다음을 참조할 것. 위의 책, partie III, chap. IV, "La naissance de l'asile", p. 556-612(《광기의 역사》, 제3부 제4장, p. 711-777).

—정치적 〔이유〕, 그것은 국가의 사법적 역할의 축소였습니다.

—경제적 이유, 그것은 공업사회가 경험한 "실업의 필요성"이었습니다.

—18세기에 이미 고용자들에 대항하는 투쟁이 있었습니다.

—오늘날 이러한 노동시장에의 개입은 더 이상 용인되지 않습니다.

원래 이 사건은 수용된 모든 사람들의 전면적 해방으로 이어져야 했습니다. 그러나 광인들만은 해방되지 않았습니다.

그들이 해방되지 않은 것은 당시 부르주아 가정이 〔갖고 있던〕 정치적 사법적 중요성 때문이었습니다(민법전이 그 증거입니다).

—감금 제도는 가족의 재산이나 혼인관계에 위협이 되는, 즉 가족의 경제적 사회적 위상에 위협이 되는 사람들을 제거하기 위한 수단으로 가족에게 제공되었습니다.

그리하여 (이미 존재하고 있던) 금치산 제도가 도입되었습니다.

—다른 한편으로 같은 시기에, 부분적으로는 다른 이유들로 인해 병원이라는 영역이 조직되어 병자에게 최초로 사회적 지위를 부여하게 됩니다.

처음으로 사회 전체가 질병 일반과 관계 맺게 된 것입니다. 이는 의학의 역사에서 대단히 중요한 사건이었지만, 그 이상으로 광기의 역사에서 결정적이면서도 기묘한 역할을 한 사건이었습니다.

병원은 감금의 모델(그리고 정당화) 역할을 하게 되었습니다.

—가족이 병자의 보살핌을 병원에 떠맡길 수 있었던 것처럼

—가족은 동일한 방식으로 광인이라는 위험한 개인을 준準병원으로, 혹은 감금소이자 병원인 혼합 조직으로 내쫓아버릴 수 있었습니다.

이제 광기는 의학적 모델 내에 포획되었습니다. 광기와 질병의 동일시는 당연한 것이 되었고, 사람들은 그 사실 위에서 편히 잠들고 있습니다.

물론 그 사실에 불평을 토로할 필요는 없습니다. 그러나 이러한 동일시를 자명한 것의 발견으로 분석해서는 안 됩니다. 오히려 이것을 광인이라는 민족학적 인물에 있어서의 변화로 보아야 합니다.

—이 변화는 사회학적, 정치적, 경제적 영역에서의 몇몇 현상들이 융합되고 결합되어 발생한 결과입니다.

—이 변화는 광인이라는 인간을 근본적으로 변화시키지는 못합니다. 무엇보다 이 변화는 광기의 세계로의 참여가 의례화되는 방식을 변화시키며, 나아가 광인의 항상적 기능에 몇 가지 요소를 추가시킵니다.

B. 의학적 모델이 발생시킨 여러 결과

이렇게 해서 19세기 이후 서양 세계에서는

—광기의 민족학적 기능이 부양됩니다.

—어떤 실천 그리고 다른 곳에서 탄생한 인식을 통해

—병원 혹은 보호시설asile이라 불리는 특권화된 공간에서.

여기서 이 현상의 모든 결과를 나열하려는 것은 아니며, 그중 몇 가지만 예로 들어보겠습니다.

1. 우선, 이때부터 광기는 감금의 장소라는 특권적 장소와 연결된다는 점입니다.

a) 감금의 장소는 배제의 장소로 기능한다(감옥과 같은 방식으로).

b) 하지만 동시에 포섭의 장소로 기능한다(광기가 치유되어 광인이 사회로 회수되게 하는 곳이 보호시설이기에).

그러나 보호시설은 배제의 장소인 한에서만(분리·격리함으로써 치료) 포섭(회수)의 장소로 기능할 수 있다는 사실을 지적할 필요가 있습니다.

보호시설에 고유한 치료법이 있다는 것이 아니라, 그 조직에서 최근 50년간 행해진 진보는 보호시설을 가능한 한 다른 무언가로 변화시킬 목적을 가지고 있었다는 말입니다.

따라서 광기의 의료화는 다른 문명들이 배제하는 것을 포섭하는 것이 아니라, 포섭과 배제의 작용을 다른 방식으로 배분하는 것이 목표임을 알 수 있습니다.

2. 광기의 의학적 모델의 창시는 의사라는 인물상에 중요한 변화를 발생시킵니다. 아무튼 의사에 대해 상당한 무게를 부여합니다.[11]

a) 18세기에는 존재하지 않았던 정신과의라는 인물의 출현.

b) 실천, 진단과 분석 방법 등의 평행 관계.

---

11 몇 년 후 푸코는 이 주제를 다음 강의에서 전개하게 된다. *Le pouvoir psychiatrique. Cours au Collège France, 1973-1974,* éd. J. Lagrange, Paris, Seuil-Gallimard, 2003(《정신의학의 권력》, 오트르망 역, 난장, 2014).

c) 의학적 모델에 따르지 않던, 광기 관련 모든 형태의 실천에 대한 의학과 정신의학의 저항.

d) 결정의 심급, 법적 경찰적 권력으로서의 의학적 인물의 출현. 감시와 해방에 관련된 권력. 의사가 이전에는 결코 갖고 있지 않았던 모든 종류의 권력. 기묘하게도 그것을 의사 전체가 향유.

의사가 의학의 사회적 조직, 강제적 치료, 강제 입원에 개입한다는 사고방식, 즉 다른 민족에서는 발견되지 않는 이러한 의사라는 인물상은 아마도 광기와 병을 동일시하는 입장에 빚지고 있을 것입니다.

3. 또 이 의학적 모델은 광인이라는 민족학적 인물상의 변화에 결정적인 역할을 했습니다.

a) 첫째로 광기는 이제 질병이라는 형태하에서만 인식될 수 있습니다. 그리고 그 결과 기질적인 질병 모델에 의거해서만 인식될 수 있습입니다. 진정한 광인이기 위해서는 진정한 병자여야 합니다.

아마도 이로부터 19세기 전반에 걸쳐 유사 기질적인 질병—그 모델은 샤르코Charcot와 그의 동시대인들이 보호시설 병자들에 대해 규정한 것—이 중요한 위치를 차지하게 되었을 것입니다.

현재의 심신 전환[12]이나 심신증후군도 유사한 기원을 갖고 있을 것으로 추정됩니다.

12 심신 전환은 정신적 장애가 신체적 장애로 변화되는 것을 말한다. 이는 특히 히스테리 사례로 프로이트가 분석한 바 있다.

b) “병자”라는 인물상은 개인들에게 해결책이나 점유할 수 있는 하나의 역할로서 제시됩니다. 정신질환자는 하나의 사회적 인물, 근본적으로 모호한 인물이 되었습니다.

—진정으로 병자이지만 반드시 그렇지도 않은 인물.

—수치스러워야 하지만 무고한 인물.

—은폐되어야 하지만 고려되어야 하는 인물.

c) 그리고 광인이 16세기에 담당하고 있던 역할에 비해 중대한 역전이 발생합니다.

—광인은 (연극이나 민간 전통에서) 진실을 말하는 역할을 담당하고 있었습니다. 광인은 자기 자신을 넘어서는 말의 도구였습니다

—광인은 이제 병자이기 때문에 진실 인식(의학)의 대상입니다. 이 진실의 대상이 인간에 대한 진실을 인식하게 해줍니다.

광인은 진실을 보유하고 있지만, 다만 대상으로서 그렇습니다.

사실상 광인의 의료화 전체가 근본적인 민족학적 기능을 완전히 소거하지는 않았음을 이해할 수 있습니다. 광인의 의료화는 그 기능을 감추고 은폐했을 뿐이며, 그 기능의 몇 가지 특징들을 변화시켰을 뿐입니다. 결국 광인의 의료화가 심오하게 변질시킨 유일한 특징은, 광기의 세계로의 참여를 비의례화했시켰다는 것입니다.

19세기와 20세기의 정신의학은 이러한 의례화 외의 그 무엇도 아니었습니다. (감금과 진단 절차의 중요성, 의사라는 인물상의 신성화를 발생시키는) 병자의 입원과 퇴원 의례 말입니다.

약리학적 의학이 어떤 종류의 개인들로부터

—그들을 광기로 몰아넣고

—그들 속에서 광인이라는 인물을 식별하게 해주는 행동의 원인을 소멸시켜버린다면

낡은 민족학적 기능은 사라져버릴까요? 아니면 그 기능이 다른 형태를 취해 다른 일탈자들, 다른 "배제된 자들", 노동과 유희, 성과 언어 내에서 특이한 위치에 놓이는 다른 자들을 새로이 출현시키게 될까요?[13]

13 "광기의 소멸"이라는 주제가 푸코에게 새로운 것은 아니다. 예를 들어 다음을 참조하라. "la folie, l'absence d'œuvre(광기, 작품의 부재)"(1964), dans *Dits et écrits I, 1954-1975*, éd. D. Defer et F. Ewald, Paris, Gallimard, 2001, n° 25, p. 448. 여기서 푸코는 이미 철저하게 다른 관점이긴 하지만 정신질환의 약리학적 관리의 결과를 언급한다.

2. 광기와 문명

1967년 4월 튀니스의 클럽 타하르 하다드에서의 강연*

장관님, 신사 숙녀 여러분, 친애하는 친구[1]여,

제 소개를 하라시니 우선 말씀을 드리고자 합니다. 우리가 서로 알고 지낸 지 벌써 몇 년이 됐다구요? 열두 해, 아니면 열세 해쯤 됐군요. 우리는 스웨덴 밤하늘 아래 서로를 알게 되었고 이제는 튀니지의 태양 아래 다시 만나게 됐습니다. 여러분은 제게 항상 따뜻한 호의와 이해심을 보여주셨습니다. 그리고 오늘 저녁에도, 과거 여러 차례 그러셨듯 감동을 주고 계십니다. 진심으로 감사드립니다.

우선 한 가지 사과드리고 싶은 것은 제가 이미 다루었고 논의한, 이미 글까지 썼던 주제 즉 광기를 다시 다루게 되었다는 사실입니다. 아시다시피 책을 쓸 때는 어쨌든 소소한 낙이 있는데, 그건 바로 멍청한 짓이나 나쁜 짓을 할 때처럼 늘 즐겁게 시작된다는 것, 그러나 매번 다르게 다시 시작된다는 것입니다. 그리고 지금 저는 제가 예전에 썼던 이 책[2]을 다르게 다시 써보고 싶습니다. 오늘 저녁에 드리고 싶은 말씀은 제가 과거에 썼지만 물론 뜻대로 되지 않은 책, 그 불가능한 책을 어떻게 썼는가에 관한 것입

* 이 강연의 일부 전사본은 다음과 같이 간행되었다. *Les cahiers de Tunisie*(튀니지 노트), vol. 39, no° 149-150, 1989, p. 43-59. 이 강연과 관련해서는 D. Séglard의 논고 "Foucault à Tunis: à propos de deux conférences(튀니지에 간 푸코, 두 강연에 관하여)", *Foucault Studies,* n° 4, 2007, p. 7-18 참조.

1 도미니크 세글라르Dominique Séglard에 의하면("Foucault à Tunis", art. Cit.), 푸코가 스웨덴에 체류할 때 알게 된 장크리스토프 외베리Jean-Christophe Öberg인 듯하다.

2 Michel Foucault, *Folie et Déraison. Histoire de la folie à l'âge classique op. cit*〔미셸 푸코, 《광기의 역사》, 이규현 옮김, 나남, 2003〕

니다.[3]

제가 더 이상 쓰지 않을 책—이미 썼고 또 잘못 쓰였기에—에서 다루고자 한 주제는 대체로 이런 것입니다. 사실 우리는 흔히 광기는 명백한 정신질환이라고 말합니다. 그리고 다소 원시적이었든 발달된 것이었든 간에 상당수의 문명이 그 병리 현상을 있는 그대로 파악할 수 없었다고, 그래서 광기에 종교적 해석이나 마술적 해석을 부여했다고들 합니다. 그리고 결국 수 세기를 기다려 좀 더 고도로 발전된 문명에 이르러서야 애초에 올바로 해석되지 못했던 광기의 진상을, 즉 그것이 하나의 질병이었음을 알게 되었다고들 합니다.

그러나 저는 정반대로 말씀드리고자 합니다. 요컨대 광기는 어디서나 발생하는 질병이 아니라는 것, 보다 발전되고 특권적인 특정 문명들에서나 그것을 그저 질병으로 인식한다는 것입니다.

---

3 몇 년 후 갈리마르 출판사에서 《광기의 역사》가 재출간되었을 즈음, 푸코는 인터뷰에서 자신이 쓰지 못한 '다른 책'이 어떤 것이어야 했는지에 대해 이렇게 언급한다. "저는 왜 《광기의 역사》라는, 좀 기이한 제목의 책을 썼을까요? 그 주된 이유는 제가 진정으로 갈망하던 또 다른 책을 쓸 수 없었기 때문입니다. 그건 바로 광인들의 역사였습니다. 18세기부터 우리 사회 주변에서 늘 살아가고, 계속 존재하고 증가해온 사람들, 그러나 아무것도 알려지지 않았던 사람들의 실제적 역사 말입니다. 우리는 그저 그 사람들이 의사들에 의해 어떻게 파악되고 구분되고 분류되었는지, 그런 것만 알고 있습니다. 우리는 의사들이 [광인들에게] 한 일, 그들이 광인들을 어떤 항목들 아래 구분하고 광인들에게 어떤 치료를, 경우에 따라서는 징벌을 부과했는지만을 알고 있습니다. 실제로 광인들은 어떤 사람들이었는지, 무엇을 말하고 있었는지, 그들의 준동이 무엇이었는지를 쓰고 싶었지만 그럴 수 없었습니다. 아무 흔적도 없이 사라진 준동, 배후에 어떤 기억도 추억도 남기지 않은 절규였기 때문입니다. 제가 발견할 수 있었던 건 말하자면 가운데가 빈, 거기에 광인들이 처박히게 된 틀에 불과했습니다. 실제적, 현실적, 역사적 존재로서의 광기, 광인 그 자체는 발견할 수는 없었습니다."(Michel Foucault, "Entretiens avec Georges Charbonnier(조르주 샤르보니에와의 대담)", France Culture, 8 septembre 1972).
1973년 《정신의학의 권력》 첫 강의에서 푸코는 《광기의 역사》에 대해 또 다른 비판을 가한다. "표상들의 분석에 그쳤고", 광기와 관련해 행해진 실천들의 기원을 그 표상들 내에서만 찾았다는 사실을 스스로 비판한 것이다. 푸코는 이 강의에서 "근본적으로 다른 접근법", 요컨대 표상들이 아니라 광기에 대한 사람들의 표상을 만들어내는 권력 장치를 출발점으로 하는 접근법을 제시한다(Michel Foucault, Le pouvoir psychiatrique, p. 14-18〔《정신의학의 권력》, p. 33-37〕.
푸코가 《광기의 역사》를 비판적으로 회고하는 방식에 대해서는, 예컨대 Philippe Artière et Jean-François Bert, *Un succès philosophique. L'"histoire de la folie à l'âge Classique" de Michel Foucault*, Caen, Presses universitaires de Caen, 2011, p. 193-239 참고. 같은 책에 대한 "비판적 회고" 운동은 다음의 책에서도 중핵을 이룬다. *L'archéologie du savoir*, Paris, Gallimard, 1969〔《지식의 고고학》, 이정우 옮김, 민음사, 2000〕.

제가 말씀드리고자 하는 바는 광기가 실제로는 어떤 종류의 **사회적 기능**이며 모든 사회에서 매우 명확한 역할, 결국 모든 문명에서 꽤 일관된 역할을 담당하고 있다는 것입니다. 그리고 그러한 사회적 기능에 그리스-로마 문명, 이슬람 문명, 서구 그리스도교 문명처럼 어떤 의미나 의미 작용, 의학적 위상을 부여한 문명이 있었습니다. 달리 말해, 광기의 의료화가 반드시 광기의 심오한 진실 발견은 아닌 것입니다. 광기의 의료화는 특정 문명들에서 실질적으로 만들어진 하나의 가능한 변화형avatar일 뿐으로, 그것은 이슬람교도들과 그리스도교도들, 그리고 그리스-로마인들 사이에서는 발견되지만 그 외의 장소에서는 발견되지 않습니다. 즉 정신질환으로서의 광기는, 모든 문명에서 발견되는 중대한 사회적 기능으로서의 광기의 한 특별한 사례에 지나지 않습니다. 바로 이것이 제가 펼치고자 하는 주제이며, 증명하고 설득하고 싶은 논지입니다. 납득하지 못하시겠다면 오히려 잘된 일입니다. 저는 여러분을 납득시키기 위해 여기 있는 것은 아니기 때문입니다. 여러분도 설득당하기 위해 여기 계신 게 아닙니다. 저는 다만 여러분께 설득을 시도하기 위해 여기 있으며, 회의적이고 비판적인 태도의 여러분은 불만스러운 기분으로 이 자리를 떠나기 위해 여기 계신 겁니다. 그게 이 일이 이루어지는 방식이고, 또 그렇게 이루어져야만 합니다.

자, 첫 번째 주제는, 모든 사회에서 발견되는 항상적 기능으로서의 광기입니다. 18세기 이후 유럽에서는 종종 이렇게 말하곤 했습니다. 대단히 복잡하고 발전된 동시에 대단히 퇴폐적인 문명에서가 아니라면 광기는 좀체 발견되지 않는다고 말입니다. 그리고 광기는 사회가 복잡해짐에 따라, 문명이 착종되어 자기 안으로 접혀 들어감에 따라, 사람들의 삶의 조건이 점차 복잡해짐에 따라 계속 증가한다고요. 반면 가장 단순하고, 자연 및 진실된 인간상에 가장 가까운 문명에서는 광기가 존재할 수 없다고 했습니다. 이러한 주장은 18, 19세기 이후에도 종종 표명되어왔지만 완전한 오류인 것 같습니다.

첫째로 가장 단순하고 원시적인, 혹은 소위 자연에 가장 가까운 사회가 광기로부터 자유롭다는 것은 사실이 아닙니다. 아무리 단순한 사회라도 〔광기라는 현상을 알지 못하는〕 사회는 세상에 단 한 곳도 없습니다. 오스트레일리아의 가장 원시적인 사회조차, 잘 알려지지 않은 시베리아의 사회조차 광기라는 현상을 모르지 않습니다.

다른 한편, 문명이 복잡해질수록 광인의 수가 증가한다는 것 역시 사실이 아닙니다. 예를 들어 우린 이렇게 말하곤 하죠. 요즘엔 19세기보다 더 많은 광인이 있고 19세기엔 18세기보다 더 많은 광인이 있었다고요. 그런데 이제 역사가들이 과거에 관한 양적 연구를 시작해보니, 대단히 이상하게도 광인(물론 광인이라 인식되고 진단되며 취급된 사람)의 비율과 수는 서구 국가들에서 17세기 이래로 거의 증가하지 않았다는 것입니다. 17세기 파리는 인구가 20만 명이 넘지 않았는데도 그중 6000명이 감금되었습니다. 상당히 높은 비율로 오늘날보다도 훨씬 높습니다. 단지 당시에 조금 더 많은 사람들을 가뒀을 뿐인데, 이에 관해서는 나중에 다시 논의하죠. 오늘날 광인의 수적 비율은 과거보다 높지 않습니다. 그러므로 문명 발전 정도에 따라 광기가 증가한다는 주장은 18세기 서양인들이 만들어낸 망상일 가능성이 크며 광기는 모든 사회에서 발견된다는 사실을 인정해야 합니다.

그런데 광기는 어떤 형태로 나타날까요? 그것은 광기라는 너무나도 일반적인 현상을 설명할 수 있게 해주는 일종의 공통분모입니다. 이렇게 말할 수 있다고 생각합니다. 어떤 사회든, 그러니까 단순하든 복잡하든—여기서는 모든 사회를 일괄 포함시켜 이야기하겠습니다—모든 사회에는 항시 구별되어 따로 놓이는 범주의 사람들이 있습니다. 그 사람들은 중범죄자나 병자, 또는 성스러운 인물로 간주되지 않고 그렇게 취급되지도 않습니다. 그런 자들과 좀 유사하지만 그럼에도 위상은 다릅니다. 예를 들어 오스트레일리아의 매우 단순한 사회에서는 초자연적 힘과 특정한 이름과 어떤 종류의 사회적 지위를 가졌다는 점에서 성스러운 인물로 간주되는 이들이 발견됩니다. 그리고 또 다른 범주의 사람들, 소위 병자, 마술사의 술수〔의〕 먹잇감이나 희생양으로 간주되는 사람들이 있습니다. 그리고 제3의 범주가 있습니다. 그 사람들도 특정한 이름으로, 즉 벵그와르bengwar[4]라고 불리는데 사실 이름 자체는 중요하지 않습니다. 그 사회 사람들에게 "벵그와르라는 게 도대체 뭡니까?"라고 물으면 그들이 내놓는 정의定義는 이것뿐입니다. "그들은 다른 이들과 다르게 행동하는 이들입니다." 놀라운 범주 항목인데요, 이것은 광인이라 불리는 사람들의 기묘한 위상을 적절하게 드러냅니다.

제가 지금 논의하는 사회에서뿐 아니라 다른 모든 사회에서, 이런 사람들은 어떻게 식별될까요? 그들의 다른 점은 무엇일까요? 다섯 가지로 특징지을 수 있다고 생각합니다. 우선 첫째로 다른 사람들과 다르게 행동하는 사람들, 오스트레일리아인들이 벵그와르라 부르고 우리가 광인이라 부르는 이들은 생산 활동에서 동일한 위상을 갖지 않기 때문에 다른 사람들과 구별됩니다. 사람들은 그들에게 다른 사람과 동일한 노동을 하라고 요구하지 않

4 본서 p. 39 각주 c를 참조하라.

습니다. 어차피 그들은 그렇게 할 수도 없습니다. 노동의 일반적 순환 속에서, 그리고 노동하는 사람들의 위상〔체계-옮긴이〕 속에서, 광인은 다른 이들과 동일한 위상을 갖지 않습니다. 둘째로 놀이 활동, 게임, 오락, 기분 전환, 축제 등 오늘날 우리가 우리의 다소 밋밋한 어휘로 "여가"라 부르는 것에서도 광인은 다른 사람들과 동일한 위상을 갖지 않습니다. 셋째로 가족과 관련해서, 또 일반적으로 사회에서 가치를 갖는 성적 규칙 체계와 관련해서도 광인은 다른 모든 개인과 동일한 위상을 갖지 않습니다. 광인은 가족의 관점, 그리고 성적 관점에서 볼 때 일탈자입니다. 네 번째로 광인의 언어, 말, 담론은 다른 사람들의 말과 동일한 의미, 위상, 기능, 역할, 유통 가능성, 가치 평가를 갖지 않습니다. 마지막으로 다섯 번째 특징입니다. 광인들은 사회에 의해 제도적 방식이 아니라 어떻게 보면 자연발생적 방식으로 지시됩니다. 즉 그들을 절대적으로 확실하게 지시하는 의례 같은 것은 없습니다. 달리 말해 이런 사람들과 다른 사람들의 경계는 직접적 지각을 통해 파악할 수 있으며, 그 경계가 완전히 제도화된 것은 아니어서 항시 좀 유동적인 상태입니다. 이 〔다섯 가지〕 특징들, 즉 노동에서의 차이, 유희에서의 차이, 가족 혹은 성 관련 위상에서의 차이, 언어에서의 차이, 그리고 마지막으로 이 모든 차이의 비제도적 성질이 어떤 문명에서든 광기라는 현상과 사실을 규정할 수 있게 한다고 생각합니다.

이렇게 대단히 포괄적이고 좀 부정적인 정의를 제시하며, 관련해서 두 가지 점을 지적하고자 합니다.

첫째로, 적어도 제 정의가 옳다면—물론 옳지 않을 수도 있지만— 모든 사회에는 대단히 특징적인 범주의 개인들이 존재한다는 것을 알 수 있습니다. 이들은 다른 사람들과 동일시할 수는 없지만, 특정 수의 다른 개인들과는 가깝습니다.

우선 광인은 병자와 상당히 가까운데, 이를테면 직업과 노동 체계에서 점하고 있는 특수한 입장 때문입니다. 즉 병자에게 노동이 요구되지 않는 것과 마찬가지로 광인에게도 노동이 요구되지 않습니다. 또한 사회에서 병자는 대개 특정 제도에 의해 지시되지 않습니다. 이는 대부분의 사회에서 마찬가지이며, 근대 사회에 이르러서만 병원 입원 제도나 시설 수용 제도, 그리고 의료 제도 전반이 배제의 의례로 기능하게 되었습니다. 그럼에도 광인은 병자와 다르며, 병자로 취급되거나 간주될 수 없습니다. 왜냐하면 첫째로 병자는 가족 내에서의 위상이 변하지 않기 때문입니다. 병자는 가족 내부에서 동일한 입장과 동일한 역할을 유지합니다. 그리고 병자가 말하는 것의 가치, 병자의 담론은 광인의 담론처럼 왜곡되는 일이 없습니다. 요컨대 모든 사회에서 광인과 병자 간에는 일종의 친연 관계가 존재하면서도 대단히 명확한 구별이 있습니다. 즉 병자는 가족 내에서의 위상과 담론의 위상에서 변화를 겪지 않지만 광인은 이 두 가지 모두에서 변화를 겪습니다.

두 번째로 광인이 또 누구와 유사하냐면, 여러 사회에서 성性이나 가족과 관련해 일탈자로 간주되는 부류의 사람들과 상당히 가까운 위치에 있습니다. 레비스트로스가 연구한 남비콰라족 사회를 예로 들어봅시다.[5] 거기서는 독신자 즉 결혼하지 않은 남성들, 아내 없는 남성들에게 대단히 독특한 위상을 부여합니다. 이는 아내가 없기 때문이라기보다는, 그로 인해 그들에게 아내의 남자 형제가 없기 때문입니다. 형님이나 처남이 없음으로 해서 그들은 가

5 예를 들어 다음을 참조. Claude Lévi-Strauss, “La vie familiale et sociale des Indiens Nambikwara(남비콰라 인디언들의 가정생활과 사회생활)”, *Journal de la Société des Américanistes,* vol. 37, 1948, p. 1-132 ; Id., *Les structures élémentaires de la parenté*, Paris, Gallimard, 2008, p. 243-335.

족 간의 일반적 연결망, 그 교류 안으로 들어갈 수 없고, 그 때문에 일탈된 지위를 갖게 됩니다. 그리고 광인은 남비콰라족 사회에서 어느 정도까지는 이런 가족이나 성 관련 일탈자들에 상당히 가깝습니다. 하지만 여기서도 뚜렷한 차이가 있습니다. 가족이나 성 관련 일탈자들은, 늘 그렇지는 않지만 대체로 다른 사람들처럼 직업과 노동 그리고 유희의 체계를 갖고 있으며, 특히나 그들이 말하는 바 즉 담론이 특별한 위상을 갖지는 않는다는 사실입니다.

세 번째 유사성, 세 번째로 가능한 비교는 광인이 모든 사회에서 발견되는 성스러운 인물들에 꽤 가깝다는 사실입니다. 성스러운 인물은 마술사, 신들린 자, 성직자, 예언자일 수 있는데, 광인과 성스러운 인물의 유사성은 몇 가지 특징으로 나타납니다. 먼저 성스러운 인물이 표명하거나 말하는 언어는 아주 특별한 가치를 지닙니다. 즉 성스러운 인물의 언어는 다른 사람들의 언어와 동일한 가치를 갖지 않으며, 그러한 한에서 광인과 성스러운 인물은 각자의 담론 가능성을 다소간 서로 주고받습니다. 이슬람교든 유대교든 그리스도교든, 종교사에서 광인의 담론을 신비주의자의 담론이나 예언자의 담론 혹은 신의 이름으로 말하는 자의 담론으로부터 분할해내는 것이 얼마나 어려운지는 누구나 다 알고 있습니다. 그것들 간의 유사성이 대단히 크기 때문입니다. 그럼에도 모든 사회에는 광인과 성스러운 인물 사이에 큰 차이가 존재하는데, 성스러운 인물은 늘 일종의 제도에 의해 성스러운 자로 인정되기 때문입니다. 그 제도는 기존 종교 제도일 수도 있고, 그 인물이 스스로 만들어낸 종교 제도일 수도 있습니다. 후자의 예로 **예언자**[6]는 스스로 자신의 종교적 말에 제도적 위상을 부

6 예언자 마호메트.

여함으로써, 자신이 속한 사회에서 발견된 다른 모든 일탈된 말들과 선을 긋습니다. 이렇듯 성스러운 인물은 늘 자신을 제도화하는 반면, 광인은 말하자면 자기 자신으로 존재합니다. 성스러운 인물을 지시하는 제도는 늘 있어왔지만, 광인을 지시하는 제도는 존재하지 않습니다.

이렇게 해서 여러분은 제가 모든 사회에서 발견되는 광인의 "사회학적 친연성"이라고 부르는 것 전체를 짚어낼 수 있게 되었습니다. 즉 광인은 병자에 가깝고 성 및 가족 관련 이탈자에 가까우며 성스러운 인물과도 가깝습니다. 하지만 광인은 이 세 범주 중 어느 것과도 완전히 동일시될 수 없습니다. 사회의 균질성 내에 존재하는 특이한 인물들의 전체적인 배치, 분포, 분산을 떠올려봅시다. 광인은 그 집단 전체의 일부이지만, 그 안에 속하는 기본 범주들 중 어느 것과도 동일시될 수 없습니다. 물론 그들 곁에 있지만, 그들과는 구별됩니다. 이상이 제가 모든 사회에서 발견되는 미친 인물의 정의와 관련해 하고 싶었던 첫 번째 지적입니다.

두 번째로 제가 대략 서구(여기서 "서구"라고 할 땐 지중해 문명도 염두에 두고 있습니다. 지금 우리가 다루고 있는 점과 관련해 아랍-이슬람교 문명들과 유럽-그리스도교 문명들 간에는 실질적 차이가 별로 없기 때문입니다. 다만 아랍-이슬람교 문명들, 특히 마그레브 문명이 제가 지금부터 기술할 현상에 있어 유럽보다 한두 세기 정도 앞서 있었을 뿐, 본질적인 차이는 없습니다)라고 명명하는 모든 문명에서 지적할 수 있는 것은 다음과 같습니다. 제가 앞서 모든 사회의 광인, 특히 원시사회의 광인을 규정하기 위해 제시했던 다섯 가지 특징이 이 모든 문명에서 완전히 동일하게 발견된다는 것입니다(이 말은 현 시대에도 유효합니다). 심지어 오늘날 우리가 알고 있는 균질화된 형태의 현대 세계에서도, 제가 언급한 다섯 가지 특징 가운데 네 번째 특징까지가 동일하게 나타납니다. 다섯 번째 특징은 좀 문제가 있어서 따로 다뤄야 하지만, 원시사회에서 광인을 규정하는 특징들 중 앞의 네 가지는 완전히 동일한 방식으로 발견할 수 있습니다.

우선 첫째로 우리 사회에서 광인은 직업과 관련해 대단히 특이한 위상을 갖고 있습니다. 생산과 노동의 네트워크 안에서 그의 위치가 대단히 특이하다는 것입니다. 하나만 예로 들어보면 이렇습니다. 유럽 여러 사회에서 광인들이 그러한 자로〔광인으로-옮긴이〕 인식되고 지시되기 시작한 것이 16세기 말, 17세기 초입니다. 그들이 그렇게 인식된 이유는 노동할 수 없는 자들이었기 때문입니다. 다시 말해 단순히 실업자였기 때문입니다. 바로 실업에 대한 경제적 인식이, 유럽에서 광인을 식별하여 특별 대우할 수 있게 한 것입니다. 노동의 사회인 우리 사회에서 광인이란 본질적으로 노동할 수 없는 자, 근본적인 실업자라 말할 수 있을 것입니다.

두 번째로 우리 사회에서 광인은, 원시사회에서와 마찬가지로 유희와 여가의 제도 안에서 특수한 위상을 차지합니다. 우선 광인이 유희의 대상이라는 기묘한 사실에 주목할 필요가 있습니다. 광인하고는 장난을 치지만 병자하고는 장난치지 않습니다. 병자를 주제로 하는 희극은 없습니다. 하나 있다고 말씀하실 수도 있는데, 그건《상상병 환자》[7]입니다. 요컨대 자신이 병들었다고 믿지만 실제로는 그렇지 않은 사람이고, 그렇기 때문에 병에 미친 사람이지만 그의 병이 그의 광기에 속하는 것이지 그 역은

7 Molière, *Le maladie imaginaire*, dans *Œuvres complètes,* t. II, "Bibliothèque de la Pléiade", Paris, Gallimard, 2011, p. 1073-1178〔《상상병 환자》, 정연복 옮김, 창비, 2017〕.

아닙니다. 병자는 업신여김을 당하지 않는 반면 광인은 업신여김을 당합니다. 광인은 조소와 놀림, 모방의 대상이며 연극 무대 위에 올려져 웃음거리가 되는 자입니다. 요컨대 광기는 유희의 대상이지만 질병은 그렇지 않습니다.

그리고 더 기묘하게도 광인은 다른 사람들을 조롱하고 이성의 진지함과 광인 아닌 사람들의 진지함을 갖고 놀며 비웃는 인물이면서도, 다른 사람들이 갖고 있다 믿는 그 유명한 이성의 진실을 어느 정도까지는 갖고 있는 인물입니다. 아랍과 마그레브에서도 그렇다고 생각하지만 모든 서구의 연극에서, 특히 17세기 바로크 시대 연극에서 광인, 이성을 상실한 개인이 등장인물로 매우 자주 발견됩니다. 그 등장인물은 언제나 아주 특이한 역할을 담당합니다. 남들보다 더 많이 아는 자이고, 남들이 진실을 알아채지 못하는 곳에서 진실을 간파하는 자입니다. 그는 일종의 두 번째 시각, 이중의 시각을 갖고 있습니다. 그것은 이성의 다소 맹목적인 시선 배후에 있는 섬세한 시선, 요컨대 사물을 통찰하고 정체를 폭로하며 고발하고 진실을 감지하는 시선이며, 이성이 그 자신의 장황한 담론을 통해 말로 표현할 수 없는 사항을 착란의 명멸하는 섬광 속에서 인식하는 시선입니다. 광기, 즉 그런 의미에서의 광인은 무대 위에서 연기되는 자이며, 늘 남들을 연기하면서도 남들보다 더 많이 알고 있는 자로 표상됩니다.[8] 그리고 일반적으로 말해 서구 세계에서, 그리고 서구 사유에서 광기는 늘 세계 전체를 조롱하기 위해 사용되어왔습니다. 에라스뮈스의 《우신예찬》[9]을 떠올려보세요. 거기서는 결국 16세기 유럽의 모

8 바로크 시대에 광인들의 위상과 관련해서는 다음을 참고하라. 본서 p. 104-109.
9 Érasme, *Eloge de la folie, op. cit*(《우신예찬》).

든 인물과 모든 체제가, 그리고 더 성스러운 것, 더 진지한 것, 더 인정받고 있는 것 모두가 광기에 다름 아닌 어떤 것에 의해 조롱거리가 되고 그 광기가 예찬됩니다. 그러니 광기는 유희이자 유희의 대상이 되며, 광기 아닌 것을 조롱합니다.

게다가 일반적으로 말해 서구 사회 전체에서 광기와 축제 간에 기묘한 유사성, 귀속 관계가 존재한다는 것은 주지의 사실입니다(이런 것이 이슬람 국가들에서도 발견된다면 알려주시기 바랍니다). 결국 서구 중세 전체를 통해 종교 축제도 아니고 그리스도교 의례와 결부되지도 않은 유일한 주요 축제는 광기의 축제, 광인들의 축제, 혹은 프랑스의 어떤 지역에서 바보들의 축제라 불리는 것이었습니다. 이런 축제에서는 어떤 일이 벌어졌을까요? 사람들이 광인을 모방했습니다. 그리고 제가 앞서 지적한 특징들 전체가 축제에서 그대로 나타났습니다. 광인들은 원래 자신과는 다른 인물로 등장해 사회적 역할과 노동 및 직업상의 위상을 역전시켰습니다. 즉 가난한 자가 부자로 분장해 부자 행세를 했으며, 부자는 가난한 자로 분장했습니다. 권력 있는 자는 비천한 자를 흉내 내고, 비천한 자는 하루 동안 권력자의 호화로운 옷을 입었습니다. 그것은 중세 세계에서의 사투르누스 축제였습니다. 또한 그것은 성과 관련된 모든 규칙들이 중단되고 괄호에 넣어지는 시기였으며, 언어 해방의 날이기도 했습니다. 그날만큼은 말하고 싶은 것을 말할 수 있었습니다. 예를 들어 프랑스 북부 도시들에서는 주민 모두가 분장하고, 가면을 쓰고, 옷차림을 바꾸어 역할을 전복시킨 채 이장이나 시장, 영주나 사제의 관저 앞을 행진하면서 마음에 품은 모든 것을 토로하곤 했습니다. 물론 그것은 욕설과 외설적인 말들로, 그렇게 권력자들을 향한 카니발이 이루어졌습니다. 그것은 여러 제도로부터의 대대적 단절, 대대적 일탈이었고,

이는 개인들의 정체성 상실에까지 이르게 됩니다. 가면을 쓰고 있어서 누가 누군지 알 수 없었기 때문입니다.[10]

이러한 광기의 축제는 중세 제도로서는 비교적 일찍 사라졌지만, 지금도 벨기에와 독일의 많은 도시들에서 매우 완화된 형태로나마 여전히 발견됩니다. 결국 서구는 대체로 축제와 광기 사이의 관계를 완전히 잃지 않았습니다. 서구인들, 어쩌면 비서구인들도, 오늘날 축제를 한다고 할 때 도대체 뭘 하고자 하는 것일까요? 결국 취하려는 것 아닙니까? 그리고 어떤 나라들에서는 약을 하려는 것 아닙니까? 물론 스웨덴도 그렇지만 미국, 심지어는 프랑스도 그렇습니다. 오늘날 전 세계 모든 나라에서 볼 수 있는 마약에 대한 매료는 도대체 뭘까요? 과거 중세의 삶에 리듬을 부여하던 축제와 광기의 오래된 친연 관계를 재발견하고자 하는, 향수 어린 노력의 일환 아닐까요? 그러므로 원시사회에서와 마찬가지로 우리사회에서도, 유희와 관련해 광인이 처한 입장은 독특하고 특별하다고 할 수 있습니다.

모든 사회, 특히 원시사회와 관련해 제가 지적했고, 오늘날에도 여전히 우리 사회에서 발견되는 광인의 또 다른 특징은 다음과 같습니다. 우리 사회에서 광인은 가족과 관련해 매우 독특하고 특별한 위상을 갖고 있습니다. 이 가족적 위상, 그리고 더 일반적으로는 성과 관련된 생활을 규정하는 모든 규칙 내에서의 위상이 매우 예외적이었습니다. 아주 오랜 기간 동안, 즉 16세기와 특히 17, 18세기에 가족 구성원 중 누군가를 광인으로 지시한 것은 의사나 행정 당국이 아니라 가족 자신이었다는 사실을 잊지 말아야 합니다. 프랑스에서는 가정의 아버지가 봉인 영장을 내려주십

10 본서 p. 41의 주 6 참조.

사 국왕에게 청원하는 것만으로, 심지어는 경찰 대리관에게 청원하는 것만으로 충분했습니다. 그리고 어떤 인물을 샤랑통, 살페트리에르, 비세트르 등의 수용소로 즉각 보내는 데에도 바로 가족의 명령, 가족이 내린 진단, 가족에서 비롯된 청원으로 충분했습니다.[11] 즉 광기는 본질적으로 가족이라는 구성으로부터의 추방을 의미합니다. 게다가 광기는 가족 내 개인의 위상을 변경했고 지금도 늘 변경합니다. 프랑스 민법에 어떤 조치가 있습니다. 이제는 더 이상 적용되지 않는 것 같지만 매우 오랫동안 적용되었던 것으로, 그것을 다룬 발자크의 텍스트도 있습니다.[12] 그것은 금치산입니다(우리나라에도 '금치산', '한정치산'이라는 제도가 있었으나 오늘날의 실정에 맞게 그 내용을 보완하여 2012년에 '성년 후견 제도'로 이름을 바꾸었다-옮긴이). 이 금치산 덕분에 가족이나 가족의 일원, 혹은 가족의 고문이 광인의 대리인이 될 수 있고, 소위 보증인, 보다 정확히 말하자면 민법상의 부재 증명alibi이 될 수도 있습니다. 게다가 광인은 지극히 필연적으로 남편이나 아버지로서의 권리를 상실했습니다. 그리고 아시다시피 오늘날에도 여전히 많은 상황이 매우 고통스러워 광인의 가족 관련 권리, 심지어 광인 가족의 가족 관련 권리도 근본적으로 침해됩니다. 예를 들어 시설에 수용된 사람과는 이혼할 수 없습니다. 그 사람이 평생 그곳에 머무른다 해도 말입니다.

11 이 주제와 관련해 푸코는 고문서실에서 강한 인내력을 발휘해 보충 작업을 하고 이후 다시 다루게 된다. 다음을 참조하라. Arlette Farge et Michel Foucault, *Le désordres des familles*(가족의 무질서)(1982), Paris, Gallimard, 2014.

12 Honoré de Balzac, *L'interdiction*(금치산), dans *La comédie humaine*, t. III, "Bibliothèque de la Pléiade", Paris Gallimard, 1983, p. 403-493(《결혼 계약》, 송기정 옮김, 을유문화사, 2024에 수록). 푸코는 이미 이 작품을 언급한 바 있다. *Maladie mentale et personnalité*(정신병과 인격), Paris, P.U.F., 1954, p. 80. 다음의 책에서도 언급한다. *Folie et déraison. Histoire de la folie à l'âge Classique*, *op.cit.*, p. 112(《광기의 역사》, p. 183). 《금치산》을 제외하면, 푸코의 텍스트에서 발자크에 대한 언급은 1970년에 열린 《절대의 탐구*La recherche de l'Absolu*》 관련 강연 전까지는 발견되지 않는다(본서 〈《절대의 탐구》〉 참조).

보다 일반적으로 말해 광기는 우리 사회에서 가족뿐 아니라 성 현상sexualité과도 대단히 기묘한 친연 관계를 갖고 있다고 말할 수 있습니다. 18세기 이후부터 프로이트에 이르기까지 광기에 대한 모든 연구는 하나같이 광기와 성적 일탈 혹은 성 관련 범죄 간의 기묘한 친연 관계를 중심으로 이루어져왔습니다. 그것이 의심이나 상상으로 만들어진 관계일지라도 말입니다. 방탕함, 즉 성적 방종이 광기로 이어진다는 생각은 18세기에 대단히 빈번히 발견되는 사고방식이었습니다. 그런데 19세기 초의 다소 반교권주의적이고 실증주의적인 의사들은 반대로 정절이야말로 곧장 광기로 이어진다고 생각했습니다. 아무튼 이 양쪽 모두가 공통적으로 인정한 것은, 정상적이고 잘 제도화된 가족 생활은 광기와 양립할 수 없다는 것이었습니다. 그래서 광기는 가족의 수치, 숨겨야 하는 것이었습니다. 따라서 원시사회에서와 마찬가지로 우리 사회에서도 광인은 가족 안에서 대단히 특별한 위상을 지닌 존재인 것입니다.

다음 특징은, 원시사회와 마찬가지로 우리 사회에서도 광인의 말은 대단히 기묘한 위상을 갖는다는 점입니다. 광인의 말의 위상은 큰 문제입니다. 우리 사회가 광인의 말을 무가치한 것, 무효인 것으로 간주한다고 말하려는 게 아닙니다. 우리 사회가 그것을 말하자면 괄호나 인용부호 안에 넣는다는 것입니다. 광인의 말은, 보통 사람들의 일상적이고 정상적인 말이 불러일으키는 것과는 전혀 다른 반응을 유발합니다. 광인의 말은 경청되지만, 그 말에 대단히 특이한 위상이 부여되는 방식으로 경청됩니다. 예를 들면 문학뿐 아니라 중세 그리스도교 세계의 제도들에서도 발견되는 저 기묘한 인물을 생각해보시기 바랍니다. 그것은 광대라는 인물입니다(이슬람 사회에도 이에 대응하는 인물이 있었다고 생각합니다).

궁정의 광대, 왕의 광인이 각자가 대단히 개별화된 역할을 담당하고 있던, 지극히 계층화되고 폐쇄된 사회 한복판에 살고 있었습니다. 그는 거기 있었습니다. 술 따르는 하인 곁이든 대법관 곁이든 말입니다. 누구 옆에 있었는지가 중요한 건 아니지만, 그 역시 그들처럼 명확히 규정된 역할을 담당하고 있었습니다. 그런데 광대는 왜 거기 있었던 걸까요? 기묘한 위상을 가진 말을 내뱉고 퍼뜨리기 위해서였습니다. 그 말은 미친 말, 사리에 어긋나는 말이었습니다. 그 말은 어떤 말이었을까요? 한편으로는 힘이 제거된 말이었습니다. 따라서 광인이, 왕의 광대가 독설을 퍼부어도, 음담패설을 해도, 더 나아가 진실을 수용할 능력이 없는 누군가에게 진실을 말해도, 그건 대단찮은 일이었습니다. 광대의 말은 남의 기분을 상하게 하거나 남에게 상처 입히지 않았습니다. 그것은 완충용 가죽 뭉치를 댄 플뢰레 검과 같았습니다. 그것은 힘을 갖지 않는 말, 적나라한 말, 광인의 몸에 달린 방울이 내는 소리만큼이나 대수롭지 않은 말이었습니다. 광인은 자신의 말을 이중화〔반복-옮긴이〕하는 듯한 방울들을 옷자락에 달고 다녔는데, 그의 말은 그가 조금만 움직여도 딸랑딸랑 소리를 내는 그 방울 이상의 것이 되어서는 안 되었습니다. 그런 말, 힘을 갖지 못한 말은 그러나 진실의 역할을 담당했습니다. 광인은 진실을 말했습니다. 하지만 그는 교활한 방식, 위장된 방식, 역전된 방식으로 말했습니다. 광인은 거짓을 말하기도 했습니다. 하지만 늘 그 거짓 아래 은폐된 어떤 종류의 진실이 있었습니다. 광대가 직설적으로 적나라한 진실을 말할 경우에는 진지하지 않은 방식으로, 마치 우연히 흘러나온 듯 말했습니다. 그렇지만 우연처럼 발화되어 아무도 알지듣지 못하는 와중에도, 그 진실은 어떤 운명을 품고 있었습니다. 진실을 인정하지 않는 왕의 의심으로 가득 찬 귀를 향해 광대가 발설하는 말은 고대의 점쟁이가 발화하는 예언의 말처럼, 그 말에 귀 기울이지 않고 눈을 감는 권력자들 모두의 시간과 미래 속에 정해진 운명을 결정적으로 각인시켰습니다. 이렇게 해서 광대의 말은 많은 지중해 문명에서 아주 특별한 중요성을 갖게 되었습니다.

광대라는 인물은 오늘날 자취를 감췄습니다. 대략 중세 말 이래로 나타나지 않습니다. 그렇지만 진실하면서도 거짓인 말, 진지하진 않아도 본질적인 것을 말하는 말의 양의적 역할, 그리고 힘을 갖지 않지만 유포되는 모든 진실보다 더 중요한 뭔가를 폭로하는 말의 역설, 기묘하고 특권적인 말이라는 관념, 이런 주제는 아시다시피 우리 문명에서 사라지지 않았습니다. 사실 광대의 말보다 훨씬 더 중요한 말이 존재하는데, 그것이 바로 방금 말씀드린 역할을 담당합니다. 왕의 광대의 말을 계승한 것, 그것은 문학입니다. 문학가, 글을 쓰는 자는 우리 사회에서 왕의 광대처럼 뭔가를 행합니다. 결국 문학이란 무엇입니까? 진실을 말하기 위한 것도 아니고 실제로 일어난 일을 말하기 위한 것도 아닌, 일종의 공허하고 허황된 말입니다. 문학가, 소설가, 이야기를 만들어내는 자는 역사를 이야기하지 않고 사물을 말하지도 않습니다. 그는 존재하지 않는 뭔가를 말하고 공허 속에서 말합니다. 문학의 말은 우리 세계에 있어서 방울과 같은 것입니다. 그럼에도 불구하고 우리 일상의 화제, 우리 과학의 화제, 우리 철학의 화제가 갖는 둔중함이 말할 수 없는 무언가를 폭로하기 위해 존재합니다. 이 무언가는 사물 아래 잠재하는 일종의 진실 혹은 〔사물-옮긴이〕 저편에 있는 진실입니다. 결국 철학자나 학자보다 우리 세계의 위대한 소설가와 위대한 연극인이 인간의 운명을 더 잘 설명했다는 사실을 우리는 익히 알고 있습니다. 아무튼 광기와 문학의 이러한 친연 관계를 우리는 잊지 않았습니다. 물론 플라톤도 이를 지적한 바 있습니다.[13] 아시다시피 이러한 친연 관계는 제가 대략 지중해적이라고 부르는 모든 문학에 늘 따라다닙니다. 그리고 이 주제가 이슬람 문화에서 갖는 중요성이나, 현재 우리 사회에서 갖는 중요성도 우리는 잘 알고 있습니다. 그리고 다음의 세 주제—모든 시와 모든 언어에 의한 창작은 광기와 인접해 있다는 생각, 광기에 귀를 기울이는 것과 동일한 진지함과 불안을 가지고 문학과 시에 귀를 기울여야 한다는 생각, 그리고 작가는 광인에 지극히 가깝다는 생각—는 수천 년 전부터 위대한 전통 속에서 끊임없이 발견됩니다.

그리고 또 아시다시피 이 세 주제는 문학이 위기에 빠질 때마다 늘 한층 더한 강도와 현재성을 회복합니다. 예를 들어 16세기 서구 그리스도교 사회, 즉 중세 말과 르네상스 시대에 문학 언어의 위상이 대대적으로 변화하고 픽션 언어 전반이 새로운 형식을 중심으로 다시 균형을 회복해 새 위상을 획득했을 때, 문학과 광기의 친연 관계는 특별한 강도로 체험되었습니다. 그것은 물론 에라스뮈스의《우신예찬》이었지만, 그보다 훨씬 기묘한 것도 존재했습니다. 예를 들어 17세기 초 프랑스에 어떤 미친 사람이 있었습니다. 그는 정말 완전히 미친 자였습니다. 어지간하면 저나 여러분만큼 미쳤다고 말하겠는데, 그는 한참 더 윗길이었습니다. 오늘날이라면 병원에 수용되는 수준입니다. 자신을 페르미시옹

13 여기서 푸코는 플라톤이 시의 여신들이 유발한 광기를 다룬《파이드로스》의 구절을 언급하는 것 같다. 다음을 참조. Platon, *Phèdre*, 245a. trad. Fr. L. Robin, Paris, Les Belles Lettres, 1933, p. 32-33 : "신들림과 광기는 무사 여신들에게서 유래한다네. 이 신들림은 부드럽고 순결한 혼을 사로잡아 특히 서정시에서 격정적인 표현으로 옛사람들의 숱한 행적을 기림으로써 후세 사람에게 가르침을 주네. 전문 기술이 훌륭한 시인을 만들어주는 줄 알고 무사 여신들의 광기 없이 시에 입문한다면, 그도 온전한 정신에서 나온 그의 시도 광기에 사로잡힌 자들의 시에 빛이 바래 설 자리를 잃을 것이네."

〔permission, '허가'라는 뜻-옮긴이〕 백작이라 부르게 하고[14] 완전히 상식에서 벗어난 텍스트들을 썼습니다. 그 텍스트들은 몇몇 사람들의 자금과 압력에 의해 간행되었습니다. 그의 후원자가 누구였는지 당장 생각이 나진 않는데, 아마 부용Bouillon 백작이었던 것 같습니다. 그 사람이 자신의 자금으로 그 얼토당토않다고 할 수밖에 없는 텍스트들을 출간한 것입니다. 그리고 18세기 말과 19세기 초, 횔덜린의 시대[15]와 윌리엄 블레이크William Blake의 시대에도 광기와 문학 간의 기묘한 친연 관계가 재발견되었음을 잘 알고 계실 겁니다. 그리고 오늘날 레몽 루셀,[16] 앙토냉 아르토[17]와 더불어 미친 작가들의 경험은 우리에게 대단히 특권적인 경험입니다. 앙토냉 아르토는 문학 언어의 그 오래된 위상을 돌파해 교란함으로써, 그 언어를 광기라는 새로운 공간 안에서 해방시켰다는 의미에서, 현대 프랑스의 모든 작가들 가운데 가장 결정적 존재라고 말할 수 있을 것입니다. 게다가 앙리 미쇼Henri Michaux 같은 작가가 마약중독 속에서 글을 쓴다는 사실, 글을 쓰기 위해 마약을 사용한다는 사실은 본인에게, 그리고 다른 사람들에게도 계획적 광기와 에크리튀르가 어떻게 기이하게 결부되어 있는지를 보여줍니다.[18] 아시다시피 문학과 광기의 이러한 관계에서도 제가 서두에

---

14 본서 p. 44, 주 8 참조.

15 다음을 참조. M. Foucault, "Le 'non' du père"(1962) dans *Dits et écrits I*, *op. cit.* n° 8, p. 217-231.

16 물론 다음의 책이 상기된다. M. Foucault, *Raymond Roussel*, Paris, Gallimard, 1963. 본서 p. 129-134도 참조.

17 아르토에 있어서의 광기와 언어 간 관계 분석은 본서 p. 129-134 참조. 아르토와 관련해서는 다음도 참조. M. Foucault, "langages de la folie: le silence des fous", 1963년 1월 4일 프랑스 국영 라디오-텔레비전, 프랑스 제3나시오날에서 방송된 라디오 프로그램(시리즈 두 번째 방송). Reprise dans Michel Foucault, *La grande étranger. Á propos de littérature,* 'éd. Philippe Artières, Jean-François Bert, Mathieu Potte-Bonneville et Judith Revel, Paris, édition de l'EHESS, 2013, p. 27-50(《거대한 낯섦》, p. 49-76).

18 앙리 미쇼는 마약의 영향하에서 에크리튀르의 경험을 탐구했다. *Paix dans les brisements*(Paris, Flinker, 1959), *Connaissance par les gouffres*(Paris, Gallimard, 1961), *Les grandes épreuves de l'esprit*(Paris, Gallimard, 1966). 마약과 광기의 관계와 관련해서는 본서 p. 87-88 참조.

지적한 다음과 같은 일반적 특징을 확인할 수 있습니다. 즉 모든 사회, 그리고 우리 사회에서 광인의 말은 대단히 특별하고 독특한 위상을 갖고 있으며, 그것이 광인이라는 인물 자체를 자리매김하게 한다는 것입니다.

마지막 특징이 남아 있습니다. 그것은 바로 광인을 지시한다는 것이 갖는 비제도적 성격입니다. 모든 사회에는 앞서 말한 네 가지 특징 외에도, 광인을 규정 짓는 또 하나의 특징이 존재합니다. 바로 광인을 지목해 그를 확정적으로 광인으로 인식하게 해주는 어떤 조직도, 제도도, 권위적 기구도 존재하지 않았다는 사실입니다. 이것은 대다수의 문명에 해당되는 사실이었고, 중세 말까지는 우리 문명에서도 마찬가지였습니다. 그러나 이슬람 문명에서는 15세기 말 즈음에, 서구 문명에서는 16세기 즈음에 상황이 달라지기 시작했습니다. 즉 그 시기에 광인을 광인으로 인식하기 위한 수단이 발명되었고, 광기와 비광기의 구분, 다시 말해 그 차이의 제도화가 시도되었습니다. 저는 광기의 의료화, 정신의학과 정신병리학 같은 것의 발명, 수용소라 불리던—그리고 현재는 "정신병원"이라는 보다 품위 있는 용어로 명명되는—대규모 시설들의 조직화가 바로 그런 제도화라고 생각합니다. 다른 어떤 문화도 확립한 적 없었던 이런 제도화가 15세기 아랍의 마그레브에서 시작되었고, 유럽에서는 스페인 사람들을 매개로 한 아랍의 영향하에서 16, 17세기에 행해진 것입니다.

지금부터는 광인과 그렇지 않은 사람을 분할하는 제도화와 관련해 가급적이면 간명하게 설명해보고자 합니다. 그러나 그 전에 제가 어떻게 논증—그릇된 것일 수도 있고 오류와 함정으로 가득 찬 것일 수도 있습니다—을 구축했는지 이제 아시리라 생각합니다. 요컨대 모든 사회에서 광인을 인식 가능하게 하고 광인의 위상을 결정짓게 하는 다섯 가지 큰 특징이 있다는 사실을 보여드리려는 시도입니다. 처음 네 가지 특징은 다른 모든 사회에서와 마찬가지로 유럽 혹은 근대 세계에서도 완전히 동일하게 발견할 수 있습니다. 단지 다섯 번째 것만이 변수가 되었습니다. 즉 마지막 특징인 광인 지시의 비제도적 성질이 변모했습니다. 정신의학의 역할과 기능이 삽입된 것입니다. 그 결과, 만약 제 논증이 정확하다면 다음과 같은 결론에 이르게 됩니다.너무나 오랫동안 은폐되고 망각되어 희미해진 광기의 진실을 정신의학이 마침내 발견한 것이 아니라, 광기의 항상적이고 보편적이며 민족학적이고 사회학적인 위상 내부에서 비로소 정신의학이 어떤 역할을 담당하게 되었다는 것입니다. 정신의학의 중요성은 이미 존재하고 있던 보편적 구조 내부에 삽입되었다는 사실에 있습니다. 달리 말해 정신의학은 광기의 일반적 사회학적 구조 내부의 여러 기능들 중 하나에 불과하다는 것, 광기의 진실을 밝혀내기는커녕 그 일반적 구조 내에서 가능한 여러 기능들 중 하나를 담당할 뿐이라는 것입니다.

이제 저의 논거가 밝혀졌으므로, 광인과 비광인의 분할이 구성되어가는 양태에 대해 개략적으로 설명해보고자 합니다.[19] 대체로 중세에는—서양 문명뿐 아니라 이슬람 문명도 마찬가지라고 생각하는데— 광인의 위상이, 혹은 광인과 비광인의 분할이 대단히 불확실하고 유동적이었다고 말할 수 있습니다. 실제로 15세기와 16세기까지는 원한다면 누구나 미칠 수 있었고, 누구에게도 광인을 지시해달라고 요청하지 않았으며, 누군가가 광인이기를 중단하고 싶다면 그렇게 할 수 있었습니다. 달리 말하면 광

19 뒤이어 나오는 부분에서 푸코는 《광기의 역사》에서의 몇 가지 분석을 다시 다룬다.

기와 비광기를 분리할 문도 칸막이도 존재하지 않았습니다. 그러므로 중세 세계에서 광기의 이른바 자유로운 위상은 몇 가지 사항들로 특징지어집니다. 한편으로 광인들은 기꺼이 인정받고, 기꺼이 받아들여졌으며, 기꺼이 광인으로 지시되고 또 귀 기울여졌지만, 광인을 수용하는 제도는 존재하지 않았다는 점입니다. 당시 파리와 같은 대도시의 병원들을 다 살펴봐도, 광인들을 수용하는 곳은 유일하게 오텔디외Hotel-Dieu 병원에만 전부 합쳐 네 개의 병상이 있었을 뿐입니다. 그 병상에 사슬과 우리로 된 시스템을 설치하여 광란 상태의 사람들을 가두고 결박했습니다. 게다가 그 광란은 광기의 한 범주라기보다는 오히려 열에 의한 일종의 흥분 상태로 간주되었습니다. 본래적 의미에서의 광인들, 그렇게 인식되고 지시되며 귀 기울여지는 광인들은 자신들이 원하는 대로, 원하는 장소에서 완전히 자유롭게 도시를 왕래했습니다. 광기의 위상은 전적으로 자유로웠고, 어떤 광인이 과도한 흥분 상태가 되었거나 그 광인을 쫓아버리고 싶을 경우에는 떠돌이들—대개는 상인들이거나 더 흔하게는 하천을 따라 내려가는, 혹은 바다를 건너는 배의 선원들—에게 맡기는 습관이 있었습니다. 만약 여러분 중 트리스탕의 전설을 읽어보신 분이라면 잘 아시겠지만 변장한 트리스탕은 광인 흉내를 내며 머리에 십자가 면도를 하고, 누군가[20]와 함께—뭐 중요한 건 아닙니다—배에서 내렸습니다. 그리고 그는 즉각적으로 광인으로 인식되어 이러한 질문을 받습니다. "도대체 어떤 선원이 너를 여기로 데려온 거냐?"선원만이 광인을 데려올 수 있었기 때문입니다. 이렇게 광인들은 이

20 코르누아이유Cornouailles의 마르크Marc였다. 다음 참조. Michel Foucault, *Folie et déraison. Histoire de la folie à l'âge classique op.cit.*, p. 15[《광기의 역사》, p. 58.]

동하고 있었습니다. 가도를 따라가며, 교통수단을 따라가며, 대상隊商과 상인의 행렬을 따라가며, 혹은 배를 타고 이동했습니다. 이렇게 불안정하게 왕래하는 광인들, 떠돌아다니느라 통합이 잘 안 되어 19세기부터는 사회 부적응자라 불리게 되는 무리, 바로 이것이 〔광기와 비광기의 - 옮긴이〕 분할이 얼마나 자연발생적이고 자유롭게 비제도적으로 이루어지는지를 보여주는 것이었습니다.

그런데 어떻게 해서 제도화가 이루어지게 된 걸까요? 우리 사회는 이러한 상황을 어떤 시기에 어떻게 참기 어려운 것으로 생각하게 되었고, 광인과 그렇지 않은 자 사이를 명쾌하고 확실하게 격리하는 법을 발견해야 한다고 결정하게 된 것일까요? 이성이 자신을 광기와 구별하려고 시도한 과정은 어떤 것이었을까요? 유럽 세계에서 그 이유와 과정은 비교적 단순했고 쉽게 확인할 수 있다고 생각합니다. 16세기 말〔과〕 17세기 초 무렵에 발생한 큰 변화, 그것은 결코 이성의 진보가 아니었고 광기라는 기묘하고 수수께끼 같은 현상에 대해 보다 정확히 인식하려는 배려도 전혀 아니었습니다. "이 기묘한 병은 도대체 무엇이란 말인가?"라고 말하며 의사들이 광기에 관심을 갖기 시작한 게 전혀 아니었습니다. 광인을 그렇지 않은 사람과 구분하려고 한 것은 본질적으로 경제적 이유 때문이었습니다. 상당 기간 지속되었던 17세기의 심각한 경제 위기—17세기는 유럽과 특히 프랑스에서 문학과 예술의 황금기이자 한편으로는 대단히 가혹한 경제 위기 시대였습니다—가 유발한 것은 도시의 엄청난 실업 현상이었고, 그 현상은 16세기부터 17세기 초까지 유럽을 피로 물들인 국지적 분쟁과 종교 전쟁 등이 끝나자 한층 더 가속화되었습니다. 그로 인해 사회에 적응할 수 없고 직업도 갖지 못한 많은 사람들이 도시에 출현하게 됩니다. 여기에 세 번째 요인인 중상주의 정책 도입이 더해졌습니다. 정치적 힘까지는 아니라 해도 적어도 경제적 힘을 갖기 시작한 부르주아지는 제품을 가능한 한 싸게 제조하기 위해 대량의 노동력을 필요로 했고, 제품을 외국에 팔아 아시다시피 당시에 희귀해진 유명한 귀금속을 획득하려 했습니다. 결국 17세기 유럽의 모든 정책은 그 귀금속을 축적하려는 욕구에 의해 지배되었습니다.

그렇다면 이 실업자들은 어떻게 되었을까요? 아주 단순합니다. 중세와 16세기에도 여전히 유럽의 모든 가도와 운하를 자유롭게 떠돌던 그들 전부가 가두어진 것입니다. 지금부터 거명하는 도시들의 이름에 주목해주세요. 항구인 함부르크, 마찬가지로 항구인 런던, 대단히 거대한 도시 파리, 그리고 당시 공업 도시는 아니었어도 프랑스 최초의 수공업 도시였던 리옹, 이 네 도시에 수천 명의 사람들을 수용할 수 있는 거대한 시설이 문을 열었습니다. 아니, 오히려 사람들을 가두고 문을 닫아버렸습니다. 그 수천 명—1660년 파리에서 구금된 사람들은 6000명—은 어떤 종류의 사람들이었을까요? 주로 일하지 않는 사람들, 직업이 없는 사람들, 노인들, 방탕자들, 주정뱅이들, 가족의 재산에 이익을 가져오는 대신 재산을 탕진하는 낭비벽이 있는 가장들, 그리고 광인들이었습니다. 그런 사람들 전체가, 당대의 노동 조건과 규범에 적응하지 못하는 모든 자가 감금되게 됩니다. 요컨대 그리스도교 죄의 세계에서 '무위'가 다른 과오나 죄보다 우위에 섰을 때, 부르주아 세계에서 제일의 죄가 오만이 아니라 태만이 되었을 때, 중세와 16세기의 윤리와 도덕 체계 전체가 역전되었다고 말할 수 있습니다. 그리고 바로 그때부터—물론 슬퍼해야 할 일이지만[21]— 사람들이 감금되었습니다. 그 시기에 구축된 경제적이고 윤리적인 세계 전체가 무용한 사람들, 일하지 않는 사람들, 경제적 생산의 거대한 회로에 참여할 수 없는 사람들을 그 활동 영역과 빛의 장소로부터 배제하고 추방했던 것입니다.

파리에 다음과 같은 세 개의 큰 시설이 존재했습니다. 우선 샤랑통, 그곳은 원래 병원이었으나 이상하고 불확실한 사람들을 위한 수용 시설이 되었습니다. 다음으로 살페트리에르와 비세트르가 있었습니다. 이 세 곳에 총 6000명이 수용되었는데, 당시 파리 전체 인구가 20만 명이었음을 고려하면 상당한 비율입니다. 물론 그 6000명 전원이 우리가 오늘날 이해하는 의미에서의 광인은 아니었지만, 그래도 그 시점에 처음으로—특히 이 점을 강조하고 싶습니다—서구 세계에서 광인이 이전까지는 한 번도 동일시되지 않았던 부류의 사람들과 동일시되기 시작했습니다. 즉 광인은 노인과 동일시되고, 방탕자와 동일시되며, 실업자 및 직업이 없는 사람, 그리고 불구자와 동일시되었습니다. 그 결과 광인은 중세에 누렸던 사회학적이고 거의 민족학적인 특수성을 상실하고 말았습니다. 한때는 괴짜지만 높은 가치를 부여받은 인물로 여겨지고, 그의 엉뚱한 말에서 진실이 드러나리라 기대되던 시절이 있었습니다. 그러나 광인은 갑자기 무력화-중성화된 인물, 동시에 죄를 진 인물이 되었습니다. 그는 은폐된 진실의 역설적 세계를 떠나 이제 죄와 태만의 세계, 즉 무위의 세계로 들어가버렸습니다.

이것이 광인과 비광인의 분할이 대대적으로 제도화된 최초의 순간입니다. 이러한 분할은 직접적으로 이루어진 것이 아닙니다. 17세기 유럽 사회는 광인과 광인이 아닌 사람을 분리한 게 아니라, 실제로는 노동하는 자로부터 노동할 수 없는 자를, 즉 경제적

---

21 이 지적은 나태가 제1의 죄가 되어버린 것 같다는 일종의 유머와 더불어 언급되었다.

규범에 속하지 않고 또 그것에 따르지 않는 자를 분리해낸 것입니다. 불구자, 방탕자, 노인 등이 포함된 그러한 사람들 가운데 광인이 있었던 것입니다. 이것이 최초의 분할이었고, 따라서 이것은 이성과 비이성의 분할이 아니라 노동과 비노동, 노동과 무위의 분할이었습니다.

다음으로 이와 같은 제도화의 두 번째 에피소드로 넘어가봅시다. 두 번째 에피소드는 19세기 초 프랑스 혁명기에 일어난 일입니다. 하지만 단지 프랑스만이 아니라 유럽 전체에서 고전적 감옥의 위상이 재검토되면서 모든 실업자들을 가두어 은폐하던 주요 감금 시설들의 문이 열리기 시작했습니다. 왜 그 문이 열리게 된 것일까요? 주로 두 가지 이유 때문이었습니다. 하나는 정치적 이유였습니다. 국가, 그리고 국가기구—오늘날의 행정부라 말할 수 있는데—가 사법 심급과 관련해 갖고 있던 중요하고 무거운 역할을 상실했기 때문입니다. 그로 인해 17세기와 18세기에 중요했던 경찰의 역할 역시 저하되었습니다. 그리하여 국가기구가 가령 가족의 청원에 의해서도 누군가를 어둠 속에 처박아 생애 내내 감금하는 것은 더 이상 불가능해졌습니다. 이와 같은 국가 권력의 제한, 결과적으로 경찰 권력의 축소는 광기와 비광기의 분할이 재평가되는 데 중요한 역할을 했습니다.

그러나 다음과 같은 단순한 경제적 원인도 있었습니다. 당시 이미 여명기를 지나 서구 세계에서 발전 중이던 공업화는 당연히 앞서 언급한 실업의 필요성과 결부되어 있었습니다. 실업가들이 싼값의 노동력을 이용해 원가를 낮게 억제하여 큰 이익을 보려면 실업자들이 있어야 했습니다.

이러한 경제 제어 핸들로서 실업자 집단을 보유할 필요성이 인식되면서, 18세기 말부터 19세기 초에 걸쳐 모든 유럽 국가들의 감금 시설이 개방되고 거기 있던 사람들이 모두 나오게 됐습니다. 불구자들, 방탕자들, 쓸모없다고 여겨진 자들, 일하지 않는 자들이 다시 거리로 방출된 것입니다. 그들을 다시 경제적 회로 속으로 복귀시킬 필요가 있었기 때문입니다.

그때 다른 사람들과 더불어 광인들도 해방되어야 했습니다. 그렇지만 그들은 해방되지 않고 여전히 그 장소에 유치됩니다. 광인들만이 17세기 중엽에 건설된 거대한 감금 시설의 유일한 자격 보유자인 양 유일하게 감금되었던 것일까요? 왜일까요? 모든 사람들이 해방되던 시대에 왜 광인들은 유일하게 감금된 사람들이었을까요? 거기엔 우여곡절이 좀 있었습니다. 18〔세기〕 말 다수의 개혁파 사람들은 다른 사람들과 마찬가지로 광인들도 해방되도록 요청했습니다. 하지만 실제로는 그렇게 되지 않고 광인들은 그곳에 감금된 채로 남아 있었습니다. 그 이유는 앞서 말한 것과는 다릅니다. 18세기 말부터 19세기 초에 형성된 유럽 부르주아 사회는 나폴레옹 법전〔민법전〕이라는 형태로 자신의 규범을 만들어냈는데, 그 사회는 결국 본질적으로 가족의 〔…〕[a] 사회였습니다. 그런데 당시 사회와 가족은 대부분 다른 이유로 병원 제도를 필요로 했습니다. 이때의 병원 제도는 정신질환자가 아니라 일반적인 병자에게 의학적 치료를 제공하기 위한 것이었지만, 일종의 오염이 발생합니다. 가족이 〔자신들의〕 경제적 위상 등에 위험이 되는 모든 사람들을 제거하는 것을 정당화하기 위해, 즉 광인을 가족으로부터 배제시켜 감금하는 것을 정당화하기 위해, 감금에 의료적 성격을 부여한 것입니다. 즉 수용소와 감금 시설에 병원과 유사한 위상을 부여한 것입니다. 실제로는 특정한 사람들을

a 여기서 녹음이 끊겨 중단되었다.

제거하기 위한 감금 행위가 **마치** 치료를 위한 의료화 과정처럼 되어버린 것입니다. 그리하여 감금 시설은 차츰 정신병원이 되어갔고, 감금은 입원과 같은 것이 되어갔습니다. 하지만 이러한 변화는 장기간에 걸쳐 일어난 것으로, 수십 년이 아니라 거의 한 세기를 필요로 했습니다. 왜냐하면 19세기 전반에 걸쳐 감금은 의료적 정당화를 내세웠지만, 실제로 정신질환자에게 제공된 치료는 제로에 가까웠기 때문입니다. 당시 행해진 것은 주로 사람들을 감금하고, 분류하고, 진정시키고, 질병에 따라 분산 배치하여 다시 생활에 적응할 수 있게 되면 밖으로 내보내고, 적응할 수 없으면 죽을 때까지 가두어두는 것이었습니다.

그리고 20세기가 되어서야 정신병원이라는 그릇된 제도, 혹은 그릇된 의료 제도가 진정한 의료 기관으로 변모하게 되었습니다. 감금의 장소가 진정한 치료의 장소가 된 것입니다. 사실 이 변화는 두 가지 중대한 사건 뒤에 일어났습니다. 첫 번째 사건은 19세기 말에 등장했지만 20세기에 들어서야 널리 확산된 정신분석입니다. 보다 일반적으로 말하자면 정신요법과 정신요법적 방법의 확산이, 정신병원을 비로소 진정한 병원의 성격을 갖춘 곳으로 변화시킨 것입니다. 두 번째 사건은 1950-1960년대에 이루어진 약리학에서의 중대한 생물학적 발견들입니다. 그로 인해 광기라는 현상에 대한 엄밀한 의미의 의학적 개입이 가능하게 되었습니다.

따라서 결국 광기를 정신질환으로 규정한 것은, 그때까지 인식되지 않았던 질병으로서의 광기에 대한 순수한 과학적 발견이기보다는 오히려 우연이라 말할 수 없는 일련의 경제적, 정치적, 제도적, 사법적 사건들의 결과였습니다. 그리고 방금 여러분 앞에서 시도한 일종의 증명이 옳다면 그것이 어떤 과정이었고, 어떤 도식이었는지 대략적으로 이해하시리라 생각합니다. 즉 광기는 지속적으로 성장하는 의학이라는 과학에 의해 점진적으로 질병으로 인식된 것이 아니라는 말입니다. 여러 층위와 성질과 특징으로 이루어진 복잡한 사회학적 구조, 실제로 모든 사회에서 발견할 수 있는 보편적 사회학적 구조가 17세기 이후 우리 사회에서 경제적, 사회학적, 사법적 이유로 어떤 지점에서 변화했습니다. 그 지점이란 노동이 가능한 사람과 불가능한 사람을 분할해야 할 필요성이었습니다. 그로부터 점차적으로 새로운 분류 체계가 발생했고, 그것을 통해 광인들이 격리되어 수용되는, 더 정확히 말하자면 감금되는 장소인 수용소가 만들어진 것입니다. 그리고 마침내 수용소에 내재된 것이 아니라 그것과 병행하는 의료 모델 때문에, 수용소는 점차 치료의 장소가 되었습니다. 결국 광기가 정신질환으로 자리 잡기까지 19세기 전체가 필요했던 것입니다.

그러나 지금까지 제가 말씀드린 것이 옳다면, 광기가 우리 사회에서조차 다른 질병과 동일한 조건에서 출현하고 소멸할 수 있는 질병일 뿐이라고 생각할 수는 없습니다. 제가 말씀드린 것이 사실이라면, 광기는 항상적인 사회학적 기능일 가능성이 매우 높습니다. 우리가 상상할 수 있는 최대치로 의료화된 사회에서조차도 여전히 발견될 사회학적 기능일 것입니다. 따라서 정신분석, 특히 약리학적 치료가 광기의 몇몇 현상을 박멸하는 데 성공하더라도, 새로운 방식의 광기가 계속해서 새로 나타나, 광기라는 이 위대한 보편 기능의 최저치를 늘 일정하게 유지할 거라 생각할 수 있고 〔심지어-옮긴이〕 그럴 거라 기대할 수 있습니다.

3. 광기와 사회*

I

정상적인 것normal/병적인 것pathologique의 분할 아래서 다른 분할을 추출하기. 더 오래되고 더 전반적이며, 더 기초적이고 더 복잡한 기능을 출현시키기.

더 오래된 것:

정상적인 것/병적인 것의 대립은 최근의 일로 18〔세기〕 중엽의 건강/질병의 대립과 접속되어 있다. 그것이 광기/이성의 대립에 접목되는 것은 수십 년 후의 일이다.

더 전반적인 것:

그 기능은 모든 문화에서 발견되지만 정상적인 것/병적인 것의 대립은 대단히 국지적이다. 그것은 우리 문화에서 질병에 속하지 않는 분야, 사물과 담론, 작품에 적용된다.

더 기초적인 것:

광기/이성이라는 쌍의 내적 구조화는 대단히 약하다. 광기는 일련의 사물들의 집합에 구별 없이 적용되는 하나의 단순한 기능이다.

하지만 다른 한편으로 병적인 것은 여러 내적인 분화를 수반하는 구조화된 개념이다.

* BnF, Fonds Foucault, NAF 28730, boîte 57, dossier 6. 제목 다음에 푸코는 이것은 강의라고 적어두었다.

더 복잡한 것:

정상적인 것/병적인 것의 대립과 관련된 가치 체계는 단순하다. 하지만 광기와 관련된 가치 체계는 복잡하다(진실, 미, 무구, 도착, 범죄성과 광기의 관계).

광기/이성의 대립에서 드러나는 체계는 정상적인 것/병적인 것, 건강/질병의 대립을 지지하는 체계와는 완전히 다른 것이다.

하지만 광기/이성의 대립의 이러한 자립성, 아마도 원시적이고 전반적인 성격은 망각되어버렸다.

이 자립성은, 오늘날 그 지배적 경향이 확인되는 **정상적인 것/병적인 것**의 대립에 덮여 은폐되어버렸다. 이 대립은 오늘날 다음과 같은 것들까지 은폐하고 있다.

α. 범죄성/합법성의 대립

β. 금지된 성 현상/용인된 성 현상의 대립

γ. 통상적 종교적 실천들과 일종의 실지회복주의irrédentisme〔종교적 민족통일주의 - 옮긴이〕를 드러내는 실천들 간의 대립

그러나 좀 더 상세히 살펴보면

—정상적인 것/병적인 것의 대립이 왜 이렇게 확대되었나라는 물음을 던질 수 있다.

1. 이 대립은 차별화된 것이기 때문이다(혹은 많은 분석에 작동 가능하기 때문이다).

2. 이 대립은 대단히 단순한 가치 체계를 우리에게 제시하기 때문이다.

3. 이 대립은 환원의 테크닉을 상정하게 하기 때문이다. 병적인 것을 정상적인 것 쪽으로 이동시키는 여러 테크닉의 집합이 존재한다.

그렇기 때문에 모든 대립을 정상적인 것/병적인 것의 대립으로 귀착시키는 경향이 발생한다. 심지어 정치적 대립조차도.

—하지만 또다시 이렇게 물을 수 있다. 정상적인 것/병적인 것의 대립이 어떻게 다른 여러 대립들을 덮어 은폐하고 탈취해버릴 수 있는가? 정치적 과오, 범죄, 종교적 실지회복주의, 성적 일탈이 도대체 어떻게 의학적으로 해석될 수 있는가?

그 도구가 되는 것은 광기/이성의 대립이다.

—이론적 사유에서 광기/이성의 대립은 정상적인 것/병적인 것의 대립에 의해 완전히 코드화되어 있다.

—그러나 이 대립은 암암리에 일반적 코드로 작동하여 범죄와 합법적인 것, (성 혹은 종교의 영역에서) 일탈된 것과 표준적인 것 같은 여러 대립들을 해석하는 데에도 사용되고 있다.

광기/이성의 대립은 중개적 코드로 기능하는데 그 특권적 지위는 다음과 같은 사항에 근거한다.

—광기/이성의 대립은 내적 구조화를 결여하고 있기 때문에 무한으로 확대될 수 있다. 단순히 이항 대립이기 때문에 어떤 대립이어도 해석이 가능하다.

—광기/이성의 대립은 정상적인 것/병적인 것의 명시적 코드, 이론적으로 억제되고 실제적으로 제어 가능한 코드로 해석된다

—광기/이성의 대립은 시원적, 원초적, 암묵적 성격을 갖는다. 우리는 광기와 이성의 오래된 대립(이는 모든 문화에 구비된 완전히 보편적인 기능이라 생각된다)을 오래전에 소거하고

훨씬 더 합리적인 대립으로 대체한 것으로 여긴다. 하지만 실제로는 그것을 정상인 것과 병적인 것의 체계 내에서 다른 여러 대립을 해석하고 정리하기 위한 중계 장치로서 암암리에 사용하고 있다.

하나의 오래된 대립이 재활성화되어 암묵적 중계 장치, 그 자체로는 결코 발화되지 않는 번역 언어가 된 것이다.

이 대립은 (정상적인 것/병적인 것의 대립이 메타대립적métaoppositionnelle인 것과 구별해 말하면) 초대립적transoppositionnelle이다. 그로 인해 이 대립이 현재 대단히 중요한 역할을, 과거보다 훨씬 더 중요한 역할을 수행하게 된 것이다.

그리고 우리는 이 대립이 명확하고 자명했던 시절보다 훨씬 더 격렬하게 이 문제와 싸워야 한다.

—우리는 광기/이성의 대립이 표면에 나타나 정상적인 것/병적인 것의 대립으로부터 독립을 요구하는 모습을 끊임없이 본다. 이는 병적인 것의 범주에 속하지 않는 광기의 권리이다.

—루셀

—아르토

—마약

—아르 브뤼트Art brut

—그런데 광기가 병적인 것으로부터 해방되는 만큼, 광기는 일반화된다. 병원과 의료화의 심급들로부터 벗어나 예술, 문학, 회화에 어른거리게 되는 것이다.

이렇게 함으로써 광기는 애매한 방식으로 다시금 의료적 코드화를 준비한다. 즉 예술 작품, 품행, 언어를 병적인 것의 관점에서 회수하는 것을 준비한다. 그래서 마약이 중요해지는 것 같다.

α. 마약은 과거 중국에서 그랬던 것처럼, 유럽에서 포괄적인 문화적 사실이 되어가고 있다.

β. 그러나 극동 아시아의 마약 사용법(1950년까지 유럽인들도 사용했던 방법)과는 달리

—세계의 비현실성과 광기에서 벗어나 해체된 개성이라는 진실을 드러내는 것이 아니라

—오히려 광기의 무언의 영역을 해방시켜 그것의 이의 제기의 힘을 되돌려주려 한다.

따라서 마약의 실제적, 명시적, 자발적, 의식적 사용은 광기의 이론적, 암묵적, 비자발적, 무의식적 사용과 대립한다.

마약은 광기를 탈코드화한다(즉 정상적인 것/병적인 것의 코드화로부터 광기를 해방한다). 이것이 가능한 것은 이론상 마약은 의식적, 자발적, 시간 제한적으로 사용될 수 있기 때문이다(LSD/아편). 하지만 이러한 탈코드화 시도는 그 자체로 사회에서 "사회적 병"으로 코드화된다.

II

—우리는 방금 광기/이성 대립이 다른 주요한 기능적 분할들(도덕, 정의, 정치, 사회와 관련된)과 관련하여 어떻게 하나의 코드로 작용하는지를 살펴보았다. 광기/이성 대립은 그러한 분할들을 (기능적이고 테크닉적인 대립인) 정상인 것과 병적인 것의 대립으로 넘어가게 한다.

광기/이성 대립은 기능적으로 대립하는 두 그룹 간의 코드다.

—그러나 다른 한편, 이 대립은 우리 문화에서 작용하고 있는 코드들, 특히 다른 모든 코드들의 코드인 언어와 관련하여 담당해야 할 역할이 있다. 광기/이성 대립은 여러 기능적 체계와 관련해서는 코드지만, 언어학적 코드와 관련해서는 기능이다. 혹은 언어학적 코드와 광기는 복잡한 기능적 관계를 맺고 있다.

이 기능에 관한 연구는 다음과 같이 계획될 수 있을 것이다.

1. 광기는 확립된 언어학적 코드를 어떻게 교란시키는가? 정상적으로 정보를 전달하는 메시지들의 집합과 비교해 미친 담론은 무엇인가?

a. 대략적으로 다음과 같이 말할 수 있을 것이다. 프로이트 〔이전까지〕 광기는 오히려 메시지를 교란하는 **잡음**으로 해석되었다. 하지만 프로이트는 그러한 교란 효과가 요컨대

—서로 다른 메시지들을 전달하고

—각각 고유의 코드를 가지지만

—메시지들을 서로 번역할 수 있게 보다 일반적인 코드를 포함하는[1]

유일하고 동일한 신호들의 연쇄가 〔존재한다는〕[a] 사실에서 유래한다고 〔생각했다.〕[b]

b. 그러나 또한 지적할 것은 언어 체계가 있는 이상 다음과 같은 것이 존재할 수 있다는 사실이다.

—어느 순간에 교란이라 파악되는 것이

1 푸코는 다음에서, 프로이트가 수행한 광기와 언어의 관계에서의 전환déplacement을 보다 상세히 언급한다. "La folie, l'absence d'œuvre(광기, 작품의 부재)", art. cit., p. 445-446.

a 누락된 낱말을 추측했다.

b 누락된 낱말을 추측했다.

—다른 순간에는 그렇게 파악되지 않는 구성 상태.

루셀.

2. 미친 담론은 어떻게 광기에게 포착의 도구가 될 수 있는 것일까?

a. 다른 기호들과 관련한 이것의 역할은 17세기에는 대단히 중요했지만, 현재는 그 정도로 중요하지 않다.

b. 어떤 담론 내에서 즉각적으로 상식을 벗어났다고 포착되는 것은 무엇인가? 분별없는 것, 이성을 결여한 것, 망상에 빠지는 것, 완고한 것.

3. 광기는 어떻게 담론의 유통, 확산, 가치 부여, 기록, 보존의 방식을 변화시키는가?

문화 속에서 미친 담론이 존재하는 방식들

—어떤 담론은 미친 것으로 분류될 수 있는 순간부터 진실이 될 수 있다.

—그 담론은 성스러운 것이 되든가 반대로 성스러움을 상실한다(그리스도교의 미사).

4. 언어는 어떻게 광기를 치유하는 도구로—혹은 광기에 접근하는 길로— 기능시킬 수 있는 것일까?

—연극 상연

—고백

—정신분석 이전의 최면에 의한 언어

5. 그리고 광기와 문학이라는 특이한 언어 간에는 어떤 관계가 있는 것일까?

—이것은 다른 문제들에 부가되는 문제다.

—하지만 이 문제는 문학의 담론이 다른 여러 담론들과 서로 결부되어 있는 한에서, 다른 문제들과 교차하고

그것들을 검증하고 이중화한다.

—게다가 이 문제는 역사적 이유들로 인해 서구 세계에서 특이한 중요성을 가지며, 그 이유들은 분석해볼 필요가 있다.

〔이러한 관계들이 보다 긴밀해졌다고는 말할 수 없다. 왜냐하면 이야기꾼, 시인, 예언자, 즉 언어를 특이하게 사용하는 모든 사람들의 일탈 행위는 거의 항상, 그리고 거의 모든 곳에서 광기에 의한 것으로 간주되어왔기 때문이다.〕[a]

일반적으로 말해서 광기 없는 문학은 거의 존재하지 않는다.

1) 다른 등장인물들과 관련해 어떤 인물이 광인이라고 제시되지 않는 문학은 거의 존재하지 않는다.

2) 광인의 언어라 간주되는 언어가 삽입되지 않는 문학은 거의 존재하지 않는다.

3) 쓰는 행위와 광인이라는 사실 간에 어떤 종류의 관계가 부여되어 있지 않은 문학은 거의 없다.

얼핏 보기에 서구에서는 상기한 1의 기법으로부터 3의 기법으로 이행이 행해졌다(중세의 연극, 《라모의 조카》[2], 스트린드베리[3]).

하지만 실제로는 상기한 세 요소들이 늘 공존했으며 르네상스 이후, 바로크 시대에 이 세 요소의 관계가 형성되고부터

---

a 이 구절은 원고에서 각괄호 안에 들어가 있다.

2 D. Diderot, *Le neveu de Rameau*, dans *Œuvres*, “Bibliothèque de la Pléiade”, Paris, Gallimard, 1951, p. 395-474〔《라모의 조카》, 황현산 옮김, 고려대학교출판부, 2006〕. 앞서 말한 방송 M. Foucault, “Langages de la folie : le silence des fous”〔〈광인들의 침묵〉, 《거대한 낯섦》〕.

3 아우구스트 스트린드베리August Strindberg의 《지옥불*Inferno*》에 대해서는 1963년 1월 21일, RTF France III national(프랑스 국영 라디오방송 3채널)에서 방송된 푸코의 연속물 중 세 번째 방송 “Langages de la folie : la persécution(광기의 언어: 박해)”을 보라.

는 결코 완전히 해체되지 않았다.

1) 이러한 문학에서 광인이라는 인물은 착각의 언어를 통해 자신을 드러내곤 했다. 광인은 어떤 것을 다른 것으로, 어떤 사람을 다른 사람으로 착각하는 인물이다.

《돈키호테》[4]는 소설 전체가 이런 착각으로 이루어져 있다(그리고 제2부에서는 다른 누군가가 돈키호테가 되는 것을 막아야 한다).

《카르데니오의 광기》[5]

(변장이라는 연극적 주제의 원형.

아마도 기사도 소설에 대한 몰이해로부터 파생된 것 같다).[6]

2) 광인은 자기 자신을 부인한다.

—다른 사람과 동일화함으로써(돈키호테).

—혹은 자기 자신을 마술적으로 소거함으로써(요컨대 《심기증 환자》[7]에서처럼 자신은 죽었다고 생각한다).

(이것은 기사도 소설에서, 자취를 감추거나 다른 사람이 된 채 죽음에 직면하는 주인공이 겪는 시련에서 기인한다.

이것은 희극적 오해의 모형이다).

3) 광인은 다음과 같은 한계 및 경계를 넘는다.

—오만, 무모, 용기의 한계

---

4 M. de Cervantès, *DonQuichotte*, trad. Fr. C. Allaigre, J. Canavaggio et M. Moner, dans *Œuvres romanesques complètes*, t. I, "Bibliothèque de la Pléiade", Paris, Gallimard, 2001, p. 385-1428.

5 Pichou, *Les folies de Cardenio*(카르데니오의 광기), Paris, François Targa, 1630. 다음을 참조하라. 본서 p. 106. : "카르데니오는 뤼생드에게 버림받았다고 믿고 숲으로 피신하는데, 거기서는 나무와 바위, 심지어 그를 치료하러 온 이발사까지도 연인의 모습으로 나타납니다."

6 푸코는 기사도 소설들에 등장하는 전통적 인물인 "정체 불명의 기사"를 언급한다.

7 J. Rotrou, *L'hypocondriaque, ou Le mort amoureux*, Paris, Toussaincts du Bray, 1631.

—인식의 한계

—죽음의 경계(햄릿[8])

—진실의 한계-경계. 왜냐하면 광인이 말하는 것이 진실이기 때문에(하지만 그것은 〔거짓〕[a]으로 기능하며, 또한 광인인 척하는 사람들이 실제로 진실을 말할 수도 있지만 거짓과 같은 방식으로 그렇게 한다).

광인은 전달 불가능한 것을 전달하게 한다. 광인은 세계의 경계들과 가장 강고하게 수립된 분할들을 교란한다.

(이것은 중세의 소설에서 마술사와 마법사로부터 파생한 것이다.

이것은 정열적인 주인공—보고도 보지 못하고, 알고 있지만 맹목 속에 있으며, 사랑을 전달함과 동시에 그 반대의 것인 죽음과 생을 전하는 주인공—의 모형이다).

4) 다른 등장인물들 사이에 이런 광인이 존재한다는 사실, 다른 담론들 가운데 상식을 벗어나는 담론이 있다는 사실, 그것에는 명확한 기능이 있으며 그것은 진실의 조작자이다.

광인이 자신의 언어와 더불어 등장하는 허구의 세계, 즉 문학의 담론은 그 자체로 진실의 지위에 있어 대단히 기묘한 변화를 겪게 된다(그 자체의 결점 혹은 장점으로 인해).

1. 우선 광인의 눈에는 자신이 믿고 있던 모든 것이 오류에 불과했음이 드러나게 된다. 광인은 결코 광인인 채로 남아 있지 않는다. 항상 자기 자신의 망상들을

8 W. Shakespeare, *La tragique histoire d'Hamlet, prince de Danemark*, trad. Fr. A. Gide, dans *Œuvres complètes*, t. II, "Bibliothèque de la Pléiade", Paris, Gallimard, 1991, p. 613-702.

a 읽기 힘든 낱말을 추측했다.

스스로 축소한다.

임종할 때의 돈키호테.[9a]

2. 그러나 광인은 자기 없이는 나타날 수 없는 진실을 드러나게 한다.

—뤼생드는 죽지 않았다는 사실[10]

—햄릿의 아버지는 암살되었다는 사실

—리어왕[11]의 딸들은 (아버지에 대한 애정을 갖고 있지 않다는 사실

광인은 이러한 사실들을 **폭로하는 자**다.

3. 광인은 상식을 넘어선 언어 속에 항시 심오하고 은밀하며 해독 곤란한 진실과의 연관이 존재함을 보여준다. 본의 아니게, 그러는 줄도 모르고 진실을 말하고 있는 것이다.

—심기증 환자는 모든 사람이 죽었다고 〔생각할〕[b] 이유가 있다. 우리 모두는 하얗게 칠해진 무덤이기 때문이다.

—돈키호테는 모든 여인숙이 성이라고 생각할 이유가 있다. 모든 성은 결국 여인숙에 불과하기 때문이다.

이런 점에서 광인은 우의寓意의 힘을 갖고 있다. 그

---

9 돈키호테가 죽는 순간 자기 자신의 광기를 이해하는 것에 대해서는 앞서 말한 다음의 방송 참조. M. Foucault, "Langages de la folie : le silence des fous"(〈광인들의 침묵〉, 《거대한 낯섦》).

a 여백에 이렇게 쓰여 있다: Autoréducteur(자기 축소적인).

10 Pichou, *Les folies de Cardenio*, *op. cit.*

11 W. Shakespeare, *Le Roi Lear*, trad. Fr. P. Leyris et E. Holland, dans *Œuvres complètes*, t. II, *op. cit.*, p. 871-952. 앞서 말한 방송 M. Foucault, "Langages de la folie : le silence des fous"(〈광인들의 침묵〉, 《거대한 낯섦》).

b 누락된 낱말을 추측했다.

는 그 자체로 우의의 힘이다.

4. 그리고 광인은 때때로 자신을 둘러싼 모든 사람이 실은 어떤 기묘한 광기로 인해 까막눈이 되었음을 보여준다.

햄릿이 광인이라 생각하던 사람들이야말로 광인이었던 것이다.

광인의 신탁적 기능.

이렇듯 광인은 진실의 중요한 조작자다. 그는 교류발전기交流發電機 즉 각 담론의 층위마다 진실을 수립하고 또 소거하는 자이다.

—자기 자신의 담론과 관련해 광인은 그 진실을 기능3인 우의적 힘을 〔통해〕[c] 수립한다. 자기 감소적 기능[d]에 의한 공허함.

—자신을 둘러싸고 있는 다른 인물들의 담론에 대해서는 기능1을 통해 진실을 확립하고, 기능4를 통해 오류를 확립한다.

—저자의 담론에 대해서는 기능2를 통해 진실을 확립하고, 기능3을 통해 오류를 확립한다(왜냐하면 저자는 그를 광인으로 제시하는 오류를 범하였기 때문이다).

모든 담론은 진실임과 동시에 오류인 것으로 드러난다.

그런데 이러한 입장에서 광인은 저자의 유사물이다. 저자를 자처하는 복잡한 유사물, 간악한 잠수 인형ludion, 부실한 작은 형

c 누락된 단어를 추측했다.
d 기능1을 말한다.

상, 교활한 다이몬daimôn이다. 그는 저자처럼 행동함으로써 저자가 하는 일을 해체해버린다.

셰익스피어의 희곡에서 희곡을 만들어내는 햄릿처럼, 길 가는 도중 만난 하찮은 하녀에 대한 소설을 쓰는 돈키호테처럼, 그는 대항하는 저자contre-auteur다.

이로부터 몇 가지 결과가 도출된다.

—이 에피소드를 통해 문학은 모호한 **표상**의 영역 속으로 들어서게 된다.

—진실된 것의 표상

—진실된 것에 대한 진실되지 않은 표상

—진실되지 않은 것에 대한 진실된 표상

이와 같은 표상의 시대로부터 우리는 어쩌면 여전히 벗어나지 못했는지도 모른다.

—광기와 문학은 착각 관계 속에 있다.

—문학을 변화시키는 것은 "광기"가 아니다. 상식을 벗어났다고 간주되는 담론의 도입이 문학 전체의 개편과 상관관계에 있다.

여기서 담론의 상호적 작동이 재발견된다.

—그러나 그렇다 하더라도 광인, 미친 담론은 어디로부터 오는 것일까? 광인이 현실을 번갈아 교체시키는 자가 되는, 축제(광인들의 축제)로부터 기인한다.

그리고 현실의 교류발전기인 광인이 문학이라는 준언어quasi-langage의 영역에 들어갈 때, 그는 문학의 준진실quasi-vérité을 번득이게 한다.

광인은 문학 전체의 환상을 소거하고 문학 창조와 무한 반복의 힘을 소거한다.

광인은 문학 내에서 진실되지 〔않은〕[a] 진실의 내적인 축제들을 작동시킨다.

—축제와 마찬가지로 서사시의 세계도 소멸한다.

—그 후 축제는 언어 내에서만 발생한다.

현대 세계에서 진정한 축제들을 발생시킬 수 있는 것은 언어밖에 없다. 그 축제들은 진실의 축제, 요컨대 표상의 축제다.

a 누락된 낱말을 추측했다.

4. 문학과 광기
〔바로크 연극과 아르토 연극에서의 광기〕*

광기 없는 사회는 없습니다. 광기가 불가피해서도 아니고 자연의 필연성이기 때문도 아닙니다. 분할 없는 문화는 존재하지 않기 때문입니다. 제 말은 어떤 문화가 단순히 다른 문화와의 관계(직면, 맞서기)를 통해 구분된다는 뜻이 아닙니다. 모든 문화는 각자의 공간, 그 고유의 영역 내에서 경계를 수립한다는 말입니다.

저는 단지 허용된 것과 금지된 것, 선과 악, 성스러운 것과 세속적인 것 사이의 경계만을 생각하는 게 아닙니다. 광인과 그렇지 않은 사람 사이를 통과하는 애매하고 불확실하지만 항상적인 경계를 생각하고 있습니다.

그런데 이런 경계는 어디를 통과하고 누구와 관련이 있는 걸까요?

사회학자들과 민족학자들은 이에 대한 간단하고 자명한 답을 가지고 있습니다. 요컨대 광인은 부적응자, 일탈자, 다른 사람들처럼 행동하지 못하는 자라는 겁니다.

이러한 답변은 대단히 편리하지만 유감스럽게도 대단히 불충분합니다. 하나의 문화가 광기를 정의하는 대단히 특이하고 분화된 특징을 전혀 고려하고 있지 않습니다.

만약 사회학자들의 답이 옳다면, 광기는 다소 완화된 기이한 범죄의 변종일 것입니다. 실제로 광기는 유죄라 인정되는 품행에 아주 빈번히 결부됩니다. 그러나 아무리 원시적이라 할지라도 광

* BnF, Fonds Foucault, NAF 28730, boîte 57, dossiers 1 et 7.

인과 범죄자를 세심하게 구별하지 않는 사회는 존재하지 않습니다. 광인에 대한 지시는 언제나 사회 특유의 기능입니다.

이러한 기능은 언어와 관련해 행사됩니다. 광기는 언어를 통해, 언어에 기초해 지각됩니다.

1820~1830년경 유럽의 광기에 대한 인식에 큰 위기가 있었습니다. 언어를 수반하지 않고 망상도 수반하지 않는, 몸짓과 품행으로 표현되는 무언의 광기를 발견한 것입니다. 그로 인해 범죄와 광기의 구분이 갑자기 모호해졌고, 대부분의 형벌 관행에 의문이 제기되었으며, 정신병원에 교도소의 관행이 도입되었습니다.[1]

그리고 사실 정신분석학은 광기가 항상 어느 정도는 언어이며, 행동 장애 이면에는 언제나 표현 장애가 있다는 것을 보여줌으로써 광기라는 개념을 전통의 올바른 맥락 속에 되돌려놓았습니다.

그리고 바로 그때, 사회학자들에게 모호한 채로 남아 있던 한 가지 사실이 밝혀집니다. 사회 안에서 언어란 특권적이고 특수한 금지의 장소이자 특이한 분할들이 확립되는 영역이라는 것입니다.

이 점에서 언어와 성 현상은 닮아 있습니다. 모든 성 현상이 허용되는 사회는 없고 모든 사회에 위반이 존재하는 것과 마찬가지로, 모든 언어가 허용되는 문화는 존재하지 않으며 모든 문화에는 언어의 위반이 있는 것입니다. 광기는 그 위반 중 하나일 것입니다.

---

1 망상 없이도 광기가 드러날 수 있다는 이 주제는 나중에 다시 등장할 것이다. M. Foucault, *Les anormaux. Cours au Collège de France. 1974-1975*, éd. V. Marchetti et A. Salomoni, Paris, Seuil-Gallimard, 1999(《비정상인들》, 박정자 옮김, 동문선, 2001) 중 특히 p. 103-125 "Cours du 5 février 1975"에서 앙리에트 코르니에 사례에 대한 푸코의 분석을 보라.

광기, 그것은 다른 언어입니다.

그런데 이제 〔몇 가지 사항들을〕[a] 확인해봐야 합니다.

첫째로, 광기는 모든 언어에 대해 기이한 매력을 행사한다는 사실입니다. 사랑, 노동, 비참이 없는 문학이 있고 전쟁 없는 문학도 존재합니다. 하지만 광기와 죽음이 없는 문학은 결코 존재하지 않습니다. 마치 문학이 본질적으로 광기와 죽음에 연결되어 있다는 듯이.

둘째로, 이 연결은 기묘하게도 모방과 이중화의 관계입니다. 문학, 전설, 민담 속에서 광기와 거울 사이의 주제적 친연성이 확인되는 것은 놀라운 일입니다.

우리는 거울 속에서 자신을 봄으로 인해 미쳐갑니다.

거울 앞에서 너무 오랜 시간을 보내면 악마를 보게 됩니다.

광기의 전형적인 형태는 자기 옆에 있는 또 다른 자신을 보는 것입니다(도스토예프스키).[2]

혹은 광인은 사물과 사람 앞을 지나가면서 그들의 진실을 말하는 일종의 거울입니다(《백치》,[3] 셰익스피어의 연극 속 광인들).

또는 (하지만 이것은 동일한 주제의 변주일 뿐입니다) 광인은 자기 이미지를 잃어버린 자(모파상),[4] 둘로 쪼개진 자입니다(지킬

---

a 누락된 낱말을 추측했다.

2 F. Dostoïevski, "Le double(분신)", dans *Récits, chroniques et polémiques*, trad. Fr. G. Aucouturier, "Bibliothèque de la Pléiade", Paris, Gallimard, 2006, p. 1-172: 다음을 참조하라. 1963년 1월 28일, RTF France III national에서 방송된 푸코의 연속물 중 네 번째 방송, "Langages de la folie : le corps et ses doubles(광기의 언어 : 육체와 그 분신)".

3 F. Dostoïevski, *L'idiot*, trad. Fr. A. Mousset, "Bibliothèque de la Pléiade", Paris, Gallimard, 1995.

4 G. de Maupassant, "Le Horla" (première version), dans *Contes et nouvelles*, t. II, "Bibliothèque de la Pléiade", Paris, Gallimard, 2013, p. 822-830(《모파상 환상 단편집》, 노영란 옮김, 지만지, 2015. 다른 출판사 단편선 등에도 실렸다). 다음을 참조하라. M. Foucault, "Langages de la folie : le corps et ses doubles".

박사).[5]

광기는 분신, 동일한 것, 분할된 이원성, 유사물, 거울이 야기하는 확정 불가능한 거리와 관련이 있습니다. 사회 안에서는 광기가 절대적 차이 즉 다른 언어인 반면 **언어 안에서는** 동일한 것, 반영된 진실, 이중화된 막으로 표상됩니다.

《우신예찬》,[6] 그것은 인간에 대한 표상된 진실입니다.

세르반테스(《돈키호테》의 작가-옮긴이),[7] 그것은 문학 속의 문학 자체입니다.

《라모의 조카》[8]는 모든 것에 걸친 모방입니다(그는 음악가와 철학자를 모방하고 춤과 자연을 모방합니다).

그리고 반대로 우리 문화는 이 광인들 속에서 우리 언어의 이미지 같은 것을 탐구합니다. 횔덜린의 광기나 루셀의 광기 속에서, 요컨대 우리가 읽는 모든 문학 속에서 말입니다.

광기, 언어 그리고 문학이 맺는 이 기묘한 관계(거울과 차이, 경계와 동일성의 관계)를 밝혀야 합니다. 아마도 제가 농간을 부렸을 수도 있습니다. 이 문제를 해결하기보다는 더 진전시키기 위해, 저는 두 예를 선택했습니다. 모두 반영과 분신의 세계, 요컨대 연극에 속하는 것입니다.

이는 (거울을 증폭시킴으로써) 문제를 더 복잡하게 만들 위험도 있지만, 동시에 이질적인 요소들을 제거함으로써 문제를 단순화시킬 수도 있습니다.

---

5 R. L. Stevenson, *L'étrange cas du docteur Jekyll et de M. Hyde*, trad. Fr. J.-P. Naugrette, Paris, Le livre de poche, 2000.

6 Érasme, *Éloge de la folie*, *op. cit.*

7 M. de Cervantès, *Don Quichotte*, *op. cit.*

8 D. Didrot, *Le neveu de Rameau*, *op. cit.* 《라모의 조카》는 《광기의 역사》 이래로 흥미로운 분석 대상이 되어왔다는 점을 기억해야 한다. 에라스뮈스와 세르반테스도 마찬가지다. 다음을 참조하라. M. Foucualt, "Langages de la folie: le silence des fous"(〈광인들의 침묵〉, 《거대한 낯섦》).

그 어떤 주관적 경험과도 무관한, 절정의 연극성. 순전히 공연에 관한 사항.[a]

---

a 이 원고와 동일한 분류 번호인 boîte 57, dossiers I에 이 강의의 서두 부분의 또 다른 원고로 보이는 다음의 미완의 텍스트가 있다:
광기 없는 사회는 존재하지 않습니다. 정신병이 피하기 어렵기 때문이라든가, 광기가 자연 발생적 필연성을 가졌기 때문은 아닙니다.
오히려 분할 없는 문화는 존재하지 않기 때문입니다. 문화는 단지 다른 문화와의 관계(직면, 맞서기)로만 구분되는 것이 아니라 그 자체의 고유한 영역 내에서 경계를 수립한다는 것입니다.
저는 단지 허용된 것과 금지된 것, 선과 악, 성스러운 것과 세속적인 것 사이의 경계만을 생각하는 게 아닙니다. 이성을 가진 자와 광인 사이를 통과하고 있는, 확실하지는 않지만 항상적인 어떤 경계를 생각하고 있습니다. 여러분은 즉시 저에게 다음과 같은 반론을 제기할 것입니다.

—광기가 존재하지 않는 사회들이 분명히 있을 수 있다(다른 한편 모든 사회 조직은 법, 즉 허용되어 있는 것과 금지되어 있는 것의 분할을 전제로 한다). 광인이라 불리는 자들은 아마도 금지된 어떤 일을 하는 자들일 것이다.

—광인들은 그들의 제스처, 품행, 행동을 통해 광인으로 식별된다. 어떤 사람들을 광인이라고 말할 수 있는 것은 그들이 사회의 규칙 및 규범과는 이질적인 행동, 품행, 제스처를 행하기 때문이다. 그러므로 중요한 것은 규칙과 법이다. 광기는 보다 더 깊은 곳에서의 분할과 보다 더 본질적인 경계 확정의 결과에 불과하다.

저는 〔이러한 반론에 대해〕 이렇게 답하고 싶습니다. 어떤 사회에서든 어떤 사람을 광인으로 지시하는 이유는 그의 품행이 아니라 언어 때문이라고요.
구체적 예를 하나 들어보겠습니다. 유럽에서는 1830년까지 언어를 통해서만 광인을 식별했습니다. 물론 규범과 다른 기이한 품행이 광기를 "의심하게" 만들 수 있었고, 그러한 위반은 예를 들어 교회법에서 코드화되고 있었습니다. 그러나 이런 눈에 보이는 일탈은 그것의 진정한 원천, 고갈 불가능한 중심인 언어를 내포하고 있었습니다. 망상을 수반하지 않는 광기는 존재하지 않았습니다.
그리고 1830년 즈음이 되어서야 비로소 정신적 광기가 발견되었습니다. 담론을 수반하지 않고 제스처와 품행 내에 모든 것이 있는, 신체의 조형 속에 말없이 투입되어 있는 광기 말입니다.
그런데 이러한 사고방식 또한 오래 지속되지 못했습니다. 왜냐하면 50년 후에 모든 광기는 말을 한다는 사실을 정신분석학이 발견했기 때문입니다.
이렇게 말해도 좋다면, 우리는 말을 하기 때문에 광기 속에 있는 것입니다. 모든 문화(우리의 문화도 포함)는 바로 언어의 공간에서 광기를 식별합니다. 미친 제스처, 이성을 잃은 품행이라는 관념은 이차적인 것에 불과하며 언어에 고유한 경계, 즉 발화의 절대적 분할이라는 관념으로부터 광기가 파생된 것입니다.
다시 말해 언어의 경계에는 고유한 위반이 존재하며, 이 위반이 바로 광기인 것입니다.
모든 사회에는 광인이 존재합니다.
그리고 결국에는 언어와 성 현상은 사정이 같다고 할 수 있을 것입니다. 즉 모든 성적 품행이 허용되는 사회는 존재하지 않고 그 결과로 성 현상에 관한 위반 없는 사회가 존재하지 않는 것과 마찬가지로, 모든 발화가 허용되는 언어는 존재하지 않습니다.
모든 가능한 언어가 실제로 가능한 문화는 존재하지 않습니다. 물론 제가 말하는 것은 언어학적 코드 그 자체에 속하는 불가능성이 아닙니다. 어떤 사회에서든 문법, 음성학, 통사의 관점에서 완전히 정확함에도 불구하고 인정되지 않는 몇몇 구문들이, 아니 무수한 구문들이 존재합니다. 그것들은 모든 발화의 본질, 요컨대 표명되고 유통되고 들려질 권리를 박탈당합니다.
이것은 우리 모두에게 자명하고 익숙한 현상입니다. 그러나 이러한 언어의 금지 사항 즉 언어의 경계가 무엇이며 그 경계의 위반은 무엇인가에 대해서는 충분히 사유되지 않았습니다.
물론 이러한 경계는 실제적 금지 사항(행할 권리가 없는 것에 대해서는 말할 권리도 없다)과 관련이 있지만, 그렇게 단순한 문제는 아닙니다. 언어의 경계는 품행에 관한 부정적 규칙과 결코 일치하지 않는다는 말입니다.
근친상간을 금지하는 규칙이 매우 엄격한 집단에서는 오히려 근친상간이 대단히 중요한 주제인 서사시가 존재합니다.

반대로 프랑스에서 동성애는 〔1791년의 - 옮긴이〕 형법 제정 이래로 법적 금지 사항이 아니었습니다. 그러나 남성 동성애와 관련된 언어적 금기는 실제로 에밀 졸라 이후까지 지속되었습니다.
따라서 언어적 금기와 그 위반에 관한 일련의 연구가 필요할 것입니다. 아무튼 발화 자체에 부과된 제한의 양태에 관한 연구가 필요합니다. 〔여백에 다음과 같이 적혀 있다: 이는 사상의 자유라는 문제로 다뤄졌지만 별개의 문제입니다.〕

1. 말해진 사항의 의미 혹은 형식에 관한 비판적 제한이 있습니다. 이 경우 통사와 논리의 규칙, 즉 의미와 형식의 질서가 참조됩니다.
2. 어떤 단어나 의미의 언표를 금지하는 본래적 의미에서의 금지가 있습니다. 즉 언어적 금기와 검열입니다.
3. 마지막으로 세 번째 제한 방식이 있습니다. 이것은 눈에 잘 띄지 않지만 대규모적이며, 잘 감지되지 않게 완화되어 있습니다. 왜냐하면 보다 전반적이고 직접적이며, 담론에서 정당화되기 어렵기 때문입니다.
사실 이 제한은 배제, 완고하고 거의 침묵하는 비승인을 통해, 단음절적인 무효성의 확인을 통해 행해집니다. 이때 부정되는 것은 기의도 기표도 이 둘의 관계도 아니라, 이것들이 의미와 기호로서 존재한다는 사실 자체입니다. 마치 이것들이 언어가 아니라 빈 껍질, 언어가 결여된 발화, 어휘의 공허한 형태라는 듯이.
이것은 무의미non-sens의 배제입니다.

그러나 이것을 당분간 하나의 사실로, 우리가 설명을 구하려 하지 않는(그리고 결코 그 설명을 발견하지 못할) 사실로 받아들여주기를 바랍니다. 문학은 방금 설명한 세 가지 형태의 제한과 관련되어 있습니다.
문학은 항시 이러한 경계의 가장자리에 있으며, 그 경계를 넘어서려는 행위 즉 위반을 수행하고 있습니다. 그런데 흥미로운 점은 금기, 검열, 형태론적 의미론적 규칙성의 위반이 역사의 특정 시기에 대단히 자명한 기능을 가지지만, 상식을 벗어난 것〔미친 것 - 옮긴이〕과의 관계는 훨씬 더 수수께끼 같다는 것입니다.
이는 두 가지 이유 때문입니다〔당초 푸코는 다음과 같이 썼었다: 첫째로 그것이 모방의 관계이기 때문입니다. 대단히 기묘한 이중화, 혹은 거울 현상을 통해 문학은 무의미를 모방하고, 수용하고, 자신의 것으로 받아들입니다. 마치 거기서 자기의 비밀 가운데 하나를 발견할 수 있다는 듯이, 마치 상식을 벗어난 것 속에 문학의 본질 자체와 관련된 어떤 것이 존재하고 있다는 듯이. 그리고 또 하나의 이유는 그 상식을 벗어난 것과의 관계…〕
첫 번째로, 문학에서(적어도 서구 문학에서) 상식을 벗어난 것과의 관계는 항상적이기 때문입니다. 기묘하게도 연애를 무시한 문학이 존재합니다. 또 노동을 무시한 문학, 역사와 전쟁, 빈곤과 욕망, 추함을 무시한 문학도 존재합니다. 그러나 광기를(그리고 죽음을) 무시한 문학은 존재하지 않습니다.
광기와 죽음은 문학 일반의 본질적인 것과 깊이 결부되어 있는 듯합니다.
물론 이러한 관계는 역사 전반에 걸쳐 동일한 형태로 나타나는 것은 아닙니다. 오히려 계속해서 변화해왔지만 결코 사라지지는 않습니다. 문학 속에서 광기의 이러한 유동적이고 유연한 끈질김은 일종의 역설에까지 이르게 됩니다.
예를 들어 16세기와 17〔세기〕 전반, 광기에 대한 의학적 지식이나 광인들의 사회적 위치는 조금도 변화하지 않았습니다. 사실 그 시대만큼 광기가 문제가 되지 않은 시대는 없었습니다.
그러나 그 시대만큼 언어 속 광기의 존재가 집요했던 적도 없었습니다. 아마도 문학은 그 어느 때보다 광기와의 친연성을 깊이 느꼈을 것입니다(그것이 바로 셰익스피어, 세르반테스였습니다). 마치 문학과 광기의 관계가 지식, 기술, 사회의 역사에 의존하지 않는 근본적이고 자율적인 것인 양.
다음의 말을 이해해주십시오. 특정한 시대의 문학에서 광기가 다른 형상이 아니라 이런 형상을 하고 있는 이유는, 역사의 두께 때문입니다.
그러나 문학 일반이 서구 역사 전체에 걸쳐 (거의) 논의의 여지 없이 광기 일반과 연결되어 있다는 사실은, 분명 수수께끼이지만 자명한 사실입니다.
〔**텍스트는 여기서 중단된다. 다음에서 계속되는 부분은 선으로 지워져 있다**:
이러한 수수께끼이자 자명한 사실은, 몇 가지 구체적 사례를 통해서만 해명되고 이야기될 수 있을 것입니다.
두 가지 예를 들어보고자 합니다. 하나는 현대문학으로부터의 예인데, 우리는 현대문학이 광기의 모든 현상에 대해 얼마나 주의를 기울이고 있었는지 잘 알고 있습니다. 또 하나는 17세기 문학으로부터의 예

〔I〕 바로크 연극에서의 광기

기묘하게도 17세기 전반 연극에서 광기의 장면은, 라신Racine 연극에서의 고백 장면만큼이나 빈번하게 나오고 또 그만큼 극의 구성에 필요하다는 것이 확인됩니다. 라신에게서의 고백은 의례적이고 제의적으로 진실을 명명함으로써 비극의 기계장치를 작동시킵니다. 반대로 바로크의 광기는 오류, 환상, 착각의 환상적 세계를 출현시킴으로써 극의 운동 전체를 이끌어갑니다(그리고 보다 면밀히 살펴본다면, 고전주의에서의 고백은 바로크적 광기의 이면에 불과하여 정확히 그것과 같은 위치에서 종종 동일한 극적 효과를 낸다는 사실을 이해할 수 있습니다).

그런데 바로크적 광기는 어떻게 기능하는 것일까요?

1. 그것은 죽음의 세계로, 혹은 거의 죽음이나 다름없는 세계로 이끕니다.

가장 빈번하게 나타나는 상황들 가운데 하나는 이렇습니다. 주인공이 어떤 소식을 듣고 낙담합니다. 주인공은 자신이 죽게 될 거라고 느낍니다. 그는 무대 위에서 실신합니다. 그리고 곧 다시 일어나는데, 이중으로 변화되어 있습니다.

—한편으로 주인공은 광인이 됩니다.

—다른 한편으로, 더 명확히 말하자면 그는 동시에 자신이

로, 《성찰》의 서두에서 광기의 가능성을 배제한 데카르트의 결단(푸코의 《광기의 역사》 제1부 제2장 참조)과 동시대의 문학적 경험입니다.
한 사례(가장 최근 사례)에서 광기는 문학적 경험의 주제 그 자체입니다. 이는 아르토의 경우로, 그에게 언어 영역에서의 모든 시도는 자신의 광기와 직접 연결됩니다.
또 하나의 사례에서(이것부터 시작하겠습니다) 광기는 위화감과 기묘함, 그리고 하나의 사실로서 표상됩니다…〕

죽었다고 믿는 광기에 사로잡힙니다.

이는 로트루의 《심기증 환자》[9] 첫 장면에서 일어나는 일이며, 그 뒷부분은 죽음의 징후 아래서 펼쳐집니다. 주인공의 망상을 극복하기 위해서는, 혹은 그가 말을 듣게끔 하기 위해서는, 다른 인물들이 자신도 죽은 자라고 믿는 체해야 하기 때문입니다.

이로부터 무덤과 해골과 지옥 등이 무대에 등장해 이 연극이 끝날 때까지, 주인공이 회복될 때까지 작품을 지배합니다.[a]

〔라신의-옮긴이〕《앙드로마크》, 《미트리다트》, 《페드르》, 《아탈리》[10]의 비극적 공간을 규정하는 죽음의 절박성은 이러한 바로크적 광기와 구조적으로 동일하다는 것을 이해할 수 있을 겁니다.

그리고 이러한 광기는 중세 연극에서 표상되었던 그리스도의 수난 즉 그리스도의 죽음, 지옥으로의 하강, 그곳에서 그리스도가 언도하는 심판, 그리고 부활과 관련해 유사물의 역할을 한다는 것도 이해할 수 있습니다.

형식적 측면에서 본다면 바로크적 광기는 그리스도의 수난과 비극적 정념을 정확히 중계하는 것입니다.

바로크적 광기는 이 둘의 구조적 등가물, 즉 인간 안에 존재하는 죽음의 힘입니다.

2. 광기는 복잡한 가면의 작용〔게임-옮긴이〕으로 인도합니다. 사실 바로크 시대의 광기는 환상의 힘입니다.

---

9 J. Rotrou, *L'hypocondriaque*, *op. cit.*

a 여백에 다음과 같이 적혀 있다: 이는 비극적 공간을 외부에서 묘사합니다.

10 J. Racine, *Œuvres complètes*, t. I, "Bibliothèque de la Pléiade", Paris, Gallimard, 2004 : *Andromaque*, p. 193-256 ; *Mithridate*, p. 627-686 ; *Phèdre et Hippolyte*, p. 815-876 ; *Athalie*, p. 1007-1084〔다음의 번역서들을 참조하라. 《라신 희곡선》, 장성중 등 옮김, 이화여자대학교출판문화원, 2008 ; 《앙드로마크 페드르》, 진형준 옮김, 살림, 2017 ; 《페드르와 이폴리트》, 신정아 옮김, 열린책들, 2013〕.

—광인은 자신을 둘러싼 세상에 자신의 망상의 가면을 씌웁니다.

카르데니오[11]는 뤼생드에게 버림받았다고 믿고 숲으로 피신하는데, 거기서는 나무와 바위, 심지어 그를 치료하러 온 이발사까지도 연인의 모습으로 나타납니다.

—광인의 광기에 저항하는 자는 곧바로 광인으로 식별됩니다. 로트루의 심기증 남자는 자기 연인의 아버지를 만나 그를 죽은 자처럼 다룹니다. 그녀의 아버지는 자신이 정말로 살아 있다고 설득하려 하지만, 주인공 클로리당은 그를 죽은 자—광인에 다름 아닌 죽은 자—로 간주합니다.

—그리고 광인 자신은 다른 사람들의 눈에 가면을 쓴 자로 보입니다. 다른 사람들은 그가 광인이라는 사실을 믿고 싶어 하지 않기 때문입니다. 사람들은 그가 책략과 악의, 혹은 이해관계 때문에 고의로 광인을 가장하는 가면을 쓰고 있다고 비난합니다. 그리하여 그 광인은 광인인 척하는 합리적 인간으로 취급됩니다. 실제로 그는 스스로 합리적이라고 믿고 있는 광인임에도 불구하고 말입니다.

이로부터 오류와 착각, 이중화, 그리고 자신과 상대방을 착각하는 사람들 같은 해결할 수 없는 착종이 발생합니다(그러한 작품들 가운데 하나에는 쌍둥이가 등장합니다).

그러나 이 허약한(사실 같지 않은) 구조들은 줄거리의 전개에 의해 무효화되고, 오직 오류의 증가만으로 돌연 진실로 드러나는 특성이 있습니다.

여기서도 고전주의 연극의 연속적인 고백은 점차 최종적인

11 Pichou, *Les folies de Cardenio*, *op. cit.*

진실의 발화로 나아가는데, 이는 가면을 쓴 채 증식하는 바로크적 광기를 거꾸로 반영한 것과 같습니다.

3. 광기는 불가능한 소통을 확보하며, 보통은 넘어설 수 없는 경계를 넘어섭니다. 광기, 그것은 불가능한 만남이며 불가능성의 장소입니다.

광기 속에서 꿈은 각성 상태와 소통합니다(누가 살아 있고 누가 죽어 있는지, 누가 깨어 있고 누가 잠자고 있는지, 누가 이성을 작동시키고 누가 착란 상태에 있는지는 아무도 모릅니다).

등장인물들은 서로 혼동됩니다.

등장인물들은 스스로를 자신이 아닌 다른 사람이라고 생각합니다.

등장인물들은 언제나 통상적인 것 외의 것을 행합니다, 등등.

그리하여 이런 연극에는 특권적인 두 상황이 발생합니다.

1) 신원, 연령, 성별을 교란시키는 변장

2) 인간들을 맹수로 변형시키고, 그들로 하여금 끔찍한 짓을 범하게 하는 야수성

《마호메트교 비극》[12](작가 미상의 1612년 작품)에서는 아들의 피살로 인해 미쳐버린 튀르키예 왕비가 무대 위에서 살해범을 죽이고 그를 절단해 먹어치우는(변함없이 무대 위에서) 장면이 등장합니다.

고전주의 연극이 담론에 의한 비현실적 폭력(꿈, 협박, 이야기, 기억)〔에〕 맡긴 모든 것을, 광기는 바로크 연극의 무대 위에서 가시

12 Anonyme, *La tragédie mahométiste*, Rouen, Araham Couturier, 1612.

적으로 현존시킵니다.

4. 이렇게 해서 우리는 바로크 연극에서의 광기의 네 번째 주요 기능에 이르게 됩니다.

주인공이 무대 위에서 미치게 되면서 혼돈, 변장, 무질서, 가장된 죽음, 부활과 유사한 것으로 이루어진 세계가 펼쳐지는 순간, 첫 번째 연극 속에서 일종의 두 번째 연극이 형성됩니다. 이것은 첫 번째 연극보다 훨씬 더 몽환적이고 환상적입니다. 그리고 이것의 기능은 첫 번째 연극을 사실성과 현실성의 장소로 출현시키는 것입니다.

그러나 그 내부의 착란적인 두 번째 연극은, 환상적인 측면에서 첫 번째 연극의 진실을 확대하여 모범적으로 드러내는 것에 지나지 않습니다. 그리고 광기의 이 작은 무대에서 일어나는 일들은 진실을 진술하고, 첫 번째 연극의 큰 무대에서는 정식화하거나 찾을 수 없었던 해결책을 풀어내는 역할을 합니다.

그 결과 이 미친 소우주에서 분출하는 진실의 섬광은 연극의 대우주를 행복한, 혹은 잔혹한 빛으로 비춥니다.

따라서 광기는 연극의 자기 재현, 즉 연극 속 연극으로서의 광기의 기능을 가집니다. 이는 작은 무대—비가시적인 진실, 해독가능한 비개연성을 보여주는 것—와 큰 무대—내적 광경을 둘러싸며 광기의 고유한 작용을 통해 연극적 진실 안에서 스스로를 재현하는 것—로 이루어진 이중의 연극입니다.

이러한 이중화로 인해 고전주의 연극은 대단히 빈약한 구조만 유지하게 됩니다. 라신에게는 내부의 연극은 없습니다. 하지만 비극은 반드시 축제의 날에 시작되고 끝나야 합니다(규칙들은 이날이 아니라 이 **축제**—결혼식, 종교 의례, 대관식, 협약 혹은 조약식—의 결과에 불과할 수 있습니다).

라신적 의례(늘 담론 속에서 호출되지만 결코 드러나지는 않으며 항시 비극에 의해 방해를 받는), 축제의 이러한 공허한 형태는 연극 내의 연극을 만들어내는, 그리고 언쟁의 현실적 시간 내부에서 표상의 비유적 시간을 만들어내는 광기의 구조 그 자체입니다.

라신적 축제와 바로크적 광기는 연극 그 자체 위에서 연극의 연극성을 보여줍니다.

바로크 연극에서의 광기에 대해 이렇게 다소 길게 말씀드린 이유는 두 가지입니다.

—첫째, 광인은 연극사의 특정 시대에 있었던 많은 등장인물들 가운데 하나(허세를 부리는 인물이나 순진무구한 여성〔과〕 비슷한)가 아니며, 광기는 연극 본래의 〔한〕 기능으로 미친 등장인물이 없는 연극에서도 특별한 형태로 발견된다는 사실을 보여주기 위해서입니다(라신의 《앙드로마크》의 오레스트가 마지막 광인 등장인물입니다).

—둘째, 이러한 광기는 기묘한 기능을 갖고 있다는 사실, 요컨대 언어의 거울로 기능한다는 사실을 보여주기 위해서입니다. 광기는 언어를 배가하고 이중화합니다. 연극 속 광인이라는 극단적이고 있을 법하지 않은 등장인물은, 그 탄생과 진실 내에서 자신을 표명하는 연극 그 자체입니다.

(그렇기 때문에 연극 속 광인에게는 그 어떤 심리학적, 병리학적, 의학적 진실도 없습니다. 그의 변별적 특징들은 연극적인 것입니다. 그의 존재와 정념의 근저에서, 극적인 존재로서의 근저에서 그 자신이 연극인 것입니다).

〔II〕 연극과 그 분신

이제 저는 앞에서 말한 지점으로부터 극단적으로 먼 지점에 서고자 합니다. 광기가 더 이상 어떤 식으로도 표상되지 않고 오히려 내면으로부터 언어에 밀착되어 체험되는, 아니 오히려 언어 이전부터 경험되는, 내면으로부터 침식되어 이미 붕괴된 형태로서만 드러나는 그런 순간에 말입니다.

제가 말하려고 하는 것은 물론 아르토입니다. 그에게 광기는 이중화된 표상의 극도의 교묘한 형태가 아니라 가장 근원적인 사유와 일체인 것, 신체와 일체인 것입니다.

사실 제가 아르토를 선택한 이유는(루셀이나 J-P. 브리세[13]를 선택할 수 있었음에도 불구하고), 물론 연극의 문제가 그에게도 중심적이었기 때문입니다.

다만 앞서 말한 것과는 반대의 방향에서였습니다. 왜냐하면 아르토에게 연극이라는 과업(연극과 그 분신)은 그가 겪고 있던 병의 내부(그가 자신의 광기를 일컬었던 '공허'의 중심)에 자리하고 있었기 때문입니다. 다시 말해 연극을 내부로부터 파고들어 이중화한 것은 그의 광기가 아니었습니다.

1. 아르토가 리비에르[14]에게 보낸 편지와 관련된 잘 알려진 일

---

13 장피에르 브리세에 대해서는 다음을 보라. M. Foucault, "Le cycle des grenouilles(개구리들의 주기)"(1962), "Sept propos sur le septième ange(제7천사에 대한 일곱 가지 설명)"(1970), *Dits et écrits I*, *op. cit.*, n°9, n°73, p. 231-233, 881-893. 또한 다음을 보라. 1963년 2월 4일, RTF France III national에서 방송된 푸코의 연속물 중 다섯 번째 방송, "Langages de la folie: la langage en folie(광기의 언어: 미친 언어)". 이는 다음에서 반복된다. M. Foucault, *La grande étrangère*, *op. cit.*, p. 51-70(〈광기 안의 언어작용〉, 《거대한 낯섦》).

14 A. Artaud, "Correspondance avec Jacques Rivière", dans *Œuvres*, Paris, Gallimard, 2004, p. 69-83. 또한 앞서 말한 다음의 방송 참조. M. Foucault, "Langages de la folie : le silence des fous"(〈광인들의 침묵〉, 《거대한 낯섦》).

화에 대해서는 다시 언급하지 않겠습니다. 다만 리비에르는 어떤 종류의 부조화, 거의 문체론적인 형식적 불일치를 이유로 아르토의 시들을 거부합니다. 그에 대해 아르토는 아직 획득하지 못한 완성도의 문제가 아니라 내면의 침식, 즉 자신의 사유를 갉아먹는 병, 아니 오히려 자신의 사유를 빼앗아 자기 실존의 핵심까지 박탈한 병의 문제라고 답합니다.

그러나 이 내면의 공허를 지울 수 있는 것은 아무것도 없습니다. 언어조차도. 그중 문학이 특히 그렇습니다. 그 결과 아르토가 쓰는 모든 단어는 공허에 대해 말하고, 공허로 반송되며, 공허로부터 생겨나지만, 결국 공허로 곤두박질칩니다. 오직 자기 상실의 운동 속에서만 그 공허로부터 벗어날 수 있습니다.

2. 그런데 결코 없어지지 않고 모든 언어를 덧없는 정지 상태에 남겨두는 이 공허는, 또한 세계로부터 비롯된 것으로 느껴집니다. 그것은 사물, 제도, 문화, 그리고 모든 기억 너머에 쓰여진 모든 단어의 공허입니다. 그것은 지배하는 사막입니다. 그러나 기묘하게도 이 돌이킬 수 없는 사막을 아르토는 연극과 관련해 이중의 양태로 경험합니다. 공허는 다른 어떤 곳보다 연극에서 훨씬 더 비어 있습니다. 아르토에게 동시대의 연극은 공허가 최고조에 달하는 역설적 지점, 즉 절대적 황폐와 같습니다. 그럼에도 불구하고, 아니 어쩌면 그렇기 때문에 연극은 공허로부터 가장 잘, 가장 빨리 회귀할 수 있는 표현 형태입니다. 연극은 공허의 정점임과 동시에 공허의 역행점인 것입니다. 가장 움푹 파인 구멍이 가장 절박한 호소의 지점이기도 하듯이.

"모든 인간적 가치의 혼란, **부재**, 변질의 한복판에서 (…) 연극이라는 관념이 아마도 가장 큰 타격을 받고 있을 것이다." 그리고 그는 이렇게 덧붙입니다. "연극은 세계에서 가장 구하기 어려운 것이다."[15]

하지만 몇 개월 후, 그는 이렇게 씁니다. "우리가 살고 있는 동요의 시대, 모독이 만연하고 끝없는 부정이 인광을 발하는 시대에 〔…〕 분별없이 이렇게 생각해버렸다. 나는 연극을 만들 수 있다고, 적어도 널리 경멸받는 연극의 가치를 되살리는 시도는 할 수 있다고."[16]

이러한 극한의 공허 속에서, 사유와 언어의 공허 속에서 결국 아르토에게 회귀의 가능성은 어떤 것이었을까요? 말과 세계를 갉아먹는 병에 대항해 "전적으로 착각〔의〕 힘에 기초한 예술"[17]인 연극에 무엇이 가능한 것일까요?

사실 아르토가 연극에서 찾으려 한 것은 공허를 메울 무언가가 아니었습니다. 오히려 공허의 극한까지 답파해, 그 공허의 가장 깊은 곳까지 파고들어 야생 상태의 확언을 발견하는 것이었습니다.

잔혹연극에 필수적인 첫 번째 기술은 말을 목소리로, 목소리를 신체로, 신체를 제스처와 근육으로, 심지어는 골격으로 복구시키는 것입니다. 착각을 일으키는 언어의 힘을 가장 육체적인 것, 절규에 가까운 것으로 전면적이고 체계적이며 폭력적으로 낙하시키는 것입니다. 말을 단어의 마법에서 일종의 헐떡임과 죽음의 무도로 되돌려놓는 것입니다.

존재하는 것은 텍스트의 의미도 의도도 아니며 "발화 행위가

15 A. Artaud, "Le théâtre Alfred Jarry", dans *Œuvres*, *op. cit.*, p. 227.

16 *Ibid.*

17 *Ibid.*

야기하는 공기의 이동, 오직 그것뿐"[18]이라는 것입니다. "인간 신체의 새로운 춤 속에 응고된, 무無와 다름없는 세균들의 세계의 와해를 시도해야 한다. 잔혹연극은 두 눈꺼풀이 팔꿈치, 무릎뼈, 대퇴골, 발가락과 번갈아 짝을 지어 춤추기를 원한다."[19]

두 번째 기술은 무대장치, 소품, 그 외 물건 중 어느 것도 암시적이거나 상징적이어서는 안 된다는 것입니다. 무대 위의 모든 사물들은 있는 그대로여야 합니다. 환상적인 것은 전혀 없고, 가장 세심한 현실성만 있어야 합니다. 그래야 무대는 객석과 완전히 직접적인 공간적 교감 속에 있게 됩니다.

그러나 반대로 연출, 배우의 움직임과 동선, 배우가 정지하고 도약하는 무대 공간의 지점들은 상징적이어야 합니다. 즉 그것들은 말을 거치지 않는 무언의 언어를 구사해야 합니다. 직접적이고 격렬한 또 다른 언어, 일거에 "생의 운명과 꿈의 불가사의한 만남"[20]을 드러내는 예언적이고 신탁적인 언어를 말해야 합니다.

달리 말해 통상의 연극 구조(가상의 무대장치에서의 현실적인 제스처와 언어)를 그 반대의 구조로 대체하는 것입니다. 즉 무자비하게 현실적인 공간에서 다른 언어로 말하는 제스처와 움직임을 전개하는 것입니다.

실제 말이 가진 착각의 힘을, 실제 사물에 행해지는 상징적 조작의 마법으로 대체하는 것입니다.

3. 그로 인해 보통 공연으로 이해되는 것은 사라지고 대신 매

---

18 A. Artaud, "Théâtre Alfred Jarry, première année - saison 1926-1927", dans *Œuvres*, *op. cit.*, p. 230.

19 A. Artaud, "Le théâtre de la cruauté(잔혹연극)", dans *Pour en finir avec le jugement de dieu*(신의 심판을 끝장내기 위해), Paris, Gallimard, 2014, p. 168.

20 A. Artaud, "Manifeste pour un théâtre avorté", dans *Œuvres*, *op. cit.*, p. 233.

일 밤 절대적으로 위험한 작업이 발생하며, 배우와 관객은 그 작업에 불가피하게 사로잡혀 격렬하게 얽히게 됩니다.

"매번 무대마다 우리는 중대한 승부를 벌인다. (…) 우리는 관객의 정신과 감각에 말을 거는 것이 아니라 관객의 전 존재에 말을 거는 것이다. 우리는 무대에서 반복되는 극에 우리의 삶을 건다. (…) 이제부터 (관객은) 마치 외과의나 치과의에게 가듯이 극장에 가게 될 것이다."[21]

4. 이로부터 다음과 같은 사실이 발견됩니다. 연극의 중심, 진정한 의미에서의 원천은 무대가 아니라 객석이라는 것. 관객들이 갇혀 있는 객석은 아마도 치명적인 광선들이 모이는 지점일 것입니다. 그 광선들은 관객들을 절대적으로 위협하기 위해, 그들을 지배하는 왕관처럼 사방에서 와야 합니다.

진정한 연극은 관객들이 중심에 있고, (극)[a]은 주변을 에워싼 회랑에서 연속적인 장면들이 동시에 전개되는 것입니다. 이때 관객의 시선은 임의적이지만, 항상 의미 있는 방향으로 그 장면들을 훑어볼 수 있습니다.

모든 시간의 규칙으로부터 해방되고 어떤 시선으로부터도 구속받지 않으면, 극은 본래의 환상적 힘을 획득하게 됩니다. 그것은 관객들이 내몰려 있는 저 중심의 공허 주변과 그 위를 지배하게 될 것입니다.

그리고 연극은 아르토가 부단히 경험했던 저 마음을 갉아먹는 공허에 준비된 고유의 공간—절대적으로 위험하고 의례적이

21 A. Artaud, "Théâtre Alfred Jarry", art. cit., p. 228.

a 추측에 따른 것이다. 푸코는 여기에 처음 "연극"이라고 적었다가 그것을 지우고 "관객"으로 바꿔 적는다. 그러나 이 이후 부분에 입각해 생각해보면 "극"이라 적으려 했다고 생각된다.

기도 한 공간—을 부여하는 수단에 불과합니다. 그 공허는 메워져야 하는 게 아니라 끊임없이 다시 열려야 합니다.

1937년, 아르토는 《존재의 새로운 계시》에서 이렇게 말했습니다.

> "오랫동안 나는 공허를 느껴왔지만, 공허에 투신하는 것은 거부했다.
>
> (…)
>
> 이제까지 내가 고통받아온 것은 공허를 거부했기 때문이었다.
>
> 이미 내 안에 있던 공허를."[22b]

한 가지 기묘한 것이 있습니다. 아르토에게 연극은 자신의 광기에 정면으로 맞서기 위해(광기의 한가운데서 그것을 제압하기 위해) 가진 대단히 적극적인 관심사였습니다. 그런데 그런 그가 만들어낸 연극이 바로크 연극과 정반대의 구조를 가졌다는 사실입니다.

예를 들어 관객을 중앙에 배치한, 앞서 언급한 회랑형 연극을 살펴봅시다. 그것은 17세기에 대단히 빈번했던, 무대 속 무대의 부정적 형상입니다.

아르토가 관객의 존재 자체를 위태롭게 하기 위해 사용하는

---

22 A. Artaud, "Les Nouvelles Révélations de l'Être(존재의 새로운 계시)", dans *Œuvres*, *op. cit.*, p. 787-788.

b 푸코는 여백에 이렇게 덧붙인다:
1) 이것은 그의 광기의 이미지.
2) 하지만 동시에 이것은 (불가능한) 연극이기도 하다.
 —그가 광인이기 때문이 아니라
 —이것이 본질적으로 문학의 표상이기 때문이다.
  —단어들보다 더 위험한 근원적 언어.
  —마술적인 힘.
  —신성하고 종교적인 힘.

위협은, 바로크 연극이 광기라는 괄호 안에서 끔찍한 것, 참을 수 없는 것을 보여줄 때 만들어내는 보호막과 정반대의 것입니다.

그리고 착각, 혼동된 등장인물들, 가면들, 말들의 단순한 힘에 의해 무산되는 신체 등과 같은 바로크적 작용은, 아르토가 유일한 연극적 진실로 만들려 했던 저 현실적이고 거부할 수 없는 강렬한 신체와 정반대에 해당하는 것입니다.

바로크 연극과 아르토의 연극은 어떤 수수께끼 같은 선 양측에 있는, 혹은 지각할 수 없는 거울의 양측에 위치한 대칭적이고 역전된 두 형상 같습니다.

그런데 그 선은 어떤 것일까요?

기억하시겠지만 고전주의 이전의 연극에서 광기의 역할은 연극의 연극성을 밝히는 것이었습니다. 광기의 착각의 힘 속에서 〔연극을〕 보여주는 것이었습니다. 즉 연극을 무장해제함과 동시에 재생시키는 것이었습니다.

아르토에게 연극은 자신의 병에 하나의 공간을 부여하고, 그것을 역전시켜 재생시키는 것입니다. 자기 영혼의 중심에서 일어나는 붕괴에 하나의 신체(아니 오히려 수천의 신체)를 부여하고, 그 공간의 경계에서 스스로 자기 박해의 춤을 추는 것입니다. 따라서 이러한 시도는 자신의 광기를 몰아내거나—흔히 말하듯—광기에서 벗어나기 위한 것이 아니라, 광기 안에서 머물며 그것을 견디기 위한 것입니다.

III

그러나 여러분은 제게 이렇게 질문하실 겁니다. 〔바로크 연극과 아르토 연극의-옮긴이) 이러한 기묘한 비교는 대체 어떤 소용이 있는가? 우리가 광기와 문학 일반에 대해 더 알게 된 것은 무엇인가?[a] 바로크 극의 광기와 아르토의 연극적 경험 사이에 어떤 유사성이 있다 하더라도, 설령 당신이 언급한 친연성이 있다고 하더라도, 우리는 과연 문학과 광기의 공통된 속성을 발견할 수 있을까?[23]

원하신다면 언어에서 금지된 것에 대해 잠시 되돌아봅시다. 아시다시피 오래전부터 우리는 랑그langue와 파롤parole을 구분해왔습니다. 랑그는 하나의 언어를 사용하는 모든 개인에게 부과되는 언어적 코드 즉 어휘, 음성학, 문법 규칙 등이며, 파롤은 다른 화자나 청자가 이해할 수 있을 만큼 그 코드를 따르면서 어느 순간 실제로 발화되는 것을 뜻합니다.

—따라서 사회가 거부하는 것은 파롤에 의한 위반 행위—언어 코드상으로는 발화 가능하지만 다른 코드(종교적, 정치적, 가족적, 윤리적)에 의해 터부가 된 것을 발화하는 것—라고 말할 수 있습니다. 말해서는 안 되는 말을 입에 담거나(《주의 기도 *Pater noster*》에서 악마 베르제뷔트처럼), 구성 요소들의 순서를 거스름으로써(예를 들어 미사를 거꾸로 낭송하는 것) 터부를 넘어서는 자가 있다면 "마법사"라 불리게 될 것입니다.

---

a 이 점과 관련해서 원고의 앞 페이지 하단에 다음과 같은 문장들이 추가되어 있다:
우선 반심리학주의를 통해.
이성적인 사람들, 광기에 대해 아무것도 모르고 자기 광기의 심층에서 하나의 연극 이론을 만드는 광인에 대해 아무것도 모르는 사람들은 동일한 방식으로 광기가 언어 속에서 작용하고 있는 것을 〔보게 될 수도 있다.〕
즉 광기는 중립적이고 불변하는 문화적 주제가 아니고, 문학의 힘으로 옮겨 간 개인적 체험도 아니라는 것이다. 광기는 언어 자체에 대한 자율적이고 항상적인 기능이다.
—비판과 같은.
—죽음과 같은.
그리고 심리학은 그것을 밝혀낼 수 없다(루셀).

23 푸코 사유에서 반복되는 핵심 주제 중 하나인, 문학과 광기의 공통된 속성에 대해서는 예를 들어 다음을 보라. M. Foucault, "La folie, l'absence d'œuvre(광기, 작품의 부재)", art. cit., p. 440-448.

—그러나 사회는 의미의 변형 또한 거부합니다. 달리 말해 단어가 원래와 다른 의미를 갖는 것을 어느 정도까지 막습니다. 요컨대 코드로서의 언어가 훼손되는 것을 막는다는 뜻입니다. 이러한 의미론적 모독이야말로 이단hérésie입니다(관습에 따라 이렇게 부르는데, 왜냐하면 세속 사회에서의 비종교적 위반과도 연관될 수 있기 때문입니다).

—마지막으로 세 번째 유형의 위반이 있습니다(자기 연루적 위반). 그것은 랑그(혹은 코드)가 파롤(발화된 말)에 연루되어 그 안에서 위험에 노출되는 것입니다(파롤이 군림하고 있는 순간에는 바로 그것이 모든 코드의 규칙을 소유한다고 가정합니다). 그리고 그 대가로 파롤은 랑그로서의 가치를 지녀야 합니다.

우리가 이러한 전복 즉 파롤이 랑그에 야기하는 극한의 위기를 만나는 것은 다음의 세 가지 경우입니다.

—첫 번째로 순수한 경우. 이는 비의주의적인 것으로, 발화된 파롤이 자기 자신의 코드를 숨기고 있는 경우입니다(그러나 이 코드는 다른 곳에서 다른 사람들이 소유하고 있습니다).

두 번째와 세 번째는(첫 번째 경우와 구별하는 것이 반드시 쉽지는 않습니다) 광기와 문학의 경우입니다. 프로이트 이후 우리가 잘 알고 있듯이, 광기는 그 자체의 파롤이 고유의 암호를 갖고 있습니다.

문학에 있어서는 언어 체계 즉 랑그의 규칙이 작동하지 않는다는 뜻이 아닙니다. (훌륭한 작가인 경우라면) 그 규칙이 거기보다 더 잘 작동하는 곳은 없을 것입니다. 그러나 문학이 (작가와 독자에게) 시작되는 순간부터 위험이 출현합니다. 적어도 언어 체계가 기록된 파롤 속에서 완전히 위태로워져 잠식될 위험이. 그 결과 변형되어 나오든(롱사르Ronsard와 샤토브리앙Chateaubriand의 경우처럼), 자기 자신과 동일한 모습으로 나오든(볼테르, 지드 혹은 카뮈의 경우처럼), 언어 체계는 동일한 위험을 통과한 것입니다.

이상과 같은 사항이 왜 문학이 비의주의의 근친인지를 설명합니다(문학은 비의주의 아래 숨어서 마치 외부의 은폐된 코드에 따르고 있는 척하지만, 실은 그 코드는 문학 안에 존재합니다. 눈에 띄지 않을 만큼 희미한 형태로). 이는 왜 문학이 그토록 자주 언어의 터부를 넘어서는 것처럼 보이는지(발설할 수 없는 것, 즉 말로 표현할 수 없거나 명명할 수 없는 것의 마술을 실천함으로써), 또 왜 그토록 자주 이단(환상적 차원에서는 상상적 이단, 사유의 차원에서는 개념적 이단)에 근접하는지를 설명합니다.

하지만 문학의 본질은 다른 어디에도 없습니다. 문학의 본질은 광기와 가장 가까운 장소, 파롤에 의해 랑그 즉 언어 체계가 근본적으로 위기에 노출되는 바로 그 자리에 있습니다.

그리고 문학이 그토록 빈번하게 광기를 표상할 필요가 있는 것은(실제로 호메로스와 아이아스의 엄청난 도취 이후[24] 문학은 항시 광기를 표상해왔습니다), 광기 안에서 자신의 반영, 분신, 이미지를 보기 때문입니다. 요컨대 자신을 해석하는 열쇠를 보기 때문입니다.

문학이 그 파롤 속에 자신의 코드를 위치시킨다면, 그리고 그 코드를 〔직접〕 드러내지 않는다 하더라도, 문학은 있는 그대로의 모습을 보여줍니다. 즉 문학은 광기 안에서(자신의 의도치 않은 분신 안에서) 자신을 표상함으로써 자기 자신 안에 자신의 코드를 갖고 있음을 명확히 밝힙니다. 바로 그렇기 때문에 바로크 연극에서의 광기는 항상 연극의 연극성을 표상하며, 아르토는 자신의 연극을 가리켜 "연극과 그 분신"이라 불렀던 것입니다.

---

24 아이아스의 광기 에피소드를 이야기하는 것은 호메로스가 아닌 소포클레스다. 다음을 보라. Sophocle, *Ajax*, *op. cit.*, p. 429-436(〈아이아스〉, 《소포클레스 비극 전집》, 천병희 옮김, 도서출판 숲, 2008, p. 244-250).

그러나 〔바로크 연극과 아르토의 연극 사이에 - 옮긴이〕 망각될 수 없는 차이점이 있습니다. 바로크 시대에는 한창 문학이 구성되고 있었다는 점입니다. 광기는 보였다 안 보였다 하는 미세한 형상, 연극의 연극, 언어의 언어를 보여줄 때만 모습을 드러내는 형상에 불과했습니다. 그러고는 고전주의 문학의 매끈하고 조용한 언어가 군림할 수 있도록 즉각 사라졌습니다.

아르토에게 환각의 연극은 연극 내의 한 형상이 아니었습니다. 그것은 연극의 열림, 파열, 심연이었습니다. 그것은 문학의 파롤 내부에서 문학이 무엇인지를 아이러니하게 보여주는 것이 아니었습니다. 폭력을 통해 문학을 있는 그대로의 모습으로, 가장 적나라한 존재로, 문학보다 훨씬 더 밑바닥에 있는 무언가로 되돌려놓는 것이었습니다. 요컨대 문학의 지고한 분신인 광기의 단순한 비명으로 되돌려놓는 것이었습니다.

이제 우리는 광기가 왜 문학을 깊게 매혹시키는지, 문학이 왜 항상 광기 속에서 거울의 주제를 발견하는지를 이해할 수 있습니다.

광기가 진실로 문학의 거울, 문학 자신의 이미지를 반사해주는 허구의 공간이기 때문입니다.

—문학이 언어 체계의 자발적인 규칙 〔구축〕[a] 내에서 스스로를 표상하는 한, 광기는 문학의 이미지입니다. 연극의 연극성, 문학의 문학성을 보여주는 〔현명한〕[b] 광기입니다.

—문학이 언어 체계가 소멸될 정도의 절대적 위기로서 스스로를 경험하는 한, 광기는 다시 문학의 이미지입니다. 파롤

a 읽기 어려워 추측했다.
b 읽기 어려워 추측했다.

아래의 절규, 모든 의미의 혼란을 보여주는 광기입니다.

광기, 그것은 문학의 유희 공간이며, 문학이 가로지르는 영역입니다. 이 영역의 양쪽 끝은 오직 집요하고 조소적인 분신에 의해 제한되며, 이 분신은 잔혹함 속에서 허구의 진실을 고수하고 있습니다.[c]

---

c 동일한 boîte 57, dossiers I에 이 강연 말미의 다른 버전 원고로 생각되는 1매짜리 쪽지가 있다:

문학에 있어서 광기를 표상하는 것, 혹은 광기의 경험에서 출발하여 자신을 구성하는 것은 결국 있는 그대로의 자기 모습을 보여주는 것, 어떤 이미지 내에서 자기 자신의 진실을 표명하는 것에 다름없습니다. 문학에서 광기가 항시 거울의 주제를 중심으로 조직되는 것은 그다지 놀랄 만한 일은 아닙니다. 광기는 허구의 공간에 세계의 진실을 드러내는 것으로 여겨지지만, 사실 문학의 본질에 관한 무언가를 모호하게 말하고 있습니다.

그러나 물론 그것을 항시 동일한 방식으로 말하지는 않습니다.

—바로크 시대에 광기는 작품으로서 구성되고 있는 언어의 유희적 반영이었습니다. 그것은 연극의 연극성, 언어의 언어성을 보여주는, 보이다 안 보이다 하는 미세한 형상이었습니다.

—아르토의 시대, 즉 우리 시대에 광기는 문학을 단순한 진실로 이끕니다. 즉 문학 스스로가 자신이 무엇인지 발견할 수 있는 존재의 기반으로 되돌려놓습니다. 이때 광기는 문학을 갉아먹고 공허하게 만드는 운동 그 자체입니다.

그러나 이러한 두 형태(환상적인 재현의 힘을 증가시키는 것, 유일하게 무한히 반복되는 위험한 축제를 계속하는 것)하에서 광기는 의심의 여지 없이 문학의 유희 공간을 규정합니다. 그것은 문학이 부단히 가로지르는 거리입니다. 그 경계 너머에서 문학은 가장 가깝고도 먼, 거울의 심연 속에서 자기 자신의 낯선 이미지가 그려지는 것을 봅니다. 그리고 끝이 곧 시작이 되고 밝은 쪽이 곧 빛을 막는 밤이기도 한 경계의 영역에서, 문학은 허구의 진실과 진실의 허구를 잔혹함 속에서 유지하고 멀리하기도 하는 저 집요하고 조소적인 분신에 홀려 있습니다.

5. 문학과 광기

〔레몽 루셀 작품에서의 광기〕*

〔I〕

광기 없는 사회는 없다. 그리고 결국 그 변방에 광인이라 불리는 사람들을 위한 자리를 마련해주지 않는 문화는 없다.

그런 이상한 범주가 존재하지 않는 사회는 이 세상에 하나도 없고, 그 범주를 지시하는 낱말이 하나도 없는 언어는 없다. 사회에서 광인들의 존재는 불가피하다. 폐결핵 환자나 암 환자의 경우와는 다르다. 그들은 지금은 존재하지만 언젠가 그 질병들에 잘 듣는 약이 발견되면 사라질 수 있기 때문이다.

광인들의 존재는 다른 성질의 것이다.

—우선 광기의 영역에는 정신질환자(의학적 의미에서의 광기) 뿐 아니라 질환이 없는 사람들, 그리고 사물들, 이를테면 예술 작품, 문장, 책, 온갖 종류의 생산물 등이 존재하기 때문이다.

언어의 남용 때문일까? 아마 그렇지 않을 것이다. 아마도 광기가 다소 은밀한, 혹은 다소 공공연한 분류와 조직의 원리이기 때문이 아닐까? 요컨대 이성과 탈이성이라는 존재의 두 영역 사이에서 사회가 본능적으로 행하는 이분법적 분배와 관련된 규칙 말이다.

—그리고 그러한 분배는 사회마다 다르다는 것을 상기할 필요가 있다. 아마 여기나 멜라네시아〔호주 북동쪽 섬 지역-옮긴

* BnF, Fonds Foucault, NAF 28730, boîte 57, dossiers 1, 3, 6 et 7.

이) 등과 같은 사회에서 광인으로 간주되는 소수의 사람들을 제외하면, 광기의 정의는 매우 가변적이다. 문화인류학자들이 종종 지적하듯이 청취 대상자로 선택된 현지인들, 즉 문화인류학자들이 보기에는 자신들이 속한 집단에 관해 가장 이성적으로 말할 수 있을 것 같은 사람들이 정작 자기 집단에서는 일탈된 자들, 비이성적인 사람들로 간주된다.

동일한 사회에서도 시간이 지남에 따라 큰 변화를 확인할 수 있다. 마법이나 주술 같은 종교적이거나 준종교적인 관행들은 서구 그리스도교에서 오랫동안 금지된 영역에 속했다. 그 관행들이 비합리적인 영역에 들어간 것은 극히 최근의 일이다.

그것은 아마도 광기가 어떤 자연 현상이나 지구상의 모든 인간이 똑같이 노출되는 위험한 질병이 아니기 때문일 것이다. 광기는 인간의 모든 문화에서 발견되는 일종의 보편적 분배 기능이지만, 그 기능이 이런저런 문화에서 동일한 방식으로 작동하는 것은 아니다. 각각의 사회 형태와 문명은 고유의 분할 법칙과 척도를 갖고 있다. 한 사회의 포괄적 수준에서 광기는 우연이 아니라 분배와 관련된 사항이다.

이 자명한 사실이 불분명해지고 말았다. 오늘날 우리가 광기와 질병을 구조적으로 동일한 것으로 간주하기 때문이다.

그러나 이러한 상황이 언제 어디서나 동일하지는 않았다.

대략 1780년대 즈음까지 서유럽에는 완벽하게 구별되는 두 사회적 기능과 두 경험의 영역이 존재했다.

—하나는 정신질환과 관련된 것으로, 일련의 법적이고 의학적인 조치 전체를 포함하고 있었다.

—또 하나는 광인, 이성을 벗어난 자, 정신질환자라 불리던 부류의 사람들과 관련되어 있었다. 그런 사람들에 대해서

는 그 어떤 의학적 치료도, 그 어떤 엄격한 법적 조치도 적용되지 않았다. 그들은 지금 우리의 관점에서 볼 때 완전히 자의적으로 보이는 조건, 하지만 그 시대에는 완전히 자명했던 요청에 따라 감금되어 있었다.

그런데 18세기 말, 서구 사유에서 광기의 구분과 정신질환 정의定義가 중첩되고 혼동되는 일이 발생했다. 사람들은 탈이성의 범주가 병리학의 범주와 엄밀하게 일치할 수 있다고 여겼다. 그리고 오늘날 우리에게도 여전히 명백해 보이는 다음과 같은 공리가 제시되었다. **지난 시대의 광인 혹은 정신이상자는 아직 우리가 인식할 수 없었던 환자에 불과했다.** 당시에는 의학계가 너무 초보적인 수준이었기에 그런 사람들을 자기 영역으로 인수하거나 병합할 수 없다고 여겼지만, 사람들은 이제 모든 광기의 경험이 질병의 영역으로 흡수되리라 기대했다.

그러나 질병의 영역은 생명, 신체, 질병에 관한 실증적 지식을 수용할 수는 있지만 결코 그것으로 완전히 환원되지 않는 사회적 기능들의 자율성을 고려하지는 않는다.

예를 들어 죽음과 관련해 무슨 일이 일어나는지 살펴보자. 그것은 가장 위압적인 생물학적 사실이다. 그럼에도 불구하고 어떤 사회에서든 개인이 죽을 경우 반드시, 죽음의 순수한 확인과는 완전히 다른 특정 기능이 작동한다. 그 기능은 죽음을 둘러싼 의례에 나타나고, 종종 생물학적 죽음이 상당히 지나고 나서 사회적 죽음을 선언하기도 하며(애도), 때로는 사망 전에 사회적 죽음을 선언하기도 한다(질병과 사형의 경우, 그리고 노쇠의 경우까지도). 오늘날에는 의학이 죽음을 과학적으로 규정(사망 시각, 사망 원인 등)하는 심급이라 말할 수 있지만, 죽음을 둘러싸고 죽음을 찬미하며 신성화하는 사회적 기능은 결코 소멸하지 않았다.

광기와 관련해서도 마찬가지다. 의학은 광기 경험을 정신질환에 병합하려 했지만, 광기 경험은 품행의 병리학으로부터 벗어난 채 존속한다.

그로 말미암아 광기를 정신의학으로 환원하는 것이 불가능함을 보여주는 중복, 실책, 주변적이지만 집요한 현상들이 발생한다. 가령 특정한 범죄적 혹은 성적 일탈이 질병인지의 여부를 판단하는 것의 어려움, (스스로 위험에 처해 있는 동시에 타인에게 위험하다고 간주되는) 광인에 대한 태도의 모호성, 그리고 특히 광기와 문학(광기와 예술이라고 말해야 하겠으나, 이 주제는 짧게 이야기하기에는 너무 방대한 것 같다) 사이의 대단히 기묘한 관계에 대한 경험.

II

사실 광기와 문학의 관계는 19세기에 시작된 것이 아니다. 아마 이 관계는 항상적이라고까지 말할 수 있을 것이다. 이상하리만치 항상적이다. 전쟁 없는 문학도 있었고 연애 없는 문학도 있었다. 그렇지만 죽음과 광기의 이름을 단 한 순간도 부르지 않은 문학은 없었다.

아이아스[1]의 광란 이래로 광기는 서구 문학에 늘 등장해왔지만 특히 선호되는 시기, 정점을 이루는 시기가 있었다. 아마도 오늘날과 16세기 전반만큼 광기가 빈번히 표상된 적은 없었을 것이다. 나는 에라스뮈스와 세르반테스뿐 아니라 엘리자베스 여왕 시대의 연극과 17세기 초의 이른바 프랑스의 바로크 연극을 생각하

1 다음을 참조하라. Sophocle, *Ajax*, *op. cit.*, p. 429-436(〈아이아스〉, 《소포클레스 비극 전집》, p. 244-250).

고 있다.

그러나 현대의 광기 경험은 이런 유구한 전통과는 대단히 다른 성격을 갖고 있는 듯하다.

몇몇 예를 들어 예전의 광기 경험과 오늘날의 광기 경험의 특징을 보여주고자 한다(그러나 과거에도 지금도 그것은 결코 정신질환에 관한 사실적이거나 의학적인 표상이 아니라는 사실을 유념해두자).

〔A.〕 17세기에 광인은 자신을 다른 자로 착각하는 인물이었다.

—광인은 살아 있으면서도 자신이 죽었다고 생각한다(로트루의 《심기증 환자》[2] 참조).

—광인은 부유하면도 자신이 가난하다고 생각한다. 또한 가련한 기사임에도 스스로는 위대한 정의의 사도라고 생각한다(돈키호테).

—사랑받고 있으면서도 자신이 미움받고 있다고 생각한다. 또는 늙고 추하면서도 자신이 사랑받고 있다고 생각한다.

역으로 광인은 어떤 사람들을 다른 사람들로 착각한다. 《카르데니오의 광기》[3]에서 카르데니오는 모든 존재를 뤼생드로 착각한다(자신이 피신한 숲의 나무들과 이발사까지도).

즉 광인은 가장 놀라운 변신의 주요 도구다. 그것은 동일자와 타자의 대대적인 게임을 조직한다. 그리고 일반적으로 광기 일화는 가장, 변장, 착각에 관한 이야기의 줄거리와 결합되어 있기에 사람들은 그 전체가 발생시킬 수 있는 복잡한 뒤얽힘을 상상한다.

---

2 J. Rotrou, *L'hypocondriaque*, *op. cit.*

3 Pichou, *Les folies de Cardenio*, *op. cit.*

그러나 지극히 복잡한 이 게임 전체가 발생시키는 결과는 하나뿐이다. 보다 더 심오하고 보다 더 은폐된 하나의 진실, 알려지지 않은 진실을 출현시키는 것이다. 광기는 보이지 않는 것을 보게 해준다. 사람들을 그들이 아닌 자, 또 자기 자신을 자신과는 다른 자로 착각하기 때문에 광인은 역설적으로 진실을 적나라하게 드러낸다.[a] 돈키호테는 16세기 스페인이라는 어수선하고 비참하며 탐욕스럽고 때로는 기괴한 작은 세계를 출현시킨다. 그리고 동시에 바로 이런 스페인이 열광하고 있는 기사도 소설이 실제로는 얼마나 거짓으로 가득 찬 것인지를 고발한다. 햄릿 역시 보이지 않는 진실, 즉 아버지의 암살을 그의 멜랑콜리의 심층으로부터 부상시킨다. 그는 처음에는 그것을 단순한 연극적 허구로 제시하지만 그것은 차츰 작품 자체의 진실이 된다.

그 결과 광기는 이중의 역할을 한다. 사물과 인간에 대한 진실을 드러내 고발하고 폭로하며, 동시에 문학의 어떤 이미지 즉 문학에 내재하는 일종의 분신을 구축한다. 《돈키호테》[4]는 광기를 매개로 다른 소설을 표상하는 소설이며, 《햄릿》[5]은 다른 희곡을 표상하는 희곡이다. 마치 광기의 게임을 통해 문학이 둘로 갈라져 자신의 모습을 비추는 듯이, 광기가 문학 앞에 거울을 들이대어 그 속에서 자신의 모습을 비추는 듯이. 광기는 마치 속임수를 쓰듯 사물의 진실을 드러낼 뿐 아니라, 문학과 연극 그리고 소설의 진실을 말하는(거짓된 진실, 진실된 거짓이라는 자신의 양의적 역할 안에서 진실을 표명하는) 역할도 한다.[b]

---

a 여백에 이렇게 적혀 있다: 광인은 마치 진실을 말하는 자와 같다.

4 M. de Cervantès, *Don Quichotte*, *op. cit.*

5 W. Shakespeare, *La tragique histoire d'Hamlet prince de Danemark*, *op. cit.*

b 여백에 이렇게 적혀 있다: 언어 내적 거울. 거울을 표현한 그림에서처럼.

B. 그러나 19세기 이래로 광기는 문학에서 외관상 매우 다른 역할을 담당하게 되었다. 이제 더 이상 표상과 이미지의 역할이 아니다. 즉 더 이상 문학을 표상하기 위해 광기가 표상되지 않는 것이다. 오히려 문학이 무엇인지 경험하는 것이 광기의 핵심이 되었다.

광기는 저자 자신의 주관적 경험이 된다. 마치 광기와 에크리튀르가 시초부터 서로에게 속해 있었다는 듯이. 나는 물론 네르발이나 아르토처럼 정신질환 속에서 광기 경험을 했던 작가들의 작업을 떠올리고 있지만, 동시에 의학적으로는 (질환인지 아닌지) 확정되지 않았지만 본인들로서는 광기와 언어가 쌍을 이루는 경험을 했던 모든 사람들, 이를테면 《광인의 수기》[6] 시절의 플로베르, 그리고 멜랑콜리의 위기라 불리는 것을 경험하며 《이지투르》[7]를 쓰던 투르농Tournon 시절의 말라르메도 떠올린다. 그리고 나는 초현실주의자들의 작업도 생각한다. 그들은 자기 언어의 지평에서 광기라는 희망을 불러일으키는 불길을 일으켰다. 그리고 마약을 통해 인위적으로 세심하게 광기를 준비한 미쇼의 작업도 생각한다.

그건 분명 에크리튀르, 광기, 그리고 정신질환이 교차하고 착종되는, 대단히 복잡한 경험일 것이다. 그러면 사람들은 즉각 이렇게 생각한다. 초기 발작이 일어나기 전에는 젊은 시절 작품인 시편 외에 거의 아무것도 쓴 적 없었던 아르토 같은 사람은 작가가 되기 위해 광기 경험이 필요했던 걸까? 하지만 어쨌든 가치 있

---

6 G. Flaubert, *Mémoires d'un fou*, dans *Œuvres de jeunesse*, t. I, Paris, Louis Conard, 1910, p. 483-542(《애서광 이야기》, 이민정 옮김, 범우사, 2004).

7 S. Mallarmé, *Igitur, ou la folie d'Elbehnon*, dans *Œuvres complètes*, "Bibliothèque de la Pléiade", Paris, Gallimard, 1961, p. 433-451.

는 글이라고는 단 한 줄도 쓰지 못하는 정신질환자들이 잔뜩 있다. 그러므로 광인이면서 위대한 작가이기 위해서는 원래부터 위대한 작가여야 할 것이다.

솔직히 말해 이런 끝없는 논의에 대단한 의미는 없을 것이다. 천재가 탄생하기 위한 조건에 관한 논의와 큰 차이 없는 의미만 가질 뿐이다(그러니까 결국 거의 의미가 없다는 말이다).

그렇지만 에크리튀르와 광기 간에 뭔가 수수께끼 같은 것이 있고, 이는 오늘날 문학이 무엇인가라는 질문을 제기한다.

나는 여기서 대단히 순수한 동시에 아마도 그렇기 때문에 대단히 복잡한 사례를 들어보려 한다. 물론 문제 해결을 위한 것이 아니라 문제의 차원을 측정하려는 시도다.

그것은 작품, 광기 경험, 정신질환이 정확히 서로 중첩되어 특이한 형상을 만들어낸, 상당히 희귀한 사례들 중 하나다.

바로 레몽 루셀[8]이다. 당시 초현실주의자들에게는 알려져 있었지만 그 외에는 거의 알려지지 않았던 작가다(그는 1877년부터 1933년까지 살았다). 그러나 그 시대 이후로 그의 중요성과 위대성은 계속 커져간다. 그리고 사람들은 누보로망과 로브그리예[9]의 작품들을 통해 루셀이 언어를 하나의 경험으로, 즉 현대문학의 경험

8 푸코의 성찰에서 루셀이라는 인물이 얼마나 중요한지는 잘 알려져 있다. 특히 다음을 보라. M. Foucault, *Raymond Roussel*, *op. cit.*, "Dire et voir chez Raymond Roussel(루셀에게서 말한다는 것과 본다는 것)"(1962), 1963년에 간행된 책 1장의 첫 번째 버전, 그리고 "Pourquoi réédite-t-on l'œuvre de Raymond Roussel? Un précurseur de notre littérature moderne(레몽 루셀의 작품들을 왜 재출간하는가? 현대문학의 선구자)"(1964), DE I, *op. cit.*, n°10, n°26, p. 233-243, 449-452 ; 나중에는 "Archéologie d'une passion(정념의 고고학)"(1983), DE II, 1976-1988, éd. D. Defert et F. Ewald, Paris, Gallimard, 2001, n°343, p. 1418-1427. 또 레몽 루셀에 할애된 여러 라디오 인터뷰들이 있다.
1962년 11월 21일, RTF France III national에서 방송된 푸코의 "Raymond Roussel(레몽 루셀)", 그리고 역시 RTF France III national에서 1963년 6월 11일 방송된 로제 브리니Roger Vrigny와의 인터뷰, 1963년 6월 27일 방송된 로제 그르니에Roger Grenier와의 인터뷰가 있다.

9 알랭 로브그리예Alain Robbe-Grillet에 관해서는 이를테면 다음을 보라. M. Foucault, "Distance, aspect, origine"(1963), DE I, *op. cit.*, n°17, p. 300-313. 거기서 푸코는 특히 《질투*La jalousie*》(1957)〔박이문·박희원 옮김, 민음사, 2003〕와 《은밀한 방*La chambre secrète*》(1959)에 대해 논평한다.

으로 만들었다는 것을 간파하게 된다.

17-18세 무렵부터 루셀은 엄밀한 의미에서 병자라 부를 수 있는 자였다. 게다가 피에르 자네[10]에 의해 그러한 자로 분류되어 치료를 받았다. 그는 강박적이라고 인정되는 증상을 보이고 있었다(자네가 정신쇠약이라고 명명한 이 증상은 프로이트 이후로는 신경증이라고 불렸다. 오늘날 논의되고 있는, 신경증과 정신분열증의 경계선상에 있는 형태인 "정신분열증적 신경증"이었는지도 모른다. 이러한 경계선상의 형태에 대해 현재의 정신의학은 그 강박적 품행뿐 아니라 히스테리적 증후에도 충분한 주의를 기울이고 있다).

—17-18세 때 그는 현혹을 경험했다. 놀랄 만한 빛이 〔…〕[a] 로부터 방사되는 느낌.

기념품 펜의 렌즈 속에 들어 있던 작은 사진.

—그의 작품 역시 강박적이며 어떤 부분은 훨씬 더 기묘하다. 그는 기성의 문장을 무작위로 선택해("나는 좋은 담배를 갖고 있다J'ai du bon tabac"), 거기로부터 그것과 유사한 음들을 추출해 그 음들로부터 새로운 이야기의 길잡이가 될 수 있는 일련의 말들을 만들어낸다. 그것은 언어 내에서 우연을 취급하는 것이다. 즉 구절들을 음성학적 폭발에 종속시키는 것이고, 음의 주사위가 떨어지자마자 구축된 형상으로부터 새로운 언어의 건물을 구축하는 것이다.[11]

---

10 피에르 자네Pierre Janet는 다음에서 마르시알Martial이라는 가명을 사용해 레몽 루셀의 사례를 환기한다. *De l'angoisse à l'extase*(불안에서 황홀경으로), t. I, Paris, Librairie Félix Alcan, 1926, p. 116-119.

a 원고의 한 페이지가 발견되지 않았다.

11 푸코가 여기서 언급하고 있는 것은 레몽 루셀이 자신의 작품 구성에 사용한 기법이다. 이 기법에 대한 설명이 다음에 실려 있다. Raymond Roussel, *Comment j'ai écrit certains de mes livres*, Paris, Jean-Jacques Pauvert, 1963, p. 11-25(〈나는 내 책 몇 권을 어떻게 썼는가〉, 《아프리카의 인상》, 송진석 옮김, 문학동네, 2019). 에크리튀르 기법이라는 주제는 "Sept propos sur le septième ange(제7 천사에 대한 일곱 가지 설명)", art. cit., p. 881-893에서 브리세(그리고 그보다는 덜하지만 루셀과 울프손)와 관련해 다시 다뤄진다.

그런데 루셀 작품의 이러한 두 측면은 현대문학의 가장 중요한 경험들과 정확히 서로 중첩된다.

—문학 언어 내에 우연의 도입, 그리고 상상력이라는 오래된 항상적인 것으로부터가 아니라 언어의 균열, 공백, 충돌로부터 탄생하는 환상적인 것.

—창의 혹은 본원적, 원초적 주체성의 표출로서가 아니라, 이미 말해진 언어의 반복(체계적으로 다양화된 반복)〔으로서〕 행해지는 언어의 구축. 문학은 관념, 감정, 인상 등에 의해 만들어지는 게 아니라 언어와 그 언어에 내재하는 법칙들에 의해 만들어진다는 사고방식이다. 문학은 언어 내의 일종의 유희 공간에만 존재한다.

—사물들과의 기묘한 관계 발견. 문학의 목표는 사물들을 미화하거나 신비화하거나 진동시키거나 노래하게 하는 것이 아니라, 무엇보다 사물들을 "말하는" 것이다. 즉 사물들을 언어 속에 도입하고 동시에 언어를 사물들 속에 도입해, 사물과 단어에 공통된 공간 혹은 직물을 구성하는 것이다.

—또한 완전히 하얗고 투명한 에크리튀르의 발견. 문학은 말들에 내재하는 아름다움과 장려함으로 이루어지는 것이 아니라, 언어의 존재 자체 내에서의 변화로 이루어진다. 문학은 어휘나 통사 내에서의 선택이 아니다. 언어의 자기 자신과 사물에 대한, 일종의 존재 방식이다.[b]

---

b 이 부분에 따로 끼워져 있는 쪽지에 푸코는 이렇게 적어놓았다:
그러나 이러한 모든 것은 문학의 밑바닥에 어린 반짝임인 한에서만 현대문학을 지배한다. 즉 루셀의 경험은 말의 절대적이고 근원적인 힘에 대한 경이이다. 말이 사물의 이름을 불러 그것을 나타나게 하는 아주 친숙하면서도 수수께끼 같은 힘, 단어들의 유희와 파편들이 불가능한 것을 탄생시킬 수 있게 하는 힘에 대한 경이인 것이다. 그리고 전적으로 교환을 위해 고안된 말이라는 실용적인 도구가, 그 본질의 변화를 통해 수직적이고 자동사적이며 무용한 문학이라는 형태로 변모될 수 있다는 사실에 대한 놀라움이기도 하다.

그런데 이 모든 것은 초현실주의자들 즉 미셸 레리스,[12] 미셸 뷔토르,[13] 그리고 로브그리예에 의해 실제로 루셀의 작품에서 발견되었다. 그래서 로브그리예는 자신의 작품《엿보는 자》[14]를 레몽 루셀에 대한 오마주로서 "전망la vue"이라 명명하고 싶어 할 정도였다.

바로 이때, 순수한 방식으로 문제가 제기된다.

—17세까지 짤막한 유행가들만 작곡했던 한 남자가 병자, 의학적으로 병자가 된다. 그는 자신의 광기와의 직접적 연관 속에서 일련의 작품들을 쓰기 시작한다(그것들은 네르발과 아르토의 경우처럼 자신의 광기와의 논쟁이 아니다). 그 작품들은 강박관념의 위대한 고전적 구조를 차분하게 언어로 번역한 것이다.

—그 결과 그는 현대문학이라는 것이 존재하기도 전에(1897년에서 1914년 사이) 현대문학의 본질이 되는 것을 발명한다. 그로 인해 브르통,[15] 레리스, 로브그리예, 뷔토르 등이 차례로 "발견자"로서의 그를 발견하게 되는 것이다.

루셀의 광기는 문학이 형성되기 직전의 혼탁한 이미지를 보여준다. 그것은 문학이 어떻게 탄생할 수 있는지를 가장 원초적인 방식으로 들려주며, 단어들이 가진 가장 이른 시기의 권능을 거울처럼 비추어 보여준다.
그리고 아르토와 관련해서도 똑같이 말할 수 있을 것이다. 다만 아르토의 경험은 언어의 원초적 힘에 대한 것이 아니라, 반대로 그 붕괴에 대한 경험이라는 차이가 있다.
자크 리비에르가 아르토의 초기 시들에서 주목했던 붕괴, 무력함, 중심부의 갈라진 틈을, 아르토 본인은 메울 수 없다. 그의 언어는 자신의 언어 붕괴 그 자체이기 때문이다. 그리고 그가 자신의 작품 속에서 가로지른 공허를, 그는 역설적으로 자신의 연극에서 보여주고자 〔갈망〕한다.

12 M. Leiris, *Roussel & Co.*, Paris, Fayard, 1998.

13 M. Butor, *Essai sur les modernes*(근대적인 것들에 대한 논고), Paris, Les Éditions de Minuit, 1957, p. 199-221.

14 A. Robbe-Grillet, *Le voyeur*, Paris, Les Éditions de Minuit, 1955〔《엿보는 자》, 최애영 옮김, 을유문화사, 2011〕.

15 A. Breton, *Anthologie de l'humour noir*(블랙 유머 선집), Paris, Le livre de poche, 2013, p. 289-303.

III

틀림없다. 그런 현상은 그때까지 결코 발생한 적이 없었다. 그리고 그는 아무튼 가장 명확한 방식으로 현대문학과 광기가 맺는 관계라는 문제를 창설한 것이다.

빠져나갈 구멍 같은 건 없다. 그저 어떤 작가가 미친 거라고 말할 수는 없다는 것이다. 그 작가에게는 광기 경험과 문학 경험이 하나였기 때문이다. 어떤 사람이 광기를 통해 이미 존재하는 미학적 경험에 도달했다고 말할 수도 없다. 그가 엄밀한 의미에서 정신질환자였으며, 자신의 질환에 의해 마련된 공간 안에서 일종의 언어 경험을 발견했다는 것, 그리고 그 경험 안에서 문학이 사후적으로 자신을 알아봤다는 사실을 인정해야 한다.

그런데 루셀의 작품에 관심을 좀 기울여보면 대단히 수수께끼 같으면서도 대단히 명쾌한 문학임을 알아차릴 수 있다.

대단히 명쾌하다는 것은 거기에 애매한 것, 혼란스러운 것, 암시적인 것이 전혀 없기 때문이다. 모든 낱말은 일상적이고 구문은 투명하다.

그러면서도 대단히 수수께끼 같다는 것은 즉각적으로 다음과 같은 문제가 제기되기 때문이다. 왜 이럴까? 왜 이렇게 무한히 묘사가 계속되는 걸까? 왜 언어의 유희를 시작으로 이러한 환상적이고 황당한 이야기가 구축되는 걸까?

그의 작품은 너무나 수수께끼 같아서 브르통과 초현실주의자들은 그것이 비의적이라고, 어떤 신비한 의미에 의해 작동하고 있다고 생각했다.

실제로 루셀의 작품은 확실히 뭔가를 숨기고 있지만, 그것이 숨기고 있는 것은 동시에 그것이 가장 잘 보여주는 것이기도 하다. 요컨대 언어인 것이다. 텍스트들 각각이 간직하고 있는 비밀은 언어의 속성과 가능성의 탐구다. 달리 말해 루셀은 문학의 하부에서 언어의 목록(그것이 가진 명명, 묘사, 변형, 자의적 구성 등과 같은 능력에 대한 목록)을 작성한다.

그런데 20세기에, 아마도 말라르메 이후, 특히 초현실주의자들과 그 동시대의 저자들 이후 문학이 발견하는 것은 문학이 언어로 만들어져 있다는 사실이다. 그리고 문학은 이제 더 이상 다소 변형된 언어로 다소 새로운 사물들을 이야기해야 할 필요가 없으며, 문학의 역할은 이제 언어와 자신의 관계, 그리고 언어로서의 자신의 존재를 탐구하고 드러내며 변화시키는 것이라는 사실이다.

언어학자들의 용어를 사용해 이렇게 말할 수도 있을 것이다. 이제 현대문학은 이미 구성되어 있는 랑그에 속하는 파롤 행위가 아니다. 그것은 바로 자신〔현대문학 - 옮긴이〕을 만들어낸 랑그를 곤경에 빠뜨리고 그것에 물음을 던지며 에워싸는 파롤이다. 자기 자신의 랑그를 내포하는 파롤이다.

그런데 잘 알려져 있듯이 프로이트 이래로 광기는 확실히 이런 종류의 파롤이다. 즉 무의미한 언어가 아니라 자기 안에 자신의 코드를 가진 언어다. 따라서 그 코드는 그 언어가 말하는 바를 통해서만 해독될 수 있다. 광기는 어떤 랑그에도 복종하지 않는다(그로 인해 그것은 상식을 벗어나 있다. 즉 미쳐 있다). 그러나 광기는 자신이 발화하는 파롤 속에 자신의 코드를 담고 있다(바로 이 점에서 광기는 의미를 갖는다).

이렇게 해서 우리는 오늘날 광기와 문학 사이의 수수께끼 같은 수렴이 어떻게 묘사될 수 있는지를 이해하게 된다. 양자는 서로 인접해 있고 아마도 경계를 공유하고 있는, 언어에 대한 두 경험이다. 따라서 둘은 서로를 비추어주는 두 이미지처럼 존재하며, 그 결과 둘 사이에는 거울이 만들어내는 비현실적 공간이 열리고 동시에 매 순간 거리와 동일성을 부단히 소멸시킨다.

고전문학에서 광기는 표상된 것에 불과했다. 즉 문학 작품 내부에서 그 작품의 작은 이미지일 뿐이었다(물론 자주 등장했지만 필수적인 것은 결코 아니었다). 광기는 작품을 이중화하여 그 힘을 보여주는 동시에 작품의 위엄을 해체했다. 즉 작품을 고발하고 반복하며 그 역설적 진리를 드러냈다(그림 속 거울이 그림 자체를 반사하는 것과 비슷하다[16]).

현대문학에서도 광기와 문학은 여전히 거울의 상황 속에 있다. 양자는 각자가 서로의 분신이다. 그러나 이번에는 양자가 기성의 언어 내부에 거주하지 않는다(문학은 자신이 거주하고 있는 언어를 사용하고, 광기는 문학 내에 거주한다). 양자 모두 언어 외부에 있는, 기묘하고 주변적이며 약간은 침범적인 경험들로서, 그것들 자체의 공간, 코드, 암호와 언어 체계를 갖고 있다

나는 서두에서 광기 없는 사회는 없다고 말했다. 또한 모든 것을 말하는 것이 허용된 사회는 단 한 곳도 없다고 말할 수 있다. 아니, 그렇게 말해야 한다. 언어는 품행과 같은 것이다. 요컨대 그것은 모든 것이 가능한 무한히 열린 영역이 아니다.

그런데 한 사회가 언어에 부과하는 제한은 다양하다.

---

16 물론 우리가 떠올리는 것은 마네의 〈폴리 베르제르의 바〉에 나오는 것과 비슷한 반사의 회화적 연출이며, 푸코는 1971년 튀니스에서 이 주제에 대해 강의했다. 이 철학자〔푸코〕는 마네에게 "Le noir et la couleur(검정과 색채)"라는 제목의 책을 헌정할 계획이었는데, BnF 기록 보관소에 아직 그 흔적 일부가 남아 있다. 마네에 관해서는 다음을 참조하라. M. Foucault, *La peinture de Manet*, suivi de *Michel Foucault, un regard*, éd. M. Saison, Paris, Seuil, 2004〔《마네의 회화》, 오트르망 옮김, 그린비, 2016〕. BnF에 소장되어 있는 "Journal intellectuel(지적 일기)"에서 푸코는 또한 반 에이크Van Eyck의 〈아르놀피니 부부의 초상〉과 앵그르Ingres의 〈오송빌 백작 부인〉을 언급한다. 그러므로 우리는 1966년에 출간된 《말과 사물》 서두에서 푸코가 탁월하게 분석한 바 있는 벨라스케스의 〈시녀들〉과는 정반대의 구도 안에 있다. 이 그림의 중심에는 그림 '외부(왕과 왕비)'의 반영이 놓여 있으니 말이다.

—언어 체계 자체(그 구조와 규칙)로부터 기인하는 제한이 있다. 그 제한을 침범한다고 해서 처벌받지는 않지만 이해받지 못한다.

—문법적으로는 가능하지만 종교적, 성적, 도덕적, 마술적 무게가 과도하게 실린 말들에 대한 제한이 있다. 그로 인해 그 말들(금기시되는 말이나 표현)은 사용될 수가 없다. 그리고 가지각색으로 〔처벌받을〕[a] 수 있다.

—허용된 말들로 구성되고 문법적으로도 〔정확〕[b]하지만 그 의미가 거부되는 경우도 있다. 이는 검열이라는 현상으로, 다양한 제도적 형태하에서 모든 문화에 존재한다.

—마지막으로 단죄하는 일은 드물지만, 문화가 쉽게 용인하지 않는 언어적 품행이 있다. 겉으로는 (형태, 어휘, 의미 면에서) 올바른 언어로 보이지만 실제로는 공동체 전체의 언어 체계를 따르지 않는 언어, 즉 자기 고유의 코드와 언어 체계를 내포하고 있어 그것들을 이해할 수 있는 사람들에게만 열려 있는 언어를 뜻한다.

사회는 그것을 결코 완전히 인정하지 않는다. 물론 오늘날에는 적어도 처벌되지는 않지만, 그럼에도 그것은 일탈된 것[c]이라

a 읽기 어려워 추측했다.

b 누락된 낱말을 추측했다.

c 이 자리에 다음과 같은 내용의 쪽지가 끼워져 있다:

그런데 이런 언어는 두 종류밖에 없다. 바로 광기와 문학이다(비의秘義적 언어는 또 다른 코드를 따르기에 포함되지 않는다).

문학은 자신에게 물음을 제기하고 자신이 무엇인지를 자문할 때마다 광기라는 이미지, 분신, 유사물을 자진해서 제출한다.

—16세기 말 즉 르네상스와 바로크 시대의 연극과 소설, 그 거대한 허구적 언어가 픽션의 힘에 대해 자문했을 때, 그것은 자기 자신의 코드를 포함한 파롤 속에서, 자신의 진실을 발화하는 파롤 속에서 자신을 표상했다. 그것은 광기 속에서 스스로를 모방했다. 문학이 광기를 모방하는 것이 아니라, 광기가 문학을 모방하는 것이다.

—현대문학은 다시 자기 자신에게 물음을 던지지만, 그것은 이제 진실로서가 아니라 언어로서다. 자신을 포섭하는 언어의 경험 내에서 문학은 자신에게 물음을 던지고 자신을 비판한다. 조소 내에

는 기호가 붙은 채 포위되어 주변부에 고정된다.

문학이 수사학이나 이미지 혹은 관념에 종속되기를 그만두고 자기 자신에게 자신의 언어 체계가 된 이래로(이는 대략 말라르메와 더불어 19세기 말 무렵에 발생했다), 또 광기가 기묘한 파롤 현상으로, 즉 언어 체계가 파롤 내부에 있는 현상으로 나타난 이래로, 광기와 문학에 〔공통되는〕[d] 특정한 경험이 형성되기 시작했다.

그리고 광기와 문학은 쌍둥이의 두 형상이 된다. 적어도 그것들을 탄생시킨 경험의 차원, 즉 파롤 내에서 소실된 언어 체계라는 차원에서는.

하지만 문학은 어느 날 다시 모습을 바꿀지도 모른다. 즉 광기 경험을 내버려두고 광기에서 완전히 벗어날지도 모른다. 그렇지만 누가 장담할 수 있겠는가? 언제까지나 광기 속에 자신의 이미지와 분신을 간직하는 것이 문학의 숙명일지도 모른다.

서 광기는 문학에 대한 비판 의식이다.

철학(데카르트와 니체)〔과의 차이〕.

그리고 프로이트 이후 정신질환이 다시 광기가 되었다는 점을 고려하면, 문학의 비판 의식이 이제 광인의 서정적 의식에 한없이 〔가까워졌다는〕 것을 이해하게 된다. 그리하여 이제 더 이상 광기의 이미지가 문학의 이미지를 반영하는 것이 아니라, 광기의 경험 그 자체가 문학의 존재를 말하고 드러내게 되었다는 것도.

d 읽기 어려워 추측했다.

6. 현상학적 경험

바타유에게 있어서의 경험*

현상학에서 철학적 경험은 필연적 가능성들의 영역을 통한 전진이다. 즉 모든 가능한 변이들의 필연적 전개에 의해 항시 요청되는 결정 속에서 인도되어가는 과정이다. 이러한 여정은 처음부터 본질적 필연성의 배치하에 있지만, 그 필연성은 도정의 끝에 이르기까지 아주 조금이나마 항상 여정을 앞서게 된다. 그러나 바타유의 경험은 오직 블랑쇼의 소원만을 따른다. 요컨대 철학적 여정의 방향을 역전시켜 자신의 별들과 그것들이 분산되어 있는 천공을, 자기 행보의 절대적 자발성 속에 끌어당겨 스스로 권위가 되는 것. 경험이 자신의 자유를 재발견했다고 말하는 것으로는 충분하지 않으며, 그것이 자신의 자유라는 칼날이 나아가는 곳을 반전시켰다고 말해야 한다. 더 이상 필연성의 자유로운 행사도 아니고, 부여된 권위의 행복한 수용도 아니다. 이제 권위의 시원적 제스처로서, 경험은 자기 자신을 **창조하는** 권위가 된다. 자기 자신에 입각해 자기 안에 자기를 받아들이고, 자기 확장 내에서 자신을 신장시킨다. 더 이상 무엇인가를 분리하는 직선을 따라가는 것이 아니라, 에워싸고 결집시키며 지배하는 왕홀王笏을 높이 드는 경험의 자유다. 바타유의 경험은 이제 화해를 구하는 정신이 아니고, 자기 자신의 목소리에 충실한 의식도 아니며, 자기 자신의 가장 시원적인 부분을 향해 부단히 나아가는 주체도 아니다. 오히려 그 경험은 **자신이 드러내고 증거가 되는** 권위를

* BnF, Foucault, NAF 28730, boîte 54, dossier 9.

통해 기원에 대한 모든 신화와 모든 소외의 망령을 일소한다. 그 경험은 자기를 망각하는 경향이 있는 의식의 모든 형태와 결별하고, 노예 의식의 모든 얼굴을 지워버렸다. 그리고 모든 상기와 해방의 노력을 즉각 공허한 것으로 만든다. 왜냐하면 그 경험은 자신의 것은 그 무엇도 상실하지 않았고, 자기 앞에 존재하는 고향 따위도 없으며, 어떤 하늘도 자신의 탄생과 관련된 운명을 정하지 않았기 때문이다. 그 경험은 자신이 사물을 주도하는 순간에 자신의 주권을 온전히 갖게 된다. 그 경험이 창시하는 것은 어떤 실천, 행사, 책무 따위가 아니라 하나의 지배 체제인 것이다.

그러나 지배 역시 가능한 것과의 유희다. 지배의 자유로운 운동이 필연성의 도정을 따라가지 않더라도, 필연성과 병행하는 충실함 속에 있지 않더라도, 운명의 교차점에서는 결국 필연성과 마주치지 않을까? 주권은 결국 충실함이 자신의 임무 내에서 추구하는 것과 만나지 않을까? 결국 주권은 자신의 운명으로부터 일시적으로 분리된, 하나의 충실성이 아닐까? 잠들어 있는 주권, 즉 가능성의 정원에서—아이들의 유희처럼— 행사되는 주권에 한해서. 재판관들의 주권, 정치가들의 주권, 심중을 탐험하려는 자들의 주권, 철학자들의 주권. 그런 자들이 모든 가능성을 검토한다 해도 가능성들의 가능성은 여전히 남을 것이다. 바로 그곳에서 그들은 비틀거리고, 그들의 고통이 시작될 것이다. 죽음의 끝에 이르지 못하는 재판관들, 역사의 끝에 이르지 못하는 정치가들, 생명의 끝에 이르지 못하는 성직자들, 철학의 끝에 이르지 못하는 철학자들. 정의가 살려면 매일 피 속에서 복수로써 정의를 소멸시켜야 한다. 정치가 빛을 발하려면 정치를 역사의 종말 속에 질식시켜야 하고, 마음의 종교가 지속되려면 용서 속에 종교를 말살해야 한다. 철학이 빛을 발하려면 철학을 불가능하게 하고, 어떤 존재론 내에서 철학의 완성을 약속해야 한다. 바로 그것이, **결정적인 것이 결정적으로** 결여되어 있다는 사실을 폭로하는 **결정**의 구성 요소다. 왜냐하면 경험, 그리고 권위으로서의 그것의 무게는 가능한 것의 편력에 있는 것이 아니라, 그것을 넘어서서 불가능한 것의 경계선—도달 불가능한 선—에 **실제로** 도달하는 데 있기 때문이다. 현상학은 가능한 것을 통해 나아가는 자신의 행보 끝에 **원초적으로 주어진 것**Urgegebene이라는 한 점과 만나게 되지만, 바로 그 지점에서 가능성들의 가능성이 남아 있는 어떤 존재론의 두께와 부딪히게 된다. 바타유의 경험은 일순간에 가능성의 영역을 횡단하고, 가능성에 대한 그것의 주권은 단번에 가능성의 한계에 도달하며, 이후로는 밤을 계속 밀어내는 하늘 아래의 여명처럼 가능성의 경계를 지켜본다. 이러한 바타유의 경험이 만나게 되는 것, 밝혀내는 것은 이미 떠오른 존재의 낮이 아니라 존재의 부재, 아니 그보다는 가능성들이 질식하는 부재다. 달리 말해 **존재는 불가능하며**, 주권적 불가능성을 지배하는 밤은 불가능한 존재l'être-impossible의 수수께끼를 존재의 절대적 현존으로서 자신의 가장 깊은 곳까지 밀어 올린다. 바로 이 깊이 위에 경험의 시선이 열려 있어야 한다. 낮에 대한 희망 없이.

침묵으로서만 존재하는 것들의 발견. 에로티즘, 외설, 《로베르트는 오늘 밤》에서의 클로소프스키.[1] 침묵한 채로만 존재하는 이러한 것들과 파롤에 의해 탈신성화되고 범해지며 외설스러워지고 에로틱해진 사물들. 성 현상sexualité은 신성함의 무게를 침묵에 빚지고 있지만, 그 신성함의 무게를 끊임없이 파롤이 모독한다. 그러나 파롤은 존재를 말하는 데 "자신을 바치고", 존재는 그

1 P. Klossowski, *Roberte ce soir,* Paris, Les Éditions de Minuit, 1953.

것이 발설되는 의례 내에서 진실의 신성함을 얻는다. 에로티즘의 진실은 사전에 모독된 진실로서 탄생한다. 그리고 에로틱한 언어의 스캔들에서 결정적인 것은, 모든 진실 내에 존재하는 은밀하게 모독적인 것을 그 언어가 지시한다는 사실이다. 참을 수 없는 불쾌감—수치심이 아니라 담론이 목구멍에 걸리는 질식 상태—, 그것은 오직 진실만 탄생할 수 있는 신성함이 도난당하고 대체되는 모습을 느린 화면으로 지켜보는 데 있다. 그리하여 에로틱한 언어와 문학은 화려한 허영을 몸에 두른다. 왜냐하면 그것들은 스스로 가장 먼저 모든 언어 중에서 "진실된" 언어를 풀어내기 때문이다. 그것들이 대면하는 것은 사람들이 보통 말하지 않는 사항이 아니라, 본성상—아니, 본성의 근본적인 부재로 인해— 언어가 비상하는 그 신성함의 침입을 백일하에 드러나게 하는 〔사항〕이다. 에로틱한 말들 내에서 말해져서는 안 되는 사항을 고발하는 것은 품위가 아니라, 수치심의 결여와는 견줄 수 없는 침묵이다. 그 침묵에는 모든 호명, 모든 의미, 모든 언어를 거만하게 거부하고 파롤의 절대적 밤 속에서 모습을 드러내는 존재가 거주하고 있다.

에로티즘은 존재론의 바깥 가장자리를 형성한다. 그것은 존재가 곧장 자기 자신 속으로 추락하는 낭떠러지 같은 수직의 벽이며, 그 순간 존재는 로고스의 두려움으로부터 단번에 해방된다. 에로틱한 문학은 존재론의 근원적 불가능성을 부조리를 통해 증명하는 것이며, 존재론에 대한 충실한 풍자를 구축한다. 에로틱한 문학은 지칠 줄 모르는 반복을 통해 존재가 로고스의 공간에 자신의 완전한 현존을 부여하는 것이 불가능하다는 사실을 그럴싸하게 보여준다. 또한 피 흘리며 자신의 말들을 심하게 소모시켜 매일매일 다시 말들을 보충해야 하지만, 결국 그 어떤 말도 그토록 갈망하던 침묵의 핵을 획득하지는 못한다는 사실을 그럴싸하게 보여준다.

여기에는 파르메니데스적 행보인 "존재는 존재한다"와 같은 단순하고 기초적인 것이 있다. 그러나 존재에 대한 이러한 동어반복은 자신의 직접적인 원환 안에 충분한 언어를 끌어 넣었기에 철학을 만들어낼 수 있었고, 또 자신의 종교적 공간에서 말로 할 수 있는 모든 의례, 존재에 대한 모든 찬가를 전개할 수 있었다. 그리고 "존재는 존재한다—비존재는 존재하지 않는다"라는 정식이 침묵을 권유했다는 것은, 그것이 존재론의 영역으로서 **사유**의—이차적인— 침묵을 지시하면서 명상을 요구했다는 뜻이다. 사유의 작업은 은혜—언어에 부여된 침묵의 특별한 배려—에 의한 거짓된 작업에 불과하다.[2] 이와 동일한 결정은 파르메니데스 이전에도 내려졌으며, 파르메니데스 본인은 중단 없는 존재의 영역과 사유를 통해 자신의 시에서 존재를 사유하기 위해 언어를 절대적으로 선택해야 했다. 그런 결정의 순간으로 되돌아가서 존재가 언어의 밤으로 잠겨 들어가는 그 날카로운 모서리를 옆에서 다시 보는 것, 그리고 그 예리한 경계가 우리 측(우리의 사유와 언어 측)에서만 공간을 한정하고 **다른 측에서는** 무한히 열려 있는 것—이런 곳에서는 존재론의 가능성이 불가능하다—을 보는 것,

2 파르메니데스Parménide에 대한 언급과 푸코 해설의 논조는 하이데거를 상기시킨다. 하이데거의 1942-1943년 강의는 파르메니데스에 관한 것이었는데, 그 강의록이 출간되기까지 오랜 시간이 걸렸다(M. Heidegger, *Parménide*〔1982〕, trad. Fr. Th. Piel, Paris, Gallimard, 2011). 푸코는 여기서 파르메니데스에 있어서의 존재의 문제가 이미 다뤄진 《존재와 시간》의 구절들, 그리고 그 문제의 중요성을 보여주는 다른 문헌들을 참조할 수 있었다. 예를 들면 파르메니데스에 대한 언급이 핵심적으로 등장하는 다음의 논문을 참조할 것. A. de Waelhens, "Heidegger et le problème de la métaphysique", *Revue philosophique de Louvain*, n° 33, 1954, p. 110-119. 그리고 하이데거의 다음 저작도 참조할 것. "Moïra(Parménide, VIII, 34-41)", dans *Essai et conferences,* Paris, Gallimard, 1958〔〈모이라〉, 《강연과 논문》, 이기상·신상희·박찬국 옮김, 이학사, 2008〕. 푸코에 의한 하이데거 독해의 적확성은 BnF의 푸코 기록 보관소에 있는 1950년대 노트들에서 미루어 짐작할 수 있다.

그것은 우리에게 실제로 다음과 같은 방식만 허용한다. 에로티즘을 진지하게 받아들이는 것, 그리고 존재가 소리 없이 출현하는 잃어버린 영역으로 나아가는 것. 밤이 움푹 파인 우리의 눈 속으로 흘러드는 가운데 눈먼 채, 손을 뻗으며.

이 선택은 모든 형태의 붉고 어두운 신비신학에 결정적인 무게, 저항할 수 없는 균형, 게다가 불균형의 힘까지 부여한다. 물론 우리의 사유는 스스로를 인식할 수 없었고, 신비신학은 서구 사유에서 밤의 외연과 같았다. 그것은 우리 문화의 근저에 숨어 있으면서 자신을 선택이라고 인정하지 않는 하나의 선택을 항시 지시하고 **배반**해왔다. 과거에는 그것을 배반하는 자들이 대부분 마술사들이었고, 오늘날에는 에로티즘을 진지하게 받아들이는 사람들(그중 일부는 동성애자)이다. 그들은 폭로하고, 드러내고, 말들의 지나치게 헐거운 그물망 사이를 빠져나가고, 때로는 밤의 무한한 언어를 대낮으로 이끌어내기 때문에 배반한다. 우리는 사유의 고지에서 그것은 진실이 아니라고 외친다. 그렇다, 바로 그것이다. 진실이 〔아니라는 것〕.[a] 바로 그것이 칠흑같이 어두운 존재의 절대적 무게다.

바로 그곳, 그 시작점에서 철학이 끝난다. 혹은 오히려 철학은 자신의 불가능성에 확실히 기대어 더 이상 후퇴할 수 없는 빈 공간을 남긴다. 존재론은 자신의 기원을 향해 가능한 후퇴의 궁극적인 선을 그리지만, 동시에 가능성과 불가능성의 자의적 분할선을 그려낸다.

a 읽을 수 없어서 추측했다.

7. 문학 분석의 새로운 방법들*

얼핏 보기에 오늘날만큼 비평이 넓은 범위에 걸친 장소를 점유한 적은 없었습니다. 인쇄물의 지면을 이 정도로 가득 채웠던 일은 없었습니다.

그러나 동시에 인류의 어떤 종족이 소멸하고 있습니다. 그것은 "비평하는 인간homo criticus"이라는 종족입니다. 즉 18세기 말과 19세기 초에 처음으로 등장해 비평이라는—다른 사람들의 책에 대해 논의하고, 평가하고, 비교하고, 추천하기고, 규탄하기도 하는— 명확하고 확고하며 집요한 기능을 담당하던 어떤 종류의 인간들이 소멸하고 있다는 겁니다. 과거에 생트뵈브가, 그 후에는 사시, 브뤼네티에르, 티보데가 담당하던[1] 가소롭거나 두려운, 음, 어떻게 말해야 좋을지 모르겠지만 아무튼 근엄한 그 역할을 현재 담당하고 있는 자는 아무도 없습니다. 후보자들이 없는 건 아니지만, 그저 그 역할 자체가 이제 존재하지 않습니다.

이 상황은 다음과 같은 한마디로 특징지을 수 있을 것입니다. 비평 행위의 주체가 소멸해가는 바로 그 순간에 그 행위는 증식된다는 것입니다. 마치 그 행위가 언어로부터, 일종의 익명성 속

---

* BnF, Fonds Foucault, NAF 28730, boîte 54, dossier 1. 이 강연에서 다뤄지고 있는 몇 가지가 여기와는 다른 방식으로 다음에서 다뤄진다. Michel Foucault, "Littérature et langage"(1964), dans *La grande étrangère*, *op.cit.*, p. 75-144(〈문학과 언어작용〉, 《거대한 낯섦》).

1 샤를 오귀스트 생트뵈브Charles-Augustin Sainte-Beuve(1804-1869)는 19세기 문학 비평의 창시자들 가운데 한 사람이며, 특히 작품과 저자의 유대를 강조했다. 사뮈엘 실베스트르 드 사시Samuel Silvestre de Sacy(1904-1975)는 프랑스 문학 고전을 다수 편집했고, 《메르퀴르 드 프랑스*Mercure de France*》 편집장을 역임했다. 페르디낭 브뤼네티에르Ferdinand Brunetière는 주로 문학의 여러 장르와 그 발전에 관심이 있었다. 알베르 티보데Albert Thibaudet는 문학 연구서, 그리고 철학 및 정치 사상사에 대한 연구서의 저자이며, NRF(《신프랑스 평론》)의 문학 비평가이기도 했다.

에서 저절로 발생하는 것처럼. 고유한 조직을 갖지 않는 일반적 기능과 같이 말입니다.

당대의 진정한 비평가들은 신문과 잡지에 단평과 서평을 쓰는 임무를 담당하고 있는 X 씨나 Y 씨가 아닙니다. 진정한 비평가들은 오히려 (과거의) 사르트르, 혹은 (오늘날의) 블랑쇼입니다. 즉 비평적 행위가 철학적 혹은 문학적 품행의 일부가 되는 사람들입니다. 그러나 보다 더 정확히 말해서 현재 진정한 비평가들은 텍스트들 자체입니다(로브그리예의 소설들 또는 베케트의 작품들, 블랑쇼의 텍스트들).

비평은 언어 자체와 관련된 언어의 어떤 종류의 항상적 기능이 되었습니다. 비평은 언어가 자기 안의 각 지점들 사이에서 자발적이고 끊임없이 엮어내는 연결망입니다. 그것은 이제 결정의 심급이 아니라 공존의 한 형태입니다.

이렇게 말씀하실 수도 있을 겁니다. 우리는 단지 17세기의 상황, 즉 공식적인 비평가가 아직 존재하지 않고, 모든 작품이 (다소 직접적이거나 다소 비스듬한 방식으로) 자기에 선재하거나 자기를 뒤따르는 모든 작품에게 말을 걸던 상황으로 되돌아간 것이라고. 볼테르가 라이프니츠에게, 디드로Diderot가 데카르트주의자들에게, 루소가 엘베시우스Helvétius 등에게 그런 식으로 말을 걸었다고.

그러나 사실 오늘날의 비평 활동은 고유한 형태를 갖고 있어서 18세기의 자발적이고 끊임없는 비평과도 동일시될 수 없고, 19세기의 근엄한 비평 제도와도 동일시될 수 없습니다.

오늘날 비평이 무엇인지를 정의하기 위해서는, 그것이 과거에—20세기 초부터 1940년대 무렵까지— 무엇이었는지를 간략히 살펴볼 필요가 있습니다.

1. 우선 비평은 판단하는 것이었습니다. 작품의 질, 가치,

그리고 중요성을 판단했습니다. 비평은 취향과 관련되어 있었습니다. 물론 비평은 때때로, 아니 빈번히 취향이 특이한 것, 상대적인 것, 지나가버리는 것, 혹은 시대착오적인 것(지나간 세대의 규범을 보여주는 것)이라고 인정했습니다. 그러나 그러한 주관적 〔가치〕[a]를 인정하는 것은 여전히 어떤 형태의 주장에 불과했었습니다. 그것이 비평의 전제적 성격이었습니다.

2. 비평은 테러리스트적이자 동시에 신중한 것이었습니다.

—테러리스트적이라는 것은 그것이 작품과 저자 간의 직접적 관련성, 불투명함 없는 유사성을 인정하고 있었기 때문입니다. 졸라 씨는 정결하지 않은 이야기를 썼기에 추레한 사람이다, 이렇게 말하는 것은 물론 과장이지만 그리 심한 과장은 아닙니다.

—신중하다는 것은 비평이 작품의 이면에 존재하지만 은폐되어 있는 무언가, 즉 암묵적 진실을 결코 찾으려 하지 않았기 때문입니다. 비평에 있어서 작품(그리고 저자)은 온전히 읽는다는 행위 안에 담겨 있었습니다.

3. 비평은 계층화된 소비에 의한 지배였습니다.

비평은 에크리튀르 행위 차원에서 작품과 소통하지 않았습니다. 작품 자체와 함께하는, 혹은 작품에 뒤따르는 에크리튀르로 자신을 나타내지도 않았습니다.

비평은 독서 행위이자 대중과 함께, 혹은 대중에 선행해 작품을 소비하는 행위였습니다. 그것은 이차적인 에크리튀르가 아니라 독서 "시연회"였던 것입니다.

a 누락된 낱말을 추측했다.

이러한 독서 시연회가 갖는 의미는 순서에 관련된 것이라기보다는 위계에 관련된 것이었습니다.

비평이 전제로 하는 것은 넓은 의미에서의 독자는 속을 가능성이 있다는 것, 독자의 독서는 나이브하고 무방비 상태라는 것, 그리고 독자와 작품의 매개 그리고 방어벽이 되기 위해서 어떤 특권적인 독서, 요컨대 비평가의 독서가 필요하다는 것이었습니다.

아마도 다음과 같은 단순한 역사적 설명도 가능할 것입니다. 지극히 단순하고 역사적인데, 그다지 부정확하지는 않을 것입니다.

—부르주아지(17세기와 18세기)가 자기의 언어를 지탱한 한에서 비평은 작품 자체로 인해 여러 사고방식과 사물, 제도 등으로 향하고 있었습니다.

—그러나 언어 작업이 그것을 읽을 줄 아는 사람들의 외부에서 행해지게 되었을 때 작품과 독서의 관계에 관한, 즉 작품의 소비를 규정하려는 비평이 필요하게 되었습니다.

그것이 19세기의 비평이었고, 또한 우리 세기〔20세기 - 옮긴이〕 중반까지도 그런 비평이 이어졌습니다.

그런데 아주 최근에 몇몇 사태들이 발생해 비평의 양식뿐 아니라 그 존재 자체를 완전히 변화시켰습니다.

이 사태들을 좀 적당히 순서에 따르지 않고 열거해보고자 하는데, 우리가 그것들과 너무 가까이 있어 완전히 일련의 흐름으로 만드는 건 불가능하기 때문입니다.

1. 우선 제가 생각하는 것은 비평에 의한 모든 선별의 외부에 난해하다고 간주되는, 혹은 아무튼 어려운 문학이 출현했다는 사실입니다. 문고판 책이라는 것은 이러한 출현의 징조

이기도 하고 경로이기도 합니다. 과거에는 비평을 통해 한 줌의 독자들에게만 접근 가능했던 책들이 수만, 수십만 부 인쇄됩니다. 마치 문학의 소비가 더 이상 미학적 요인이 아니라 경제적 혹은 정치적 요인으로 규정되는 사회 현상이 된 것처럼 말입니다.

2. 동시에 비평은 이전의 매개적 사명에 필요했던 투명성을 상실하게 됩니다. 비평은 종종 대단히 복잡한 담론으로 두꺼워지고, 주해 혹은 해석을 〔가하는〕 작품 자체보다 훨씬 더 난해한 담론이 됩니다.

(결국 루셀의 작품보다 단순하고 어떤 의미에서 투명한 작품은 없습니다.)

이러한 복잡성은 종종 비평가의 다음과 같은 기묘한 요구로 이어집니다. "제 글을 읽기 전에, 제가 다루는 작품을 이미 읽었다고 가정하겠습니다." 별것 아닌 것 같지만, 과거에 비평이 어떤 것이었나를 생각하면 대단히 기묘한 말입니다. 게다가 주제넘은 말입니다. 왜냐하면 자신이 논평하는 작품을 그저 필수적인 도입부로, 저 중요하고 장엄하며 언어의 핵심인 비평 그 자체로 향하는 단순한 서론으로 만들어버리기 때문입니다.

3. 이러한 기묘한 허영심은, 동시에 발생하지만 다소 모순적인 두 주장을 구실로 삼습니다.

—비평이 하나의 작품이라는 주장. 이는 항시 근거가 있는 것은 아니지만, 반론의 여지가 없는 모델이 있습니다. 블랑쇼의 《문학의 공간》[2]은 상상할 수 있는 한 가장 아

2 M. Blanchot, *L'espace littéraire*, Paris, Gallimard, 1955(《문학의 공간》, 이달승 옮김, 그린비, 2010).

름답고 독창적이며, 가장 부수적이지 않은 책들 가운데 하나입니다.

—비평이 실증적이고 과학적인 언어라는 주장. 이는 모롱Mauron이 이용하는 정신분석학,[3] 또 다른 사람들이 이용하는 언어학이 모두 이미 확립되고 공인된 과학이라는 사실에 의해 정당화됩니다.

4. 비평 자체가 하나의 작품이라는 주장과 그것이 과학적 담론으로 전개된다는 주장은, 물론 서로 좀 모순적입니다. 아니 완전히 모순적입니다. 하지만 이 두 주장은 제쳐두고 그것들의 전제를 살펴봅시다. 그것은 비평이 일차적 언어에 대해 말하더라도 그저 단순한 읽기에 불과하거나, 대중, 〔의미〕[a], 역사, 진실, 현실, 정치 등과 같은 외부의 심급들을 대행하는 언어에 불과한 것이 아니라는 전제입니다.

일반적 언어에는 두 수준이 있습니다. 먼저 일차적 언어이고, 다음으로 오직 일차적 언어와 관련되면서 동시에 그 자체로 언어로 존재하는 이차적 담론입니다.

〔비평〕을 특징짓는 몇 가지에 대해 개략적으로 설명해보고자 합니다. 도대체 〔비평은〕 어떻게 다른 언어에 대한 분석이면서 실증적이고 일차적인 언어의 특질을 가질 〔수 있는〕 것일까요? 논리학자들의 말을 차용해 이렇게 말해봅시다. 비평은 메타언어일 수 있을까요? (메타언어란 어떤 주어진 언어를 대상으로 그 기표〔기호의 존재 양태〕나 기의〔기호의 의미 내용〕를 분석하려는 모든 언어입

3 다음을 암시한다. C. Mauron, *Des métaphores obsédantes au mythe personnel. Introduction à la psychocritique*(강박적 은유들로부터 개인적 신화까지. 심리비평 입문), Paris, José Corti, 1963.

a 읽기 어려워 추측했다.

니다.[a]

예를 들면

프랑스어 문법은 프랑스어의 메타언어입니다.

어떤 추론에 대한 기호논리학에 따른 분석은 메타언어입니다.

그러나 프랑스어에서 liège라는 단어가 두 의미〔"코르크"라는 의미와 식물의 "코르크 조직"이라는 의미 - 옮긴이〕를 가진다는 것에 대한 단순한 언급도, 그 자체로 메타언어입니다.)

그렇다면 비평은 메타언어로 조직될 수 있을까요? 비평은 문학 언어를 분석할 수 있을까요?

문학 분석으로서의 비평은 다음과 같은 두 가지 발견, 단순하지만 결정적인 업데이트에 기초하고 있을 가능성이 높습니다.

우선 첫 번째 발견은, 문학 작품이 시간보다는 오히려 공간에 속한다는 사실입니다. 아무튼 시간은, 언어로 이루어진 작품을 해석하는 만족스러운 방식이 아닙니다.

그러나 바로 이 시간이, 전통적 비평에서는 길라잡이 역할을 했습니다. 시대에 따른 여러 결정들에 대한 분석, 연속하는 상태들에 관한 연구, 그리고 전기적 사실에 결부되는 여러 삽입점들에 관한 연구처럼 말입니다. 어떤 심오한 생물학적, 혹은 식물적이라고 말해도 좋은 메타포가 이러한 고찰 전체의 원동력이었습니다.

이제 작품은 그 자체와 동시적인 것이고, 각 지점들에서 동

---

a 여백에 이렇게 적혀 있다:
두 의미를 갖는 메타언어: 어떤 언어에 기초해 발한다는 것, 그리고 언어를 그 자체와 연관시킨다는 것.
비평에서의 문제는 〔그것과는〕 반대로 그것이 메타언어가 될 수 있는지를 아는 것이다.

시에 존재한다는 것이 인정됩니다. 게다가 작품은 한 권의 책이라는 통일체만이 아니라, 한 저자의 이름을 가진 언어의 면을 의미하기도 합니다. 그것은 이질적인 것들이 혼합된 면이지만(모든 책—산문, 시—을 포함할 뿐만 아니라 [또한[b]] 모든 수준의 언어, 요컨대 공적인 텍스트, 편지, 일기, 단편 등을 포함하기 때문입니다) 어떤 사람의 언어라는 정합성의 원리를 가집니다.

그러나 이러한 동시성의 규칙은 시간에 대한 고찰을 배제하는 것은 아닙니다. 앞으로 보게 되겠지만, 시간은 공간의 한 현상으로 간주됩니다. 즉 이동, 전개, 격차, 요컨대 운동으로 간주됩니다. 시간이 작품의 형상들 가운데 하나로 자리 잡게 되는 것은 작품의 근본적 공간 내에서입니다. 언어의 시간, 그것은 그저 그 공간의 유동성일 것입니다.

1. 이런 작품의 공간은 가장 단순한 형태하에 있는 명시적이지 않은 어떤 종류의 구조이고, 작품의 각 요소(그리고 한 저자의 특수한 모든 텍스트의 모든 요소)는 필연적으로 여기에 위치하게 됩니다.

예를 들어 장 루세는 바로 이런 식으로 코르네유의 연극을 분석했습니다.[4] 모든 작품들은 원환이라는 동일한 골조를 가지고 있다는 것입니다.

—《법원의 회랑》[5]에서 서로 사랑하는 젊은 두 연인은 헤어지고, 우연히 다시 만나고, 또 헤어지고, 그러고 나서 또다시 만나게 됩니다.

---

b 누락된 낱말을 추측했다.

4 J. Rousset, *Forme et signification. Essai sur les structures littéraires de Corneille à Claudel*(형식과 의미. 코르네유에서 클로델까지의 문학 구조에 대한 시론), Paris, José Corti, 1962.

5 P. Corneille, *La galerie du Palais, ou L'amie rivale*(법원의 회랑, 혹은 경쟁자가 된 친구), dans *Œuvres complètes,* t. I, "Bibliothèque de la Pléiade", Paris, 1980, p. 299-381.

《르 시드》[6]도 동일한 구성을 갖고 있습니다.

—《폴리외크트》[7]에서도 유사한 구성이 발견되지만 그것은 심각하게 균형이 붕괴된 상태, 아니 오히려 다른 방식으로 균형이 회복된 상태에 있습니다.

—폴리외크트는 폴린을 사랑하지만 신을 위해 그녀와 헤어집니다.

폴린은 세베르를 사랑하지만 폴리외크트를 만나기 위해 세베르에게서 멀어집니다.

—폴리외크트가 신을 향해 한 걸음, 한 걸음 내디딜 때마다 폴린과 멀어지고, 동시에 폴린은 세베르에게서 멀어져 폴리외크트에게로 향합니다.

원환의 구성은 하나의 수직축(높은 곳—신을 향하는 극과 낮은 곳—세베르로 향하는 극, 이렇게 이중의 극으로 이루어진 축)에 의해 보충되는데, 그것이 작품 전체에 나사 형태의 비틀림으로부터 생겨나는 동력을 부여합니다(바로크 조각에서, 의복의 상승하는 주름 표현에서 쉽게 볼 수 있습니다).

이러한 분석은 대단히 훌륭하여 거부하기가 쉽지 않습니다. 아마도 (라신의 방에 대한 바르트의 분석[8]도 언급해야겠지만) 작품의 공간성이라는 근본 문제에 관한 가장 훌륭한 입문일 것입니다. 그러나 단지 입문에 지나지 않습니다. 왜냐하면 이것이 묘사하는 것은 은밀한 건축이기 때문입니다.

—이것은 하부건축sous-architecture입니다. 왜냐하면 지면 아래에서 돌들의 가시적인 배치를 떠받치기 때문입니다.

6 P. Corneille, *Le Cid*, dans *Œuvres complètes*, t. I, *op. cit.*, p. 689-777.

7 P. Corneille, *Polyeucte martyr*, dans *Œuvres complètes*, t. I, *op. cit.*, p. 971-1050.

8 R. Barthes, *Sur Racine*, Paris, Seuil, 1963, p. 1-20(《라신에 관하여》, 남수인 옮김 동문선, 1998).

—이것은 상부건축sur-architecture이기도 합니다. 왜냐하면 특정 저자의 모든 작품에 동일하게 적용되기 때문입니다.

2. 그런데 실제로 이 “메타건축”은 어디로부터 기인하는 것일까요? 이것은 어떤 공간에 속하는 것일까요? 이것은 집필의 공간은 아닙니다. 왜냐하면 그 공간은 훨씬 더 근본적인 것이기 때문입니다.

—코르네유에게는 5막 구성보다 더 근본적인 것이며

—라신에게는 장소의 통일보다 더 근본적인 것입니다.

이러한 형식들이 외부의 규칙들에 따른다는 것, 그것은 이 형식들이 외부 규칙들의 결과라는 뜻은 아닙니다. 그것은 단지 표현의 능란함에 불과합니다.

문화적 공간들이 존재한다는 것은 확실합니다.

예를 들어, 15세기 이후의 구체를 봅시다.

—지구는 둥글며, 천구를 축소하고 내부화한 이미지입니다.

—인간 자신은 소우주microcosme, 작은 구체입니다. 황금비율에 따라 인간을 원환 안에 집어넣을 수 있다는 것이 이를 증명합니다.

—그러므로 이 구체들은 서로서로의 이미지들입니다. 이 구체들은 반영과 거울입니다(아시다시피, 그림과 창이 장방형이었던 시대에 거울은 [종종 구체[a]]였습니다).

—이러한 반영으로서의 구체는 비눗방울입니다. 부서지기 쉽고, 사물의 형상을 왜곡하며, 파열되기 쉽습니다.

a 누락된 낱말을 추측했다.

—이로부터 바로크 미학에서 형태들의 무지갯빛화를 특징짓는 굴곡, 원환, 파열과 같은 모든 운동이 발생합니다.

이와 동일한 종류의 분석을 근대 세계의 경계선과 관련하여 행할 수도 있을 것입니다. 여러 사물들이 크기가 다른 상자들 속에서 중첩되어 있는 모습을 보여줄 수는 있지만, 넘어설 수 없고 타파할 수 없는 투명한 경계선 말입니다. 말라르메, 프루스트, 루셀, 페이.[9] 요컨대 창문의 문화입니다.

그러나 이러한 분석은 작품에 고유한 공간성—각각의 언어가 스스로에게 마련하는 공간—을 멀리서 접근하는 것에 불과합니다. 왜냐하면 거기서 논의되는 공간은 만인의 공간일 뿐만 아니라 과학의 공간, 데생의 공간 등이기도 하기 때문입니다.

우리가 말라르메 혹은 루소[10]라 부르는 **이 언어**에 고유한 공간은 도대체 무엇일까요? 그 공간은 어디로부터 오고 본래의 장소는 어디에 있는 걸까요? 어쩌면 그곳은 언어가 탄생하는 장소, 곧 언어가 분출하는 지점일지도 모릅니다. 이렇게 말해도 좋다면, 한 존재가 세계와 접촉하는 표면에서 말들이 분출하는 바로 그 순간일지도 모릅니다.

예를 들면 루소의 언어는 루소에게는 거짓의 고발이나 다름없는 그 폭발 지점에서 탄생합니다. 세계 전체는 거짓된 파

---

9 푸코는 작가들의 이름을 자주 인용한다. 그중에는 말라르메, 프루스트, 루셀 등이 있다. 하지만 장피에르 페이Jean-Pierre Faye의 이름을 언급하는 일은 드물다. 그러나 이 이름은 이미 (앞서 언급한) "Distance, aspect, origine(거리, 양상, 기원)"에 등장했는데, 당시 《텔 켈》지를 중심으로 모여 있던 작가 및 비평가(솔레르스, 로브그리예, 티보도, 플레네)와의 연관성 때문이다.

10 루소에 대해서는 다음의 책에 푸코가 붙인 서문을 보라. J.-J. Rousseau, *Rousseau juge de Jean-Jacques. Dialogues*(루소, 장 자크를 심판하다. 대담), Paris, Armand Colin, 1962, p. VII-XXIV. 다음에 재수록. DE I, op. cit., n°7, p. 200-216.

롤로 인해 원초적 투명성을 상실했습니다. 그리고 그 거짓된 파롤로 인해 말들이 시선처럼 교환될 수 있는 청명한 세계라는 거대한 유토피아가 생겨납니다.[11a]

혹은 더 나아가 말라르메의 언어는 차갑고, 침투 불가능하며, 순수하고, 닫혀 있고, 파괴하기 어려운 표면과 어떤 실존의 접촉 지점에서 탄생합니다. 요컨대 실존이 순결성의 본질 그 자체와 접촉하는 지점에서 탄생합니다.[b]

여러분은 그것이 심리학이라고 말씀하실 수도 있을 겁니다. 결국 이 모든 게 역사적 분석의 한 유형처럼, 어떤 전기적 사건과 그것의 반향에 결부된 것 아니냐면서요.

이 분석이 심리학적 개념들(보상, 투사, 몽환적 상징화 등에 속하는 개념들. 실제로 모롱은 그의 심리비평에서 이런 작업을 수행합니다)을 사용한다면 실제로 심리학일 겁니다.

그러나 J.-P. 리샤르[13]도 스타로뱅스키도 심리학적 개념들을

---

11 다음을 참조하라. J. Starobinski, *Jean-Jacques Rousseau. La transparence et l'obstacle*, Paris, Plon, 1958(《장 자크 루소 투명성과 장애물》, 이충훈 옮김, 아카넷, 2012).

a 원고의 여백에 다음과 같이 적혀 있다:
심리학과의 대화:
—공간의 분석 방법으로 정신분석 적용
—하지만 그것에는 이중의 부적절함이 있는 것으로 생각된다.
α 작품-저자라는 애매함을 유지하려고 한다.
β. 전기와 같은 형태로 시간을 재도입하려고 한다.
—주제론은 모든 심리학을 넘어서고 또 모든 시간으로의 회귀를 넘어서는 개별적 공간성의 분석이다.
J.-P. 리샤르≠베버Weber[12]

12 *Genèse de l'œuvre poétique*(시 작품의 기원)(Paris, Gallimard, 1961)와 *Domaines thématiques*(주제적 영역)(Paris, Gallimard, 1963)의 저자인 장폴 베베르Jean-Paul Weber를 암시한다.

b 여기에 삽입된 쪽지에 푸코는 세 번째 지점을 추가한다:
3. 그리고 더 내적이고 은밀한 공간이 있는데, 그것은 언어와 말들 자체의 공간입니다.
—말라르메
—날개와 부채
—동굴과 다이아몬드
(—) 무덤이라는 말

13 J.-P. Ricahrd, *L'univers imaginaire de Mallarmé*, Paris, Seuil, 1962. 푸코는 다음의 서평을 썼다. "Le Mallarmé de Jean-Pierre Richard", *Annales. Économies, Sociétés, Civilisations*, n°5, 1964, p. 996-1004. 이는 다음에 다시 실렸다. DE I, *op. cit.*, n°28, p. 455-465(〈J. -P. 리샤르의 말라르메론〉, 《미셸 푸코의 문학비평》).

사용하지 않습니다. 언어가 역사 안에 부착되는 지점이, 그들이 고유의 법칙들—심리학적 법칙들이 아닌 주제론적 법칙들—을 갖춘 공간을 열 수 있게 합니다. 이 법칙들은 다음과 같습니다.

—일관된 의미론적 영역들의 출현(말라르메는 순결성의 의미론적 영역을 다음과 같은 말들로 구성합니다: 백색, 눈, 추위, 빙하, 거울, 날개).

—다양한 "위상기하학적" 수준에서 주제의 동형성. 순결성의 주제는 매끄러운 신체의 적나라함, 천진난만, 그리고 듣는 자들이 뚫고 들어갈 수 없는 언어와 관련된 문맥에서 각각 발견됩니다.

—심리학적 양의성. 주제는 저자의 기호나 향수 혹은 혐오 등이 아닙니다. 주제는 작품 전반에 걸쳐 긍정적이든 부정적이든 차별 없이 나타납니다. 때로는 가치가 부여되고, 때로는 가치가 박탈됩니다. 말라르메에게 꽃의 낙하는 쇠퇴의 징후("죄를 향기로 갖고 있는 악한 장미들의 눈사태"[14])이지만 또한 지고한 행복의 형상이기도 합니다("파롤 하나하나가 꽃들의 비로 다시 떨어졌다. 발끝으로 서서 팔을 반쯤 벌리고 그것을 받아들이고 그것을 접촉한다. 오 행복이여! 인간의 손에 그것이 허용되다니!"[15]).

이로부터 균형 잡힌 여러 복잡한 형태들이 갖는 특권이 생겨납니다. 또한 이로부터 주제가 취할 수 있는 모든 운명의 우여곡절을 유일한 약호 내에서 서로 연결하는 다양한 잠재성을 가진 형상들이 생겨납니다.

예를 들어 펼쳐지고 접혀지는 부채, 펼쳐질 때는 감추고

14 S. Mallarmé, "Symphonie littéraire", dans *Œuvres complètes*, "Bibliothe1que de la Pléiade", Paris, Gallimard, 1961, p. 263.

15 S. Mallarmé, "Nala et Damayantî", dans *Œuvres complètes*, *op. cit.*, p. 631.

접혀질 때는 드러내는 부채가 그것입니다.[16]

언어의 공간으로서의 작품이 발견됨으로써 우리는 대단히 독특한 공간성을 마주하게 됩니다. 앞서 논의되었던 선, 나선, 구체의 공간성보다는 훨씬 덜 기하학적이며 작품의 가시적 구조와 매우 가까운 공간성을. 여기서 문제가 되는 것은 근접성, 질, 혼합, 축소 혹은 확장의 공간, 즉 최근에 수학자들이 그 형식화를 시도한 공간입니다.

그리고 제가 수학을 언급하는 것은, 언젠가 〔그것을〕 문학적 소재로 적용할 수 있다는 것을 시사하기 위함이 결코 아닙니다. 단지 J.-P. 리샤르가 여러 질과 경험을 논의할 때, 펼치기와 접기의 세계인 부채와 꽃잎의 낙하 같은 형태를 분석할 때 그가 참조한 것은—사람들이 성급하게 그렇다고 말할 수도 있겠지만— 심리학이 아니라 기초적인 공간들의 난해한 특성임을 보여주기 위해서입니다.

오늘날 문학 분석을 특징짓는 두 번째 중대한 발견은 훨씬 더 단순하고 기초적이지만, 바로 그 때문에 근본적인 원리에 보다 가깝습니다. 문학은 결국 언어에 의해 만들어진다는 것입니다.

너무나도 당연한 이야기 아니냐고 말씀하실 수도 있을 겁니다. 하지만 문학은 수 세기에 걸쳐 여러 감정, 관념, 등장인물로 만들어진 것으로 생각되어왔습니다. 심지어 문학이 문체로, 존중되거나 파괴되는 문법 규칙들로, 또 비속하거나 세련되고 정제된

16 다음을 참조하라. M. Foucault, "Le *Mllarmé* de J.-P. Richard", art. cit., p. 462: "접부채는 얼굴을 가린다. 하지만 그 자체가 접어 감추고 있던 비밀을 드러내지 않고서는 얼굴을 가릴 수 없다. 따라서 접부채의 은폐 능력은 필연적 현시이기도 하다. 반대로 그것이 진줏빛 살들 위로 접혀 들어갈 때, 그것은 부채 면에 그려진 수수께끼들을 감춘다. 그러나 가려줘야 할 해독 가능한 얼굴을 빛에 드러내고 만다." 〔〈J. -P. 리샤르의 말라르메론〉, 《미셸 푸코의 문학비평》, p. 170-171.〕

단어들로 만들어진다고 여겨진 적도 있습니다. 혹은 수려하거나 서투른 이미지들, 사람들의 눈길을 끌거나 기발한 이미지들로 만들어진다고 여겨졌습니다. 심지어 문학이 현실과 관계 있다고 생각하기에 이르기까지 했습니다. 그러나 문학이 언어—단순한 언어 자체, 그리고 언어 일반—와 관련 있다는 생각은, 누구의 뇌리에도 스쳐가지 않았습니다.

물론 우리는 문학이 스페인어, 프랑스어, 독일어 등 여러 언어의 단어와 문법으로 이루어져 있다는 것을 알고 있습니다. 그러나 모든 파롤(문학적이든 일상적이든)은 단어와 문법을 어느 정도 능숙하게, 어느 정도 자유롭게 사용합니다. 그렇다면 문학은 "문학"으로서 언어와 어떤 관계를 맺고 있을까요?

(이제 막 윤곽이 그려지기 시작한) 언어로서의 문학에 대한 연구는 몇 가지 수준들을 포함해야 할 것입니다.

—문학이 기호와 관련되어 있다는 사실을 진지하게 생각할 것. 물론 사람들은 문학에 의미가 있다는 것을 잘 알고 있습니다. 사람들이 오래전부터 관심을 기울여온 것은 바로 이것입니다. 그러나 의미가 있기 위해서는 기호가 있어야 합니다(기의가 존재하기 위해서는 기표가 있어야 한다고 언어학자들은 말합니다).

모든 문화에는 일련의 기호들이 존재하는데 그중 일부는 언어적이고 다른 일부는 비언어적입니다. 후자의 예로 예의에 관한 규칙, 의복, 성적 행동 등이 있습니다. 그래서 레비스트로스는 원시사회에서 여성은 단순히 욕망의 대상(따라서 가치 있는 대상)일 뿐 아니라 기호이기도 했다는 사실을 밝혀냈습니다.[17]

17 다음을 보라. C. Lévi-Strauss, *Les structures élémentaires de la parenté*, *op. cit.*; Id., *Anthropologie structurale*, Paris, Plon, 1958.

따라서 문학 일반을, 또한 특정 시기의 특정 문학 작품을 이해하기 위해서는, 한 사회가 특정 시기에 사용하는 기호 체계(언어적이든 비언어적이든)에 대한 일반적 연구가 필요합니다. 문학에 관한 연구는 반드시 일반적 기호학의 내부에 위치해야 할 것입니다.

사실 이러한 연구는 현대 사회와 관련해서는 전혀 시도된 바 없습니다. 그러나 뒤메질은 로마인들의 역사적 이야기와 스칸디나비아의 전설이, 다른 비언어적 의미 체계—예를 들어 이란과 같은 인도-유럽 문화권의 의례[18]—와 동형의 기호 체계임을 밝혀냈습니다.

하지만 우리는 문학을 소비합니다.

2. 그러나 이러한 다양한 기호의 집합체들 내에서 문학이 독특한 구조를 갖고 있다는 것은 자명합니다. 그리고 문학 안에 있는 무엇인가가 자신은 문학이라는 것을 알려준다는 것도 명백합니다.

α. 야콥슨[19]: 기호의 특성들의 체계적 사용.[a]

β. 에크리튀르라 불리는 기호들, 그리고 롤랑 바르트가 《글쓰기의 영도》[20]에서 분석을 시작한 바 있는 기호들(《르

---

18 특히 뒤메질G. Dumézil의 *Horace et de Curiaces*(호라스와 쿠리아스)(Paris, Gallimard, 1942)에서 호라스와 쿠리아스의 이야기와 아일랜드 전설 속 쿠 훌린의 이야기를 비교한 연구를 보라. 푸코는 다음의 미간행 텍스트에서 이 연구에 대해 논평한다. "Structuralisme et histoire(구조주의와 역사)", BnF, Fonds Foucault, NAF 28730, boîte 70, dossier 2.

19 R. Jakobson, *Essais de linguistique générale 1 et 2*, Les Éditions de Minuit, Paris, 1963. 야콥슨에 대한 참조는 이미 1964년 강연 "Littérature et langage(문학과 언어)"에서 나타난다. 이 강연은 브뤼셀 생루이 대학에서 두 차례 이루어졌으며, 다음에 실려 있다. M. Foucault, *La grand étrangère*, *op. cit.*, p. 110(《거대한 낯섦》, p. 145).

a 원고의 여백에 다음과 같이 적혀 있다:
페기Péguy
루셀

20 R. Bartes, *Le degré zéro de l'écriture*, Paris, Seuil, 1953(《글쓰기의 영도》, 김웅권 옮김, 동문선, 2007). 이 텍스트는 1965년 공티에Gonthier 출판사에서 *Éléments de Sémiologie*(기호학의 요소들)가 출간될 때 재출간되었다.

페르 뒤셴Le Père Duchêne》지에서 볼 수 있는 통속적이자 혁명적인 에크리튀르. 샤토브리앙의 글에서 자주 발견되는 형태와 색채에 관한 형용사 내에 자리한 장엄하고 의례화된 기호들. 즉 사물을 보〔게〕 할 뿐 아니라 그 명명 행위 자체가 문학임을 보여주는 단어들).

γ. 문학이 자기 자신을 표상하기 위해 사용하는 기호들도 있습니다. 작품은 항시 자기 자신에 의해 이야기됩니다.

—문학이 그 자체에 의해 이야기된다는 것은 최근의 발견이라고 생각되는 경향이 있습니다(프루스트 참조).

—그러나 이런 현상은 모든 문학에 존재해왔고, 또한 다소 은밀한 방식으로 모든 작품에 존재하는 일련의 분신들의 가능한 형태들 중 하나에 불과합니다.[21]

—《천일야화》에서의 가시적 이중화.[22]

—프루스트에게 있어서의 존재하지 않는 이중화된 것.[23]

—《수녀》에서의 비가시적인 이중화.[24]

δ. 그리고 문학은 하나의 파롤 내에서 언어 체계 전체를 표시하는 언어이기도 합니다.

---

21 푸코는 문학에서의 이 분신들에 관해, 〔앙투안 갈랑의〕 《천일야화》와 〔드니 디드로의〕 《수녀》의 경우를 들어 다음에서 더 명확한 방식으로 언급한다. "Le langage à l'infini"(1963), DE I, op. cit., n°14, p. 281-282(〈한이 없는 언어〉, 《미셸 푸코의 문학비평》, p. 135-137); 또 〔프루스트의〕 《잃어버린 시간을 찾아서》의 경우는 다음에서 언급한다. "Littérature et langage(문학과 언어)", art. cit., p. 91-92.

22 *Les mlle et une nuits*, trad. fr. J.E. Bencheick et A. Miquel, 3 vol., "Bibliothèque de la Pléiade", Paris, Gellimard, 2005-2006(《천일야화》).

23 M. Proust, *À la recherche du temps perdu*, 3 vol., "Bibliothèque de la Pléiade", Paris, Gallimard, 1954(《잃어버린 시간을 찾아서》).

24 D. Diderot, *La religieuse*, dans *Œuvres*, "Bibliothèque de la Pléiade", Paris, Gallimard, 1965, p. 235-393(《수녀》, 이봉지 옮김, 지만지, 2013).

누군가가 무엇을 말하기 위해서가 아니라 그가 그것을 말한다는 것을 말하기 위해, 혹은 기표의 일종의 중단 속에서 그것을 말하기 위해(현실을 도피하기 위함도 아니고 자기 안에 폐쇄되어 있기 위해서도 아닌, 현실에 문학으로서 들어가기 위해) 펜과 종이를 드는 순간부터 말이 내기를 걸고 보여주게 되는 것, 그 파롤이 자기를 위해 취하는 것, 그 파롤이 참조하는 것(파롤 자신의 내부에 있는 것이지만), 그것은 랑그 즉 언어 체계 전체입니다.

문학은 언어 체계 지평 위에 위치하는 파롤이 아닙니다. 달리 말하면 어떤 안정되고 확실하며 잘 알려진 코드를 참조하는 메시지가 아닙니다. 문학은 자기를 위해 코드를 취하는 메시지입니다(요컨대 자기가 코드에 따르고 있는지 아닌지도 말하지 않고, 어느 정도까지 따르고 있는지도 말하지 않는 메시지). 문학은 언어 체계 전체가 위험에 처한 파롤입니다.

물론 하나의 문학 작품이 자신이 속해 있는 언어 체계를 완전히 변화시킬 수는 없습니다. 그리고 한 작품의 중요성은 실제로 현실화된 변화들의 수에 따라 가늠되어서는 안 됩니다(외젠 쉬가 중요한 작품을 만들어낸 것은 소설과 문학에 은어를 집어넣었기 때문이 아닙니다[25]). 그러나 중요한 것은 언어 체계가 바로 그 자리에서 위험에 처하는 상황, 즉 하나의 언어 체계가 어떤 작품의 공간 속에 스스로를 들여보내거나 혹은 작품의 공간이 언어 체계를 덮어버리는, 후퇴와 흡수의 움직임입니다.

작품이란, 그것이 속한 언어 체계가 스스로를 위험에

25 E. Sue, *Les mystères de Paris*(파리의 미스테리), Paris, Gallimard, 2009.

처하게 하는 파롤입니다.

문학이란 어떤 종류의 언어 사용 방식으로, 매 순간 파롤이 자기 자신의 언어 체계가 될 수 있는 위험을 무릅쓰는 것입니다.

물론 하나의 작품이 그것이 발화하는 파롤 내에서 어떻게 자기가 속한 언어 체계를 위험에 빠뜨리는지를 알기란 쉽지 않습니다. 현재까지는 우리에게 그러한 관계를 분석할 방법이 없습니다.

이 문제를 역사적으로 설정하기 위해 대략 다음과 같이 말해두고자 합니다. 고전주의 시대 작품은 올바르게 구성되어 만인에 의해 인정받은 언어 체계 내에 온순하게 편입된 것처럼 보이지만, 수사학을 이용해 그 언어 체계에 이의를 제기합니다. 사실 수사학은 언어 체계를 일차적 파롤(성경 혹은 진리)에 복종하는 위치에 놓습니다. 그리고 그 일차적 파롤을 작품이라는 이차적 파롤 내에 복원하는 것이 문제입니다. 작품은 그 이상적 형태에서 절대적인 "말씀"의 반복 혹은 분신에 불과합니다.

18세기 말에 새로운 관계가 나타납니다. 그것은 사드에 의해 정의된(그리고 말라르메에 의해 계승된) 관계로, 다른 모든 책을 파괴하게 되는 책에 관한 것입니다. 그 책은 다른 책들을 뒤따라오면서 그 모두를 흡수하고 압도합니다. 모든 책은 다른 모든 책의 종말을 원하는 막연한 야망을 갖고 있습니다. 바로 그것이 도서관이라는 공간이며, 그곳의 서가에서 다른 책들에 기대어 있는 책 하나하나는 다른 책을 무용한 것으로 만들려는 경향이 있습니다.[26]

그리고 19세기에는 언어 체계 그 자체로 이루어진 문학이 등

26 다음을 참조하라. M. Foucault, "Le langage à l'infini", art. cit., p. 288-289(〈J. -P. 리샤르의 말라르메론〉, 《미셸 푸코의 문학비평》, p. 143-145).

장합니다. 마치 언어 체계가 문학의 소재이자 주제일 뿐 아니라 문학의 공간 자체와 일치한다는 듯이 말입니다. 이로부터 조이스와 퐁주Ponge의 중요성이 생겨납니다.

그러나 여기까지는 대강의 역사적 요약에 불과합니다. 엄밀히 말하면 특히 하나하나의 작품에 대해 상세한 분석이 필요합니다.

저는 단지 문학에서의 언어 체계와 파롤의 그 기묘한 관계로부터 몇 가지 결론을 끌어내고자 합니다.

—명료한 작품이라도 이해되지 않을 수 있는 가능성.

—(야콥슨처럼) 언어의 특성들만으로 문학을 [분석하는[a]] 방법이 애초부터 불충분하다는 점. 문학이 언어 체계 내부에 포함되는 것이 아니라, 역으로 언어 체계가 문학의 파롤 안으로 끌려 들어가기 때문입니다.

—일반적으로 모든 작품은 주해를 필요로 한다는 사실. 이는 아마도 언어 체계가 문학을 넘어서는 것이 아니라, 문학이 매 순간 언어 체계 전체를 위험에 빠뜨리기 때문일 것입니다. 그리하여 모든 작품은 일련의 이차적 언어들을 촉발하고, 원칙적으로 그 중얼거림은 결코 중단될 수 없습니다. 이러한 비본질적이고 불가피한 중얼거림이 바로 비평이라는 중얼거림, 우리들의 중얼거림입니다.

종鐘과 눈雪의 이미지를 뒤집어봅시다.

비평이 발견한 두 관념, 즉 공간으로서의 작품과 언어로서의 작품은 양립 불가능한 것이 아닙니다. 또한 잘 귀 기울여보면 서로 크게 다른 것이 아닙니다.

기묘하고 심오한 공간의 메타포가 항상 언어에 대한 분석에

a 누락된 낱말을 추측했다.

활기를 불어넣습니다(연쇄, 패러다임, 연사連辭, 네트워크).

심오하고 수수께끼 같은 공간.

아마도 가장 당혹스러운(우리 사유의 통상적인 도정에서 가장 벗어난) 발견은, 언어(언어 체계 혹은 파롤)는 시간이 아니라 공간이라는 사실일지도 모릅니다.

18세기부터(언어에 대한 탐구가 시작될 무렵부터) 언어는 항시 역사의 담지자, 두꺼운 층을 이루어 완만하게 움직이는 시간의 형태로 간주되어왔습니다. 그리고 사실 이러한 관념에 대한 이의 제기는 전혀 이루어지지 않았습니다. 이러한 관념은 헤겔, 마르크스, 후설, 심지어 하이데거에게서도 완전히 동일한 형태로 발견됩니다. 오직 한 사람, 베르그송만이 (《물질과 기억》[27]에서) 그 발견에 등을 돌리고 대신 언어로 표현될 수 없는 것의 철학으로 향하게 됩니다.

그런데 우리는 경험적으로 언어가 공간임을 알게 되었습니다(소쉬르,[28] 신경학자들 등). 그러나 이러한 발견은 철학적으로는 여전히 불모의 상태로 남아 있습니다. 어쩌면 하이데거가, 언어가 시간이 아니라면 언어의 존재에 대해 어떻게 사유해야 하는지에 관한 최초의 빛을 감지했을 수도 있습니다. 그리고 이러한 언어의

---

27 H. Bergson, *Matière et mémoire. Essai sur la relation du corps à l'esprit* (1939), dans *Œuvres*, Paris, P.U.F., 1963, p. 160-379(《물질과 기억》, 박종원 옮김, 아카넷, 2005).

28 푸코가 소쉬르를 언급하는 일은 드물다. 이는 아마도 모리스 메를로퐁티가 1949년 소르본에서 《일반언어학 강의》의 저자(소쉬르)를 주제로 진행한 강의에 대한 기억일 것이다. 푸코는 한참 후, 이 강의에 참석했었다고 고백한다. 다음을 보라. M. Foucault, "Structuralisme et post-structuralisme(구조주의와 포스트-구조주의)"(1983). 이는 다음에 다시 실린다. DE II, *op. cit.*, n°330, p. 1253-1254 : "그리고 아시다시피 메를로퐁티의 마지막 노력은 바로 이 점에 집중되었습니다. 저는 메를로퐁티가 소쉬르에 관해 이야기하기 시작했던 강의를 아주 잘 기억하고 있습니다. 소쉬르가 사망한 지 벌써 50년쯤 되었는데요, 프랑스의 문헌학자들과 언어학자들이나 그를 알았지, 교양 있는 대중들은 그에 대해 전혀 알지 못했습니다. 그런데 언어의 문제가 대두되었고, 의미 부여자로서의 주체(현상학적 의미의 주체)가 개입하지 않는 언어학적 유형의 구조에 의해 생성될 수 있는 의미 효과들을, 현상학은 구조 분석만큼 잘 설명해낼 수 없다는 사실이 드러났습니다."

존재론이 부재한 가운데, 활발하고 흥미진진하지만 문자 그대로 토대가 없는 비평이 등장합니다. 이 비평은 언어가 시간이 아니라면 도대체 무어냐고 우리에게 묻습니다. 우리는 어떻게 대답해야 할지 모릅니다.

그리고 논리학적 메타언어가 이제 진실이 경험도 아니고 전체성도 아니라면, 진실은 과연 무엇이냐고 철학에게 묻는 것처럼, 비평적 메타언어는 언어로 이루어진 작품은 도대체 무엇이냐고 철학에게 묻습니다. 그것이 이제 기억도 아니고 의미도 아니며, 단지 언어라는 심오한 공간에서의 하나의 형상에 불과하다면 도대체 무엇이냐고 말입니다.

8. 문학 분석*

제가 분석이라는 좀 현학적이고 교과서적인 어휘를 선택한 것은 비평이라는 말을 피하기 위해서입니다. 비평이라는 말이 시대에 뒤떨어졌기 때문이 아닙니다. 이 어휘가 너무나 많은 문제를 제기하고 있고 부단한 변화를 겪고 있기 때문입니다. 현재의 "분석"도 그것의 화신에 불과합니다.

단순한 확인으로부터 출발해봅시다.

—비평의 제도들의 두께: 19세기가 발견한 "비평하는 인간homo critcus"의 존재. 비평에 전적으로 할애된 잡지의 존재. *NRF*와 같은 잡지가 야기한 비평의 구조. 직업 비평가가 아닌 작가들에 의한 비평 활동(미셸 뷔토르를 소개한 미셸 레리스[1]).

—그러나 이런와 같은 비평의 공고화, 농후화가 증가함과 동시에 비평의 이차적 성격이 강화됩니다. 디드로, 위고Hugo 혹은 초현실주의자들에게서 비평이 가질 수 있었던 생생하고 신선한 부분, 즉 "일차적인" 것은 이차적 언어에 의해 지속적으로 소멸하고 있습니다. 비평은 더 이상 타인들의 언어를 통한 일차적 언어의 탐구가 아니라, 자기 자신의 언어를 다른 사람의 언어 영역에 위치시키는 것이 되었습니다.

아마도 우리 문화의 근본적 특질은 언어가 자기 자신으로부터 나와 증식할 수 있다는 것일지도 모릅니다. 즉 언어는 외연적

---

* BnF, Fonds Foucault, NAF 28730, boîte 54, dossier 1.

1 다음을 참조할 것. M. Leiris, "Le réalisme mythologique de Michel Butor(미셸 뷔토르의 신화적 리얼리즘)", *Critique*, n° 129, 1958, p. 99-119. 1960년 초반에 푸코는 특히 《크리티크》지 편집에 관여했고, 1963년에 그 편집위원회에 들어갔다.

으로 확장될 뿐만 아니라 깊이도 증가되어, 스스로를 평가하고 확립합니다. 즉 자기를 비평하는 것입니다.

제가 하고자 하는 것은 정식 연설이 아닙니다. 철학을 통해 비평에 접근한 사람의 성찰을 여러분과 나누고자 합니다. 저는 그 성찰의 과정에서 문학 세계에 고유한 언어 구조에 놀라지 않을 수 없었습니다.

—이는 훨씬 더 단순한 세계 출신인 사람의 대단히 순진한 경이입니다.

—하지만 비평이 철학에 호소한다는 점에서, 저는 이 놀라움에 대해 말할 권리가 있을지도 모릅니다.

I

우선 최근 몇 년간의 비평이 가진 특수한 성격들을 강조하고자 합니다.

20세기 초까지 비평을 둘러싼 상황은 비교적 단순했습니다.

1. 비평은 판단을 내리는 것이었습니다. [그것]은 자신이 말하고 있는 작품과 관련해 취향, 평가, 질, 가치에 대해 판단을 내리고 있었습니다.

2. 비평은 작품과 저자 간의 직접적인 통일성을 가정하고 있었습니다. 일방에 대한 판단은 또 다른 일방에 대해서도 유효하다고 본 것입니다. 이런 의미에서 비평은 근본적으로 심리학적이고 도덕적이었습니다. 인간은 그 사람이 행하는 것과 말하는 것으로 정의된다고 여긴 겁니다. 비평은 위압적임과 동시에 진중했습니다.

—왜냐하면 말해진 것, 표명된 것과 관련해 어떠한 거리 두기도 하지 않았기 때문이고[a]

—탐구자가 되기를 거부했기 때문입니다. 즉 어두운 영역을 탐구하려 하지 않았습니다.

비평은 작품 속에서 공통된 경험의 영역을 보았습니다.

3. 그러나 비평이 작품과 저자라는 영역을 손대지 않고 남겨두면, 이는 독자의 세계에서는 심각한 단절을 의미합니다.

—비평가는 판단을 내리고 그것을 표명할 수 있는 전적으로 특권적인 독자이고

—다른 독자들은 (일차적 독서를 통해서만 읽을 수 있는) 이차적 독자이기 때문입니다.

달리 말해 비평은 독서를 둘러싼 순진하고 동시에 위계화된 세계에서 의미가 있었습니다. 그 세계는 독자가 속거나, 판단을 잘못하거나, 필요한 곳에 관심을 기울이지 못할 수도 있었기에 순진했고, 독서를 할 수 있는 능력이 있는 자들과 그렇지 않은 자들이 있었기에 위계화되어 있었습니다.

〔이상의 것으로부터〕 비평이 얼마나 소비와 방어의 문제였는지를 이해할 수 있을 것입니다.

여기서 역사적 유형의 분석을 피할 수는 없다고 생각합니다.

—(17세기와 18세기에) 부르주아지가 자신들의 언어를 유지하던 동안 비평의 본질적인 부분은 여러 관념, 사물, 제도로 향했습니다.

—19세기 들어 부르주아지가 더 이상 자신들의 언어라고 인식할 수 없는 언어가 생겨나자 언어와 독서 간의 여러 관계,

---

a 원고 여백에 다음과 같이 적혀 있다: "감수성"이라 불리고 있는 것.

그리고 소비 자체에 관한 비평이 필요하게 되었습니다.

이것은 어떤 의미에서 일종의 문학적 맬서스주의입니다.

그러나 비평은 20세기 들어 그 의미가 바뀌어, 독서와 소비보다는 에크리튀르 자체와 언어의 기원이 훨씬 더 관건이 됩니다.

—이는 어떤 의미에서 문학에 그 책임이 있다고 말할 수 있는 변화입니다. 왜냐하면 말라르메와 발레리, 그리고 프루스트 이후 문학은 자신의 가능한 조건들에 대한 성찰을 항시 포함했기 때문입니다.

—어떤 의미에서 문학은 스스로 자기 자신에 대한 비판을 만들어냄으로써 비평가들을 불필요하게 만들었습니다.

—하지만 그와 동시에 문학은 비평가들의 시선을 취향의 판단이 아닌 다른 쪽으로 돌리게 했습니다. 비평이 언어의 기원과 문학의 가능성에 대해 물음을 던지도록 강제한 것입니다.

그로부터 다음과 같은 몇 가지 결과가 발생합니다.

a. 비평은 판단 내리는 것을 중단합니다. 텍스트는 하나의 사실, 혹은 오히려 하나의 가능성이고 그 점에 대해서만 문제를 제기해야 한다는 것입니다.

b. 비평은 작품의 기원에 자신을 위치시킴으로써 문학적, 창조적 활동의 중심에 자신을 위치시킵니다. 그리고 자신이 19세기 이후 상실했던 일종의 신선함, 일종의 일차적 성질을 되찾습니다.

—그러나 이러한 변화는 문학을 둘러싼 현재의 사회학적 상황 내에서 나타납니다.

a. 판단을 내리는 비평 즉 소비자를 위한 비평(일간지와

주간지에 게재되는 비평)과 분석을 행하는 비평 즉 작품의 수준에 위치하려는 비평(잡지 비평 등등) 간에 결정적 분리가 일어납니다. 양자 간에는 어떠한 교류점도 없습니다.

b. 아무리 어렵거나 난해하다 할지라도, 작품은 항시 자신이 모든 독자에게 말을 걸 수 있다고 주장합니다. 작품 스스로는 비평을 무용하게 만드는 즉각적인 자명성을 갖고 있다고 생각하는 것입니다. 게다가 비평은 종종 작품보다 훨씬 더 "난해"합니다. 비평이 작품을 "난해하게 만듭"니다.

c. 문고판은 작품 자체가 선별되는 일 없이 소비에 연결되게 하는 방식입니다. 또한 작품을 있는 그대로 받아들이게 하는 방식입니다.

그런데 비평가들은 문고판을 사회적 현상으로 이야기할 뿐, 작품 자체에 대해서는 침묵합니다.

II

일반적으로 분석은 작품—우리 문명의 일부를 이루는 언어의 모든 침전물—을 역사적 사실과 마찬가지로 차분함과 객관성을 가지고 고찰해야 하는 문화 현상으로 다룬다고 말할 수 있습니다.

—그러므로 적어도 방법론적으로는 훌륭한 문학과 나쁜 문학 간의 차이, 위대한 문학과 소소한 문학 간의 차이는 존재하지 않습니다. 모든 언어 현상은 분석의 대상입니다.

(결국 분석은 우리 세계에서 유통되는 모든 책들에 대한 일반 과학, 즉 기호학입니다.)

—문학의 역사성에 대한 새로운 감수성이 생겨납니다.

—어떤 의미에서 문학은 취미 혹은 미에 대한 부동하는 판단으로부터 벗어납니다. 문학은 그 가장 순수한 역사성 속에서 파악됩니다.

—또 다른 의미에서 문학은 한 시대의 총체적인 생산물 내에서, 즉 진화의 개념이 없는 공시적 층위 내에서 고찰됩니다.

—저자의 개성에 대한 새로운 무관심

a. 저자가 이 정도로 존재감을 가졌던 적은 없습니다(라신이 얀세니즘 환경에서 살았다는 사실, 로트레아몽의 공격성, 말라르메에 있어서의 순백색의 매끄럽고 차가운 순결성).

b. 그러나 저자는 전이의 형상, 작품의 의인화, 혹은 분신으로 기능하지 않습니다(졸라가 하수도 청소부로 간주되던 시대와는 달리[2]). 저자는 단지 정합성을 만들어내는 지점, 분석의 장소입니다. 작품이 스스로 책임을 지게 된 것은 아닙니다. 작품은 가능하면서도 동시에 운명적인 것이 되었습니다.

이를 통해 다음과 같은 것이 얼마나 중요했는지 이해할 수 있습니다.

—마르크스주의적 분석 방법

—언어학적 분석 방법

—예술사

---

2 루공마카르 총서보다 앞서 나왔고 그 전조가 된 《테레즈 라캥》(1867) 출간 이후, 실제로 졸라는 격렬한 공격을 받으며 하수도 청소부나 포르노 작가라고 일컬어진다. 1년 후 졸라는 같은 책의 제2판 서문에서 그러한 비난에 다음과 같이 응수한다. "내가 놀라는 것은 동료들이 나를 문학의 하수도 청소부 취급한다는 바로 그 사실이다."(E. Zola, *Thérèse Raquin, Préface de la deuxième édition*, Paris, Garnier-Flammarion, 1970, p. 61.) 이러한 이미지는 항상 그를 따라다녔고 《잡탕*Pot-Bouille*》(1882)의 출간, 그리고 드레퓌스 사건에 즈음해 훨씬 더 격렬하게 다시 나타난다.

—작품 자체가 문제가 됩니다. 등장인물, 사상, 형식은 더 이상 중요하지 않습니다.

문제가 되는 것은 작품이라는 무언가가 존재한다는 사실입니다. 달리 말해 일상의 언어, 누군가에게 말을 거는 언어와는 다른 위상을 가진, 스스로 우뚝 서 있는 언어가 있다는 것입니다.

문제가 되는 것은 이러한 언어가 그럼에도 불구하고 여전히 대중에게 호소하고 있고 의미의 저장고를 유지하고 있다는 사실, 또한 각 시대마다 정해지지 않은 형태로 읽힐 수 있다는 사실입니다.

요컨대 어떤 문화 내에는 무한한 의미 저장고가 존재할 수 있고, 그러한 의미의 저장고는 역사적으로 결정된 여러 필요나 소비, 유통으로 환원 불가능하다는 것입니다. 문제가 되는 것은 여러 종류의 차별화되지 않은 형상들, 전적으로 유동적인 특징들을 가지고 있고 항시 재구성될 채비가 되어 있는 형상들이 존재할 수 있다는 사실입니다.

사람들은 아름다움은 영원하다고 말함으로써 이 문제를 해결했습니다. 그러나 고찰되는 것이 관념의 가치나 형식의 올바름이 아니라 작품 자체라면, 해결은 이제 불가능합니다.

—이로부터 마지막 중요한 특징, 요컨대 쓰여진 텍스트 내에서 잠자고 있는 함축적 의미들에 어떤 위상을 부여해야 할 필요성이 생깁니다.

—저자의 의도 내에 있지 않았던 의미 작용들: 말라르메는 순결성에 관한 시를 의도하지 않았고, 보들레르 역시 방향의 확산이나 정화에 관한 시를 의도하지 않았습니다.

—가시적 형태들 내에서조차 존재하지 않는 의미 작

용들:

이 의미 작용들은 언어의 경계에 있는 일종의 중성적 공간 내에서 표류하고 있습니다. 그것들을 분석에 삽입하는 것은 어렵습니다.

그러므로 비평의 문제는 19세기와 비교해 역전됩니다.

—과거에 비평은 작품을 잠재적인 독자의 세계에 삽입하고 싶어 했습니다.

—이제 비평은 잠재적 독해의 기반을 작품 자체, 즉 작품이라는 어둡고 기념비적인 덩어리를 구성하는 견고하고 〔실체적인〕 두께 위에 두기를 원합니다.

III

이러한 방법의 구체적인 몇 가지 예, 그리고 이 방법이 반드시 제기할 수밖에 없는 문제들은 다음과 같습니다.

1. 형태 분석

작품에 암묵적 구조가, 즉 자생적 골조가 존재한다는 관념에 기초한 분석입니다.

—이는 설계도가 아니고

—등장인물들의 드라마적 운동도 아니며

—임팩트가 강한 부분과 약한 부분의 미학적 음악적 균형, 즉 리듬〔도〕[a] 아닙니다.

a 원문에는 빠져 있다.

—이러한 형태들은 작품의 가독성, 즉 주제와 구성 간의 특정한 관계에서 발견할 수 있습니다.

예를 들면 G. 풀레의 원에 대한 연구를 참조할 수 있습니다.[3] 바로크 시대의 시와 사상은 지구가 둥글기 때문에 구체의 형상에 홀려 있었습니다.

—구체는 소우주이고

—따라서 반영이고

—그로 인해 비눗방울(파괴되기 쉽고 덧없는)이 연상되고

—그로 인해 연약함, 순간의 파열이라는 관념이 생겨나고

—그로 인해 굴곡이 발생합니다.

—이것들이 작품 속에 더 깊이 매장되어 있는 형태로 발견되어 해독을 필요로 합니다.

—J. 루세[4]가 분석한《폴리외크트》.[5]

—《법원의 회랑》.[6] 서로 사랑하는 두 젊은이가 헤어지고, 길이 엇갈리고, 다시 헤어지고, 다시 만나게 됩니다.

—심지어《르 시드》[7]도 동일한 구조입니다.

그러나《폴리외크트》에서는 이와 유사하지만 심하게 불균형한 형상이 발견됩니다.

—폴리외크트는 폴린을 사랑하지만 신으로 인해 그녀와 헤어집니다.

—폴린은 세베르를 사랑하지만 폴리외크트로 인해 그

---

3 G. Poulet, *metamorphoses du cercle*(원의 변모), Paris, Plon, 1961.

4 J. Rousset, *Forme et signification. Essai sur les structures Littéraires de Corneille a Claudel, op. cit.*

5 P. Corneille, *Polyeucte martyr*, op. cit.

6 P. Corneille, *La galerie du Palais, ou L'amie rivale, op.. cit.*

7 P. Corneille, *Le Cid, op. cit.*

와 헤어집니다.

앞에 나온 구조는 세 번째 항(혹은 오히려 위아래로 하나씩 있는 두 개의 세 번째 항)에 의해 보완됩니다. 그리고 그들은 위에서 이루어지는 마지막 재회에 이르게 됩니다〔'세 번째 항'은 신과 순교를 가리키며, '위에서 이루어지는 마지막 재회'는 영적 재회를 뜻한다-옮긴이〕.

폴리외크트를 신 쪽으로 이끌어가는 (그러므로 폴린으로부터 멀어지는) 한 걸음 한 걸음은, 폴린을 세베르로부터 멀어지게 하고 폴리외크트 쪽으로 이끕니다.

고리와 원.

나선형의 운동(바로크 조각에서도 발견되는 것).

2. 테마 분석

형태(선적이고 추상적인 골조)가 작품의 눈에 보이는 내용과 분리될 수 없다는 관념입니다. 또한 형태는 내용과 일체이며 내부로부터 활력을 불어넣는 것, 혹은 오히려 내용의 생생한 현존과 다름없다는 관념입니다.

다음과 같은 두 가지 철학적 경험이 중요합니다.

a. 현상학의 경험: 감각적인 것〔지각 가능한 것-옮긴이〕은 사후에 판단이 활기를 불어넣는 가공하지 않은 소재가 아닙니다. 감각적인 것은 이미 방향이 정해져 있고, 공간성과 시간성 그 자체의 신체입니다. 시간은 낡아가는 사물들을 통해 우리에게 주어지고, 공간은 원근법, 지평선의 구름을 통해 우리에게 주어집니다. 의미는 존재와 동시적인 것입니다.

b. 바슐라르의 경험: 일종의 수정된 정신분석

프로이트에게 있어 상상적 비틀림〔왜곡-옮긴이〕은 무한한 유연성을 갖고 있는 것, 무엇에든 작용할 수 있는 것입니다.

바슐라르에게 있어서는 상상력에 고유한 가소성, 즉 법칙이 존재합니다. 발톱은 특정 유형의 공격성—순간적이고, 유혈이 낭자하고, 섬광 같고, 빨아들이는 듯한 공격성—에 속합니다.[8]

J.-P. 리샤르가 말라르메에게 적용한 것은 다음과 같습니다.[9] 하나의 테마를 어떻게 포착해 어떻게 분석할 수 있을까? 예를 들면 말라르메의 시에 나타나는 적나라한 순결성이라는 테마는 어떻게 분석할 수 있을까?

a. 빈도(피에르 기로[10]): 하지만 테마는 자신을 지시하는 단어들(백색, 눈, 빙하, 날개)을 넘어섭니다. 왜냐하면 테마는 의미상으로는 명확하지만, 선험적으로 단어로 번역될 수 없는 관계를 설정하기 때문입니다. 그리고 단어는 항상 동일한 의미를 갖고 있는 것은 아닙니다(차가움은 죽음을 의미하는 걸까요, 아니면 순결성을 의미하는 걸까요?).

b. 테마의 위상기하학적 특성

—어떤 테마의 중요성은 그것이 여러 위상기하학적 수준에 위치하고 있다는 사실을 통해 드러납니다.

—나체: 에로티즘, 형이상학, 시학(적나라한 상태의 언어)

—순결성: 순수함, 신체, 언어와 언어를 듣는 자 간의 관계

—기능적 등가성의 법칙:

---

8 다음을 참조할 것. G. Bachelard, *Lautréamont*(로트레아몽), Paris, José Corti, 1939 chap. 2 "Le bestiaire de Lautréamont(로트레아몽의 동물도감)", p. 29-78.

9 다음을 참조할 것. J.-P. Richard, *L'univers imaginaire de Mallarmé*(말라르메의 상상적 우주), *op. cit.*

10 P. Guiraud, *Les caractères statistiques du vocabulaire. Essai de méthodologie*(어휘의 통계적 특성. 방법론 시론), Paris, P.U.F., 1954.

—사물의 순결성은 그것의 순백성입니다.

—이 순결성의 저항과 신중함은 차가움입니다 (이는 물의 유동성을 보호하는 부서지기 쉬운 외피인 서리이며, 푸르지만 아득히 멀고 대단히 명확하지만 대단히 깊은 겨울 하늘입니다. 그곳에서 형태들은 접근 불가능한 것으로 선명하게 묘사됩니다). 이는 또한 창문 너머 저편의 하늘이기도 합니다.

c. 테마의 심리학적 양의성: 문제는 말라르메가 사유하거나 경험하던 것이 무엇인지, 그가 그것에 긍정적이었는지 부정적이었는지를 아는 것이 아닙니다. 테마가 자신의 불변성과 일관성과 고집을 보여주는 것은, 또한 작품 내에서 작품에 대해 자기를 주장하고 저자 내에서 저자에 **대해** 자기를 주장하는 힘을 보여주는 것은, 그것이 때로 긍정적이거나 부정적인 방식으로 가치평가된다는 사실에 기초하고 있습니다.

예를 들어 시든 것, 타락, 추락하는 날개.

"죄를 향기로 갖고 있는 악한 장미들의 눈사태".[11] 하지만 또한

"파롤 하나하나가 꽃들의 비로 다시 떨어졌다. 발끝으로 서서 팔을 반쯤 벌리고 그것을 받아들이고 그것을 접촉한다. 오 행복이여! 인간의 손에 그것이 허용되다니!"[12]

d. 테마의 균형: 상기한 바로부터 복잡한 여러 형태들 혹은 다양한 잠재성들을 가진 형상들의 특권성이 생겨납니다. 그것들은 주제의 전개 추이 전체를 어떤 유일한 규칙 내에서 서

11 S. Mallarmé, "Symphonie littéraire(문학 교향곡)", art. cit., p. 263.
12 S. Mallarmé, "Nala et Damayantî(나라와 다마얀티)", art. cit., p. 631.

로 결합시킵니다.

—펼쳐지고 접히지만, 펼쳐질 때 감추고 접힐 때 폭로하는 부채.[13]

—멀리 있는 무대 위에서, 비현실적인 원환 속에서 개화하지만 가까이에서 보면 닫혀버리는 무용하는 여자.

—그리고 책도 마찬가지입니다.

e. 연대순의 진화: 분석의 공시적 구조에도 불구하고, 우리는 그것이 어떻게 시간 관련 유형의 분석을 할 수 있는지를 이해할 수 있습니다.

—말라르메의 모든 초기 시: 순결한 백색은 세계가 어떠한 파열도 없는 전체성을 보장하는 방식입니다. 거리 두기 없이 자기 자신에게 근접한 일종의 완전성. 사물들 간의 공감.

구름아 너는
청명하고 순수한 천상의 대양에 떠 있는 거품인가?
그렇지 않으면 너는 하얀 깃털,
푸른 하늘을 가로지르는 바람이 천사들의 날개로부터
흩뿌려놓았느냐?[14]

—그리고 〈창문〉[15]에서는 도달 불가능한, 차갑고 적의를 가진 푸른 하늘과 같은 다른 경험이 나타나는 것을 알

13 본서 p. 157, 주 16 참조.

14 S. Mallarmé, "Le nuage(구름)", dans H. Mondor, *Mallarmé lycéen, avec quarante poèmes de jeunesse inédits,* Paris, Gallimard, 1954, p. 176.

15 S. Mallarmé, "Les fênetres", dans *Œuvres completes, op. cit.,* p. 32-33.

수 있습니다. 게다가 거기서는 모든 공감이 퇴락하고 퇴색합니다. 그리고 〈탄식〉에서는

떠다니는 낙엽의 갈색 고뇌가 바람에 떠돌고
차가운 물결 일으키며 움직이는, 고인 연못 위에
오랫동안 황색 태양 광선이 기어다니게 내버려두라.[16]

IV

여기서 제기되는 문제는 위와 같은 분석들이 결국 무엇에 기초하고 있는가입니다.

—일반화된 미학이 보다 장기적으로 볼 때는 어떤 종류의 형태를, 즉 바로크적 비틀림 같은 것을 잘 설명할 수 있다는 것은 명백합니다.

—그러나 어떤 작품이 갖는 개별적인 측면의 미묘한 변화는 일반화된 미학을 피할 수밖에 없습니다.

작품 그 자체, 그리고 그 내적인 구조에 대한 분석은 작품의 개별성을 회피하기는커녕 그것을 백일하에—그것도 수수께끼 같은 빛으로— 드러나게 합니다.

그렇다면 한 작품 내에 존재하는 묵시적이고 **무의식적인** 것, 요컨대 저자가 분명하게 의도한 바에 귀속시킬 수 없는 것들의 개별성은 어떤 지위를 가질까요?

정신분석에 도움을 청하는 것이 용인될 수 없음은 명백합니

16 S. Mallarmé, Soupir, dans *Œuvres complètes, op. cit.*, p. 39.

다. 왜냐하면 여기서 문제가 되는 것은 작품을 그 자체의 내적 역학 내에서 설명하는 것이지, 심리학적 사실로(혹은 그 표현으로) 설명하는 것이 아니기 때문입니다.

1. 실존주의적 분석

사르트르:《보들레르》[17],《성 주네》[18]

스타로뱅스키:《투명성과 장애물》[19]

작품과 삶은 공통 구조에 속하기에 양자를 공통된 텍스트, 일종의 유일한 줄거리로 다루어야 한다는 사고방식입니다. 그리고 그 줄거리는

—외관상으로는 운명이지만

—근본적으로는 기투企投입니다.

그래서 루소는 거짓과 중상 앞에서 세계의 투명성을 상실한 이후로

—전 생애에 걸쳐 이 투명성(요컨대 시선이 순진무구한 상태에 속하는 것)을 되찾기 위해 노력했습니다.

—그러나 그의 작품 역시 동일한 노력에 속합니다.

—그것이 정치적 초안의 형태이든

—공상적 몽상의 형태이든

—착란의 형태이든

—변명의 형태이든

—[추론[a]]의 형태이든.

17 J.-P. Sartre, *Baudelaire*, Paris, Gallimard, 1947.

18 J.-P. Sartre, *Saint Genet, comédien et martyr,* Paris, Gallimard, 1952.

19 J. Starobinski, *Jean-Jacques Rousseau. La transparence et l'obstacle, op. cit.*

a 읽기 어려워 추측했다.

2. 역사적 분석

한 저자의 작품과 생애는 단일한 도식이 아니라 그것들이 재배치되어야 할 더 폭넓은 전체성(작품과 생애가 형성하는 전체성)에 속합니다.

왜냐하면 한 작품이 제공하는 해석의 가능성은 (저자의 의도만이 아니라) 객관적 의미 에 있기 때문입니다. 그러나 어떤 작품에 객관적 의미를 부여하는 것은 그 작품이 위치하고 있는 역사적 총체성입니다.

—데카르트는 신자지만 그의 합리론은 무신론입니다.[20]

—칼뱅주의자들의 은총 개념(세속 세계에서의 금욕)은 얀세니스트들의 그것(모든 세속적 생활 거부)과 동일한 의미가 아닙니다.

그러므로 추출해내야 하는 것은 어떤 사유가 의미를 갖는 (비록 저자에게 그 의미가 모호하다 해도) 구체적 총체성입니다.

이로부터 다음과 같은 생각들이 생겨납니다.

—행동과 사유가 일치하는 것 같은 [사람들[b]]을 하나로 묶으려는 생각.

—그 사람들은 공통의 이데올로기(하나의 "세계관")를 갖고 있다는 생각.

—계급 개념은 이러한 분석을 하기에 너무나 넓은 개념이라는 생각.

---

20 아마도 다음의 책을 염두에 둔 듯하다. M. Gueroult, *Descartes selon l'ordre des raisons*(이성의 질서에 따른 데카르트), 2 vol., Paris Aubier, 1953. 게루의 독해는 특히 F. 알키에Alquié의 연구 작업과 대립했는데, 알키에는 데카르트 사상 해석에서 데카르트적 "제스처"가 중요한 역할을 한다고 보았다. 그리고 다음과 같은 책도 연상된다. L. Goldmann, *Le Dieu caché. Étude sur la vision tragique dans les "Pensée" de Pascal et le théâtre de Racine*(숨겨진 신. 파스칼 《팡세》와 라신 연극의 비극적 시각 연구), Paris, Gallimard, 1955, p. 22-23.

b 원문에 빠져 있다.

골드만: 라신에게서의 비극적 세계관[21]

—궁신들(왕을 지지하는 사람들)

—친임관들(왕이 고위 귀족들과 친밀한 사이일 때 왕이 임명하는 사람들)

이로부터 얀세니즘이 생겨납니다.

—세상과는 전적으로 무관합니다. 권력은 악이기 때문입니다.

—세상에서 구원을 얻을 수 없습니다.

—이 세상에 신은 없습니다. 신은 단지 시선을 통해서만 세상에 개입합니다.

이로부터 두 가지 태도가 생겨납니다.

—완전한 거부(바르코스Barcos, 생시랑Saint-Cyran).

—세상과 더불어 살기(아르노Arnauld).

라신은

세상에 살고 있을 때: 거부의 연극을 합니다.

어떤 종류의 은거에 들어가 있을 때: 세계에 개입하는 신의 연극을 합니다(왕에게 접근한 아르노와 합류하여).

이 양자 사이에 예기치 못한 파랑과 관련된 희곡:《페드르》.[22]

3. 이 분석들의 가능한 세 번째 토대가 최근에 모습을 드러내고 있는 것 같습니다.

이는 문학은 언어라는 사실, 그것은 언어 내에서 발생하지만 거기로부터 멀어지며 또한 언어 내에 거주하면서 언어를 교란한

21 L. Goldmann, *Le Dieu caché, op. cit.*

22 J. Racine, *Phèdre et Hippolyte. op.cit.*

다는 사실을 고려한 것입니다.

이는 단순한 아이디어입니다.

그리고 이 사실은 문학에 의해 점차적으로 계속 명확해지고, 문학이라는 대단히 특수한 언어의 사용을 통해 언어 전체에 작동됩니다.

이것이 바로 롤랑 바르트가 《글쓰기의 영도》[23]에서 문학이 스스로를 문학이라 지시하는 기호들의 영역을 정의하려 했을 때 밝히려 한 바입니다. 언어 체계(모든 말하는 주체에게 공통되는 지평)도 아니고 문체(작가마다, 텍스트마다 다른 것)도 아닌, 어떤 쓰여진 텍스트가 스스로 문학이라고 칭하는 기호들의 총체 같은 것이 존재한다는 사실(에베르Hébert와 《르 페르 뒤셴》지 참조).

이러한 기호들에 관한 연구는 모든 다른 기호들에 관한 연구와 마찬가지로 최초로 소쉬르에 의해 정의된 기호학적 방법론에 속합니다.

—이 방법론은 통시적, 시간적, 역사적 분석을 가능하게 합니다.

샤토브리앙: 보여지기 위한 기호. 스펙터클.

반면에 크노Queneau, 카뮈, 셀린Céline은 비실존의 기호들입니다(그것들이 존재하지 〔않는다는〕[a] 의미는 아닙니다).

그리고 총체성과 체계에 대한 공시적 분석

—이 분석은 문학을 특정 시대의 특정 사회에서 유통되는 기호의 집합 전체와 연결시킬 수 있습니다.

문학과 언어는 결국 허다한 기호들 가운데 하나에 불과합

---

23 R. Barthes, *Le degré zero de l'écriture*, *op. cit.*

a 원문에는 빠져 있다.

니다.

결국 의복, 음식도 기호입니다. 단지 유복한 사회에서만 그런 것이 아닙니다.

레비스트로스: 여성은 단순히 소비되는 대상이 아니라, 그들에게 의미를 부여하는 여러 구조들에 따라 유통됩니다. 여성은 사회적 기호인 것입니다.[24]

문학을 한 사회에 고유한 일종의 일반 기호학sémiologie générale 안에 포함시켜, 문학이 의미하는 것(사상, 미)이 아니라 그 기표의 구조에 대해 질문할 수 있지 않을까요?

—아마도 우리 사회는 다음과 같은 기이한 역설에 도달할지도 모릅니다.

—원시사회에서 여성은 기호일 뿐만 아니라 기호를 만들어내는 자였다(이로부터 발생하는 이중화).

—우리 사회에서 문학은 자기 자신을 의미하고 자기 자신으로 반송되는 기호의 사용 방식이다. 그리고 문학은 일종의 문장紋章을 만들어내는 이러한 중복 속에 자신을 고정시킨다.

문학 그것은 자기 자신을 의미하는 언어이며, 자신의 기호로서의 본성을 시험하고 자신의 동어반복을 탐욕스럽게 탐사하는 언어입니다.

—이러한 조건하에서 우리는 누보로망이라는 문학적 형식주의 〔내에〕 어떠한 역사적 내용이 들어 있는지를 잘 이해할 수 있습니다.

—어떤 불안의 표현이 아니라

24 C. Lévi-Strauss, *Les structures élémentaires de la parenté, op. cit.*

—문학 내부에서 이루어지는, 문학의 자기 참조라는 자세에 대한 해명이었습니다.

오늘날 문학이 현재와 같은 모습인 것은, 문학이 형식적이고 추상적이고 내용이 없기 때문이 아닙니다. 문학이 이 정도로 자기 내용에 근접한 적은 없었습니다. 이 정도로 기표로서의 언어를 잘 보여준 적도 없었습니다.

문학은 오늘날 충만한 형태가 되어가고 있습니다.

그리고 이것은 아마도 세르반테스로까지 거슬러 올라가는 역사적 성숙에 부응하는 것입니다.

—그럼에도 불구하고 문학은 인간의 첫 언어를 통해 생겨난 〔사물과 말의 - 옮긴이〕 이중화만큼이나 본질적인 것일 수 있는 중복 속에서 자기 자신을 지시함으로써, 하나의 한계와 마주치게 됩니다

—자기 존재의 현현 내에서의 자기 소멸로서,

—문학의 내용 내에서 문학을 기다리고 있는 현혹.

따라서 문학은 문화의 한복판에서 그 문화의 내용(혹은 가치)을 번역하는(혹은 변장시키거나 옹호하거나 공격하는) 활동으로서가 아니라, 하나의 한계체험으로서 검토되어야 합니다. 어떤 문화가 그것을 통해 자신을 정의하지 않을 수 없는 한계체험으로서. 광기 없는 문화는 없고, 성에 대한 어떤 금기도 없는 문화는 없으며, 언어의 한계에 대한 어떤 종류의 접근도 없는 문화는 없습니다. 또한 자기 자신을 불태우는 어떤 종류의 기호도 없는 문화는 존재하지 않으며, 그 불탄 궤적으로부터 문학과 같은 것이 발생합니다.

9. 구조주의와 문학 분석

1967년 2월 4일 튀니스의 클럽 타하르 하다드에서의 강연*

여러분,

우리는 본질적으로 토론하기 위해 여기에 모였다고 생각합니다. 다시 말해 저는 전혀 말을 하지 말아야 할지도 모르겠습니다. 하지만 여러분이 질문할 권리, 즉 검토하고 비판할 권리를 행사하시려면 제가 여러분의 공격 앞에 저 자신을 노출시켜야 할 것 같고, 따라서 저는 약간은 두서없을 수도 있는 몇 가지 화제를 제시하고자 합니다. 이것을 바탕으로 여러분 자신의 의견을 표명할 기회를 가지시길 바랍니다.

제가 선택한 주제는, 사실 제가 어떤 분들을 앞에 두고 이야기하는지를 몰라서 정한 것입니다. 다행일 수도 있는데, 왜냐하면 제가 어떤 분들 앞에서 말하는지를 알았더라면 발언하는 것을 완전히 포기했을지도 모르기 때문입니다. 청중의 일부는 저의 동료들로 매우 위압적인 분들이며, 저보다 훨씬 정통한 분들입니다. 또 다른 일부는 저를 이미 알고 있고 제 레퍼토리를 통해 저를 본 적이 있는 많은 학생들입니다. 결국 이 모든 것이 저에게는 다소 부담스럽고 곤란한 상황입니다. 다시 말해 저는 어떤 분들 앞에서 말하는지 잘 알지 못했기에, 구조주의와 문학 분석의 관계에 대한 문제를 이야기할 수 있을 거라 생각했습니다.

구조주의와 문학 분석의 관계에 대해, 명백히 저는 그 어떤 전

---

* 뒤이은 토론 부분이 빠진, 이 강연의 부분적 사본은 다음의 잡지에 게재되었다. *Les cahers de Tunisie*, vol. 39, n°149-150, 1989, p. 21-41. 이 강연과 관련한 다음 논문을 참조하라. D. Séglard, "Foucault à Tunis", art. cit.

문성도 갖고 있지 않습니다. 그럼에도 이 주제를 선택한 것은, 현재 이 문제가 여러 애매함을 발생시키는 논의의 온상, 지점이기 때문입니다. 여러분 모두 신비평[1]에 대한 논쟁을 알고 있거나, 적어도 그 여파에 대해 들어본 적이 있으실 겁니다. 저는 그 논쟁 아래에 사실상 잘 정의되지 않은 여러 개념들이 은폐되어 있다고 생각합니다. 그래서 저는 오늘의 모임, 그러니까 이어질 토론의 핵심이 될 바의 방향을 정의에 대한 탐색으로 잡아보려고 합니다.

대략적으로 다음과 같이 말할 수 있을 것 같습니다. 표면적으로는 프랑스뿐 아니라 다른 나라들에서도 몇 년간 오래 지속되고 있는 이 논의는 몇몇 사항들과 사람들을 대립시키는 듯합니다. 일종의 과학적 유형의 비평을 인상주의적 유형의 비평과 대립시키는 듯한 인상을 줍니다. 또 내용과 의미의 신봉자들을 순수한 형식의 신봉자들과 대립시키는 것 같습니다. 또한 역사가들을 작품의 체계와 공시성에만 흥미가 있는 사람들과 대립시키는 것 같습니다. 결국 이 논쟁은 사람들 간의, 심지어 사회적 집단들 간의 갈등처럼 보이기도 합니다. 그래서 한편에는 프랑스의 구태의연한 낡은 대학을 신봉하는 자들이 있고, 다른 한편에는 반드시 대학 바깥에서만 가능한 지적 혁신을 옹호하는 자들이 있는 듯한 느낌이 듭니다.

하지만 저는 이 논쟁을 이런 식으로 특징짓는 방식이 완전히 정확하다고 확신할 수는 없습니다. 신비평을 둘러싼 이 논쟁에서 가장 반동적인 자들이 항상 대학 내부에만 있는 것은 아닙니다.

---

1 특히 다음의 소책자를 보라. R. Picard, *Nouvelle critique ou nouvelle imposture*, Paris, J.-J. Pauvert, 1965. 그리고 이에 대한 다음의 답변을 보라. R. Barthes, *Critique et vérité*, Paris, Seuil, 1966.

대학 측은 자긍심을 가질 만한 충분한 이유가 항상 있는 것은 아니지만, 소위 구비평을 신봉하는 일부 사람들을 동료로 두지 않았다는 점에는 자부심을 가질 수 있습니다. 장피에르 리샤르와 같은 이들의 분석[2]이 작품의 의미는 완전히 무시하고 내용만 다룬다는 말도 옳지 않습니다. 오늘날 문학 분석의 경향이 순수한 체계와 공시성을 위해 역사를 거부한다는 것도 사실이 아닙니다. 그러므로 저는 이러한 모든 수식어, 이러한 모든 단정이 정확히 이 논쟁의 위치 설정을 가능하게 한다고 생각하지 않습니다.

이 논쟁의 윤곽을 보다 명확히 파악하기 위해 하나의 개념을 도입하고 싶습니다. 이 개념은 지금에 와서는 너무도 익숙한 것이 되었지만, 솔직히 처음에는 해결보다는 오히려 더 많은 난제를 불러일으킨 개념입니다. 그것은 구조주의입니다. 대략적으로 오늘날 이 논쟁은 구조주의적 방법론이라 명명될 수 있는 것의 가능성, 정당성, 생산 능력을 중심으로 벌어지고 있다고 말할 수 있습니다. 그런데 실제로 구조주의는 도대체 무엇일까요? 구조주의라는 이름하에 여러 분석과 방법, 여러 저작과 인물이 지시되는 것을 감안하면, 결국 그것을 정의하기란 대단히 어렵습니다. 예를 들면 뒤메질[3]이 행한 종교사, 레비스트로스[4]가 행한 신화 분석, 바르트[5]에 의한 라신 비극 분석, 또 미국에서 현재 노스

2 예를 들면 푸코가 1964년에 “Mallarmé de J. P. Richard”에서 다루고 있는 두 저작을 참조할 것. *L'univers imaginaire de Mallarmé*(말라르메의 상상적 우주), *op. cit.* 및 *Onze études sur la poesie modern,* Paris, Seuil, 1964.

3 1967년도 이전에 출간된 조르주 뒤메질의 다수의 텍스트들 가운데 예를 들어 다음을 참조할 것. *Jupiter, Mars, Quirinus*, t. I-IV, Paris Gallimard, 1941-1948 및 *La religion romaine archaique*, Paris, Payot, 1966.

4 C. Lévi-Strauss, *Mythologiques,* t. I : *Le cru et le cuit* et t. II : *Du miel aux cendres*, Paris Plon, 1964 et 1967. 3권(*l'origine des manières de table*)과 4권(*l'homme nu*)은 1968년과 1971년이 되어서야 출간된다.

5 R. Barthes, *Sur racine, op. cit.*

럽 프라이[6]가 행하고 있는 문학 작품 분석, 〔블라디미르〕 프로프[7] 같은 러시아 사람들이 행하고 있는 민화 분석, 게루[8]의 연구와 같은 철학적 체계 분석 등 지극히 다양한 것들이 지시되고 있습니다. 이 모든 것들이 구조주의라는 꼬리표 아래 놓인 결과, 이 개념은 붕괴됩니다. 이러한 불명료한 개념으로 모든 문제를 해명하려는 것은 좀 위험할 수 있습니다. 그럼에도 불구하고 저는 바로 이 구조주의에 주목해보고자 합니다. 분명히 해둘 것은 구조주의가 철학이 아니라는 사실입니다. 구조주의는 철학이 아니며, 서로 완전히 다른 철학들과 연결될 수 있습니다. 레비스트로스는 자신의 구조주의적 방법론을 유물론적 유형의 철학과 명시적으로 결부시켰습니다. 이와 반대로, 예를 들어 게루 같은 사람은 자신의 구조주의적 분석 방법을 대체로 관념론적 철학과 결부시켰습니다. 알튀세르 같은 사람은 구조주의적 분석 개념들을 명시적으로 마르크스주의 철학이라 할 수 있는 자신의 철학 내에서 사용했습니다.[9] 따라서 저는 구조주의와 철학 간에 일대일의 고정된 관계가 수립될 수 있다고 믿지 않습니다.

여러분은 이렇게 말씀하실지도 모릅니다. 다 아는 사실이라

---

6 노스럽 프라이Northrop Frye는 당시 이미 많은 저작을 간행하고 있었다. 특히 1957년 《비평의 해부*Anatomy of Criticism. Four Essays*》 ((프랑스어 번역본은 한참 뒤늦은 1969년에 갈리마르 출판사에서 *Anatomie de la critique. Quatre essais*라는 제목으로 출간된다), 그리고 문학 작가들에 대한 일련의 텍스트들(특히 1963년 간행된 *Fables of Identies. Studies in Poetic Mythology*는 1947-1962년 사이에 집필된 텍스트들의 모음집으로 밀턴, 셰익스피어, 디킨슨 등을 대상으로 했다), 또한 1963년의 T. S. 엘리엇에 관한 저서 및 1965년의 셰익스피어와 밀턴에 관한 두 권의 저서를 통해 알려졌다. 이 중에서 1967년까지 프랑스어로 번역된 것은 하나도 없었고, 따라서 푸코가 튀니스에 있는 제라르 들르달의 도서실에서 원서를 참조한 것으로 추정된다.

7 V. Propp, *Morphologie du conte*(1928). trad. Fr. M. Derrida, C. Kahn et T. Todorov, Paris, Seuil, 1965(《민담 형태론》, 어건주 옮김, 지만지, 2013).

8 다음의 저작에 대한 언급. M. Gueroult, *Descartes selon l'ordre des raisons*, *op.cit.*

9 L. Althusser, *Pour Marx*, Paris, Maspero, 1965(《마르크스를 위하여》, 서관모 옮김, 후마니타스, 2017). 또한 *Lire Le Capital*(《자본을 읽자》, 그린비, 2025)에서의 다음 두 논문을 참조할 것. "Du *Capital* à la philosophie de Marx" et "L'objet du *Capital*", dans L. Althusser, É. Balibar, R. Establet. P. Macherey et J. Rancière. *Lire le Capital,* t. I, p. 9-89 et t. II. p. 7-185.

고, 구조주의는 철학이 아니라 하나의 방법이라는 것은 잘 알려진 사실이라고 말입니다. 하지만 저는 바로 그 지점에서 반론을 제기하고자 합니다. 그리고 궁극적으로는 구조주의를 진정한 방법으로 정의할 수 없다고 생각합니다. 우선 프로프의 민담 분석 방법이 어떤 점에서 게루의 철학적 체계 분석 방법과 유사할 수 있는지, 또 미국에서 프라이가 행하는 문학 장르 분석이 어떤 점에서 레비스트로스의 신화 분석과 유사할 수 있는지를 아는 것은 대단히 어렵습니다.

실제로 구조주의라는 말로 지시되는 것은 오히려 일군의 학문들, 아니 학문이기보다는 일군의 관심사들, 결국 하나의 대상을 공유하는 여러 분석들인 것 같습니다. 그리고 저는 아주 역설적이게도, 다양한 구조주의들이 대상을 공유하고 있다는 사실을 통해 구조주의를 정의하고자 합니다. 구조주의는 현재 우리가 자료의 집성체라고 부르는 것을 분석하기 위한 시도들의 집합이라고 말하고 싶습니다. 자료의 집성체란 인류가 자기 뒤에 남기고, 또 오늘날 자기 주변에 부단히 형성하고 있어 나날이 증대되는 기호들, 흔적들, 표식들의 총체입니다. 이러한 자료의 집성체, 흔적과 기호의 집적체는 세계의 역사 속에 침전되고 퇴적되어왔고, 과거에 조직되어 지금까지 계속 조직되고 있는 보편적 아카이브에 기록됩니다. 그렇다면 자료의 집성체는 도대체 무엇으로 이루어져 있을까요? 물론 그것은 순수한 말의 흔적들의 총체, 문학 등 쓰여진 흔적들의 총체이지만, 일반적으로 쓰여지고 인쇄되고 확산되어 획득된 다른 모든 것이기도 합니다. 그것은 또한 말해지고 인간의 기억에—정신적인 기억 혹은 기록과 같은 물리적 기억에— 이러저러한 방식으로 보존된 것이기도 합니다. 그것은 또한 인간이 자신의 주변에 남길 수 있었던 모든 표식, 예술 작품,

건축, 도시 등이기도 합니다. 인간이 생산해낸 이 모든 것은 순수한 생산 법칙에만 따르는 것이 아니라, 인간 자신이 행한 것의 표식들로 구성된 시스템에도 따르게 됩니다.

현재 우리가 발견하고 있는 것은 인간이 만들어낼 수 있는 모든 것을 분석할 수 있는 양상의 자율성이라고 저는 생각합니다. 이 양상은 대상, 사물, 기호, 표식의 경제적 생산 양상이 아니라, 그 표식과 기호가 표식으로서, 기호로서 서로 간에 견고한 것이 되는 양상인 것입니다. 핵심은 **기록으로서의 기록**을 결정하는 체계를 발견하는 것입니다. 그리고 이 기록으로서의 기록에 관한 학문을, 어원학을 이용해—제가 어원학에는 그리 능하지 않지만—그리스어 동사 데익누미deiknumi[10]로부터 파생된 데익솔로지deixologie[11]라고 명명할 수 있지 않을까 생각합니다. 그렇다면 이 데익솔로지는 기록으로서의 기록에 관한 일반 학문일 것이고, 결국 그것이 바로 구조주의가 현재 구축해나가고 있는 것이라고 생각합니다. 달리 말해 구조주의는 기록으로서의 기록의 내적 제약에 대한 분석인데, 바로 이 점 때문에 구조주의는 온갖 것에 참견을 하는 것처럼 보입니다. 실제로 철학, 광고, 영화, 정신분석, 예술작품 등 모든 것을 다룹니다. 그것들을 기록으로서, 그리고 그 내부의 체계로서 다루기 때문입니다.

둘째로, 위와 같은 사실은 구조주의가 언어학에 특별한 중요성을 부여할 수밖에 없는 이유를 설명해줍니다. 왜냐하면 언어는 인간의 기록이 자신을 드러내는 가장 일반적인 형태이고, 언어학

10 그리스어 Deiknumi는 "보여주다, 보이게 하다, 알게 하다"를 의미한다.

11 이 말은 명확히 푸코 자신이 "기록으로서의 기록에 관한 일반적 학문"을 지시하기 위해 만들어낸 신조어다. 이 점과 관련해서는 다음을 참조할 것. D. Macey, *Michel Foucault,* trad. Fr P-E. Dauzat, Paris, Gallimard, 1994, p. 207.

은 인간이 자신의 주변에 남기는 모든 기록의 중심에 있기 때문입니다.

셋째로, 위와 같은 사실은 방법론, 즉 구조주의적 개념들 혹은 구조적 기술記述이 [유발하는[a]] 갈등을 설명해준다고 생각합니다. 여기서 갈등이란 기록을 기록으로서가 아니라, 넓은 의미에서 경제적 체계 내에서 생산되는 것으로 연구하는 여러 학문들 사이의 갈등을 말합니다. 요컨대 인류의 역사 내에 퇴적되어온 모든 것 앞에서, 우리는 결국 두 가지 태도를 취할 수 있습니다. 하나는 인류가 창조한 다양한 대상들의 생산을 가능하게 한 과정들의 연쇄를 연구하는 것인데, 이것은 제가 대략적으로 경제라 부르고자 하는 생산 법칙들에 관한 것입니다. 다른 하나는 인류가 창조한 대상들을 정의하는 흔적과 표식의 집합체를, 오직 기록이라는 점에서 접근해 연구하는 것입니다. 이 두 번째 태도가, 생산에 대한 경제학적 분석과 대립되는 데익솔로지적 분석의 특징이라 할 수 있습니다.

이 두 가지 형태의 분석을 구분하는 것은 물론 까다로울 수 있으며, 왜 문제가 발생하는지를 쉽게 이해하시리라 생각합니다. 그러나 결국 우리 앞에는 하나의 모델이 있습니다. 이 모델은 자연과학이 우리에게 제공하는 것입니다. 우리는 19세기에 행해지던 낡은 분석, 즉 에너지 과정 분석만으로는 여러 물리학적, 화학적, 특히 생물학적 현상을 완전히 설명하기 어렵다는 사실을, 에너지 과정뿐 아니라 정보 과정도 함께 분석해야 한다는 사실을 30여 년 전부터 알고 있었습니다. 오늘날에는 생물학적 현상 전체를 가능케 하는 에너지 과정과 정보 과정 사이의 끊임없는 상

a 단어가 빠져 있어 추측했다.

호작용을 고려하지 않고서는, 더 이상 생물학 연구가 가능하지 않습니다. 에너지 과정과 정보 과정의 관계를 정의하기까지 물론 많은 문제가 따르지만, 우선 에너지 수준과 정보 수준을 구별해야 합니다.

소위 인문계 현상도 이와 거의 동일합니다. 즉 인문계 현상도 두 수준에서 분석되어야 합니다. 생산의 수준, 요컨대 경제의 수준과 기록으로서의 기록의 법칙에 따르는 수준, 요컨대 데익솔로지의 수준에서. 그리고 이 두 수준 사이의 (그 자체가 역사의 실체이자 대상인) 상호작용을 언젠가 연구해야 한다면, 우리는 먼저 이 두 수준을 명확하게 구분해야 할 것입니다. 구조주의의 방법론적 중요성, 인식론적 중요성, 철학적 중요성은 바로 이 점에 있다고 생각합니다. 처음에 구조주의는 방법이었습니다. 그리고 구조주의가 제가 데익솔로지라고 명명한 새로운 대상, 새로운 층위, 새로운 인식론적 영역으로 돌파구를 열었다는 사실에는 이론의 여지가 없습니다. 그런데 이 방법론적 돌파구를 통해 새로운 대상이 구성되는 순간부터 구조주의는 순수한 방법으로 정의될 수 없습니다. 구조주의는 우리 앞에 있는 새로운 대상을 탐구해야 하는 순수한 의무가 됩니다. 그로 인해 구조주의는 인식을 위한 방법으로서의 자신을 소멸시켜야 하는 지점에 도달하며, 그 소멸의 순간에 자기 자신으로 되돌아가 결국 하나의 대상을 발견하게 됩니다. 이러한 구조주의의 예는 18세기 말 병리해부학의 예와 유사하다고 볼 수 있습니다. 당시 병리해부학은 단지 몇몇 의사들이 적용한 하나의 의료 기법에 불과해 많은 논쟁과 반대를 발생시켰습니다. 그러다 병리해부학은 마침내 예상치 못한 대상을 발견했으니 바로 생리학이었습니다. 그 결과 생리학은 하나의 독립적인 학문 영역으로 발전했고, 병리해부학은 그 안의 특정 방법으로 흡수되었습니다.[12] 구조주의에도 이와 매우 유사한 일이 발생하게 될 것입니다.

대략적으로 이것이 현재 구조주의가 처한 상황이며, 제가 말씀드리고자 하는 구조주의라는 용어의 일반적 의미입니다.

그렇다면 구조주의 안에서 제대로 된 문학 분석은 무엇을 하게 되는 것일까요? 만약 제가 말한 바가 정확하다면, 문학 분석은 필연적으로 기록의 학문의 일부가 될 것입니다. 즉 문학 분석은 문학 작품이라 불리는 기록 문서들을 특권적으로 연구하는 것입니다. 그런데 사실 문학 분석, 특히 구조주의적 문학 분석은 제가 말씀드린, 현재까지 구조주의라는 이름하에 묶여 있는 학문들과 관련해 항상 다소 선두에 위치하고 있습니다. 실제로 문학 분석은 매우 일찍 데익솔로지적인 영역에 합류했습니다. 왜, 그리고 어떻게 그렇게 된 것일까요?

저는 이 상황을 아주 간단히 다음과 같이 요약할 수 있다고 생각합니다. 과거에는 문학 분석이 본질적으로 소통, 즉 매개 기능을 했습니다. 글쓰기 즉 작품 자체와 그 소비(대중에 의한 읽기)를 이어주는 역할이었습니다. 다시 말해 문학 분석은 본질적으로 글쓰기와 읽기의 중간에 위치하는 모호한 행위로, 누군가에 의해 쓰여진 텍스트를 특정한 사람들이 읽을 수 있도록 해주어야 했습니다. 문학 분석의 이러한 매개 기능은 다음과 같은 세 가지 역할로 요약할 수 있습니다. 한편으로 문학 비평, 문학 분석은 쓰인 텍스트들 가운데 읽을 가치가 있는 것과 없는 것을 선별하는 기능을 했습니다. 그렇게 해서 사드나 로트레아몽의 작품을 결정적으

12 M. Foucault, *Naissance de la clinique*(1963), dans *ŒuvresI*, t. I, "Bibliothèque de la Pléiade", Paris, Gallimard, 2015, p. 671-902(《임상의학의 탄생》).

로 말살한 것입니다. 이것이 첫 번째 역할이었습니다. 두 번째 역할은 작품을 평가하는 것이었습니다. 잠재적 독자에게 이 작품이 가치가 있는지, 다른 작품과 비교해 어떤 가치가 있는지를 앞서서 말해주어, 작품을 특정한 위계 질서 내에 배치하는 역할이었습니다. 그리고 세 번째 역할은 작품을 단순화하는 기능, 그리하여 작품을 읽는 독서 행위를 단순화하는 기능이었습니다. 저자가 어떻게 썼는지, 왜 썼는지, 무엇을 의도했는지를 설명함으로써 작품 자체의 생산에 대한, 말하자면 도식을 제공한 것입니다. 이 세 기능—선별하기, 평가하기, 설명하기 혹은 명확히 하기—으로 인해 문학 분석은, 말하자면 쓰인 작품을 앞에 두고 이상적 독자의 입장에 서게 되었습니다. 그리고 이와 같은 절대적이고 위압적이며 이상적인 독서를 실천하는 문학 분석가는 미래 독자를 위한 매개체 역할을 하는, 즉 미래 독자의 일차적 텍스트에 대한 독서를 허용하고, 정당화하고, 단순화하는 글을 작성했습니다. 따라서 a) 글쓰기, b) 문학 분석, c) 독서, 이러한 선형적 구조가 바로 비평이라 불리는 것의 역할을 규정했다고 생각합니다. 왜냐하면 문학 분석은 비평적이었기 때문입니다. 달리 말해 문학 분석은 선별을 행하는 검열, 판단을 제시하는 미학이자 동시에 작품 생산에 관한 일종의 역사 기술, 즉 작품이 생산된 이유로 작품을 환원시키는 설명이었습니다. 이것이 과거의 모든 문학 분석이 본질적으로 비평이었던 이유입니다. 또한 이것이 서구로 분류되는 모든 사회에서 문학 비평가라 불리는 기묘하고 가공할 만한 자들이 존재했던 이유입니다. 이런 인물의 발명은—어쩌면 슬픈 발명인지도 모르지만—대략 생트뵈브Sainte-Beuve 시대로 거슬러 올라갑니다.

하지만 저는 20세기 동안에 문학 분석의 위치가 변화되었다고 생각합니다. 제가 앞서 여러분에게 제시했던 선형적 도식은 이제 완전히 다른 구성으로 대체되었습니다. 이제 문학 분석은 과거에 자신을 위치시켰던 글쓰기—소비의 축에서 벗어나 더 이상 글쓰기와 독서의 관계가 아니라, 글쓰기와 글쓰기의 관계가 된 것입니다. 즉 문학 분석은 이제 본질적으로 작품이라 불리는 주어진 언어로부터 새로운 언어를 구성해낼 수 있는 가능성이 되었습니다. 그리고 이 새로운 언어는 일차적 언어로부터 얻어졌으면서도, 일차적 언어에 대해 말할 수 있는 그러한 언어입니다. 따라서 이제 비평의 문제는 19세기 비평의 문제와 다릅니다. 일반적 독자와 특히 이상적 독자가 작품을 어떻게 평가할 수 있고 평가해야 하는가의 문제가 아니라는 말입니다. 오늘날 비평의 주제는 다음과 같습니다. 한 작품의 언어에 어떤 변형을 가해야만, 그렇게 변형된 언어가 그 작품에 대해 말하고 그에 관한 무언가를 드러낼 수 있는가. 보다시피 비평, 문학 분석이 이런 것이 되어버림으로써, 오늘날의 문학 분석은 작품의 생산 자체나 그 생산 방식에 전혀 관심이 없어졌습니다. 문학 분석은 이제 기록으로서의 작품에, 언어라는 특정한 기록 형태로서의 작품에 관심을 갖습니다. 요컨대 문학 분석은 작품이 기본적으로 언어라는 사실에 집중합니다. 그리고 바로 이 점에서 문학 분석은 신화 분석 등과 마찬가지로, 또 그것들과 나란히 일종의 데익솔로지인 것입니다.

둘째로, 이상과 같이 문학 분석이 주어진 언어를 그 언어에 대해 말해야 하는 새로운 언어로 변형시킨다는 점에서, 이제 문학 분석은 스스로가 언어학의 문제와 밀접한 관련이 있음을 설명합니다. 또한 스스로가 어떻게, 그리고 왜 논리학의 문제, 즉 본질적으로 언표들의 변형과 관련된 문제와 결부되는지도 설명합니다. 결국 우리는 문학 분석이 더 이상 글쓰기와 읽기 사이의 매개자가 아니게 되면서, 과거 자신의 역할이었던 선별, 비판, 판단이라는 해묵은 기능을 포기했음을 이해하게 됩니다. 이제 문학 분석은 작품에 대한 모든 판단을 중지할 것이며, 독자를 대신한 선별 행위도 중단할 것입니다. 그리하여 더 이상 성스러운 작품도, 즉각적으로 가치 있다고 간주되는 작품도 존재하지 않을 것입니다. 비평의 역할, 요컨대 작품을 선별하고 평가하던 역할은 이제 문학에서의 도로 관리관의 역할에 불과하게 될 것입니다. 문학 분석의 관점에서 보자면, 우리가 신문에서 읽을 수 있는 기존 문학 평론가들의 비평은 이제 퇴행적 장르에 지나지 않게 됩니다. 물론 그 퇴행적 장르의 극단에는 피에르 앙리 시몽[13]의 펜이 꽂혀 있습니다.

또한 문학 작품 생산에 대한 역사 분석이 왜, 그리고 어떻게 더 이상 문학 분석의 본질적이고 일차적인 주제가 될 수 없는지도 알게 되실 것입니다. 왜냐하면 문학 분석은 이제 작품이 어떻게 생산될 수 있었는지를 고심할 필요가 없기 때문입니다. 대신 어떻게 작품이 자신이나 자신의 몇몇 양상들을 드러내는 또 다른 언어, 요컨대 분석의 언어를 발생시킬 수 있는지를 고심합니다.

제 생각에는 이것이 우리가 문학 분석이라고 부르는 이 새로운 학문의 존재를 설명할 수 있는 방식이며, 또한 문학 분석이 겉보기에는 아주 멀리 떨어져 있는 다른 학문들과 밀접한 인접성을 갖게 된 이유를 설명할 수 있는 방식입니다. 문학 분석과 인접한 학문들은 모두 기록을 기록 자체로 다룹니다. 예를 들면 정신분석학은 순전히 말로 된 기록을, 민담 분석은 구전 전통의 기록을, 그

13 Pierre-Henri Simon(1903-1972), 작가, 프라이부르크 대학교 문학 교수. 《르 몽드》지의 문예 비평가였다. 주 저작으로는 다음과 같은 것이 있다. *Histoire de la littérature française au XXe siècle 1900-1950*(20세기 1900-1950년 프랑스 문학사), Paris, Armand Colin 1956 그리고 *Le domaine héroïque des lettres françaises. X^e^-XIXe siècles*(프랑스 문학의 영웅적 영역, 10-19세기), Paris, Armand Colin, 1963. 1966년 11월에 프랑스 아카데미 회원으로 선출되었다.

리고 사회학은 일반적인 기록을 기록 그 자체로 다루는 것입니다.

이상이 제가 구조주의적 학문들과 문학 분석을 위치 짓기 위해 다소 도식적으로나마 말씀드리려 한 바입니다. 이번에는, 가능한 논의를 위한 세 번째 방향이 될 수도 있는데, 문학 분석의 한 형태로서 구조주의가 현재 어떤 경향들을 보이는지를 설명하고자 합니다. 물론 더 잘 알고 계시겠지만요.

문학 분석에서 구조주의적 개념 사용은 꽤 흥미로운 역사적 문제를 제기합니다. 아시다시피 문학 영역에서의 구조적 분석은 지금으로부터 아주 오래전, 정확히 반 세기 전에 그것도 러시아에서 발명되었습니다. 1915년 즈음에 주로 언어학적 지식을 갖고 있던 러시아 형식주의자들이 이미 대체로 구조주의적 개념이었던 것들을 문학 분석에 적용하기 시작했습니다. 다음으로 체코슬로바키아의 프라하, 그리고 미국과 영국—상당수의 러시아 형식주의자들이 이주한 곳들—에서 구조주의적 형태의 문학 분석이 발전했습니다. 그리고 마침내 1940-1945년 전쟁 이후 프랑스에서 문학적 구조주의라고 말할 수 있는 어떤 것이 아주 조심스럽게 모습을 드러냅니다. 그러나 이상하게도 프랑스에서 문학 영역의 구조주의는 언어가 무엇인지에 대한 성찰에서 출발해 발전한 게 아니었습니다. 즉 언어학적 모델은 프랑스의 신비평 형성에 역사적으로 지극히 미미한 역할만 담당했고, 실질적으로는 그 어떤 역할도 하지 않았습니다. 실제로 프랑스에서 신비평이 형성된 출발점은 이상하게도 정신분석이었습니다. 엄밀한 의미에서의 정신분석,[14] 바슐라르의 이른바 확장된 정신분석,[15] 그리고 사르트르의 실존주의적 정신분석[16]이었습니다. 프랑스의 신비평은

14 예를 들어 다음을 참조할 것. J. Laplanche, *Hölderlin et la question du père*(횔덜린과 아버지의 문제),

바로 이러한 분석의 형태들로부터 태동한 것입니다. 프랑스의 문학 분석이 언어학적 모델을 발견한 이후 정신분석학의 지배로부터 벗어나 언어학으로 옮겨 간 것은, 사실 극히 최근의 일입니다. 10년도 안 된 7-8년 전의 일입니다. 물론 정신분석학의 지배는 비교적 느슨했습니다. 요컨대 프로이트의 원전과 관련해 대단히 자유로웠습니다. 그럼에도 불구하고 구조주의는 바로 그러한 방향에서 탄생할 수 있었습니다. 신비평 내에서의 구조주의가 정신분석학으로부터 태동했다는 사실은 그다지 놀랄 만한 일은 아니며, 그 이유는 간단합니다. 정신분석학 역시 결국 기록에 대한 연구인 한에서, 달리 말해 특정 상황에서 누군가가 발화한 인간의 파롤에 관한 연구인 한에서, 그리고 〔또한[a]〕 잘 아시다시피 정신분석학 자체가 기록을 다루는 것인 한에서, 적어도 이 역시 데익솔로지 유형의 학문이라는 점에서, 필연적으로 구조주의적일 수밖에 없습니다. 따라서 프랑스의 문학 분석이 언어학이 아니라 정신분석학적 경로를 통해 구조주의와 결부된다는 사실은 놀라운 일이 아닙니다. 이것이 제가 생각하는 신비평의 역사적 탄생 배경입니다.[17]

신비평은 어떻게, 그리고 어떤 방향으로 발전했을까요? 대략적으로 다음과 같이 말할 수 있다고 생각합니다. 신비평이라 불리는 모든 것은 주어진 텍스트, 요컨대 문학 작품과 관련해 본질

Paris, P.U.F., 1961. 그리고 그것에 할애된 푸코의 논고("Le 'non' du père", art. cit.).

15 가스통 바슐라르의 저작에 대한 언급. G. Bachelard, *La psychanalyse du feu*, Paris, Gallimard, 1938〔《불의 정신분석》, 김병욱 옮김, 이학사, 2022〕, Id. *L'eau et les rêves, Essai sur l'imagination de la matière*, Paris, José Corti, 1941〔《물과 꿈-질료에 관한 상상력 시론》, 김병욱 옮김, 이학사, 2020〕. Id., *L'air et les songes. Essai sur l'imagination dy mouvement*, Paris, José Corti, 1943〔《공기와 꿈-운동에 관한 상상력 시론》, 정영란 옮김, 이학사, 2020〕. Id., *La terre et les rêvries du repos*, Paris, Corti, 1946. Id., *La terre et les rêveries de la volonté*, Paris, José Corti, 1948.

16 다음을 참조할 것. J.-P. Sartre, *L'être et le néant*, Paris Gallimard, 1943〔《존재와 무》〕. 또한 같은 저자의 다음 저작도 참조할 것. *Baudelaire, op.cit.*, et *Saint Genet, comédien et martyr*, *op.cit.*

a 원문에는 빠져 있다.

17 이 구절 전체에서 놀랍게도 자크 라캉을 언급하고 있지 않은데, 이는 주목할 만하다.

적으로 다음과 같이 정의하는 것을 목표로 하고 있습니다. 첫째로, 특정 작품을 어떤 요소들로 분할할 수 있는지를 규정하는 것. 둘째로, 이렇게 규정된 요소들이 서로 유지하는 관계의 망은 어떤 것인지를 규명하는 것. 이 모든 것이 단순하다고 말씀하실지도 모르겠지만, 이는 문제를 발생시킵니다. 작품은 장, 단락, 문장, 단어로 분할되는데, 이러한 분할은 작품이 어떻게 그리고 어떤 것 내에서 기능하는지를 보여주기 위해 문학 분석이 수립해야 하는 분할과 다르기 때문입니다.

문학 분석에서 구조주의의 첫 번째 원칙은 다음과 같습니다. 19세기의 전통적 도식과는 반대로, 작품은 본질적으로 시간의 산물이 아니라는 것, 작품은 그 탄생과 현재적 실존 내에서도 대체로 선형적인 연대순의 절차에 따르지 않는다는 것입니다. 작품은 공간의 단편으로 간주되고, 그 모든 요소들은 동시 병행적입니다. 이러한 동시 병행성 속에서 작품 전체가 병치될 때, 바로 그 때부터 여러 요소들로 분할을 행할 수 있고 그 다양한 요소들 간에 있을 수 있는 기능을 확립할 수 있습니다. 달리 말해 작품의 통시적 흐름이 아니라 작품 자체에 대한 공시성이 우리를 이끌어야 합니다. 이는 작품이 특정 시기에, 특정 문화에서, 혹은 특정 인물에게서 실제로 출현할 수 있었다는 사실을 무시한다는 의미는 아닙니다. 그러나 작품이 어떻게 기능하는지를 정의하기 위해서는 작품이 항시 자기 자신에 대해 공시적이라는 사실을 인정할 필요가 있습니다.

대략적으로 말해 현재까지의 문학 분석은, 작품의 자기 자신과 관련된 공시성을 두 가지 방식으로 확립해왔습니다. 첫째로 상상계의 차원에서, 둘째로 언어의 차원에서. 작품이 공간화되고 작품 자체와 동시적인 것이 된 장소는, 처음에는 상상계였습니다. 그리고 상상계의 논리학 또는 기하학을 구축하려는 시도가 있었고, 대체로 상당수의 문학 분석 작업이 그러한 것들을 만들어냈습니다. 우선 바슐라르의 분석 작업이 서로 반대되는 몇몇 성질들을 취함으로써 문학적 상상력의 일종의 기본적 논리를 구축했습니다. 이 성질들은 저자의 심리와 독자의 심리로부터 독립된, 말하자면 사물의 핵심에 객관적으로 존재하는 것들로, 그 대립의 체계가 작품에 가능성과 논리를 부여합니다. 이것이 상상계의 논리학에 대한 개략적 설명입니다. 상상계의 기하학이라는 시도는, 예를 들어 풀레의 작업에서 발견됩니다. 그는 원이라는 도형에 대한 일련의 분석을 행하면서, 작품이 이야기하는 내과 작품을 구성하는 법칙—다양한 부분들과 요소들을 구성하는 법칙—내에서 작품이 어떻게 기하학적 형상들에 따르는지를 밝혀냅니다. 이 형상들은 작품에서 표상되는 동시에 작품을 표상하기도 하는 것들입니다.[18] 그러한 방향에서 풀레에 이어 예를 들면 스타로뱅스키가 장애물과 투명성이라는 주제로 루소에 대한 연구를 행했습니다. 그는 루소의 모든 저서에서 발견되는 다양한 주제들 가운데, 사물들을 은폐해 인간을 그것들로부터 격리시키는 일종의 불투명하고 기묘한 공간적 형상을 발견할 수 있었습니다. 그리고 결코 도달할 수 없는 투명성에 대한 탐구가 있었습니다. 그럼에도 그 투명성에 도달하고자 한다면, 개인이 사물들에 접근하지 못하도록 가로막는 이 베일, 이 장벽을 "반투명화"하는 도구로서의 언어를 통해야 한다는 것, 그러니까 언어는 이런 종류의 베일을 매끄럽게 닦아 투명하게 만든다는 것입니다.[19] 그러므로 루

18 G. Poulet, *Les métamorphoses du cercle*, *op. cit.*
19 J. Starobinski, *Jean-Jacques Rousseau, la transparence et l'obstacle*, *op. cit.*

소의 작품은 그 주제들 내에서 활력을 얻지만, 동시에 바로 공간적 형상 자체이기도 합니다. 왜냐하면 루소는 자신이 쓴 작품과 문학 작품을 통해 실제로 세계—유년기에 불의injustice의 피해자가 된 이래로, 루소에게 완전히 불투명해지고 상실되어버린 세계—를 투명하게 만들려고 시도했기 때문입니다. 그러므로 루소의 작품은 그 자체가 일종의 공간적 구성체이며, 작품이 말하고 있는 것 내에서 표상되는 일종의 공간의 역학이기도 합니다. 이것이 바로 상상계의 논리학과 기하학인 몇 가지 분석들을 위치시킬 수 있는 방법입니다.

두 번째 방향은 훨씬 더 최근의 것으로, 작품을 특징짓는 언어학적 도식들에 의거해 문학 작품을 분석하는 것입니다. 이러한 분석은 프랑스에서는 처음으로 레비스트로스가 보들레르의 소네트[20]와 관련해 수행했다고 생각합니다. 그는 〈고양이들〉이라는 소네트가, 보들레르가 사용할 수 있었던 음성적 가능성들에 의해 지배된다는 것을 보여주었습니다. 또한 보들레르가 프랑스어에 고유한 음성적 특징들 덕분에 중복성의 체계에 기초해 이 소네트를 구성했음을 밝혔습니다. 오랫동안 알려지지 않아 잊혀져 있던 이 연구는 아주 최근에 다시 주목받게 되었고, 현재 바르트와 주네트[21]의 작업이 완전히 이러한 방향을 향하고 있습니다. 하지만 그들이 작품 규정을 위해 사용하는 언어학적 도식은 음성학적 도식이 아니라 통사론과 의미론의 도식이라는 차이가 있습니다. 그들에게 작품 분석을 위한 중심 실마리가 되는 것은 주로 수사학과 수사학의 도식입니다. 물론 이는 문학 작품 자체가 언어학적

20 R. Jakobson et C. Lévi-Strauss, "Les Chats" de Charles Baudelaire, *L'Homme,* vol. 2, n° 1, 1962, p. 5-21.

21 G. Genette, *Figures I,* Paris, Seuil, 1966.

구조들이 스스로를 중복시키는 것과 다르지 않다는 것을 전제로 합니다. 이는 문학 작품이 자신의 구조와 잠재성 내에서 자신의 존재를 현시하는 체계로서의 언어임을 전제로 합니다.

마지막으로 세 번째 방향이 있는데, 이것으로 마무리하고자 합니다. 반복해서 말하지만, 제가 제시하는 것은 단순한 스케치여야 하기 때문입니다. 이 세 번째 방향은 아직 거의 탐구되지 않은 채로 남아 있지만, 아마도 탐구〔될 수[a]〕 있을 것으로 생각됩니다. 실제로 최근에 언어에 관해 깊이 성찰해온 언어학자들과 논리학자들이 언표를 연구할 때 다음과 같은 점을 깨달았습니다. 언어 자체만큼 중요하거나 어쩌면 더 중요한 일련의 요소들이 있다는 것을. 바로 이것이 대체로 언어 외적인 것extralinguistique이라 불리는 것입니다.[22] 실제로 프리에토[23] 같은 언어학자들, 오스틴[24] 같은 논리학자들이 언표의 언어학적 구조만으로는 그것의 완전한 존재 방식을 충분히 설명할 수 없다는 사실을 밝혀냈습니다. 특히 프리에토는 수많은 언표에 의미를 부여하려면, 화자가 처해 있는 상황으로 구성된 맥락적 요소가 절대적으로 필요함을 보여주었습니다. 실제로 모든 언표는 객관적이고 현실적인 상황에 은밀하게 기반을 두고 있으며, 만약 맥락이 달랐다면 그것은 결코 현재의 형태를 갖지 않았을 것입니다. 프리에토가 드는 첫 번째 예는 다음과 같습니다. 테이블 위에 빨간색 공책이 있고, 누군가에게 그걸 가지라고 하고 싶을 때, 여러분은 그 사람에게 "그거

---

a 청취가 어려워 추측했다.

22 언어 외적인 것의 개념에 관해서는 본서에 수록된 다음 텍스트를 참조할 것. 〈언어 외적인 것과 문학〉, 〈문학 분석과 구조주의〉.

23 L. J. Prieto, *Messages et signaux*(메시지와 기호), Paris, P.U.F., 1966.

24 J. L. Austin, *How to Do Things with Words*, Oxford, Clarendon Press, 1962(《말과 행위》, 김영진 옮김, 서광사, 2005).

가져", 혹은 "그 공책 가져"라고 말할 것입니다. 공책이 두 권 있는데 하나는 빨간색, 하나는 초록색일 경우에는 "빨간색 공책 가져", 혹은 "오른쪽 공책 가져"라고 말할 것입니다. 아시다시피 이 두 경우의 언표는 정확히 동일한 의미입니다(A가 B에게 테이블 위에 있는 공책을 가지라는 지시). 그러나 객관적 맥락이 전자인지 후자인지에 따라, 완전히 다른 형태로 나타납니다. 따라서 언표의 정의, 그리고 언표의 형태 선택은 이러한 맥락과의 연관 속에서만 가능합니다.

이제 논리학자들의 연구로 넘어가봅시다. 오스틴 같은 사람은 언표를, 화자가 말하는 순간 실제로 수행한 파롤 행위와 독립적으로 분석할 수 없음을 밝혀냈습니다. 예를 들어 어떤 사람이 "개회되었습니다"라고 말할 때, 이는 결코 사실을 확인하는 문장이 아닙니다. 사실 회의는 아직 열리지 않았으며, 그는 회의가 열렸다는 사실을 확인하고 있는 게 아닙니다. 또한 그는 명령하고 있는 것도 아닙니다. 왜냐하면 회의는 명령에 따르는 스스로의 움직임으로 시작되는 것이 아니기 때문입니다. 도대체 이 언표는 무엇일까요? 문법적으로는 정확히 사실 확인과 유사하지만 그럼에도 사실 확인이 아닌 언표이고, 이 언표의 맥락을 포함하는 의미 역시 사실 확인도 아니고 언명도 아닙니다. 이것은 오스틴이 수행적 언표performation라고 부르는 것입니다. 그가 어떤 이름을 붙였든 상관 없이, 이 단순한 예를 통해 우리는 언표의 언어학적 구조를 정의했다고 해서 그 언표에 대한 설명이 충분히 이루어진 것은 아니라는 사실을 알 수 있습니다.

여러분은 이 두 예를 통해—단지 지표가 되는 예에 불과합니다만—이제 언어 연구 내부에서조차 담론 분석이 순수하게 언어학적 분석만으로는 수행될 수 없다는 사실을 아실 수 있을 겁니다. 담론은 단지 체계로서의 언어langue 내의 특이한 사례가 아니며, 체계로서의 언어 자체에 의해 주어진 요소들을 언어학적 규칙에 따라 결합하는 방식도 아닙니다. 담론은 필연적으로 체계로서의 언어를 넘어서는 어떤 것입니다. 그러므로 우리는 이렇게 자문해볼 수 있습니다. 문학 작품이라는 특이한 담론에 대한 분석인 문학 분석 역시, 현재 언어 분석에서 발견되고 있는 언어 외적인 것들을 고려해야 하지 않을까. 그리고 대략적으로 볼 때, 우리가 나아갈 수 있는 세 가지 방향[a]이 있다고 생각합니다.

우선 첫 번째로, 프리에토의 설명과 같은 맥락에서 문학의 언표들 내에서 실제로 무엇이 말해지는지를 규명해볼 수 있습니다. 여러분이 소설 한 권을 펼친다고 해봅시다. 이 소설에는 배경이 되는 맥락이 존재하지 않습니다. 예를 들어 조이스가《율리시즈》[25] 첫 부분에서—안타깝게도 등장인물의 이름이 지금 기억나지 않습니다—"그 계단을 내려가라"[26]고 말할 때, 정관사로 지시되는 그 계단은, 여러분 곁에 있는 계단이 아닙니다. 제가 "그 유리잔"이라고 말하는 것과는 다릅니다. 제가 "그 유리잔"이라고 말하면, 여러분은 〔눈앞에 있는-옮긴이〕 저것이라고 정확히 이해합니다. 하지만 조이스가 그의 소설 속에서 "그 계단"이라고 말할 때는 아무도 그 계단이 어떤 것인지 알지 못합니다. 현실의 맥락이 존재하지 않기 때문입니다. 그렇다고 조이스가 정관사가 부여된 그 공허한 지시를 채울 수 있는 맥락을 일일이 설명해주는 것

a 실제로 푸코는 두 가지 방향만 설명한다. 이는 두 번째 방향에 대한 설명이 끝날 무렵 녹음이 중단되었기 때문일 수 있다. 그런데 두 번째 방향에 대한 설명이 짧아 보이는 것을 보면, 푸코가 세 가지 방향이 있다고 한 것은 단순한 혼동이었을 수도 있다.

25 J. Joyce, *Ulysse*(1922). V. Larbaud 감수, A. Morel 번역의 프랑스어판(1929)은 갈리마르 출판사에서 재간행되었다.

26 실제로 조이스의 텍스트는 이렇다. "올라오거라, 킨치! 올라와라, 이 고약한 예수회 수사야." (*ibid.*, p. 7).

도 아닙니다. 일종의 부재하는 맥락 내에서, 무엇이 등장해야 하고 무엇은 등장할 필요가 없는지를 결정하는 것은 바로 작품 그 자체입니다. 예를 들어 발자크의 묘사와 로브그리예의 묘사를 비교해보면, 언어 외적인 것이 어떻게 존재하는지를 충분히 이해할 수 있습니다. 발자크의 작품들에서는 반드시 말해져야 하는 일련의 것들이, 작품 자체 내에서 제시된 맥락이, 요컨대 언어 외적인 것이 존재합니다. 사건이 일어난 날짜, 사건이 벌어지고 있는 도시, 등장인물의 이름, 그의 조상들, 그 인물에게 일어난 일, 그의 과거 등이.[27] 반면에 로브그리예의 소설, 예컨대 《미로》[28]에서는 시작 부분에 로브그리예가 "여기서"라고 말하는데, 여러분은 이 "여기서"가 어디인지 결코 알 수 없습니다. 그것이 도시인지, 그 도시는 어느 나라에 있는지, 그것이 아파트인지, 그림인지, 실제 공간인지, 상상의 공간인지 등을. 그러므로 문학 작품의 언표들 내에서 언어 외적인 것이 나타나는 방식은 시대에 따라, 그리고 작가에 따라 지극히 상이하다는 사실을 이해할 수 있습니다. 그리고 프리에토의 언어학적 분석 방향에 따라, 작품 내부에 있는 언어 외적 맥락이 담당하는 역할을 연구할 수도 있습니다.

두 번째로, 우리는 논리학자들, 특히 오스틴이 행한 작업을 따라가며 문학 작품의 텍스트 내부에서 언표들이 어떤 방식으로 제시되는지를 연구할 수 있습니다. 즉 어떤 문장 내에서 실제로 어떤 행위가 수행되는지를 말입니다. 그리고 묘사, 인용된 대화, 작가의 등장인물에 대한 성찰과 그의 심리적 특성에 대한 언급 등에서〔…〕[a] 〔여러분은〕 다음과 같은 것을 알 수 있습니다. 작품에 대

---

27 발자크와 관련해서는 본서에 수록된 〈《절대의 탐구》〉를 참조할 것.

28 A. Robbe-Grillet, *Dans le labyrinthe*, Paris Les Éditions de Minuit, 1959.

a 여기서 녹음이 중단된다.

한 모든 형식적 분석은 결코 언어학적 방식이 아니라, 작품 자체의 언표들 내에 있는 언어 외적인 것—여전히 언어학적인 것이지만—에 대한 구조적 방식의 연구라는 것을.

마지막으로 제가 이렇게 가능한 작업의 방향들을 간략히 제시한 것은, 구조주의가 특정한 교조적 입장이나 이미 확정된 특정 방법과 결부되어 있기는커녕 대단히 무한한 방식으로 열려 있는 탐구의 영역임을 보여주기 위해서였습니다. 인류가 자신의 주변에 축적해놓은 자료의 집적체—문학도 그 일부인데—를 우리가 전부 탐색해내기 전까지는, 우리가 가능한 모든 방법들을 동원해 기록으로서의 기록이 무엇인지를 밝혀내기 전까지는, 구조주의는—단지 기록에 관한 학문인 것이 맞다면— 계속 생명력을 가질 것입니다. 아무튼 어떤 경우라도 구조주의를 어떤 철학으로 이해해서는 안 되며, 특정 방법론과 동일시해서도 안 됩니다.

이것이 대략적으로나마 여러분에게 알려드리고자 한 개요입니다. 좀 길어졌지만, 이는 여러분의 질문과 반론을 이끌어내기 위해서였습니다.

사회자[29] 여러분을 대신해 미셸 푸코 선생께 문학 작품의 구조주의적 해석에 대한 탁월하고 다채로운 발표를 해주신 것에 대해 경의를 표합니다. 아울러 자신의 철학적 입장에 대해 명확히 말씀해주신 것에 대해서도 경의를 표합니다. 이제야 푸코 선생을 소개할 수 있을 것 같습니다. 푸코 선생의 철학은, 적어도 현재로서는 기호학적 구조주의, 혹은 구조주의적 기호학입니다. 그리고 선생의 미래의 철학은 오스틴에 대한 참조에 비추어 판단해보면

29 사회자는 1963년부터 1972년까지 튀니스 대학 철학과 학과장이었던 제라르 들르달(1921-2003)이다. 튀니지 체류 기간 동안 그의 도서실은 푸코에게 "작업장"이 되었다.

아마도 언어학적 현상학이 될지도 모르겠습니다. 이제 여러분께 발언 기회를 드리겠습니다. 하지만 간단하게 말씀해주시고, 그래서 모든 분들이 자신의 견해를 피력할 수 있도록 배려해주시기 바랍니다. 토론은 방금 말씀하신 세 가지 논점에 초점을 둘 수도 있지만, 그렇다고 질문을 항목별로 분류할 필요는 없어 보입니다. 저는 자유로운 토론이 더 바람직하다고 생각합니다. 말씀하실 분 계신가요?

한 질문자 결국 선생이 말씀하시는 구조주의적 방법의 핵심에는 일종의 금기가 있는 것 같습니다. 구조주의는 작품을 그 자체 내의 관점에서만 바라보는 것일 테니까요. 좀 어색한 표현일 수 있지만, 어딘가에 그러한 금기가 있다고 생각합니다. 선생께서 마지막에 제시하신 몇 가지 점들은 대단히 흥미로운데요, 말씀하신 바에 따라 생각건대, 분석에 의해 포착된 작품은 자기 자신의 부재를 탐구하는 것 같습니다. 달리 말해 분석은 언어 내에서 부재하는 것을 파악하려 한다는 거죠. 예를 들면 계단이 있는데, 어떤 계단인지는 말해지지 않았다. 이런 말해지지 않은 것이 결국 핵심이라는 거죠. 그렇다면 이 지점에서, 선생께서는 구조주의 자체를 넘어서서 가장 전통적인 비평으로 되돌아가는 것이 아닐까요? 예를 하나 들어보겠습니다. 저에게 "문학적 구조"는 항상 일종의 숙명을 의미합니다. 선생께서 공간화된 작품, 평평하게 펼쳐진 작품, 요컨대 우리 앞에 펼쳐진 지도(와 같은 작품)에 대해 말씀하셨을 때, 거기에 다소 숙명과 같은 관념이 포함되어 있었던 것 같습니다. 그렇다면 작품의 저편 혹은 그 부재는—이 점과 관련해 저는 지독하게 시대에 뒤떨어져서 모든 작품을 자전적인 것으로 보는 경향이 있습니다만—그러한 숙명이 아닐까요? 작품의 저편이란 실현되었든 실현되지 않았든, 작가가 자신의 작품에 옮겨 쓰는 숙명이 아닐까요? 그것을 몰아내기 위해서든 다른 무엇을 위해서든 상관없이. 사실 여기서 선생께서는 작품과 문학 자체의 바깥에 있는 것—시대든 작가든 다른 어떤 것이든— 간의 전통적인 연결고리를 다시 설정하고 계신 것은 아닐까요? 적어도 〔그것들을 연결하는–옮긴이〕 하나의 선이, 선생께서 말씀하신 것처럼 명료하지는 않지만 점선의 형태로 존재하는 것은 아닐까요?

푸코 지금 바로 답변할까요, 아니면 질문을 한데 모아서 답할까요?

사회자 혹시 지금 질문과 관련된 질문을 하실 분이 계신가요? 혹은 이분의 관점을 지지하는 분이 계신가요?

아니면 제 관점을 지지하는 분도 좋습니다. 그럴 가능성은 별로 없어 보이지만 말입니다.

사회자 그래도 일문일답 형식이 좋을 것 같습니다.

좋습니다. 저의 요점은 이렇습니다. 문학 작품의 고유성은, 사실 작품이 진정한 의미에서 맥락을 가지지 않는다는 점입니다. 만약 저에게 시간이 더 있었다면, 서론적인 설명에 머무를 필요가 없었더라면, 매우 특징적인 어떤 1인칭 소설을 예로 들어볼 수도 있었을 것입니다. 여러분이 1인칭 소설을 펼쳐서 "오랜 시간, 나는 늦게 잠자리에 들어왔다"[30]라는 문장을 읽게 될 때, 그 "나"는 책의 표지에 자신의 이름을 써 넣은 개인—이 경우에는 마르

30 M. Proust, *La recherche du temps perdu,* t. I : *Du côté de chez Swann*, "Bibliothèque de la Pléiade", Paris Gallimard, 1964. p. 3〔《잃어버린 시간을 찾아서》 1, 김희영 옮김, 민음사, 2012, p. 15〕. 푸코는 이상하게도 첫 문장을 부정확하게 인용한다. 정확히는 "오랜 시간, 나는 일찍 잠자리에 들어왔다"이다. 이 문장에 대한 해설은 다음 강의의 제2부에서도 발견된다. "Littérature et langage"art. cit. p. 113〔〈문학과 언어작용〉, 《거대한 낯섦》〕.

셀 프루스트—과 동일시될 수 없음을 여러분은 잘 알고 있습니다. 아무튼 우리에게는 그럴 권리가 없습니다. 이 "나"는 문학적으로만 의미를 갖는 "나", 즉 오직 텍스트 내부에서만 지시 요소와 지시 대상을 갖는 "나"입니다. "오랜 시간, 나는 늦게 잠자리에 들어왔다"라고 말하는 "나"를 결정하는 것은 텍스트 내부에 나타나게 되는 모든 "나"의 총체, 텍스트 내부에서 "나"라고 말하는 인물에게 일어나게 되는 모든 일, "나"로 표시되는 공허한 형식을 차츰차츰 채워가는 모든 형용어구와 수식어 등의 총체에 불과합니다.

작품 속에서 언급되는 사물들도 마찬가지입니다. 말해지지 않은 것은 어떤 의미에서는 텍스트 외부로, 텍스트의 언표 외부로 떨어져 나가는 것이지만, 그렇다고 해서 그것이 작품의 외부로 떨어져 나가는 것은 아닙니다. 달리 말해 작품 내에서 언어 외적인 것은 작품의 외부에 있는 것이 아닙니다. 저는 바로 이 점에서 전통적 비평이 길을 잘못 들었다고 생각합니다. 만약에 전통적 비평이 제가 지적한 도식을 다시 꺼내 들고 "아, 이건 우리가 이미 다 했던 거야"라고 말한다면, 길을 잘못 접어든 것이란 말입니다. 왜냐하면 전통적 비평은 "오랜 시간, 나는 늦게 잠자리에 들어왔다"에 대해 다음과 같이 말하기 때문입니다. 늦게 잠자리에 든 사람은 누구인가? 마르셀 프루스트다. 프루스트는 완전히 오이디푸스 콤플렉스적인 인간으로 어머니의 키스 없이는 잠들 수 없다. 이것은 작품의 바깥으로 나가버린 것입니다. 텅 빈 채로 제시된 "나"의 자리에 언어 외적인 것뿐 아니라 작품 외부에 있는 무언가를 채워 넣은 것입니다. 그러나 제가 제안하고자 하는 방법은 다음과 같습니다. 작품이 자신을 드러내는 언어적 요소인 언표들뿐만 아니라, 작품의 일부이면서도 말해지지 않은 언어 외적인 것을 어떻게 구성하는지를 밝히는 것. 이해하시겠습니까?

같은 질문자　그 "나"라는 것이 결국 훨씬 더 복잡한 방식으로 작동한다고 생각하시지 않습니까? 선생의 논의는 전적으로 납득이 되고 전적으로 동의합니다만 그래도 때로는 어떤 종류의 막과 같은 것이 작품을 에워싸고 있고, 그것 또한 작품의 저편, 간단히 말하면 현실과 관계될 때가 있다고 생각됩니다. 하지만 선생의 방법은 그 막에 머무르고 있고, 그 거미줄 막에 멈추어 있습니다.

사회자　혹시 말씀하고자 하는 내면의 의도를 좀 더 명확하게 설명해주실 수 있을까요?

같은 질문자　결국 제가 틀리지 않았다면, 우리는 작품 주위에 여러 겹의 껍질을 만들고 있는 것 같습니다. 마르셀 프루스트의 삶으로 넘어갈 필요가 없다는 선생의 말씀을 저는 아주 잘 이해하고 있습니다. 하지만 우리는 《잃어버린 시간을 찾아서》에서의 "나"가 순전히 문학적인 "나"임을 잘 알고 있음에도 불구하고, 마르셀 프루스트가 순전히 문학적인 "나"를 쓰고 있던 순간에 느끼고 있던 자신의 삶[과의] 항상적 모호성도 잘 알고 있습니다.

이렇게 답하고 싶습니다. 제가 빠뜨리고 넘어간 부분이 있는데 분명 제 잘못이며, 시간의 제약 때문이기도 했습니다. 제가 언급한 것과 같은 발화 행위acte de parole에 대한 분석은 당연히 여러 요소들을 고려해야 합니다. 물론 작품의 텍스트 내에서 상호 관계를 통해 정의할 수 있는 발화 행위도 있지만, 책이라는 단순한 존재 자체에도 이미 매우 기묘한 형태의 언어 행위acte de langage가 포함되어 있습니다. 요컨대 누군가가 써 내려간 언어가 있는 종이가 인쇄실로 보내져 2000부, 3000부, 10만 부, 100만 부가 인쇄되어 독자들에게 읽히는 그 모든 과정에 말입니다. 자기 자신에 대해 말하지 않으면서도 결국은 어느 정도 자신에 대해 말하게 되는 "오랜 시간, 나는 늦게 잠자리에 들어왔다" 같은 기묘한 언어 행위를, 많은 문명권에서는 전혀 알지 못했거나, 사용할 수 있다고 생각조차 할 수 없었습니다. 그러므로 문학적 발화 행위라는 일반적 범주를 그 형식적 존재 방식뿐 아니라 역사적 존재 방식으로도 정의할 필요가 있습니다. 심지어 문학 내에서도 차이가 발생합니다. 예를 들어 프루스트의 책에서 "오랜 시간, 나는 늦게 잠자리에 들어왔다"를 읽는 것과, 어떤 극장에 가서 배우가 "오랜 시간, 나는 늦게 잠자리에 들어왔다"라고 말하는 것을 보는 것 간의 차이를 생각해보십시오. 그것은 같은 발화 행위가 아닐 것입니다. 하지만 그래도 잘 받아들여질 것입니다. 아시다시피 제가 말씀드리고자 하는 것은 "프루스트든 누구든 상관없다. 그의 삶이 중요한 게 아니다"라는 방법론적 전제가, 무엇보다 발화 행위에 포함된 상이한 층들 모두를 명확히 드러내는 것을 목표로 하고 있다는 사실입니다. 우리가 그 모든 층들을 답파했을 때, 우리가 답파한 그 층들이, 어느 날 펜을 쥐고 글을 쓰기 시작한 프루스트라는 개인 앞으로 우리를 데려가준다면 좋겠습니다. 그렇지만 실제로 여러분이 읽고 있는 문장으로부터 갑자기 프루스트라는 개인에게로 도약해버린다면, 여러분은 발화 행위의 모든 축적을, 발화 행위의 유형학과 형태학—바로 이것들이 "오랫동안 나는 늦게 잠자리에 들었다"라는 얼핏 보면 단순하지만 완전히 부조리한 문장을 가능하게 하는 것입니다— 전체를 놓치게 됩니다.

같은 질문자 사실 제가 특히 강조하고자 한 것은, 작가의 가장 문학적인 내면성과 〔작가가 속한－옮긴이〕 현실 세계 간의 변증법이었습니다. 결국 저는 작품 자체보다 행위, 문학 행위 쪽을 강조하고 싶습니다.

질문자께서 사용하신 껍질이라는 메타포에는 전적으로 동의합니다. 저는 단지 껍질에 대해서만 이야기했지만, 이렇게 말씀드리고 싶습니다. 문학은 양파라고 말입니다.

다른 질문자 서로 연관된 두 질문을 드리고 싶습니다. 첫 번째는 진실과 관련된 질문입니다. 작품에 대한 형식주의적 해석, 그리고 그렇게 찾아낸 구조를 보증하는 것은 무엇입니까? 왜냐하면 때로는 완전히 의심스러운 사항들이 발견되는 것 같은 느낌을 받기 때문입니다. 다음으로 작품의 가치에 대한 질문입니다. 선생께서는 선별, 요컨대 비평의 비평적 측면을 배제한다고 말씀하셨습니다. 하지만 그럼에도 불구하고 다른 좋은 작품이 아니라 예를 들면 라신과 발레리의 작품이 선택된다는 것은 역시 의미심장한 일입니다. 그리고 한 작가 내에서도, 선생이 바라시듯이, 가치가 다른 여러 작품들이 동일한 평면에 놓이고 늘어서는 걸까요? 예를 들면 라신의 《라 테바이드》[31]와 《페드르》[32]가, 혹은 루소의 《고독한 산책자의 몽상》[33]과 흥미진진하지만 이상한 대화록인 《루소, 장 자크를 심판하다》[34]가 동일한 평면에 놓이고 늘어서는 걸까요? 그러한 가치의 문제가 과연 피할 수 있는 것인가요?

31 J. Racine, *La Thébaïde, ou les Freres ennemis,* dans *Œuvres complètes,* t. I, *op. cit.*, p. 57-117. 이것은 라신의 최초의 희곡이다(〈라 테바이드〉, 《라신 희곡선집》, 정병희 외 옮김, 서울대학교출판부, 1999).

32 J. Racine, *Phèdre et Hyppolyte*, *op. cit.*

33 J. -J Rousseau, *Les rêvries du promeneur solitaire,* dans *L'Œuvres completes,* t. I, "Bibliotheque de la Pléiade", Paris, Gallimard, 1959, p. 993-1099(《고독한 산책자의 몽상》, 고봉만 옮김, 북커스 클래식, 2025).

34 J. -J. Rousseau, *Rousseau juge de Jean-Jacques. Dialogues,* dans *Œuvres completes,* t. I, *op. cit.*, p. 657-992(《루소, 장 자크를 심판하다-대화》, 전인혜 옮김, 책세상, 2012).

두 번째 질문에 대해 말씀드리고자 합니다. 루소의《고백록》[35]은 일견 명료하지만, 그의 대화록《루소, 장 자크를 심판하다》는 이상하고 분석도 불가능합니다. 하지만 저는 시도해봤습니다. 그것을 시도하여 출간한 바 있습니다만,[36] 별로 가치는 없는 것 같습니다. 하지만 하려고 하면 어떻게든 할 수 있다는 것을 말씀드리고 싶습니다. 다음으로, 주로 외적인 이유에 근거한 어떤 종류의 선택이 행해진다는 것은 명백합니다. 바르트는 왜 라신을 선택했을까요? 사람들이 생각하는 것과는 반대로 일반적으로 어떤 작품이 중요하면 할수록, 문학적으로 농밀하면 할수록, 구조적 분석은 쉽지 않아집니다. 그 최고의 증거는, 프로프나 현재 기호학 연구 센터 소속 사람들이 행하는 민화, 동화, 추리소설에 대한 연구가 매번 성공적이고 성과를 거둔다는 사실입니다. CECMAS[37] 사람들이 행하고 있는 제임스 본드 소설에 대한 구조주의적 분석도 항상 잘됩니다. 반면에 구조가 매우 풍부하고 다원적으로 결정된 문학 작품의 경우, 분석이 매우 어렵습니다. 다시 말하지만 선택이 있다는 것은 확실하며, 선택 없이는 아무것도 할 수 없습니다. 하지만 그 선택은 일반적으로 가치 평가의 차원에서 이루어지지 않습니다. 만약에 어떤 선택의 기준이 있다면, 저는 그것이 분석의 용이함에 따른다는 것을 숨기지 않겠습니다.

다음으로, 이러한 분석들의 진실을 보증하는 것은 무엇일까

---

35 J. -J. Rousseau, *Les confessions*, dans *Œuvres completes,* t. I, *op. cit.*, p. 1-656〔《고백록》, 박순만 옮김, 집문당, 2017〕

36 M. Foucault, “Introduction” à J. -J. Rousseau, *Rousseau juge de Jean-Jacques. Dialogues*, art. cit. 또한 푸코는 루소의 이 텍스트를 프랑스 퀼튀르에서 방송된 다음의 4회짜리 라디오 프로그램에서 소개한다. 〈시도〉(1964년 2월29일), 〈음모〉(1964년3월7일), 〈결백〉(1964년 3월14일), 〈행복한 시도〉(1964년 3월21일). 이 텍스트는 그보다 1년 전에, 앞에서 나온 다음의 방송에서도 다뤄졌다. “Langage de la folie: la persécution”.

37 매스 커뮤니케이션 연구 센터Centre d'études des communications de masse는 1960년에 조르주 프리드만Georges Friedmann, 롤랑 바르트, 에드가 모랭Edgar Morin에 의해 창설되었다.

요? 논쟁을 할 생각은 없습니다만 구조적 유형의 분석을 통해 획득될 수 있는 진실성의 보증이, 전통적 비평 유형의 분석이 진실하다고 말할 때의 보증보다 약하고 불확실하다고 생각하십니까? 플로베르의 인생에 있었던 이러저러한 사건들과 《감정 교육》[38]에서 읽은 내용 사이에 심리학적 혹은 전기적 연관 관계를 설정할 때, 당신은 어떤 판단을 내린 것입니다. 그 판단은 그것이 사실 확인의 판단인 한에서 진실 검증에 부쳐지게 됩니다. 진실 검증이라, 거참……. 구조적 유형의 분석도 역시 동일한 문제에 봉착합니다. 구조적 분석은 여러 동형성들을 확인하고 작품을 구성하는 요소들 간의 관계를 확인합니다. 그러한 관계가 진실이라고, 아니 그보다 그러한 관계가 존재한다고 단언하는 것이 맞는 건지 어떻게 확신할 수 있을까요? 일반적으로는 오직 대조와 다원적 결정에 의해서만 가능합니다. 요컨대 요소 A와 요소 B 사이에서 발견되는 관계가 요소 B와 요소 C 사이에서, 그리고 요소 C와 요소 D 사이에서도 발견되면, 네 요소 간에 동일한 관계가 있게 됩니다. 몇몇 요소들 간에 동일한 관계가 발견되면, 그 관계가 첫 두 요소들 사이에 확실히 존재했을 가능성이 증가합니다. 달리 말해 이는 개연성을 점차적으로 증가시키는 방법입니다. 한편 통상 행해져왔던 역사적 유형의 분석에서는 개연성이 만들어지되 결코 증가하지 않았습니다. 제시된 명제의 진실성은 처음에 설정한 심리학적 이론의 진실성에만 의거했습니다. 보바리 부인은 플로베르였다,[39] 또는 프레데릭 모로(《감정 교육》의 주인공-옮긴이)

---

38 G. Flaubert, *L'éducation sentimentale,* dans *Œuvres*, t. II, "Bibliothèque de la Pléiade", Paris, Gallimard, 1959, p. 31-457.

39 플로베르의 텍스트에서 실제로 발견되지는 않지만, 비평가들에 의해 플로베르의 문장이라고 널리 알려졌다. 다음을 참조할 것. G. Flaubert, *Madame Bovary*, dans *Œuvres* t. I, "Bibliothèque de la Pléiade, Paris Gallimard, 1946, p. 325-645.

는 플로베르였다고 주장됐습니다. 어떤 개인이 어떤 여자와 이러저러한 연애를 했을 경우 통한, 회한, 슬픔 등을 체험했을 수밖에 없다고 주장됐습니다. 그리고 어떤 작가가 젊은 시절에 슬픔을 체험했다면, 그것을 자신의 작품에 옮기지 않을 수 없다고 생각되었습니다. 바로 이러한 일련의 대단히 의심스러운 전제들이 역사적 유형의 판단에서 진실을 형성하고 구성한 것입니다.

다른 질문자 언어의 기능, 특히 작품의 맥락과 그것의 언어학적 현실성의 관계에 대해 한 말씀드리고자 합니다. 예를 들어 한편에 어떤 풍자문이 있고 다른 한편에 난해한 시가 있다면, 풍자문과 난해한 시를 구조적으로 분석할 때 그 난이도의 차이를 만드는 것은 문맥의 효과가 아닐까요? 요컨대 난해한 시가 분석에서 보다 복잡성을 보이는 것은, 시 요소들의 언어학적 구조 자체 때문이 〔아니라〕, 문맥 그 자체 때문인 것 같다는 말입니다. 반면 풍자문에서는 언어 행위의 근본적 요소 중 하나인 직접적 맥락 속에서 직접적 행위가 발생하는 장소가 있는데, 여기서 문제가 되는 것은 그 위치가 어디인지, 구조적 분석에 따른 어려움은 무엇인지, 어려움의 순서는 어떠한지 하는 것들입니다. 난해한 텍스트의 구조적 분석이 복잡한 것은, 실제로 문맥 때문이라고 생각하십니까, 그렇지 않으면 순수하게 언어학적인 이유 때문이라고 생각하십니까?

구조적 관점에서 볼 때 난해한 시가 풍자문보다 훨씬 더 어렵다고 생각하시는 겁니까?

같은 질문자 잘 모르겠습니다. 저는 난해한 시에서는 문맥만이 구조적 분석을 총체적으로 만든다고 가정합니다. 이는 단순히 기표 분석에 그치지 않고 작품 전체의 맥락을 고려하는 프리에토 유형의 분석을 말하는 것인데, 아무튼 저는 난해한 시와 관련해서는 작품 고유의 맥락 내에 머물러 있습니다.

그리고 이는 예를 들면 풍자문과 같은 문학의 분석과 관련해 즉시 두 번째 문제를 제기합니다. 풍자문과 같은 문학에서는 맥락이 보다 넓어지고 보다 단순해지기 때문입니다. 아마도 게재되는 풍자문의 맥락은 넓고 단순할 것입니다. 그렇지만 난해한 시를 다룰 경우, 그 맥락은 좁고 더 닫혀 있어 분석하기가 훨씬 더 어려울 것입니다.

풍자문의 예를 드셨는데요, 그것은 매우 곤란한 예시입니다.

같은 질문자 추리소설의 예와 유사하다고 생각합니다.

음, 꼭 그렇지만은 않은 것 같습니다. 왜냐하면 풍자문에서 문제가 되는 것은 언어의 단편, 즉 어떤 상황과 직접적으로 결부된 일련의 언표들이고, 그 상황은 다른 사람들의 텍스트에 의해 규정되기도 하고, 역사적 상황에 의해 규정되기도 하며, 개인들이 속한 특정 사회계급 등에 의해 규정되기도 하기 때문입니다. 따라서 풍자문은 과학적 텍스트나 정치적 텍스트처럼 문학 텍스트가 아닌 경우에 해당됩니다. 그렇다면 풍자문이 문학적이라고 말할 수 있는 경우는 언제일까요? 제 생각에는 실제로 문학적일 때, 즉 그것이 자기 자신만을 말하는 문학 작품과 동일한 도식과 구조 등을 따르고 있을 때입니다. 물론 이때, 비문학적 담론 분석이라는 아주 까다로운 문제가 등장합니다. 예를 들면 철학적 담론은 도대체 무엇일까요? 그것은 맥락과 어떤 관계를 갖고 있는 걸까요? 어떤 의미에서 철학적 담론은 문학적 텍스트만큼 순수합니다. 여러분이 데카르트의 《성찰》[40]의 첫 페이지를 열면 나타나

40 R. Descartes, *Méditations* dans *Œuvres et lettres,* “Bibliothèque de la Pléiade”, Paris, Galli-

는 "나"는, 르네 데카르트 자신일 수도 있고 그렇지 않을 수도 있기 때문입니다. 그러나《성찰》의 "나"와 르네 데카르트 개인과의 관계는,《잃어버린 시간을 찾아서》의 "나"와 마르셀 프루스트 개인과의 관계와는 확실히 같지 않습니다. 그러므로 철학적 텍스트는 분명 다른 유형의 구조적 분석의 영역에 속합니다. 정치적 텍스트도 마찬가지입니다. 그러므로 풍자문과 난해한 시는 어떠하냐고 물으시면, 저는 이렇게 답할 것입니다. 만약 풍자문을 문학 작품으로 볼 수 있다면, 그것은 풍자문이 자기를 난해한 시와 유사하게 만드는 구조를 갖고 있기 때문이라고 말입니다. 그리고 그것에 대해 문학 작품과 동일한 분석을 할 수 있을 때, 우리는 그것이 문학 작품임을 알 수 있습니다. 즉 한쪽이 다른 쪽에 대한 증거를 제공하는 것이지요. 이해되시나요?

제 답변이 만족스러우셨는지 모르겠습니다. 왜냐하면 방금 다룬 문제가 현재 제기되고 있는 문제이기 때문입니다. 문학 작품 영역에서 실제로 흥미진진하고 심오한 여러 분석들이 나오고 있고, 이 분석들은 20년 전, 30년 전, 40년 전, 50년 전에 비해 적잖게 문학 분석의 대상을 쇄신했습니다. 이제는 다른 종류의 담론에 대한 문제도 제기되고 있습니다. 대략적으로 말해 철학 작품의 구조를 그 논리적 골조와 동일시한다는 조건하에서—전적으로 확실하지는 않습니다— 게루는 철학적 텍스트에 대해 하나의 구조주의적 분석을 행했다고 말할 수 있습니다.[41] 다른 종류의 텍스트—과학적, 정치적, 엄밀한 의미에서의 관념학적 텍스트—

mard, 1937, p. 151-225. 튀니지 체류 시기에, 푸코는 데카르트와 관련해 특히《방법서설》과《성찰》에 대한 강의를 했다. 이 점에 관해서는 다음을 참조. R. Boubaker-Triki, "Notes sur Michel Foucault à l' université de Tunis", *Rue Descartes*, n° 61, 2008, p. 111-113.

41 다음의 책에 대한 언급이다. M. Gueroult, *Descartes selon l'ordre des raisons*, *op. cit.*

와 관련해서는 아직 초보적인 수준에 머무르고 있으며, 누군가가 그것을 시도하기만 해도 격렬한 이의 제기가 터져 나옵니다. 바로 그것이 오늘날의 과제입니다.

같은 질문자 두 번째 언급을 덧붙이고 싶은데, 다음과 같은 분석에 선생께서 동의하시는지 여쭤보고 싶습니다. 현재 문학 분석 혹은 언어학적 텍스트 분석은 불가결한 맥락 효과를 통해 의미 작용을 재도입한다고 생각됩니다. 특히 순수한 언어학적 구조주의 이래로 이러한 의미 작용이 결국 배제됐음에도 불구하고 말입니다. 저로서는 현재 우리가 목격하고 있는 것을 후퇴라고 말하지는 않겠습니다만—방법도 다르고, 여러 진보도 있기 때문입니다—《포르루아얄 문법》[42]과 그 후에, 요컨대 학교 문법에 대해 생각해보면 누구나 알듯이 거기서는 일정하게 의미와 형식이 혼합되어 있습니다. 아마도 콩디야크Condillac 등 18세기 관념학자들로 대표되는 분석 유형이 행해지던 때에는 아직 그 문제를 해결하지 못했기 때문일 것입니다. 그 끊임없는 의미와 형식의 혼합은 미래의 분석에 대한 예고, 혹은 일종의 일시적 불충분함에 지나지 않았습니다. 그 후 객관성에 대한 필연적인 몰입이 시작되었습니다. 제가 어딘가에서 말했습니다만 해리스, 옐름슬레우[43]의 소쉬르적 방법에 의한 언어학적 구조주의는 행동주의와 유사했습니다. 요컨대 그것은 언어학의 진보에 필수불가결한 혁명이었습니다. 그런데 현재 우리가 목격하고 있는 것은 의미 작용으로의 회귀가 아닐까요? 문학 작품의 구조적 분석을 행하는 사람들만이 아니라 언어학자들까지 의미 작용이라는 개념으로 대대적으로 회귀하고 있는 것 아닐까요?

---

42 A. Arnauld et C. Lancelot, *Grammaire general et raisonnée*, Paris, Pierre le Petit, 1660.

43 Zelling S. Harris(1902-1992), 미국의 언어학자. Louis Hjelmslev(1899-1965), 덴마크의 언어학자. 구조언어학을 대표하는 두 인물이다.

제가 말씀드리고 싶은 것은 다음과 같습니다. 우선 첫째로, 언어학은 그 어느 때에도 의미 작용이라는 개념 없이 존재했던 적은 없다고 생각합니다. 언어학은 결국 항상 어떤 방식으로든 그 개념을 다뤄왔습니다. 예를 들어, 구조주의에 엄격하게 따르는 언어학에서 옐름슬레우가 치환commutation이라 부르는 검증을 행할 때도 의미가 참조됩니다.[44] 우리는 어떤 말이 어떤 의미인지를 알아야 할 필요가 있고, 어떤 형태, 어떤 새로운 음소가 새로운 단어, 새로운 의미를 출현시킬 때에만 '그래, 저것은 진짜 음소였어' 라고 말할 수 있습니다. 그러므로 그 순간에도 의미는 존재했습니다. 둘째로, 실제로 언어학은 먼저 음운론의 과제와 씨름하고 그 후 다른 영역들로 넘어가게 되었고, 현재는 의미론의 영역 즉 의미 구조화 영역에 접근하고 있습니다. 얼마 전부터 착수한 이 작업을 이제 언어학에 주어진 과제의 순서에 따라 수행하고 있습니다. 셋째로, 말하는 주체가 말하는 순간에 수행하는 행위나 맥락에 대한 고찰이 도입되어도, 그것은 정확히 의미에 대한 고찰이 아니라 의미 요소들의 총체로서의 언표에 대한 고찰입니다. 달리 말해 항시 문제가 되는 것은 의미하는 것으로서의 기표입니다. 말하는 주체와 맥락은 언표의 의미 그 자체가 아니라, 언표를 더 잘 정의하기 위한 것입니다. 즉 오늘날 우리는 언어학적 요소들 자체에 대한 분석으로부터 언표라 불리는 것에 대한 분석으로 넘어가고 있는 중입니다. 이것이 아마도 프리에토나 오스틴 등의 최근 분석에 등장한 새로움일 것입니다.

44 다음을 참조. L Hjelmslev, *Le langage*(1963), trad. Fr. M. Olsen, Paris, Les Éditions de Minuit, 1966, p. 134-136.

같은 질문자 그렇다면 다음과 같이 정리해도 되겠습니까? 구어일 수도 있고 문자일 수도 있는 "사물"이라는 기표가 있다고 하면, 첫 번째 단계에서는 이 기표의 기의(기호의 내용)가 존재하고, 다음 단계에서는 선생에게 있어 의미는 실재의 기의가 되는 것이라고요. 그렇다면 이 둘 사이, 요컨대 "사물"이라는 기표와 의미 사이에는 선생께서 조금 전에 말씀하신 맥락의 요소들, 요컨대 기표의 기의들이 1승이 된 것, 2승이 된 것을 수반하는 요소들로 구성되는 일련의 단계를 설정할 수 있는 것 아닐까요? 그리고 구조 분석의 단순함 또는 복잡함은 그 (거듭제곱) 수에 달려 있는 것 아닐까요? 여기서 다시 껍질의 예, 양파의 이야기로 돌아갈 수 있을 것 같습니다. 이 경우에는 어떤 체계 주변에 일련의 막들이 있다는 의미에서 확실히 양파와 같은 것이 될 것입니다. 또한 의미에 일절 기대지 않고 이루어진 언어학적 분석 시도도 있었음을 말씀드리고 싶습니다. 바로 암호 해독décryptage입니다. 완전히 미지의 언어를 해독하기 위해 순수한 언어학적 구조주의 분석 방법을 사용했는데, 의미를 이해한 것은 아니지만—방금 말씀하신 바를 뒷받침하듯— 적어도 기표들을 찾아내는 데는 성공했습니다. 이때 의미 작용이나 의미는 전적으로 외부의 요소들에 의존해 추후에 찾아내야 했습니다. 달리 말해 구조주의적 방법을 사용함으로써 어떤 언어의 모든 기표들을, 그 의미를 알지 못하는 채로 찾아내는 것이 가능합니다. 그러나 실제로 고전적 음운론은 음소를 탐구하기 위해 애초에 의미로부터 출발했습니다.

구조주의 언어학의 특징은 체계적으로 의미를 유예시키는 것이 아니라, 기표에 대해 검토하는 것입니다. 그리고 특정 순간, 특정 조건 아래에서는 의미를 무시해야 할 필요가 생기기도 하며, 그렇게 하는 것이 바람직한 경우도 분명히 있지만, 그것이 언어학의 본질적 지향이나 최종적인 방법론에 속하는 것은 아닙니다. 그러므로 맥락에 대한 고찰을 개입시키는 것은 결코 과거로의 후

퇴가 아니라 오히려 전진입니다. 달리 말해 맥락을 고려하지 않고 음운론적 요소들을 분석할 수는 있지만, 구syntagme와 언표énoncé처럼 넓은 단위로 넘어가면 맥락을 고려하지 않을 수 없기에 그것을 도입해야 합니다. 그리고 제가 문학 분석의 새로운 가능성에 대해 말씀드렸는데, 그것은 현재 대체로 롤랑 바르트에 의해 대표됩니다. 그를 중심으로 한 경향이 존재하기 때문이며, 그것은 다음과 같은 입장을 갖습니다. 음운론의 방법이 음소들의 수준에서 성공을 거두었으니, 이 동일한 도식을 문학 작품 자체에 이식해 적용해야 한다는 것입니다. 달리 말해 음운학의 수준에서 담론 전체로 곧장 넘어가고 있으며, 그로 인해 우리가 언표 고유의 현실성을 놓치고 있다고 생각합니다. 다른 한편 프리에토, 오스틴 등과 같은 언어학자 및 논리학자의 언표에 대한 일련의 연구가 현재 세심하게 구상되고 있습니다. 그리고 제 생각에 문학 분석은 트루베츠코이[45]가 정립한 방법들을 그대로 문학 텍스트 자체에 이식해 적용해서는 안 되고, 언표가 무엇인지 밝혀내기 위해 현재 진행 중인 작업들에 열린 자세로 귀를 기울일 필요가 있습니다.[46]

다른 질문자 한 가지가 저를 불편하게 하는데, 제가 이해하지 못하기 때문입니다. 구조주의는 보편성을 지향합니다. 그러나 지금까지 드러난 세 가지 시도에서 보건대, 우리가 도달할 수 있는 것은 특정 문화권에 대한 지식의 과잉 강화일 뿐입니다. 그것도 문학, 신화, 기호 같은 특정 층위의 지식 말입니다. 그런데 이 세 방식 가운데 하나로 어떤 문학적 대상을 연구한다면,

45 N. S. Troubetzkoy, *Principes de phonologie*(1939), trad. Fr. J. Cantineau, Paris, Klincksieck, 1949(《음운론의 원리》, 한문희 옮김, 서울대학교출판문화원, 2013).

46 (문장으로도 명제로도 환원될 수 없는) 언표의 정의는 1969년에 출간된 《지식의 고고학》에서 분석의 핵심이 된다.

우리는 하나의 문화권과 다른 문화권 사이에서, 동일하다고는 말할 수 없지만—왜냐하면 문화가 다르기 때문이죠— 적어도 유사한 구조들에 대한 인식에 도달할 수 없습니다. 맥락과 역사적 불연속성에 입각해 생각해보면, 거기서 발견되는 것은 몇몇 대응 관계(뿐)이기 때문입니다. 현재 행해지고 있는 연구의 수준에 존재하는 이러한 모순을 해결 가능하게 해주는 어떤 요소를 제시해주실 수 있습니까?

제 생각에 이 영역에는 서로 강하게 결부되어 있으면서도 바로 그 문제를 제기하는 일련의 두 연구가 있습니다. 레비스트로스의 연구와 뒤메질의 연구입니다. 뒤메질은 인도유럽어족 신화의 구조적 연구를 수행했습니다. 이러한 구조 분석은 오직 인도-유럽 문명에만 유효하기에, 그리스와 관련해서는 잘 맞아떨어지지 않아 문제를 일으키게 됩니다. 뒤메질의 분석을 우선 반투Bantu계 민족에, 다음으로 일본인에게 적용하려 한 시도들이 있었는데, 그에 대해 뒤메질 측의 강력한 반발이 있었습니다. 그것이 본질적 문제는 아니지 않냐고 말씀하실 수도 있을 것입니다. 아무튼 그 시도들은 실패했습니다. 반면에 레비스트로스는 때로 기원이 매우 다른 남아메리카 신화들을 분석했고, 모든 문화에서 발견될 수 있는 구조적 요소들에 도달할 수 있게 해주었습니다. 그런데 남아메리카 신화들, 그중 예를 들어 보로로Bororo족 신화를 특징짓는 것은, 일반적 모델이 겪게 되는 일련의 변형들입니다.

같은 질문자 그렇다면 이 시점에 각각의 문화권 고유의 동기들로 인해, 경험된 현실에 기반을 둔 문학 분석을 해야 하지 않을까요? 그렇지 않으면 우리는 공허한 구조에 도달하게 될 것입니다. 바로 그것이 문제입니다.

구조란 항시 텅 비어 있는 것입니다.

같은 질문자 아니요, 저는 그렇게 생각하지 않습니다. 예를 들어 선생께서 직접 어떤 분석을 행할 경우, 어떤 특정한 지식을 바탕으로 하시잖아요. 그리고 선생께서 스스로 환기하셨듯이, 그 지식은 결정되어 있으며 동시에 결정하는 것이기도 합니다. 달리 말해 선생의 목표에는 우주진화론적인 목표가 포함되어 있습니다. 어떤 수준에서 그것을 차단한다 하더라도요. 선생께서는 예를 들어 보로로족이 선생의 분석을 어떻게 이용할 수 있다고 생각하십니까? 물론 제가 말하는 건 선생께서 그곳에 가서 분석을 한다는 것이 아니라, 그들 스스로가 선생의 분석을 활용할 수 있는가라는 점입니다. 그들이 어떻게 선생의 작업 도구를 사용할 수 있을까요?

글쎄요, 솔직히 말씀드리자면 그 질문의 요지를 저로서는 잘 이해하지 못하겠습니다. 당신은 지금 보로로족이 어떻게 할지를 제게 묻고 계시죠. 이렇게 말씀드리겠습니다. 보로로족 사람들이 구조적 분석을 알고 또 그것을 실제적으로 사용하는 순간부터, 그들은 그것을 그들 자신에게 적용하고 또한 우리를 대상으로도 적용할 수 있게 될 것입니다. 안 될 이유가 없지요. 게다가 레비스트로스는 항상 모든 정보 제공자들에게, 자신이 발견한 구조를 일종의 개요로 가르쳐주었던 그들에게 경의를 표했습니다. 하지만, 아니…… 저는 당신의 질문이 반론적인 성질의 것인지 잘 모르겠습니다.

사회자 제가 질문에 직접 개입할 필요는 없지만, 구조주의가 하나의 방법론이 아니라 해도 제기되는 문제가 있습니다. 그것은 내용과 관련된 문제입니다. 제 입장에서 그 문제는 다음과 같은 질문으로 귀결됩니다. 구조들의 내재성은 존재하는가? 저는 문제를 이렇게 바라보고 있습니다.

다른 질문자 저는 지금 제기된 문제가 다음과 같은 것이 아닐까 생각해봅니다. 우리는 하나의 구조, 즉 문학 작품의 구조를 분석하지만 다른 구조들을 연구하고 다양한 구조들을 서로 연결시켜보는 것도 흥미로울 것 같습니다. 그리고 저는 레비스트로스가 카두베오족Caduveo 사회의 구조와 그들의 문신의 구조 간의 상응 관계라는 대단히 탁월한 사례를 제시했다고 생각합니다.[47] 제가 보기에 그가 제기하는 문제는 신화의 구조, 문학 작품의 구조, 민담의 구조와 다른 구조들 간의 상응 관계입니다. 왜냐하면 구조주의 연구의 가장 큰 관심사는 어떤 구조를 다른 구조와 연관시키는 것이기 때문입니다. 결국 구조주의적 방법론의 목표는, 고전적 문학 분석이 던진 문제들에 대해 보다 엄밀하고 심도 깊게 답변하는 것일 겁니다. 특정 문학 작품 해석에 정신분석이 적용되었던 것도, 작품의 구조와 저자의 인격 구조를 병렬적으로 비교하기 위해서였습니다. 또한 예술사회학을 통해 문학 작품의 구조를 사회적 토대 즉 사회적 하부구조와 연관시키려는 시도도 여러 차례 있었습니다. 하지만 구조주의는 어쩌면 다음과 같은 질문에 더 엄밀하게 응답해줄지도 모릅니다. 특정 사회는 어떻게 신화적 영역과 문학적 영역의 창조물 내에 자신의 구조를 투사하는가. 그렇지 않습니까?

저도 전적으로 동의합니다. 구조 분석의 핵심 중 하나는 그것이 비교에 기초한 학문들을 가능하게 한다는 사실입니다. 이 학문들은 이전까지 훔볼트 시대처럼 상상력에 의존하거나 혹은 순전한 경험주의의 지배하에 있었습니다. 뒤메질 같은 인물이 인도유럽어족의 신화를 분석할 때, 그는 그것의 구조를 특정한 사회

47 C. Lévi-Strauss, *Anthropologie structurale*, *op. cit.*, p. 275-281.

구조, 요컨대 전사, 정치가-마술사 그리고 농민으로 삼분된 사회 구조와 항시 연관시킵니다. 이렇게 서로 다른 구조를 대조하는 것이 각각의 구조 분석을 확증시킴과 동시에 그것들 간의 관계를 확립시킬 수도 있습니다. 마찬가지로 그는 한 문화로부터 다른 문화로, 예를 들면 스칸디나비아 신화로부터 로마 종교 조직으로 이동해 분석을 행합니다. 그는 상이한 수준에서 동일한 구조를 다시금 찾아냅니다. 이렇듯 구조 분석이 하나의 작품 혹은 하나의 텍스트 혹은 하나의 제도 내[에]만 한정되지 않는다는 점에서, 당신의 말씀에 전적으로 동의합니다. 구조 분석은 비교 분석을 위한 탁월한 도구입니다. 다만 문제는 이런 비교 분석이 필연적으로 인과관계 할당으로 이어지는가입니다. 우리가 작품의 구조는 어떤 인물의 정신적 구조나 전기적 구조와 유사하다고 말했을 때, 첫째로 이 구조라는 말에 정확히 정의된 의미를 부여하지 않았고, 둘째로 사전에 정해진 인과관계의 경로를 확립한 것입니다. 제 생각에 현재의 구조 분석에서 중요한 점은 다음과 같습니다. 첫째로, 당연히 구조적 도구가 그 자체로서 충분히 이해되고 있다는 것입니다. 즉 사용에 앞서 아무튼 구조가 어떤 것인지 정확히 숙지하려는 노력이 있다는 것입니다. 둘째로, 구조들 간의 동형성이 반드시 인과관계를 나타내는 지표는 아니라는 것입니다. 그리고 사실 두 분석은 다릅니다. 제가 사물의 생산을 다루는 경제적 분석과 사물의 기록으로서의 구조를 다루는 데익솔로지적인 분석을 구별하려고 했을 때, 바로 이 점을 암시하고자 했습니다. 어느 날 이 두 분석이 서로 결합되어야 하겠지만, 이 시점에는 각각 따로 수행되어야 한다고 생각합니다.

같은 질문자 어떤 종류의 인과관계, 기계적이고, 뭐라고 할까요, 일방통행적인 인과관계, 예를 들면 경제적이고 사회적인 구조를 통해 항시 문학 작품의 구조를 해석하는 것을 배제해야 한다는 것은 이해할 수 있습니다. 그런데 어떤 문학 작품의 구조와 친족 구조 사이에 대응 관계가 있을 수 있습니다. 예를 들어 엥겔스는 《가족의 기원》 초반부에서 〔아이스퀼로스의〕 《오레스테이아》의 구조와 당시의 친족 구조를 비교했습니다.[48] 그러므로 우리가 구조들 간의 대응 관계를 논의할 때 단선적이고, 단조롭고, 거의 기계적인 인과관계에 갇히는 것은 아닙니다. 온갖 종류의 인과관계로 나아갈 수 있다는 말입니다. 결국 퓌스텔 드 쿨랑주[49]식의 역사관을 채택해 종교의 구조가 다른 모든 구조를 결정한다고 생각해볼 수도 있습니다. 이 영역에서 모든 교조적인 단정은 거부됩니다. 그러나 만약 구조의 발견이 다양한 구조들의 대조와 그 인과관계 발견으로 귀결되지 않는다면, 구조주의는 도대체 무엇으로 귀결되는 것일까요?

바로 그것입니다. 제가 보기에 그것이 문제의 핵심입니다. 결국 구조 분석이 가치가 있다고 인정되는 것은, 그 분석이 오랜 옛날부터 존재해온 인과성 문제를 해명해줄 수 있다고 확신할 수 있는 경우에 한합니다. 제가 이 강연의 서두에서 어쩌면 모호하게 들렸을지도 모를 지적을 한 이유는, 그게 제게는 본질적인 문제였기 때문입니다. 아시다시피 저는 현재 생물학에서, 정확히 말해 발생학에서 일어나고 있는 일을 참고 사례로 들었습니다. 우리는 항상 하나의 배아나 두 개 또는 네 개의 작은 세포만으로 어떻게 특정 종의 개체가 형성되며, 그 개체가 어떻게 동족이나

48 F. Engels, “Préface de la quatrième édition”, dans *L'origine de la famille, de la propriété et de l'État*, trad. Fr. J. Stern, Bruxelles, Éditions Triboro, 2012, p. 21-22(〈제4판 서문(1891)〉, 《가족, 사적 소유, 국가의 기원》, 김경미 옮김, 책세상, 2018).

49 Numa Denis Fustel de Coulanges(1830-1889), 고대 및 중세 역사가. 주 저서는 다음과 같다. *La cité antique*(1864), Paris, Flammarion, 2009(《고대 도시》, 김응종 옮김, 아카넷, 2000).

부모와 거의 비슷하게 닮을 수 있는지 궁금해했습니다. 그리고 우리는 결정적인 요소, 즉 원인을 찾으려 했습니다. 결국 우리는 인과관계와 에너지론적 관점에서 원인을 파악하려 했지만, 아무런 성과도 얻지 못했습니다. 현재 우리가 알게 된 것은 다음과 같습니다. 세포핵의 구성과 유기체 내에서 나타날 결과물 사이의 동형성을 발견하게 해주는 정보 과정이 있다는 사실. 마치 세포핵 내에 기입된 메시지가 있고 그것이 들리게 되는 것처럼 말입니다. 이제 우리는 그런 식으로 일이 진행된다는 것을 확신하고 있습니다. 우리는 인과관계에 관해 아무것도 알지 못하지만, 정보 과정 안으로 들어간 것입니다. 에너지론적 해결책을, 인과관계의 틀 안에서의 해결책을 찾으려 했지만, 흥미롭게도 그것과는 전혀 다른 정보 과정을 발견한 것입니다. 저는 현재 인간과학 안에서 바로 이런 일이 벌어지고 있다고 생각합니다. 우리는 늘 머릿속에 어떤 에너지론적 혹은 인과적 도식을, 제가 경제적 도식이라 부르는 것을 갖고 있었습니다. 인간의 작품들은 어떻게 생산될 수 있는가라는 물음의 도식 말입니다. 그래서 우리는 탐구하고 또 탐구했지만 인간도, 생산 행위도, 인과관계도, 인과관계의 경로도 발견하지 못했습니다. 우리가 발견한 것은 제가 데익솔로지적 구조, 기록의 구조, 구조와 그 동형성들이라 부르는 어떤 것이었습니다. 레비스트로스는 본질적으로 신화가 왜 존재하는지 끊임없이 궁금해했으며, 다른 모든 인류학자들처럼 연구하다가 마침내 신화들이 서로 호응하는 일종의 다층적 구조를 발견했습니다. 하지만 그는 왜 신화가 존재하는지 여전히 알지 못합니다. 그리고 신화가 어떻게 생산되는지도 설명하지 못합니다. 이제까지 그 누구도 설명하지 못했던 것처럼.

다른 질문자 제 질문도 다소 동일한 방향일 것 같습니다. 제가 처음에 제기했던 질문과는 반대 방향일지 모르겠지만요. 앞서 선생께서 말씀하신 양파의 껍질에 대해 질문하려 했는데, 결국 양파의 중심에는 무엇이 있을까요? 달리 말해 문학 작품 자체 안에, 구조 외에 다른 것이 있을까요? 아마도 선생께서는 이렇게 답하실 것 같습니다. 아니라고, 거기엔 언어와 음소와 분절만 있으니 오직 구조만 있다고. 달리 말하자면, 어딘가에 실체가 존재합니까? 이것은 인과관계의 문제는 아닙니다.

실체는 없습니다. 인과관계도 없습니다. 아니, 좀 더 정확히 말하면 제가 실체도 없고 인과성도 없다고 말할 수 있는 것은, 제가 정의한 인식론적 수준(데익솔로지의 수준)에 우리가 위치하는 순간부터입니다. 항상 데익솔로지라는 말을 언급해 죄송합니다만 제가 다른 곳에서 사용한, 너무 협소하고 궁극적으로 적절하지 않은 고고학이라는 말을 피하기 위해서입니다. 왜냐하면 저는 구조적 방법을 그 방법이 발견한 새로운 대상과 완전히 구분할 필요가 있다고 생각하기 때문입니다. 병리해부학이 생리학의 발견을 가능케 한 것처럼, 방법으로서의 구조 분석이 발견 가능케 한 이 새로운 대상은, 더 이상 실체도 없고 원인도 없는 대상입니다. 이해되시나요?

같은 질문자 그건 아주 타당한 주장입니다.

그렇다면 아마도 우리는 그 영역을 수년간 탐색해나가야 할 겁니다. 그러다 보면 어느 날 우리는 이전의 두 수준을 포괄하거나 혹은 그와는 다른 위치에 존재하는 새로운 인식론적 수준을 발견하게 될지도 모릅니다. 이는 인식론적 수준이기에, 저는 구조주의를 둘러싼 논쟁은 바람직하지 않은 논쟁이라고 생각합니다. 왜냐하면 어떤 사람들이 방법론적 관점에서 문제를 제기하면 다른 사람들은 인식론적 관점에서 응답하기 때문이며, 그 반대도 마찬가지이기 때문입니다.

다른 질문자 그렇다면 그것은 인과관계의 부재인가요, 그렇지 않으면 너무나 복잡해서 도저히 파악되지 않는 인과성인가요?

아니요, 인과관계가 부재합니다. 그 수준 자체가 인과관계를 배제합니다.

같은 질문자 다양한 구조들이 추출된 이후에 우리는 그것들을 서로 대응시키려고 할 것이며, 서로를 통해 서로를 해명하려고 시도할 것입니다. (…) 그러나 그렇게 되면 결코 해독 불가능한 어떤 것으로 귀착됩니다.

다른 질문자 제가 다른 분들과 논의를 공유하고 있는지는 잘 모르겠습니다만, 어쩌면 우리를 막다른 골목으로부터 벗어나게 해줄 수 있을지도 모르는 다른 언어를 사용해보고자 합니다. 그런 의미에서 저는 두 가지 질문을 드리고 싶습니다. 선생께서는 고고학에 대해 말씀하셨지만 저는 항상 지질학에 대해 말해왔습니다. 예로 드신 양파와 다소 연관이 있는데, 항시 여러 지층들과 여러 사물들이 있습니다. 그래서 우리가 신비평에 대해 말할 때, 저는 그것이 동시대의 감수성이자 과거와는 다른 요구를 지닌 새로운 감수성이 아닌가 하는 생각이 듭니다. 전통적 비평이 새로운 감수성의 요구에 부응하지 못하는 상황에서, 이 새로운 감수성의 요구를 탐색하려는 작업이 신비평 아닐까요? 그런 의미에서 신비평은 정확한 의미에서 "동시대적"인 것이 될 것입니다. 다음과 같이 말할 수도 있을 것 같습니다. 과거 수 세기 동안—

미안합니다만 지질학도 고고학도 아닌 음악의 예입니다— 현이 세 개밖에 안 되는 바이올린이 연주되어왔는데, 다른 음악을 연주하기 위해 두세 개의 새로운 현을 추가했다고 가정해봅시다. 신비평은 이렇게 과거의 현들에 몇 개의 현들을 추가한 악기를 사용하는 비평이 아닐까요? 이것이 제 첫 번째 질문입니다. 그리고 두 번째 질문이 있습니다. 예를 들면 베르그송 이래로 체계의 파열이, 즉 일관되고 닫혀 있으며 총체적인 체계의 불가능성이 논의되는 열린 철학이라는 관념이 나타났습니다. 구조주의는 바로 이 열린 철학, 일종의 다원론—일관되든 그렇지 않든—으로 이어지는 것이 아닐까요?

두 분께 나누어 답변을 드려야겠습니다. 근본적으로 적어도 두 가지 질문이 어느 정도 겹쳐집니다. 당신은 제게 신비평이 현대 감수성의 산물인지 물으셨습니다. 달리 말해 구조주의라 불리는 이 체계, 이 구조들이 어떤 인과관계를 지니는가에 대해 물으셨습니다. 그러면 우리는 항시 그 유명한 문제, 즉 인과관계의 문제로 돌아오게 됩니다. 그리고 저는 그 문제가 중요하다는 것을 인정합니다. 당신은 제가 인과관계를 찾지 못한다고, 어쩌면 인과관계가 너무 많아서 그 네트워크를 특정할 수 없는 것일 수 있다고 말씀하셨습니다. 저는 결코 그렇지 않다고 답하겠습니다. 경제 혹은 에너지론에 관한 여러 분석 체계들은 바로 그 인과관계를 탐구합니다. 그러한 인과관계는 매우 복잡하며, 우리가 그것을 발견할 수 없었기 때문에 부득이 새로운 탐구 방향으로 이동하게 된 것입니다. 예컨대 만약 발생학적 발달에 대한 설명을 가능하게 하는 인과관계 체계가 발견됐더라면, 생화학적 정보 분석이라는 새로운 인식론적 형태에 호소할 필요는 없었을 것입니다. 발생학의 발달이 세균성 질병의 존재를 설명하는 것만큼이나 간단했더라면 말입니다. 파스퇴르는 자신의 눈앞에 질병이 있었고, 운 좋게도 그 원인인 세균을 발견할 수 있었습니다. 그래서 그는 그 어떤 정보 분석 같은 것도 행할 필요가 없었습니다. 이해가 되시죠? 생화학의 경우에 분명한 사실은, 인과관계 발견의 실패로 인해 인식 수준의 이동이 일어났다는 것입니다. 마찬가지로 인간 생산의 영역에서도 인과관계의 특정이 실패했기 때문에, 정보에 관한 데익솔로지 분석으로의 이행이 발생했을 수 있습니다. 그런데 이 인식 수준의 작동 방식 자체가 더 이상 인과관계를 고려하지 않게 되어 있습니다. 그 결과는 다음과 같습니다. 첫째로 이 수준에서는 결코 인과관계를 찾을 수 없을 것입니다. 왜냐하면 우리는 그것을 탐구하지 않기 때문이고, 그 수준에서는 애초에 인과성이 지식의 대상이 될 수 없도록 정의되어 있기 때문입니다. 둘째로 그럼에도 불구하고 에너지론 분석 수준이나 생산 분석 수준은 완벽하게 계속해서 존재하고, 우리는 이 수준에서도 충분히 분석이 가능하며, 어쩌면 이 수준에서 인과성을 발견하게 될 수도 있습니다. 다른 수준에서 발견된 것들을 토대로 인과성을 찾아낼 수도 있을 겁니다. 셋째로 이러한 두 수준 간의 관계 문제는 여전히 남아 있습니다. 오늘날 생물학자들이 세포 간 정보 교환 수준과 에너지 수준 사이의 관계를 사이의 관계를 알아내는 언젠가 우리의 문제는 기록의 그 고유한 구조 내에서의 데익솔로지 수준과 기록의 생산, 즉 작품의 생산 수준 사이의 관계를 알아내는 것이 될 것입니다.

같은(?) 질문자 동의합니다.

하지만 다시 한 번 반복하지만 구조의 수준에서는 결코 인과관계가 발견되지 않습니다.

같은 질문자 하지만 **하나의** 구조 수준에서겠지요. 여러 구조들을 서로 대조하게 되면……

아닙니다. 전혀 그렇지 않습니다.

같은 질문자 그렇다면 그런 조건하에서는 생산 과정을 결코 명확히 해명할 수 없을 겁니다.

다른 질문자 말하자면 그것은 단지 새로운 언어를 선택한 것이고, 그것을 통해 인과관계를 회피하려는 게 아닙니까?

회피하기 위해서가 아닙니다!

다른 질문자 선생께서는 자연과학 영역에서 비교를 하시는데, 그것은 인과관계가 확정될 수 없는 영역입니다. 인과관계가 확정된 다른 영역도 존재합니다.

인과관계 도식 발견의 불가능성에 직면했기 때문에 바로 인식론적인 전환—본래는 필요하지 않았을지도 모르는—이 발생한 것입니다. 파스퇴르는 질병의 원인을 세균에서 발견하기 위해 정보 이론을 필요로 하지 않았습니다. 하지만 마치 질병의 원인을 찾듯이 발생학적 발달의 원인을 찾으려 하자 실패하고 말았습니다. 항상 어떤 과학적 실패가 있을 때, 인식론적 변동이 일어납니다.

다른 질문자 선생께서는 계속해서 구조, 동형성, 구조들 간의 비교에 대해 이야기하시지만, 결국 구조를 정의하려면 그것과 대립되는 것이 무엇인지를 알아야 하지 않겠습니까? 제 생각에 구조에 대립하는 것은—제가 틀릴 수도 있지만— 인과성도 아니고, 실체도 아닙니다. 그것은 시간입니다. 우리는 플라톤식 이데아의 세계에서 사는 것이 아니니까요. 예컨대 《오레스테이아》에서 드러나는 가족 구조가 고대 그리스 가족 구조의 계승이라면, 이는 되돌릴 수 없다는 의미를 갖습니다. 선생께서도 책에서[50] 서로 계승되는 구조들을 보여주셨고, 그것들을 되돌리는 것은 상상하기 어렵습니다. 그렇다면 선생께서는 이러한 구조 분석에서 시간을 어떻게 이해하십니까? 그것을 어떻게 다루십니까?

그것은 변환의 규칙입니다. A 유형의 구조는 B 유형의 구조로 변환될 수 있지만, B는 다시 A로 변환될 수 없습니다. 그게 다입니다. 시간이란 바로 이런 구조의 변환입니다. 그런데 사르트르는 이 점을 이해하지 못했어요. 그는 누군가가 변환에 대해 이야기하면 그걸 단순히 단절이라고 생각하죠.[51] 참으로 별난 일이죠!

다른 질문자 제가 좀 끼어들겠습니다. A에서 B로 가지 않고, 그냥 C나 D로 갈 수도 있습니다. 그건 중요하지 않습니다.

반드시 그렇지는 않습니다.

같은 질문자 하지만 그럴 수도 있다는 거죠. A와 B 사이에 존재하는 유일

50 M. Foucault, *Les mots et les choses, op.cit.*[《말과 사물》].

51 사르트르와 베르나르 팽고Bernard Pingaud의 다음 대담을 언급한 것. "Jean-Paul Sartre répond", *L'Arc*, n° 30, 1966, p. 87-96, repris dans Ph. Artière *et alii*(dir), "*Les mots et les choses*", *de Michel Foucault, Regards critiques, 1966-1968*, Caen, Presses universitaires de Caenm 2009, p. 75-89. 또한 다음도 참조할 것. M. Foucault, "Foucault, répond à Sartre", dans *Dits et écrits, I, op. cit.*, n° 55, p. 690-696.

한 관계는 결국 변형뿐입니다.

그렇습니다. A와 B 사이의 유일한 관계는 변형입니다. 저도 동의합니다.

다른 질문자 왜 그렇죠?

그 질문이야말로 구조주의가 설명해야 할 부분입니다. 왜 하필이면 그런 변형이 일어났는지, 그리고 왜 그것이 B에서 C로 이어지는 변형에 앞서 일어나야만 했는지, 그 이유를 설명해야 합니다.

다른 질문자 그렇다면 결국 "이유"가 존재하는 거군요?

맞습니다. 그것이 바로 구조의 이유입니다. 구조 A가 주어졌을 때, 그것은 C를 직접 만들어낼 수는 없고 B만 만들어낼 수 있습니다. A에서 C로 가기 위해서는 반드시 B를 거쳐야 하는 것입니다. 그것은 인과성이 아니라 필연성입니다. 바로 이 필연성의 문제야말로 현대 사유 전체가 직면한 과제입니다.

다른 질문자 두 구조 사이에 정말로 오직 변형 관계만 존재하는 걸까요? 제 생각에 (앞서 질문한 분)이 곤란함을 겪었던 이유는, 그분이 두 구조 사이에서 일반적인 의미의 인과관계 즉 기계적 인과관계를 찾으려 했기 때문 아닐까요? 어쩌면 구조주의가 우리에게 이해시키려고 하는 것은, 우리가 익히 알고 있는 원인과 결과의 단순한 관계와는 전혀 다른, 새로운 인과성 개념을 정립해야 할 필요성일지도 모릅니다. 그런데 선생님 자신이, 강연 중에 답변의 한 요소를 제시하셨다고 생각합니다. 구조주의적 비평이 문학 작품을 대상으로 할 때 텍스트 안에서 말해지지 않은 것, 결국에는 문학 작품이 되기 위해 없어서는 안 될 것을 밝혀내는 것을 목표로 한다고 말씀하셨을 때 말입니다. 아마도 '말해진 것'과 '말해지지 않은 것' 사이의 결핍 관계에서 새로운 인과 개념의 실마리를 찾아야 할 것 같습니다.

제 생각에는—지금 우리는 자유롭게 이야기를 주고받고 있습니다만—알튀세르가 마르크스를 설명할 때 구조주의를 활용해 시도했던 바가 바로 그것입니다. 즉 그는 우리가 대략적으로 기계적 인과성이라고 불렀던 것이 아닌, 일종의 역사적 유형의 인과성을 발견하려 했습니다. 바로 그것이 그가 추구한 구조적 분석 수준에 고유한 인과성일 것입니다. 이렇게 말하는 것이 알튀세르의 사유를 왜곡하는 것은 아니라고 생각합니다. 하지만 저는 그와 생각이 다릅니다. 왜냐하면 구조의 인식론적 수준은 인과성이 아니라 필연성의 수준이기 때문입니다. 그런데 잘 알려져 있듯이 논리학에서 인과성은 존재하지 않습니다. 유효한 언표들 사이에서 설정될 수 있는 관계는, 인과성을 결코 결정할 수 없는 관계입니다. 게다가—논리학자들의 문제이지만—인과적 추론을 일련의 유효한 명제들로 변환하는 일은 대단히 어렵습니다. 제 생각에 구조 분석에서 우리는 언표들 간의 관계를 설정하는 단계에 와 있으며, 이 관계는 인과관계일 수 없습니다. 우리에게 있는 것은 필연성의 관계입니다. 그리고 우리가 할 일은 새로운 형태의 인과성을 찾아내는 것이 아니라, 인과성을 필연성으로 대체하는 것입니다. 따라서 알튀세르의 시도는 훌륭했지만, 바로 그 점〔필연성과 인과성의 혼동-옮긴이〕 때문에 결국 실패할 수밖에 없다고 생각합니다. 이해되시나요?

다른 질문자 여기서 저는 아주 실천적인 관점을 취해보고자 합니다. 하지만 제 관점은 선생님의 관점과도 맞닿아 있을 것 같습니다. 그것은 구조의 구축 자체의 문제입니다. 제가 보기엔, 모든 구조주의자들은 연구 중 어느 시점에서 다음과 같은 방식으로 작업하게 됩니다. 종이 한 장을 꺼내어 한쪽 구석에 작은 십자 표시 하나를 그리고, 다른 쪽 구석에도 하나를 그립니다. 이 십자 표시들은 신화의 단편이든 발화된 언표이든 상관없이 어떤 요소들을 나타냅니다. 그렇게 공간상에 일련의 표시들을 기입하고 나면—여기서 주의해야 할 것은 그 표시들이 시간 속에서도 배열된다는 사실입니다. 왜냐하면 양손을 사용해 작업하지 않는 한 양쪽에 동시에 십자 표시를 그릴 수는 없으니까요. 어쨌든 이러한 표시들을 배치하는 데에는 필연적으로 시간의 순서가 개입됩니다—그다음에 그들은 무엇을 할까요? 연필을 손에 들고 그 표시들이 나타내는 개념이나 요소 간에 존재한다고 생각되는 관계를 화살표로 연결시키려고 합니다. 모든 것이 끝나고, 그 작업이 잘 수행되었다면 그들은 하나의 구조에 도달합니다. 이때 무슨 일이 일어날까요? 그들에 의해 시간 속에서 전개된 시간적 행위가 시간을 초월한 공간적인 구조로 변환됩니다. 그렇다면 구조주의자가 연필을 들고 하나의 표시에서 다른 표시로 향하는 순간에는 무슨 일이 일어날까요? 제가 "이건 인과관계다"라고 말한다면 그 즉시 스스로 인과관계가 아니라는 걸 잘 이해하게 됩니다. 그러니까 그 순간 일어나는 일은 논리적 귀결, 즉 필연성이 아닐까요? 저는 바로 이런 방식으로 구조주의자의 방법론적 작업을 설명합니다. 그리고 바로 그 순간 구조주의자는 실제로 인과관계를 필요로 하지 않습니다. 그러나 구조주의자는 인과관계의 구조를 설명해낼 수 있습니다. 구조주의적 방법론이 인식론적으로 더 높은 수준에 있음을 증명하는 것이 바로 이 지점입니다. 구조주의는 구조를 통해 인과적 현상들을 설명해낼 수 있는 반면, 그 역은 있을 수 없을 것입니다. 즉 일반적인 인과관계나 물리적 인과관계만을 사용해서 구조를 재구축하는 것은 불가능할 것입니다. 제 생각엔, 선생께서 구조주의를 보시는 방식이 바로 이런 식인 것 같습니다. 그런데 저는 여전히 어떤 형태의 인과관계는 옹호하고 있습니다. 구조를 구축하는 행위 자체는 비시간적으로 전개되지 않기 때문입니다. 아마도 선생께서는 이렇게 반론하실 수 있을 겁니다. 구조는 이미 존재하고 있었고 논리적 귀결조차 아니며, 나 혹은 구조주의가 그것을 재발견할 뿐이라고 말입니다. 하지만 다시 다음과 같은 문제가 〔제기될〕 수 있습니다. 구조를 재발견하려는 이 행위 내에서 우리는 일종의—어떻게 말해야 할까요—원인의 도식을 재발견하는 것이 아닌가? 이때 우리는 생리학적 수준으로 내려가서 이렇게 질문할 수도 있습니다. 거기에 생리학적 인과관계가 존재하는 것은 아닐까? 하지만 이는 여전히 해결되지 않은 문제로 되돌아가는 셈입니다. 생리학적인 것과 행동의 동시성에는 직접적 관계가 없으며, 오히려 필연성—기능상 에너지적 인과관계 그 자체—과 생산 사이에 대단히 큰 자유가 존재함을 점점 더 선명히 보여주는 문제로. 어쨌든 필요 불가결한 에너지적 순간과 그 결과물 사이에는 어느 정도 자유가 존재하는 듯합니다……. 그리고 아마도 이 지점에서 우리는 인과관계가 여전히 어디에 자리 잡고 있는지를 확인할 수 있을 것입니다. 왜냐하면 화살표를 그리던 개인이 색전증에 걸린다면 그 행위가 중단되기 때문입니다. 따라서 에너지적 차원의 인과관계가 여전히 논리적 귀결을 지배하는 것은 사실이지만, 그럼에도 불구하고 논리적 귀결 그 자체는 대단히 큰 자유를 유지합니다. 이러한 점에서 저는 대단히 단순하지만 필연적인 일종의 인과관계를 옹호하고 싶습니다.

전적으로 동의합니다. 간단한 예를 들어보자면, 18세기 경제 이론들을 취해 분석을 수행해보면 하나의 기본 구조에서 변형을 통해 두 개의 체계가 나올 수 있다는 걸 알게 됩니다. 그런 이론을 누가 주장했는지는 몰라도 그 두 개의 체계를 완벽하게 도출해낼 수 있습니다. 일단 그 체계들을 획득하면 그중에 한 체계는 토지 소유권을 필연적으로 우대하고, 또 다른 체계는 상업과 교역을 필연적으로 우대한다는 사실을 알아차리게 됩니다. 당연하지만 지주들은 첫 번째 체계 내에서 자신을 확인하고 실제로 그 체계를 지지하게 됩니다. 그래서 중농주의자들을 생겨나게 되는 것입니다.[52] 이해되시나요?

다른 질문자 바로 거기서 인과관계가 발견되는 걸까요?

그것은 개인이 자신이 만든 것이 아닌 구조를 선택함으로써 발생하는 인과관계입니다.

같은 질문자 예, 그렇지만 어쨌든 인과관계가 존재하기는 하는 거죠.

방금 전에 제가 초점을 맞춘 것은 구조의 수준이 아니라 에너지론적 수준, 즉 한 개인이 왜 그 구조를 선택했는가의 수준이었습니다.

같은 질문자 하지만 만약 저 체계보다 이 체계를 선택하는 사람들에게 인과관계가 존재한다면, 그 두 체계를 만들어내는 사람들에게도 인과관계가 존재하는 게 아닙니까?

〔그건 그렇지 않은데-역자〕 체계를 만들어내는 사람들은 체계에 의해 생겨나기 때문입니다. 실제의 수준에서 체계의 생산을 가능하게 하는 것은 체계이지 그 역은 아닙니다.

52 M. Foucault, *Les mots et les choses, op. cit.*, p. 213-214(《말과 사물》, p. 290).

다른 질문자 구조와 인과관계 개념에 대해 여러분이 많이 질문하셨기 때문에, 저는 문학 분석의 접근 방식에 대해 질문드리고 싶습니다. 선생께서 옹호하시는 접근 방식의 장점들을 잘 알고 있습니다. 그리고 전통적인 형식적 비평에 비해 구조주의적 접근 방식이 가져온 진전들도 분명히 볼 수 있습니다. 실제로 저는 작품 자체의 구조에 기반한 담론에 충실하면서 문학에 접근할 수 있는 방법이, 고유한 정당성을 가진 분석 방식이라고 생각합니다. 하지만 두 유형의 비평—형식적 비평과 구조주의 비평—만 존재하는 것은 아닙니다. 다른 접근법들도 존재하는데, 저는 예를 들어 루카치의 비판적 리얼리즘 분석을 떠올립니다.[53] 거기서는 인과성 문제가 중요한 게 아닙니다. 왜냐하면 작품의 내용만이 아니라 작품이 취하는 형식도 중요하기 때문입니다. 예컨대 카프카나 토마스 만 같은 작가들의 작품은 왜 그런 특정한 형태를 취하는가에 대한 분석은, 인과관계가 아니라 담론 그 자체에 기반한 분석입니다. 그리고 보로로족이 많이 언급되었으니 말인데, 저개발 국가들에는 문학적 생산의 한 형식인 희곡이 있습니다. 그에 해당하는 작품들이 출간된 맥락을 고려해보면, 공연되기 위해서가 아니라 읽히기 위해 만들어진 것임을 알 수 있습니다. 이 경우에는 그 작품들이 등장한 맥락 자체가 담론의 형태, 글쓰기 방식, 구성 방식보다 더 중요하다는 것이 분명합니다. 그래서 저는 내용과 형식의 이해는 [다루지[a]] 않고, 루카치식 분석에 대한 선생의 의견을 묻고 싶습니다. 다음으로는 그러한 분석이 어느 정도 구조주의에 근접하는지, 어느 정도까지 구조주의를 보완하는지, 그리고 궁극적으로는 구조주의가 확실히 새로운 것을 가져다주는 것은 맞지만 그와 동등한 정당성을 가진 다른 분석들 내에서 이미 발견되는 것은 아닌지, 선생의 견해를 듣고 싶습니다.

53 G. Lukács, *La signification présente du réalisme critique*(1958), trad. Fr. M. de Gandillac, Paris, Gallimard, 1960.

a 잘 들리지 않아 추측했다.

질문이 좀 당혹스럽네요. 왜냐하면 저는 정말로 루카치의 분석이 우리가 앞서 논의한 두 가지 분석 중 어느 쪽으로도 환원될 수 없을 만큼 새로운 것인지 의문이 들기 때문입니다. 예를 들어 루카치의 괴테에 대한 연구[54]나 소설에 대한 연구[55]를 어떤 것이든 살펴보세요. 그는 소설의 내용이나 이야기보다는 소설의 형식을 훨씬 더 중점적으로 검토합니다. 도대체 소설적 서사는 무엇인가, 피카레스크 소설이란 무엇인가, 《클레브 공작 부인》[56]와 같은 고전적 유형의 소설은 무엇인가 등등을 말입니다. 그는 여러 형식들을 밝혀냅니다. 다른 한편으로는, 마르크스주의적 유형의 분석을 통해 사회 계급과 생산력 사이에 일련의 관계를 설정하는데, 그것은 근본적으로 구조적인 관계라고 말할 수 있습니다. 이 점에서 저는 알튀세르의 말이 전적으로 옳다고 생각합니다. 요컨대 마르크스가 말하는 생산관계의 분석은 구조에 대한 분석입니다. 이 점은 의심의 여지가 없습니다. 둘 중 하나입니다. 루카치가 뒤메질처럼 "내 앞에 두 개의 구조가 있다. 이 두 구조는 어느 정도까지는 동형이거나 혹은 차이가 있고, 한 구조에서 다른 구조로 넘어가려면 변환이 필요하다"고 말하는 경우, 그는 전적으로 구조주의적 분석을 수행하는 것입니다. 혹은 그가 이렇게 말할 수도 있습니다. "이 두 구조 중 하나가 필연적으로 다른 하나를 낳고 생산했다." 실제로 루카치의 분석이 지향한 바는 바로 이것이라고 생각합니다. 즉, 하나의 구조와 다른 구조 간에 생산 모델, 네트워크, 경로를 설정하는 것이었습니다. 그렇기 때문에 저는 루카치의 분석이 우리가 앞

54 G. Lukács, *Goethe et son époque*(1947), trad. Fr. L. Goldmann et P. Franck, Paris, Nagel, 1949.

55 G. Lukács, *La théorie du roman*(1916), trad. Fr. J. Clairevoye, Paris, Gonthier, 1963(《소설의 이론》, 김경식 옮김, 문예출판사, 2007).

56 Mme de Lafayette, *La princesse de Clèves*(1678), Paris, Flammarion, 1997.

서 언급한 두 가지 분석 사이에 존재하는 제삼의 길이라고 생각하지 않습니다. 오히려 그것은 그 두 분석 사이를 끊임없이, 빠르게, 변증법적으로 오가는 움직임에 불과하다고 봅니다. 물론 제가 틀렸을 수도 있습니다.

이 젊은 학생들은 아무 말도 하지 않는군요. 입을 꾹 닫고 있네요.

사회자 혹시 학생들 중에 질문하고 싶은 분 계신가요?

없어요? 젊은 학생들은 늘 수줍어하네요.

사회자 여러분이 여전히 박식한 질문을 던질 수 있으며, 푸코 선생께서도 그에 못지않게 박식하고 훌륭한 답변을 주실 것임을 의심하지 않습니다. 오늘 세션은 꽤 오래, 그리고 즐겁게 이어졌습니다만, 이제는 마무리해야 할 것 같습니다. 감사합니다.

10. 〔언어 외적인 것과 문학〕[*]

지난 30여 년 동안 문학은 언어의 일반적 형식들에 내재된 하나의 형식으로 분석되어왔으며, 어느 정도는 직접적으로 언어학의 범주에 속하는 것으로 분석되어왔다.

그러나 지난 10여 년 이래로 이와는 정반대의 움직임이 점점 더 분명해짐에 따라 문학 분석에서 언어 외적인 것의 중요성이 갈수록 선명해지고 있다.

이 언어 외적인 것의 난입은 확실히 의미 분석이 봉착한 어려움과 관련되어 있지만, 그 어려움들로 요약될 수 있는 것이 아니며 특히 그 어려움들 안에 놓여 있는 게 아니다.

사실 이 문제는 잘못된 방식으로 제기되기도 한다. 자주 기표와 기의의 측면에서 진행된다는 말이다.

예를 들어 해리스는 의미를 완전히 배제한 채 기표의 요소들을 정의하려는 시도를 했고,[1] 현재 언어적이지 않은 자료(예: 포스터 등)를 다루는 이들이 기표적 요소들을 정의할 기준을 찾지 못할 때 특히 큰 기대를 품게 만드는 인물이다.

구조주의를 대표하는 자들 중 가장 형식주의적인 자들은 이를 반박한다. 기의의 차원을 결코 잊어서는 안 되며 치환permutation의 기준도 결국은 기의에 대한 참조를 전제로 한다는 것이다.

---

* BnF, Fonds Foucault, NAF 28730, boîte 54, dossier 4. 푸코는 이 텍스트에 제목을 붙이지 않았다.

1 Z. S. Harris, *Methods in Structural Linguistics*(구조언어학의 방법), Chicago, The University of Chicago Press, 1951.

반대로 구조들을 이용해 기의를 분석하는 것의 어려움, 의미론의 장을 편성하는 것의 어려움으로 인해 어떤 경우에는 기표 측에서 모델을 찾게 되며, 어떤 경우에는 병행론을 피하려는 시도로 이어지기도 한다.

그러나 어쩌면 진짜 문제는 거기에 있지 않은지도 모른다. 어느 시기 이래의 언어 분석이 우리에게 알려주는 것은, 바로 언어 외적인 것의 고유한 중요성이다.

—언어학 자체 내에서의 중요성:

—야콥슨의 친연성 분석에서,

—촘스키의 명시적 담론에 대한 참조에서,

—프리에토의 의미-기의sens-siginfié 관계 분석에서.

—혹은 말하는 주체에 관한 연구에서도 그러하다. 특히 실어증 환자[2]에 대한 연구에서 언어 외적 요인은 중요하다.

—논리실증주의 이후 수행된 언표 이론에 관한 연구에서도 그러하다.

—참 혹은 거짓이 될 수 있는 단언문의 형태를 가진 언표 외에도

—의문문, 소원문, 명령문과 같은 형태의 언표가 알려져 있었다. 이 경우에도 해당 언표를 식별 가능하게 하는 언어학적 기준들이 존재했다.

---

2 실어증에 대한 언급은 다음의 여러 문헌에 대한 참조를 암시한다. 메를로퐁티가 프랑스에 확산시킨 쿠르트 골트슈타인Kurt Goldstein의 저작들(특히 *Language and Language Disturbances. Aphasia Symptom Complexes and Their Significance for Medecine and Theory of Language*, New York, Grune & Stratton, 1948), 그리고 로만 야콥슨Roman Jakobson의 "Deux aspects du langage et deux types d'aphasie", dans R. Jakobson, *Essais de linguistique générale*, op. cit. 그리고 당시 실어증에 대한 여러 논의를 효과적으로 요약한 다음의 논문도 있다. D. Cohen et M. Gauthier, "Aspects linguistiques de l'aphasie", dans *L'Homme. Revue française d'anthropologie*, vol.5, n°2, 1965, p.5-31. 푸코가 여기서 염두에 둔 것은 의심할 여지 없이 이 논문이다. 왜냐하면 본서의 〈문학 분석과 구조주의〉에 이 논문을 명시적으로 인용하기 때문이다.

—그러나 오스틴[3]은 다음과 같은 것을 감지했다.

1) 한편으로 어떤 종류의 언표는 형식 자체에서는 아무런 표시도 없지만, 완전히 다른 담론을 구성한다는 사실. 예를 들면 "회의를 시작하겠습니다"라는 언표는 언어 외적 조건들에 의존한다.

2) 이로부터 그는 언어 행위act of speech를 분석하게 되었다. 그러나 더 이상 그것을 언어 체계langue의 가능성 안에 위치하는 고립된 행위로서가 아니라 복합적인 행위로서 분석하며, 고유한 효과 외에도 최소한 두 개 수준—발화locution와 발화 내 행위illocution—을 포함하는 행위로서 분석한다.

이처럼 어느 정도까지는 언어학적 분석[에 있어서[a]], 다른 한편으로 담론의 분석에 있어서(프리에토와 같이 언어학적 관점에서 수행되든, 오스틴처럼 언어학과 이질적인 관점에서 수행되든), 언어 외적인 것은 다음과 같이 정의되는 것을 알 수 있다.

—상황: 말이 행해지는 장소, 화제가 되는 대상(지시 대상으로서의 사물이 아니라 존재하거나 존재하지 않거나 하는 현실의 사물), 그리고 그 대상과 관련해 화자가 점유하는 위치.

—말하는 주체: 그가 말하는 순간에 점유하는 위치만이 아니라 말함으로써 수행하는 행위(예를 들면 말하는 주체가 행위 수행적 명제를 발화할 때 그 명제는 의례화된다. 요컨대 관여할 특성은 사전에 규정된다).

달리 말해 언어학은 어느 정도 언표 이론의 일부일 수 있으며,

---

3 J. L. Austin, *Quand dire, c'est faire*(말할 때, 그것은 행위하는 것이다), *op. cit.*

a 단어가 빠져 있어 추측했다.

거의 전적으로 언어 외적인 것이 언어학에 고유한 논의와 어떤 관계를 맺는가라는 문제를 제기한다.

그런데 바로 이 지점에서 문학과 관련해 몇 가지 모호한 것들이 얽히기 시작한다. 문학이 담론, 즉 일련의 언표라는 것은 누구나 잘 알고 있다. 그러나 또 다른 의미에서 문학에는 언어 외적인 것이 존재하지 않는다는 것도 잘 알려진 사실이다.

얼핏 보기에 언어 외적인 요소는 다음에서 발견되는 듯하다:

—저자의 사유 혹은 그 시대 사람들의 사유 내에서: 그러나 이러한 방식은 명백히 문학 담론에 고유한 것을 놓치게 된다. 어떤 사유나 사유 체계도 어떤 담론이 단순한 담론이 아니라 문학적 담론이라는 것을 정당화해주지 못한다.

—혹은 책의 실존 내에서: 사실 이것이 훨씬 더 중요하다. 오늘날 대부분의 국가들에서 문학은 백지 위에 인쇄되어 있으며, 우리는 그것을 책장을 넘겨가며 읽는다는 사실, 그리고 그것을 일정한 순서에 따라 넘겨야 한다는 사실, 이 모든 것이 큰 중요성을 갖는다.

뷔토르[4]는 [⋯[a]]에 관해 〔말한 바 있다-옮긴이〕.

리카르두의 책[5]처럼 모든 방향으로 넘겨가며 읽을 수 있는 책에서는, 페이지 순서에 따라 읽어야 하는 경우와 동일한 것을 말하지 않을 것이다.

이러한 논의를 통해 우리는 이데올로기라는 수단보다 오

---

4 뷔토르에 대해서는 다음을 보라. M. Foucault, "Distance, aspect, origine", art. cit(〈거리·양상·기원〉, 《미셸 푸코의 문학비평》). 이것은 뷔토르의 다음 책에 관한 것이다. *Description de San Marco*(산마르코의 묘사), Paris, Gallimard, 1963.

a 이 구절은 읽기가 불가능하다.

5 J. Ricardou, *La prise de Constantinople*(콘스탄티노플 함락), Paris, Les Éditions de Minuit, 1965. 이 책은 누보로망의 상징적 작품으로 간주되어 1966년 페네옹Fénéon상을 수상했으며 형식 자체에 대한 개입, 이를테면 모든 페이지 구분의 포기 등의 특징이 있다.

히려 소비라는 수단을 통해 독자의 문제에 다시 도달한다. "누가 읽는가"라기보다는 "어떻게 읽는가?", "읽는다는 행위는 도대체 무엇일까?", "읽는 활동이란 도대체 무엇일까?"라는 물음으로 되돌아가는 것이다.

예를 들어 18세기 말 유럽 전역에서 공포소설이 등장한 것은, 독자와 그가 읽는 것 간의 새로운 관계를 보여주는 명백한 징후였다. 기묘하게도 공포를 느끼기 위해 책을 읽기 시작했기 때문에 분명 독서 행위의 구조가 변화한 것이었다.

그러나 이 모든 것보다 더 근본적인 것이 있다. 문학이란 그것 자체로부터, 즉 언표들을 출현시키는 행위로부터 언어 외적인 것을 스스로 촉발시키는 담론이며, 바로 이 언어 외적인 것이 문학을 언표로서 존재하게 한다고 말해야 한다.

문학은 담론 안에 내재해 있는 언어 외적인 것의 파격 용법이다.

결국 거의 전적으로 언어 외적인 것 없이 성립할 수 있는 언표들이 있다. 문법, 체계로서의 철학, 그리고 모든 과학적 담론이 그렇다. 〔달리 말해〕[b] 모든 체계가 이에 해당한다.

내재된 언어 외적인 것 없이도 존립하지만 언어 외적인 것 자체 없이는 성립하지 않는 쓰여진 언표들도 있다. 정보 전달을 위한 모든 언표다.

마지막으로, 자기 자신에게 내재된 언어 외적인 것을 스스로 생성해내는 언표들의 범주가 존재한다. 그것은 전적으로 사용된 말들 속 또는 아무튼 사용된 기호들 속에 완전히 자리 잡으면서도, 역설적 방식으로 언어 체계를 벗어나는 언어 외적인 차원을

b 읽기 어려워 추측했다.

출현시키는 담론이다.

그러므로 문학이 (정보 전달 담론처럼) 지시 대상référent에 초점이 맞춰진 것이 아니라 기표에 초점이 맞춰진 메시지라고 말해서는 안 된다. 문학은 자기 참조적〔지시적 - 옮긴이〕 활동이 아니다(만약 그렇다면, "내가 발화하는 말은 엄격하다, 혹은 장엄하다, 혹은 모호하다"라고 말하기만 해도 문학이 될 것이다). 요컨대 내가 말하고 있는 것 자체에 대해 이야기하는 것만으로 문학이 되지는 않는다.

이 가설〔문학은 자기 참조적 활동이라는 가설 - 옮긴이〕이 왜 비평가들에게 그렇게 매력적으로 다가오는지는 쉽게 이해할 수 있다. 이 가설은 비평가와 작가 간의 거리를 기묘한 방식으로 축소하기 때문이다. 작가는 자기 자신의 언어를 문제 삼거나 혹은 자기의 언어 속에서 암호화하는 자이며, 비평가도 그와 거의 동일한 일을 하지만 단지 타인의 언어를 말하는 자다. 그 거리가 조금만 더 좁혀지면(타인의 언어가 비평가 자신의 언어가 되기만 하면) 비평가도 작가가 될 수 있다. 그리고 결국 비평가가 타인의 언어를 더욱 잘 이해해 그것을 자신의 언어로 만드는 데 성공한다면(그것이 언어의 언어임을 발견함으로써), 그 순간 그는 바로 작가가 되는 것이다.

그러나 그 점은 중요하지 않다. 중요한 핵심은, 오히려 문학은 근본적으로 "외부를 향해 펼쳐지는extratensif" 행위라는 사실이다. 그 전체가 어떤 언어 외적인 것을 향해 나아가는 행위인 것이다. 그리고 언어 외적인 요소는 미리 주어져 있는 것이 아니라 오직 담론으로부터 생겨나는 것이며, 문학의 발걸음 아래에서 태어나고 오직 단어들에 의해 구성될 수 있는 것이다.

(이 언어 외적인 것이 반드시 말들의 바깥에서 발생한다고는 할 수 없지만 적어도 말들의 바깥 측면, 즉 말들이 비언어적이고 언어 외적인 것에 접촉하는 지점, 예컨대 백지라는 공간, 그 장방

형의 차원에서 탄생할 수 있다는 사실에 주목할 필요가 있다. 말라르메 이후 종이의 공간에 놓인 말들과 기호들에 관한 탐구는 명백히 기호의 탐구가 아니라, 기호를 언어 외적인 것으로 이동시키는 것과 관련이 있다. 그럼에도 언어 외적인 것은 기호를 통해서만 밝혀지고 또 기호에 의해서만 존재한다.[a]

아마도 이런 방향에서 데리다는 언어 체계와 관련해 에크리튀르가 갖는 근본적이고 우선적인 성격을 강조한 것으로 보인다.[6] 이는 언어학의 우위를 급진적으로 전복시키는 것이리라. 이러한 생각을 염두에 두고 있다가, 글쓰기 행위 내에서 말하는 주체를 분석할 때 되짚을 필요가 있다.)

그러나 문학이 자신의 담론 내에서 스스로 구성해내는 언어 외적인 것은, 언어학과 언표에 관한 이론이 우리에게 지시하는 바로 그곳에서 찾을 필요가 있다. 즉 "상황" 안에서 찾아야 하는데, 그것은 현실 세계 내에서의 작가의 상황이나 책의 보급 혹은 출판 조건 등을 의미하는 것이 아니다(물론 그것들 역시 중요하고 일정한 역할을 담당하지만, 그 역할은 여러 우회를 발생시키는 많은 장애물들을 거치게 된다). 여기서 말하는 상황이란 책 내부에서 말하는 주체가 점유하는 위치, 그 주체의 모호한 자세를 의미한다(그 주체는 완전히 담론 내부에 [거주하여[b]]—언어 기호의 외부에서는 그 주체를 포착할 수 없다— 눈에 보이지 않고 감각적으로도 지각되지 않으며, 그의 침묵은 그를 소멸시킨다). 그러면서도 그는 담론의 바깥에 있는 자이기도 하다. 왜냐하면 그 담론을 말하고 있는 자가 바로 그이기 때문이다.

---

a 여백에 이렇게 적혀 있다: 언어 외적인 것이 갖는 매혹과 어쩌면 착각. 왜냐하면 언어 외적인 요소는 기호들로 이루어지긴 하지만 내재적인 것은 아니기 때문이다. 여기에는 불식되어야 할 모호함이 있다.

6 J. Derrida, *De la grammatologie*, Paris, Les Éditions de Minuit, 1967(《그라마톨로지》).

b 누락된 낱말을 추측했다.

〔그래서 우리는 문학이 침묵을 향해 나아간다는 말이 왜 성립하는지를 잘 이해할 수 있다. 사실상 문학은 눈에 보이지 않고, 어떤 의미에서 말하지도 않는(결코 언어 안으로 들어가지 않기 때문에) 인물에 의해서만 존재할 수 있기 때문이다. 그리고 문학을 구성하는 말들의 엄청난 웅성거림은 언어 외적인 숨결, 즉 언어가 질서 있게 배열될 비어 있는 위치를 존재하게 만든다(그리고 어떤 의미에서 문학은 전적으로 그러기 위해 존재하는 것이다)〕.[a]

현대의 비평이 왜 블랑쇼의 고독한 말에 의해 올바른 길로 인도되었는지를 이해할 수 있다. 그가 줄곧 언어 체계 속의 언어 외적인 것의 현존을 불러일으켰기 때문이다. 그는 이 현존의 부재에 자신의 목소리를 내어주었다. 그리고 그 목소리는 자신이 작품의 중심부에 도달했다고 주장하지 않았으며, 작품과의 친밀성이라는 어리석은 착각을 내세우지도 않았다. 오히려 작품의 불가분한 바깥으로서 자신을 내보였다. 그리고 바로 그 바깥이, 작품이 끊임없이 조성해내면서 동시에 그로부터 비롯되는 저 바깥을 향해 그 무엇보다 더 잘 열려 있을 〔수〕[b] 있었다.

블랑쇼와 아르토, 이 두 사람만이 담론의 이러한 바깥, 즉 말 자체가 깊이 파여 들어갈 때의 침식 작용을 감지했던 자들일 것이다.

하지만 사람들은 이렇게 말할지도 모른다. 결국 이 모든 것은, 작품이란 작가와 그의 언어 사이의 기이한 관계 속에 있다는 말로 돌아간다고. 작가는 작품을 통해서만 존재함에도 불구하고, 그러한 관계는 작가를 자신의 작품 속으로 사라지게 만든다. 이

a 이 구절은 원고에서 각괄호 안에 들어가 있다.
b 이 낱말이 빠져 있다.

것은 진부한 역설이 아닐 수 없다.

그러나 이는 결코 여기서 말하고자 하는 요점이 아니다.

모든 담론이 회부되고 그것에 의해 규정되는 언어 외적인 것은, 언표의 내부에 있는 것이다. 그것은 오직 언표를 통해서만 인식될 수 있으며, 정확히 말해 언표를 통해서만 존재할 수 있다. 이 점에서 그것은 담론 내에 음각처럼 새겨질 수 있는 언어 외적인 것(예를 들어 의미장champ sémantique의 구조화나 이론의 형식, 또는 이데올로기적 영역을 통합하는 언어 외적인 것)과는 근본적으로 다르다.

그것은 또한 저자나 저자가 생각하는 바, 저자가 의미하고자 하는 바에 의해 구성되는 언어 외적인 것과도 전혀 다르다.

이는 모든 언표들이 일반적으로 의존하고 그로부터 명확히 표현되는 언어 외적인 요소를 오직 담론을 통해서만 구성하거나 확립하는 것에 관한 문제다.[c]

그렇다면 이 내재적 언어 외적인 것은 도대체 무엇으로 이루어지는 것일까? 언어 혹은 언표의 분석에서 언어학자들과 논리학자들은 다음의 두 가지 방식으로 언어 외적인 것이라는 "장벽", 한계에 부딪히게 된다.

—내용(의미)의 수준, 주로 의미장의 구성 내에서다. 아무튼 말할 수 있는 것은, 현재까지 그 어떤 의미장도 순수하게 언어학적인 견지에서 구조들을 전개시킬 수 없었다는 사실이다.

—언표의 형식과 언표를 발화하는 행위의 수준에서다. 이 경우 언어 외적인 것은 다음과 같이 드러난다.

c 여백에 이렇게 적혀 있다: 오랫동안 비평은 이 구멍을, 언어 외적인 요소라는 이 바깥을 저자의 "내면"으로 메꾸려 했다. 저자는 언표에 내재하는 언어 외적인 요소의 총체로 파악되었다.

a. 프리에토가 관여화pertinisation라 부르는 바(유일하고 동일한 의미를 출현시키기 위해 언어 외적 맥락에 따라 말해야 하거나 또는 침묵할 수 있는 특질)[7]내에서. 즉 사람들은 모든 것을 말하지는 않지만, 어떤 것들을 말하면 그에 따라 반드시 다른 것을 말해야 할 필요가 생긴다.

b. 파롤 행위의 시간적 위치, 요컨대 발화하는 바와 맺는 시간적 관계 내에서(기욤Guillaume의 분석[8]).

c. 파롤 행위의 본성 자체 내에서. 왜냐하면 확인적constatifs 언표도 존재하지만 수행적 언표도 존재하기 때문이다.

그러나 문학의 파롤에는 다음과 같은 특수한 점이 있다.

A. (상기한 a에 상응해[a]) 문학의 파롤은 오직 종이 한 장만을 자신의 언어 외적 맥락으로 가지므로 어떤 의미에서는 모든 것을 말할 수 있는 가능성과 권리를 가지며, 어쩌면 아무것도 〔파롤에 앞서-옮긴이〕 실존하지 않기 때문에 모든 것을 말할 의무마저 있을 수 있다.

물론 문학이 모든 것을 말하지는 않는다. 그러나 자신의 담론 내부에 존재하는 일종의 언어 외적인 요소처럼, 모든 것을 말하지 않아도 되게 해주는 맥락을 간접적으로 지시한다. 하지만 그렇다 해도, 문학의 파롤은 우리가 현실에서 일상적으로 말할 때보다 훨씬 더 많은 것을 말해야 한다(왜냐하면 실제 말하기에서는 말 없는 사물들, 우리가 위치하고 있는 침묵의 공간, 말하는 주체의 위치, 이 모든 것이

7 L. J. Prieto, *Messages et signaux*, *op. cit.*

8 G. Guillaume, *Temps et verbe. Théorie des aspects, des modes et des temps*(시간과 동사. 양태, 화법, 그리고 시제에 관한 이론), suivi de *L'architectonique du temps dans les langues classiques*(고전 언어의 시간 건축학), Paris, Champion, 1965.

a 이 페이지의 a 참조.

메시지 형태의 일부를 구성하기 때문이다. 이는 메시지에 중단 없는 의미를 부여하게 해주는 일종의 덧붙여진 코드 역할을 한다. 단순한 언어 코드만으로는 그 의미를 완전히 부여할 수 없다). 문학은 자기가 모든 것을 말하지 않아도 되게 해주는 언어 외적인 것을 스스로 구성해낸다. 그 방식으로는 여러 가지가 있다.

1) 적어도 특정 시대의 글쓰기 행위에 언제나 암묵적으로 동반되는 전제와 같은 사항. 예를 들어《클레브 공작 부인》[9] 혹은《히페리온》[10]에서는 등장인물들이 서로 몇 센티미터 거리에 있는지를 말해주지 않는다. 그리고 누군가 "오늘" 아침이라고 말할 때, 우리에겐 그러한 표현의 의미를 정확히 채울 수 있는 정보가 없다. 왜냐하면 그 오늘이 달력상 몇 일인지 알 수 없고, 또한 그 오늘은 독자가 책을 읽고 있는 현재와는 [무관하기[b]] 때문이다.

2) 문학은 (방금 언급한 근본적인 비존재성의 한계 내에서) 사물, 등장인물, 신체적 특징, 배경 등을 자유롭게 구성할 수 있다. 그리고 한번 언표되면 그것들은 언어 외적인 것의 역할을 하게 되며, 그것에 입각해 관여해야 하는 것〔기의를 구성하는 데 필요한 요소가 되어야 하는 것 - 옮긴이〕과 그럴 필요가 없는 것이 선별될 수 있다(즉 모든 담론 내에서 맥락은 이처럼 언어 외적인 것의 역할을 수행한다. 모든 것이 곧 맥락이 된다).

묘사들. 〔예를 들어〕[c] 발자크의 경우, 그의 묘사는 철저하게 망라적이고 한 번에 모두 제시되며, 소설의 나머지 부분 전개

---

9 Mme de Lafayette, *La princesse de Clèves*, *op. cit.*

10 F. Hölderlin, *Hyperion*, trad Fr. Ph. Jaccottet, dans *Œuvres*, "Bibliothèque de la Pléiade", Paris, Gallimard, 1967, p. 134-273.

b 누락된 단어.

c 누락된 단어.

를 위한 상황의 선험적 조건으로 기능한다. 인물의 외모나 성격에 대한 묘사도 마찬가지다.

로브그리예의 경우, 그의 묘사는 항상 단편적이고 약간씩 다르며 파롤 행위와 결부되어 있다.

우리는 이러한 맥락적 배치들의 역사를 써볼 수 있을 것이다. 이러한 배치들은 문학 담론의 일부가 다른 언표들과 관련해 하나의 선행하는 언어 외적인 요소로 기능할 수 있게 해준다.

3) 문학은 연결고리들을 수립한다(수용하거나, 해체하거나, 재구성한다). 일상 언어에서는 관여화〔기의를 구성하는 데 필요한 요소가 되는 것〕 가운데 어떤 것들은 서로 결부되지만 다른 어떤 것들은 사실상 서로를 배제한다.

여기서 문학 고유의 모호성이 발생한다.

문학은 기표 그 자체의 고양을 위해 "의미를 유예"시키는 것은 아니라고 말할 수 있다. 하지만 언어 외적인 것은 기표와 기의의 매개를 통해서만 구성되기 때문에, 문학적 언어는 결코 폐쇄적이지도 충만하지도 않다. 이것은 일종의 열린 범주다. 통상적으로 하나의 언표는 (0에서 유한한 양까지) 셀 수 있는 다양한 의미들의 집합을 형성하는 반면, 문학적 언표는 완전히 무한한 의미의 집합을 연다. 이는 문학적 언표가 의미를 갖지 않는다는 뜻이 아니라, 셀 수 없는 의미들의 집합이 그 언표를 채울 수 있다는 뜻이다.

(이것이 문학 비평을 정당화하지는 않지만, **독서** 그 자체를 매우 독특한 언어학적 활동으로 만든다.)

모든 문학 작품에는 과잉이 존재한다. 무언가를 **과도하게 말하는** 방식이 존재한다. 아무리 조금만 말하려 해도 결국 **더 많이** 말하게 된다.

(이것이 아마도 파블fable과 대비되는 개념의 픽션일 것이다.)[a]

B. (상기한 b에 상응해[b]) 말하는 주체의 위치, 그것의 포착과 이동은, 렉톤lekton과는 대조적으로 작품의 렉시스lexis를 구성한다.[11]

우리가 즉각적으로 주목해야 할 것은 이 렉시스가 (픽션과 마찬가지로) 작품이나 담론의 구성 요소가 아니라는 사실이다. 요컨대 렉시스는 의미를 갖는 고유한 소재를 갖추고 있지 않다. 의미를 갖는 고유한 소재에 의거해서만 분석될 수 있음에도 불구하고 말이다. 하지만 그렇다 해도 **나**라고 말하는 등장인물, 가능한 한 눈에 띄지 않는 개인의 형태가 파블 안쪽에서 포착되는 경우가 있다. 따라서 결국 픽션의 형태나 렉시스 고유의 구성을 규정하는 것은 렉톤의 요소나 파블 고유의 배열 구조다.

그런데 렉시스는 〔아래의 도식에서-옮긴이〕 곧 알 수 있듯이, 종종 자신만의 특수한 이중화redoublement 상태에 놓이게 된다. 주체가 표상될 수 있다는 의미에서 말이다. 그리고 사실 주체는 근본적으로는 부재하지만, 파블 내에 (적어도 간접적으로) 존재하는 방식이 있다(거의 항상 그렇다).

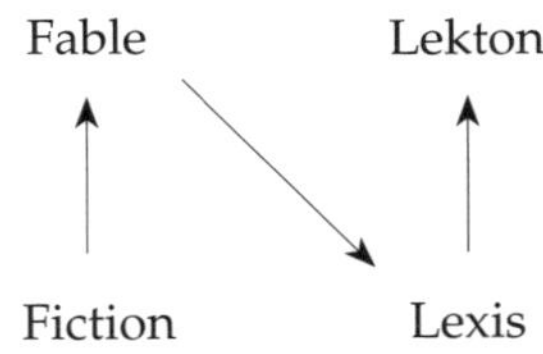

a 여백에 이렇게 적혀 있다: 픽션과 파블의 관계를 통해 연극은 다른 모든 형식의 문학에 대립한다.

b 본서 p. 252의 b 참조.

11 렉시스lexis(파롤, 언표 행위)와 렉톤lekton(말해질 수 있는 것, 표현 가능한 것)의 구분은 스토아주의에서 기원한다. 푸코에게서 이러한 구분이 갖는 명확한 의미에 관해서는 본서 〈문학 분석과 구조주의〉, p. 288-289를 보라.

바로 여기에 한편으로는 〔비문학적 언어〕[a]와 연극, 다른 한편으로는 비문학적 언어와 이야기recit(서사시나 소설) 간의 차이가 존재한다.

그래서 다음과 같은 분류가 가능하다.

Fiction	Lexis	
+	+	시
+	—	이야기
—	+	연극
—	—	비문학적 언어

비문학적인 언어에서는, 모든 것을 말하지 않아도 되게 해주는 맥락이 다음 중 하나에 의해 확보된다.

—현실에 존재하는 사물들에 의해.

—실존한다고 전제되는 정보적 내용들에 의해.

(반면 문학에서는 오직 백지만이, 절대적 출발점만이 존재할 뿐이다).

따라서 〔비문학적 언어에서 - 옮긴이〕 픽션은 존재하지 않는다.

또한 렉시스도 존재하지 않는다. 왜냐하면 주체는 항시 다음과 같은 일관된 방식으로 현존하기 때문이다.

—말하는 주체에 결부된 개인적 언명의 형태하에서

—자신이 알고 있는 것 혹은 생각하고 있는 것을 말하는, 이름이 있거나 혹은 익명인 저자로 동요 없이 귀결되는 중립성의 형태로.

이와 같은 〔파롤과 주체의 - 옮긴이〕 일관된(심지어 타인의 의견을 자신

a　읽기 불가능한 약어를 추측했다.

의 담론 안으로 끌어올 때조차 변함없는) 관계는 과학적 담론이나 철학적 담론을 특징짓는다. 만약 어떤 철학 텍스트에서 균질적이지 않은, 그러므로 중립적이지 않고 다양하게 변화하는 렉시스가 존재하기 시작하면, 그 텍스트는 문학적 텍스트가 되는 것이다.《비극의 탄생》[12]은 철학의 범주에 속하는 텍스트이지만,《차라투스트라는 이렇게 말했다》[13]는 문학 작품이다(설령 다른 측면에서, 예를 들면 횔덜린의《엠페도클레스》[14]처럼 철학적 의미를 가진다 하더라도 말이다).[15]

아포리즘은 경계의 역할을 한다. 어떤 의미에서 〔말과 주체의-옮긴이〕 관계는 각각의 아포리즘 내부에서는 일정하다. 그러나 하나의 아포리즘에서 다른 아포리즘으로 넘어갈 때는 렉시스의 구조가 변한다. 이로 인해 아포리즘은 철학적 담론 내에서 가장 문학적인 것, 문학적 담론 내에서 가장 철학적인 것이 된다.

앞의 도표〔p.256의 도표〕를 아래로부터 위로 거슬러 올라가 보면:

—연극: 어떤 의미에서 보면 픽션은 존재하지 않는다. 왜냐하면 맥락과 배우의 현실성, 말하는 주체의 현존이 비내재적 언어 외적 요소에 의존할 수 있게 해주기 때문이다. 아무리 무대장치가 축소되더라도 공간, 내부, 외부, 방향이 존재하는 것만으로 픽션은 약화된다.

반면에 각 등장인물이 그가 말하는 것을 통해서만 존재한다

---

12 F. Nietzsche, *L'origine de la tragédie*, trad. Fr. J. Marnold et J. Morland, Paris, Mercure de France, 1947.

13 F. Nietzsche, *Ainsi parlait Zarathoustra*, trad. Fr. H. Albert, Paris, Mercure de France, 1931.

14 F. Hölderlin, *Empédocle*, trad. Fr. R. Robivi, dans *Œuvres*, *op. cit.*, p. 467-581.

15 이 주제에 대해서는 푸코가 튀니스에 체류하는 동안 집필한 미공개 텍스트 "철학적 담론Le discours philosophique"을 참조하라. 이 텍스트의 서두에서는 일상 담론, 문학 담론, 과학적 담론, 종교적 담론, 철학적 담론 등 다양한 담론 형태를 자세히 분석하고 있다. M. Foucault, *Le discours philosophique*, BnF, Fonds Foucault, NAF 28730, boîte 58, dossier 1.

(어떤 의미에서 각각의 문장은 오스틴적 의미에서 행위 수행적이다)는 사실 때문에 배우가 말하는 주체처럼 보이지만 실제로는 아니며, 단지 픽션을 피하기 위해 언어 외적 맥락 속에서만 기능한다는 점에서, 모든 말하는 주체는 담론 내에 있다고 말할 수 있다. 요컨대 담론은 말하는 주체를 통해서만 존재하고 동시에 그 주체를 탄생시킨다. 어떤 말이 진실인지 거짓인지, 설득을 위한 것인지, 외적인 것인지 내면적인 것인지를 결정짓는 것은 바로 이러한 담론적 관계다(배우의 〔이중적〕 실재성이 아니라).

따라서 〔연극에서-옮긴이〕 렉시스는 최대치가 되고 픽션은 최소치가 된다(하지만 픽션이 0은 아니다. 왜냐하면 언어 안에 렉시스가 존재하는 한, 즉 말하는 주체가 언표에 내재하는 한, 주체의 언어 외적 요소를 포함한 몇 가지〔의〕[a] 사항들이 직접 드러나지 않기 때문이다. 이러한 것들은 언어 내에서 발화〔되어야〕[b] 한다. 즉 등장인물의 이름, 신분, 연령이나 그의 과거 등이 말로 표현되어야 한다). 물론 이 모든 것(픽션 전체)을 제거하려는 시도도 가능하다(이오네스코의 작품처럼. 그것은 픽션 없이 말하는 연극이다).

혹은 정반대로 렉시스를 감소시킬 수도 있다. 연극 안의 연극을 만듦으로써. 그러면 연극 1은 "진짜"처럼 보이고, 연극 2에서는 배우들이 연극 1의 실제 인물로서 개입한다.

—이야기: 순수한 형태에서는 픽션이 최대치이고 렉시스는 최소치이다. 이야기하는 사람과 그가 말하는 이야기 간의 관계는 일정하다고 볼 수 있다(즉 그는 자신이 보고 들은 바를 이야기한다). 그러나 반대로, 그는 모든 것을 말할 수 없기 때문에 담론 내부에서 언어 외적인 것을 구성해야만 한다. 모든 이야기는, 직설적인 파

a 누락된 단어.
b 누락된 단어.

롤과 달리 언어 외적인 것을 발생시키는 것을 임무로 한다. 그러나 그는 자신이 말하는 이야기 내에 말하는 주체로 개입함으로써만 비로소 언어 외적인 것을 만들어낼 수 있다. 때로는 자신이 경험한 바를 이야기하고, 때로는 타인의 이름으로 말하면서 중립적이고 외부적인 관찰자의 입장을 취한다. 요컨대 모든 이야기에는 일정한 렉시스가 포함된다.

문학이 구술 문학에 가까울수록, 이야기를 들려주었다고 말해지는 인물들이 계속 증식하는 방식으로 렉시스가 더 많이 나타난다(《천일야화》[16]).

글쓰기 행위에 몰두하면 할수록 이야기는 더욱더 렉시스에 의해 조직되는 경향을 띤다. 렉시스와 픽션은 서로 뒤섞이고, 픽션 전체가 렉시스 방향으로 향한다.

—시: 렉시스와 픽션이 최대치, 포화 상태가 된다(이로 인해 시는 일상어와 대립한다). 〔이야기 자체의〕[c] 경우와 마찬가지로 시에는 파롤 행위만 존재한다. 즉 침묵 속에서 발화된 목소리, 백지 위에 배열된 기호만이 존재한다. 또 연극의 경우처럼 말하는 주체는 오직 자신의 파롤에 의해 매 순간 자신을 규정한다. 다만 시에서는 픽션이 말하는 주체의 위치를 보증해주지는 않는데, 이는 연극에서 픽션이 등장인물의 가시적 위치를 보증해주는 것과는 대조적이다.

"문학적인 것"은 시에서 포화 지점에 도달하게 된다. 왜냐하면 바로 시에서 언어는 언어 외적인 것에 고유한 결정 기능과 결정 능력을 가장 많이 담당하기 때문이다.

흥미로운 것은, 시가 항시 침묵에 근접한 것으로 체험되어왔

16 *Les milles et une nuits, op. cit.*
c 읽기 어려워 추측했다.

다는 점이다. 사실 시는 연극이나 소설보다 오직 담론의 존재 자체와 더욱 결부되어 있다(시는 번역 불가능하고, "무대화"될 수 없으며, 어떤 객관적 지시 대상도 "말하지" 않는다는 등의 이유로). 사람들이 시를 침묵과 연관 짓는 것은 당연하다(사실 소설과 연극이 훨씬 더 말이 없지만). 왜냐하면 시에서는 언어 외적인 것의 모든 힘이 오직 그 담론 내에만 [존재하기[a]] 때문이다.

여기서 시가 생략적이어야 하는 중요성이 나온다. 시의 본질은 생략에 있으며, 부차적으로 리듬이나 각운을 가진다(구속적인 형식에 결부되는 것). 사실 시의 유희는 언어 외적인 것의 힘을 갖추고 있으면서도, 그 힘을 픽션이나 렉시스의 이동 속에서만 펼쳐 보인다. 다만 말해지지 않은 단어, 이미지, 감각(심지어 **나**와 결부되지도 않은 감각까지)을 통해 그 힘을 드러나게 만든다. 즉 자기 담론이 유일한 주권자인 언어 외적인 것을 말해지지 않은 것 속에서, 즉 담론의 틈새와 단절 속에서, 그리고 그 바깥의 가장자리에서 드러나게 하는 것이다.

이로부터 시 특유의 간결함과 단편성이 비롯된다. 이러한 점에서 시는 아포리즘—어떤 의미에서 문학의 또 다른 가장자리, 즉 내부의 가장자리—형식과 겹쳐지지만, 시가 되려고 팽창하려 하는 아포리즘만큼 조악한 것도 없다. 반대로 반짝이는 언어의 단편만큼 아름다운 것도 없다. 그 속에는 하나의 사유가 깨어 있다(반면에 시적인 아포리즘 속에는 하나의 사상〔관념-옮긴이〕이 변장하고 있을 뿐이다).

하지만 이제 렉시스 자체에 대한 분석으로 되돌아가야 한다. 즉 말하는 주체의 위치를 분석해야 한다. 이는 다음과 같이 정의될 수 있다.

---

a 누락된 단어를 추측했다.

a) 렉톤〔발화된 내용-옮긴이〕의 배치를 통해 단순하게, 그리고 어떤 의미에서는 부정적 방식으로, 마치 음각처럼 파인 형태로 나타난다.

—동사 시제의 중요성. 이야기가 단순 과거형으로 진행되느냐 현재형으로 진행되느냐에 따라 말하는 주체의 위치는 이미 규정된다.

—사건별로 서술하는 방식(시간의 흐름 속에 자리를 잡는 것)이냐, 혹은 반대로 〔시간의 흐름에 관계없이-옮긴이〕 위에서 조망하는 방식이냐에 따라 말하는 주체의 위치가 결정된다.

b) 파블을 통해 다시 두 가지 방식으로 정의된다.

—말하는 주체가 (명시적으로 말해지지 않더라도) 사실상 어떤 한 사람이나 복수의 등장인물과 동일시되거나, 그 누구와도 동일시되지 않는 경우가 있다.

1) 그 누구와도 동일시되지 않는 경우에, 파롤은 익명의 웅성거리는 파롤이 된다. 그 파롤은 일어나고 있는 모든 사항(등장인물, 사건)을 포함하고, 어떤 특정한 장소를 가지지 않는 소문처럼 그것들을 포위한다.

2) 어떤 경우에는, 한 인물과의 암묵적 동일화가 일어난다. 비록 그 인물은 항상 3인칭으로 제시되지만, 특권적인 관점이다. 이는 파롤(언표의 총체)의 장이 그 인물이 알고 있는 것, 보는 것, 느끼는 것임을 함의하고 있다. 하지만 이 인물은 "나"나 "나"에 준하는 것과 동일시되어서는 안 된다. 담론의 독점은 종종 문학적 일관성의 징표로 간주되었다(〔사르트르[b]〕).

b 읽기 어려워 추측했다.

3) 그러나 어떤 담론의 장이 갑작스럽게 혹은 명시적으로 다른 장으로 이행하는 일이 매우 자주 발견된다.

—익명의 파롤로부터 특권적인 3인칭 인물로 이행하거나

—화자의 전환을 통해 직접적 혹은 간접적으로 한 3인칭 인물로부터 다른 3인칭 인물로 이행한다(《천일야화》 참조).

이러한 다중성은 반드시 비일관성을 의미하지는 않는다. 오히려 이것은 오랫동안 순수한 문학 고유의 징표로 여겨져왔다. 그런데 오늘날 언어, 그리고 담론의 유형 및 수준이 증식되면서 이러한 시선의 분산이 현실성과 중요성을 새롭게 얻고 있다.

결국 이런 모든 경우에, 말하는 주체의 위치를 가장 잘 시사하는 것은 픽션의 구조다.

—그러나 그 주체가 직접적으로 나타나기도 한다. 그것도 이야기 속에서 "나"라고 말하는 누군가의 형태로 말이다.

—이때 그는 일시적으로 등장하는 인물일 수도 있고(《천일야화》),

—혹은 허구적으로 이야기를 쓰고 있는 바로 그자, 즉 준準작가의 형태로 등장할 수도 있다.

이 지점에서는 대단히 복잡한 영역에 들어서게 된다. 여기에서 말하는 주체는 이야기fable 안에 현존하며 눈에 보이는 방식으로 드러난다. 즉 그는 자신이 말하는 것의 일부가 된다. 이러한 역설은 다음과 같은 방식으로 드러난다.

—단순히 "나"가 자신의 기억, 모험, 자신이 본 것을 이야기하는 경우,

—혹은 작가(책 표지에 이름이 적혀 있는 실제 인물)와의 허구적 관계 속에서 드러나는 경우.

1. 이것은 내가 쓴 것이 아니다. 단지 나는 이 원고를 발견했다(세르반테스[17]): 이러한 부인否認이 이야기에 때때로 구멍을 내게 된다. 가령 내가 읽는 원고는 여기서 끊겨서 더 이상 읽을 수 없다는 식으로.

2. 혹은 반대로 집요한 개입: 믿기 어렵겠지만 그것은 사실이라는 식으로.

3. 혹은 등장인물과 작가 사이의 대화(스턴Sterne,[18] 디드로,[19] 18세기 소설).

4. 혹은 "나"라고 말하는 인물이 소설의 탄생 과정을 이야기하며 결과적으로 책 표지에 적힌 이름 자체를 우회하는 방식.

이와 같은 이야기 안에서의 렉시스의 설정, 즉 말하는 사람의 이야기 내에서 말하는 주체의 위치를 정의하는 것은, 모든 문학에서 가장 특수하면서도 가장 파악하기 어려운 지점일 것이다.

1) 현실의 언어에서는 말하는 주체의 위치가 결코 문제가 되지 않는다. 그가 말하는 바의 진실성이나 진정성은 의문시될 수 있지만, 그는 그저 말하는 자이고 그것으로 끝이다.

반면에, 아마도 이 지점에서 광기의 문제가 문학의 문제와 만날 것이다. 광기는 "비합리적인" 언어, 혹은 "미친" 언어, "진실되지 않은" 언어가 아니다. 광기는 말하는 주체가 특이한 위치를 점유하는 담론이다. 그 안에서 그는 전적으로 현존

---

17 다음을 참조하라. M. de Cervantès, *Don Quichotte*, *op. cit.*, p. 883-889.

18 L. Sterne, *Vie et opinions de Tristram Shandy*, trad. Fr. C. Mauron, Paris, Robert Laffon, 1946.

19 D. Diderot, *Jacques le Fataliste et son maître*, dans *Œuvres*, *op. cit.*, p. 475-711.

한다. 왜냐하면 그의 광기, 즉 광인으로서의 그의 존재가 그가 말하는 바 내에서 완전히 정의되고 실현되기 때문이다. 하지만 동시에 그로 인해 이 주체는 그 담론 내에 부재한다. 왜냐하면 그는 어떤 언표를 단언하는 말하는 주체가 아니기 때문이다. 바로 그 부재의 자리에 공백이 군림하며, 거기서 우리는 "광인"을 확인하게 된다. 이 "광인"은 우리가 정확히 통제하기 어려운 모호성으로 인해 담론의 특성이자, 그 담론을 발화하는 사람의 특이성이자, 그 사람의 내부에 자리 잡은 언어 외적인 것이 된다.

역사적으로 광기와 문학의 이러한 접근은, 분명 우리 언어(서구 세계의 언어)의 문화적 존재 방식 전체에서 일어난 변동에서 비롯되었을 것이다. 즉 문학이 말하는 주체를 포섭하는 언어가 되었을 때, 그리고 광인이 사회적 인물로서 존재하는 것을 중단하고 어떤 언어—광인이 그 안에서 자신의 전체를 표명했음에도 불구하고 그 안에 부재하는 언어—에 할당할 수 없는 주체가 되었을 때.

바로크 시대 연극과 17세기 초〔의〕 소설에서 광인이 "말하는 등장인물로서" 무대에 등장한 현상은 당시 그러한 문화적 변동이 진행 중이었음을 나타낸다. 루소의 《대화록》[20]은 그러한 현상을 대단히 명확히 보여주었다.

모든 광기의 문학(루셀, 아르토)은 바로 이 점으로 특징지어진다. 횔덜린과 니체 참조.

2) 문학에서 말하는 주체의 위치는 불확실성의 핵을 이루고 그 주변에서 담론 전체가 진동한다.

---

20 J.-J. Rousseau, *Rousseau juge de Jean-Jacques. Dialogues*, *op. cit.*

말하는 주체의 위치는 가장 직접적으로 언어 외적인 것이며, 언어에 가장 밀접하게 붙어 있으면서도 동시에 가장 언어로 환원 불가능한 것이기에, 담론 내부에서 이 말하는 주체의 존재는 중요하다. 이는 문학이 언어의 구조들로 환원될 수 없다는 사실을 드러낸다. 그리고 말하는 주체가 담론적인 것에 더 깊이 통합될수록, 환원 불가능성은 더 강하게 나타난다. 어떤 복잡한 관계가 존재하는 것이다.

—현대 문학의 가장 특징적 경향은, 담론과 말하는 주체의 상호적 포위(혹은 오히려 탈구)다.

—말하는 주체가 담론 내에 포함되어 있는 이상, 그는 언뜻 보기에 언어학의 소관이어야 한다. 하지만 그가 담론 속에 언어 외적인 것을 도입함으로써, 문학적 담론은 결국 언어학으로 환원될 수 없게 된다.

그리고 기묘하게도 문학은 전적으로 언어학의 소관이라는 생각은(이는 말하는 주체가 담론 내에 삽입된 오늘날에 와서야 가능하게 되었다), 말하는 주체가 언표들과 관련해 일정한 거리를 두고 있는(혹은 말하는 주체의 존재를 명확히 규정할 수 있는, 요컨대 그 주체가 완전히 보이거나 또는 완전히 보이지 않는) 문학에만 적용 가능하다. 다시 말해 고전주의 문학이나 플로베르 등의 문학에만 적용될 수 있다. 언어학적 유형의 분석이 제대로 작동하려면 말하는 주체와 담론의 관계가 중립적일 수 있을 정도로, 무관하다고 간주될 정도로, 특이한 효과를 발생시키지 않을 정도로 충분히 일정해야 한다).

C. (상기한 c에 해당하는[a]) 파롤 행위 자체.

a 본서 p. 252의 c 참조.

아마도 이렇게 말할 수 있을지 모른다. 문학적 언표 속에 말하는 주체(점점 더 가시적이고 문제적이 되어가는 주체)가 삽입됨으로써, 언어학이 간과할 수밖에 없었고 단언적 명제의 논리학 또한 어둠 속에 방치했던 파롤의 새로운 차원이 드러나게 되었다고.

주체가 자신이 말하고 있는 것과 일정한 거리를 두고 있으며 그 거리가 문제시되지 않을 때에는, 모든 언표가 하나의 사실 확인 혹은 그에 준하는 것으로 통용될 수 있었다. 주체는 자신이 본 것, 들은 것, 경험한 것을 그저 이야기할 뿐이었다.

따라서 문학에서도, 단언적 명제와 마찬가지로 문제가 된 것은 진실 혹은 진실의 모방이었다. 즉 진실처럼 보이게 만드는, 그럴듯함이라는 준準진실이었다.

그러나 이것조차 이미 그다지 명확하지 않다. 왜냐하면 그럴듯한 것은 진실과 닮은 것이고, 이는 다음을 의미하기 때문이다.

—진실과의 본질적인 유사성, 즉 일종의 친연성이 있다는 것.

—혹은 진실처럼 보이도록 만들어졌다는 것. 즉 담론 내에 일정한 내적인 진실성이 존재하며, 담론이 스스로 하나의 진실을 창조한다는 것.

그러나 말하는 주체의 담론 내 현존으로 인해 언어의 문학적 볼륨이 형성되고 확장되기 시작하는 바로 그 순간부터, 발화 행위는 단언하는 행위로 환원되거나 동일시될 수 없게 된다. 자신이 생각하는 바를 단언하거나, 자신이 느끼는 바를 묘사하는 행위 등으로 환원될 수 없는 것이다.

〔발화 행위의 다양성인가, 아니면 수행적 발화인가?〕[a]

a 이 구절은 원고에서 각괄호 안에 들어가 있다.

11. 문학 분석과 구조주의*

I

오늘날 우리에게 자명하게 여겨지는 전제들을 간략히 정리하고 넘어가도록 합시다.

—50여 년 전부터 문학 분석은(여기서는 그중에서도 가장 진지한 형태의 분석만을 가리킨다) 종교사, 정신분석학, 민속 연구, 민족지학 연구[1] 등에서 제안된 구조 연구와 밀접한 관련을 맺어왔습니다. 이 연구로부터 구조의 중요성과 모범적 모델이 제시되었습니다.

—보다 최근에 문학 분석은 언어학과 매우 긴밀하고 복잡한 관계가 있음이 규명되었고, 이러한 관계의 발견은 분명 결정적 중요성을 갖게 되었습니다.

문학 분석과 언어학 사이의 이 깊은 연관성은 쉽게 설명될 수 있습니다.

—왜냐하면 구조 연구는 언어학의 영역에서 가장 결정적인 성과들을 거두었기 때문이고

—결국 1910-1920년대 러시아 형식주의자들 이래로, **문학은 언어로 이루어져 있다**는 이 단순한 진실, 이 절대적으로 자명한 사실을 끊임없이 심화시키고 파고들었기 때문입

* BnF, Fonds Foucault, NAF 28730., boîte 54, dossier 4.

1 열거된 것들은 특히 조르주 뒤메질, 가스통 바슐라르, 블라디미르 프로프, 클로드 레비스트로스의 연구를 암시하는 것이다. 다만 자크 라캉의 연구에 대한 언급이 전혀 없다는 점이 놀랍다.

니다.

이 점에 대해 재론하는 것은 그다지 유익하지 않습니다.

—다시 설명할 필요도 없거니와

—솔직히 무의미한 논쟁을 다시 시작할 필요도 없고,

—문학 분석의 언어학적 형식주의와 현대 작품들의 형식적 특징 사이의 친연 관계, 공모 관계를 폭로할 필요도 없기 때문입니다.

이런 친연 관계는 어떠한 책임 소재도 지시하지 않으며, 우리는 이것을 역사적 사실로 받아들여야 합니다.

그러나 제가 강조하고 싶은 것은 언어학적 사실들의 영역 안에서 이른바 언어 외적인 것이라 불리는 것이 갖는 중요성입니다. 실제로 언어와 관련된 상당수의 본질적인 사실들은 오직 언어 외적인 것이 언어 내부에서 수행하는 통제, 실제로는 **구조화하는** 통제를 통해서만 이해될 수 있음이 밝혀졌습니다.

제가 말씀드리고 싶은 것은, 문학적 사실들의 영역에서 이 언어 외적인 것이 갖는 중요성입니다.

곧바로 다음과 같이 지적하고자 합니다.

문제는 (언어학과 관련해서든 문학과 관련해서든) 누차 반복되어온 논쟁을 다시 하는 것도 아니고, 의미가 기표 분석에 필수적인지 혹은 항상 의미에 의존해야 하는지를 묻는 것도 아닙니다.

a. 그런〔의미를 고려해야 한다는-옮긴이〕 논의는 오늘날 촘스키를 중심으로 언어학자들이 수행하고 있습니다.

b. 문학 분석의 경우 한없이, 그것도 거의 진전도 없이 다음과 같은 동일한 문제 주변을 맴돌고 있습니다.

—문학의 형식을 결정하는 것은 (역사적이거나 개인적인) 의미 작용들인가?

—아니면 형식적인 것 자체가 문학이란 무엇인지, 또 문학이 다른 모든 담론과 어떻게 구별되는지를 충분히 정의해주는가?

따라서 문학에서의 언어 외적인 것에 대해 제가 제기하고자 하는 바는 내용과 형식의 문제, 기표와 기의의 문제가 아닙니다. 언어에 관심이 있는 사람들이 이미 친숙한 문제들을 문학의 영역에 도입〔하고자〕 하는 움직임에 관한 것입니다.

II. 언어학에서의 언어 외적인 것

그렇다면 우선 친숙한 문제들은 어떤 것들일까요? 이 문제들은 언어에 관한 연구의 어느 지점에서 탄생했을까요? 그리고 그것들은 우리의 관심을 어디로 향하게 할까요?

—우선 본래적 의미의 언어학에서

프리에토가 강조한 맥락과 상황의 중요성.[2]

어떤 정해진 문법 구조를 통해서 주체가 말하는 순간, 그리고 주체가 말하게 되는 장소에서 〔말하는〕 유일한 주체를 가리키는 기호들의 중요성과 난해함. "연동소".[3]

—다음으로 실어증 분야에서 행해진 연구들(그리고 프랑스에서 다비드 코엔David Cohen이 행한 연구)은 다음과 같은 것들을 보여줍니다.

—야콥슨Jakobson이 생각했던 것과 달리, 언어학 고유의

2 L. J. Prieto, *Messages et signaux*, *op. cit.*

3 영어로 시프터shifter라고 하는 연동소embrayeur는 장소나 시간의 부사, 지시사, 소유격 등을 통해 언표를 언표 행위의 상황과 연결해준다.

범주들(통합축, 계열축)은 언어 장애를 설명하기에 충분치 않다.

—그러나 이러한 장애는 아마도 말하는 주체가 자신의 담론과 관련해 점하는 특정한 위치와 연관되어 있을 것이다. 다비드 코엔과 미셸 고티에Michel Gauthier는 실어증과 관련해 1965년에 이렇게 말했다. "물론 메시지의 형태는 여전히 본질적 증상이다. 그러나 분포 분석은 그 텍스트를 담론의 심급에 재도입할 때만 의미를 갖는다."[4]

—마지막으로, 완전히 다른 측면에서 논리실증주의가 단언적이지 않은 언표énoncés non affirmatifs에 관심을 기울였습니다. 특히 언어사회학(말리노프스키 이후의 퍼스[5])의 영향 아래, 혹은 언어사회학과의 일종의 친연성 속에서 최근 영국에서 발전되어온 논리실증주의의 영향 아래서. 요컨대 진/위 명제의 자료체를 구성할 수 없었던 언표, 스스로를 과학적 담론으로 구성할 수 없었던 언표에 대한 관심이었습니다.

이렇게 해서 소위 "발화 행위act of speech"에 대한 분석이 발전하게 되었으며, 그 기본적인 몇몇 측면들이 오스틴에 의해 기술되었습니다.[6]

이 모든 연구들 가운데 일부는 서로 수렴하고 또 일부는 서로 유리되어 있지만, 그러한 연구들 전체가 연구의 중심에 위치시키는 것은, 소쉬르가 설정한 언어 체계langue와 파롤parole의 분할로는 환원될 수 없는 어떤 것입니다. 그것은 담론, 텍스트, 그리고 언표

---

4 D. Cohen et M. Gauthier, "Aspects linguistiques de l'aphasie", art. cit.

5 영국의 언어학자 존 루퍼트 퍼스John Rupert Firth (1890-1960), 그리고 폴란드의 인류학자 브로니스와프 말리노프스키Bronislaw Malinowski (1884-1942), 이 둘은 모두 의미론 분야에서 맥락이라는 개념에 매우 큰 중요성을 부여했다.

6 J.L. Austin *Quand dire, c'est faire*, *op. cit.*

입니다. 언표, 담론, 텍스트의 구조들은 분명 언어 체계에 의해 가능해지지만, 〔그것들은〕 단순히 정황들 혹은 말하는 주체의 기호에 따라 실현된 언어 체계의 구조들은 아닙니다.

담론, 언표, 텍스트, 이것들은 말하는 주체의 실존과 위치에 의해 가능해지고 필요해지는, 언어의 특정한 구성물들입니다.

—이 **위치**는 물론 말하는 주체가 놓인 시간과 공간, 그를 둘러싼 대상물들, 그리고 그와 대화를 나누는 상대자들을 지시합니다.

—그러나 그것은 또한 그가 말하는 것〔말의 내용〕에 대한 태도, 그가 말함으로써 수행하고 있는 발화 행위, 그리고 자신의 담론 안에서 드러내는 혹은 감추는 자신의 존재까지도 지시합니다.

요컨대 오늘날 다소 암중모색적으로 탐구되고 있는 것은, 바로 그러한 언표에 대한 이론입니다. 또 17세기와 18세기에 통용되던 담론 이론과는 매우 다르지만, 그것과의 유사성이 없지는 않은 담론 이론입니다.

언어langage에 대한 연구는, 문헌학이 "파롤"의 가능성을 고갈시킨 후 소쉬르 언어학이 무시했던 그 "파롤" 쪽으로 되돌아가는 것이 아닙니다. 언어에 대한 연구는, 파롤과 언어 체계에 의존함과 동시에 그것들로부터 독립적인 제삼의 형식으로서의 언표를 발견합니다.

현재까지 분산되어 있던 언어에 관한 모든 연구들—언어학, 논리학, 언어병리학, 작품 분석—은 이제 자신들의 **공간**, 자신들의 공통 **장소**를 언표에 관한 이론 내에서 발견할 수도 있을 것입니다.

III

문학에서 언어 외적인 것에 관해 논의하는 것이 가능할까요?

A. 외관상은 불가능합니다. 실제로 문학은 일견 다음과 같은 역설적 위치에 있다고 말할 수 있습니다.

—모든 담론이 그렇듯 문학은 언표들로 이루어져 있습니다.

—그렇지만 문학은, 우리가 위에서 지적한 언어 외적인 것들을 전혀 포함하고 있지 않는다는 특수성을 갖고 있습니다.

α. 우리가 "상황"에 관해 말할 수 있다 하더라도, 그것은 오직 언어의 남용을 통해서만 가능합니다. 아무튼 상황에 관해 말할 수 있다는 것은, 하나의 언표에는 하나의 상황이 있다는 의미가 아닙니다.

예를 들어 우리가 "아무개가 **그** 문 밖에 있다Untel est à **la** porte"고 말할 때, 정관사 "la"의 의미는 주체가 말하고 있는 맥락에 의해 규정됩니다.[a]

그러나 조이스가 "벅 멀리건이 계단 꼭대기에서 나타났다"[7]라고 쓸 때, 여기엔 전혀 맥락이 존재하지 않습니다.

—맥락은 제임스 조이스라는 인간도 아니고,

—아일랜드도, 심지어는 더블린도 아닙니다.

정관사에 의미를 부여해주는 모든 맥락은, 텍스트의 나머지 부분—뒤따라 나올 전체 이야기— 즉 언어의 나머

---

a 여백에 다음과 같이 적혀 있다:
"상황"은
—작가의 사회적 입장도 아니고
—현실에 존재하는 문도 아니다.

7 J. Joyce, *Ulysse*, *op. cit.*, p. 7.

지 부분에 의해 구성됩니다.

그러므로 언어 외적 맥락은 존재하지 않습니다.

β. 게다가 문학에서의 말하는 주체는 현실에서 담론을 행하는 주체와 동일시될 수 없습니다. 왜냐하면,

—저자와 텍스트 간의 관계는, 내가 지금 이 순간 행하고 있는 담론과 내가 가질 수 있는 관계와는 전혀 겹쳐지지 않기 때문입니다.

—그리고 소설 속에서 **나**라고 말하는 등장인물(예를 들면 서간체 소설의 경우처럼)이 자기 담론과 맺는 관계는 전적으로 언어 내부적 관계입니다. 왜냐하면 그는 전적으로 소설에 의해 규정되며 오직 소설을 통해서만 존재하기 때문입니다.

이러한 이유로, 문학을 언어라는 요소 속에서만 존재하는 발화 행위로 규정하고 싶은 강한 유혹이 생겨납니다. 〔그렇게 규정한다면 - 옮긴이〕 문학은 자기 자신을 스스로 현시하는 언어일 것이고, 결국 문학은 언어에 대해서만 말할 것입니다.

이로부터 다음과 같은 결과가 발생하게 됩니다.

—문학의 언어학적 구조들에 관한 매우 풍부한 일련의 연구들.

—다른 한편, 개념적 전제들과 함의들이 제대로 검토되지 않은 채 다소 성급하게 제시된 주제. 문학은 언어를 대상으로 하기에, 그것은 곧 일종의 메타언어라는 주제.

(문학은 자기 고유의 코드에 기반한 메시지라는 사고방식에서도 이와 동일한 주제가 발견됩니다.)

B. 그렇지만 저는 여기에 반리反理가 있다고 생각합니다. 추론

의 오류까지는 아닐지라도, 적어도 부주의로 인한 실수가 있습니다. 세 종류의 언표를 구별할 필요가 있습니다.

a. 현실에서 말하는 주체들에 의해 발화되는 일상적 언표.

b. 백지 외에 다른 어떤 언어 외적인 것을 갖지 않는 언표. 이 경우 낱말들이 무엇을 의미하는지 아는 것으로 충분합니다. 〔예를 들면〕

—수학책

—순수 철학서

—장편소설

이 경우, 언어 외적인 것은 메타언어에 의해 소거된다고 말할 수 있습니다.

—말하는 주체는 실제로 소거됩니다. 왜냐하면 여기서는 진리 혹은 사물들이 말하기 때문입니다.

—모든 맥락은 공리들과 정의들에 힘입어 담론 안에 압축되어 있습니다.

—마지막으로, 기호들의 사용은 엄격히 규제됩니다.

c. 문학에서 언어 외적인 것은 결정적으로 소거되거나 고정되는 것이 아닙니다. 그것은 담론을 통해 부단히 구성됩니다.

—《잃어버린 시간을 찾아서》[8]에서 누가 말하는지, 그가 자신의 담론과 얼마나 거리를 두고 있는지, 그가 말하는 순간 어떤 언어 행위를 수행하는지 등과 같은 사항을 제가 포착할 수 있는 것은 오로지 그것을 읽음으로써입니다.

---

8 M. Proust, *À la recherche du temps perdu*, *op. cit.*

—맥락, 요컨대 언표들이 의존하고 있는 맥락은 다른 언표들에 의해 지시되지만, 결코 완전하게 지시되지는 않습니다.

—여기에는 메타언어가 존재하지 않습니다. 프루스트가 "이 책ce livre", "나는 이제 글을 쓰기 시작할 것이다Je vais me mettre à écrire"라고 말할 때, 어떤 메타언어도 "이ce", "나je"라는 대명사나 "나는 ~ 할 것이다je vais"라는 미래형의 의미를 말해주지 않습니다.[a]

따라서 문학은 자기 내부에서, 언어 체계를 벗어나면서 언표들을 실존 가능하게 하는 그 언어 외적 차원을 스스로 구성하는 담론으로 정의될 수 있을 것입니다.

그리하여 우리는 세 가지 유형의 담론을 갖게 됩니다.

---

a B의 시작 부분은 푸코에 의해 수정되었다. 원래의 문구는 다음과 같았다:

B. 그렇지만 저는 여기에 반리反理가 있다고 생각합니다. 추론의 오류까지는 아닐지라도, 적어도 부주의로 인한 실수가 있습니다.

—언어 외적 요소는 반드시 언어 바깥에 실제적이고 물질적으로 실존하는 어떤 것은 아닙니다.

—그것은 코드에 속하지 않으면서 그 구조 안에서 하나의 언표를 가능하게 하는 어떤 것입니다.

—대부분의 언표들은 실제적 맥락, 실제로 말하는 어떤 주체에 결부되어 있습니다. 그러나 그중 일부는 백지 이외의 다른 어떤 실제적 맥락 없이도 하나의 완전한 담론 체계를 형성할 수 있습니다. 이 경우 필요한 것은 단지 단어들이 무슨 뜻을 가지는가를 아는 것입니다. 예를 들면

—수학책

—순수 철학서

—장편소설

그러나 여기에 한 가지 차이가 있습니다.

— 과학적 언표들에서 모든 것은 언표되었다고 말할 수 있습니다.

—말하는 주체는 실제로 소거됩니다. 여기서 말하는 것은 진리 혹은 사물들이기 때문입니다.

—모든 맥락은 공리들과 정의들에 힘입어 담론 안에 압축되어 있습니다.

—마지막으로, 기호들의 사용은 규제됩니다.

—그러나 문학에서 언어 외적 요소는 결코 한 번으로 완전히 소거되거나 고정되지 않습니다. 그것은 담론을 통해 부단히 구성됩니다.

—《잃어버린 시간을 찾아서》에서 누가 말하는지, 그가 자신의 담론과 얼마나 거리를 두고 있는지, 그가 말하는 순간에 어떤 언어 행위를 수행하는지 등과 같은 사항을 제가 짐작할 수 있는 것은 오직 그것을 읽음으로써입니다.

—맥락, 요컨대 언표들이 의존하는 맥락은 다른 언표들에 의해 지시됩니다. 그러나 그것은 제가 "**저것**〔저 창문 - 옮긴이〕을 닫아야겠다"라고 말할 때의 창문과 동일한 방식으로 기능하지 않습니다.

—메타언어는 존재하지 않습니다.

—우리가 행하는 일상 담론. 일상 담론에서 언어 외적인 것은 언어 체계와 언표들 쌍방의 외부에 존재합니다.

—(이미 형식화되었거나 형식화를 지향하는) 과학적 담론. 과학적 담론에서 언어 외적인 것은 무력화됩니다. 결국 과학이란 하나의 언어 체계입니다. 그러나 과학적 담론이 잘 구성된 담론이라는 의미에서가 아니라, 과학이 자기 고유의 기호 사용에 관한 규칙과 관련된 언표들을 포함하고 있다는 의미에서입니다.

—문학적 담론. 문학적 담론에서 언어 외적인 것은 언표에 내재합니다. 다른 관점에서 말해보자면, 문학은 자기 언표들을 가능하게 하는 언어 외적인 것을 구성하는 쪽으로 향하는 언표들의 집합체입니다.

C. 이는 문학 일반에 대한 개념화에 큰 중요성을 지닙니다.

a. 우리는 문학을, 다음과 같은 것을 중심으로 하는 메시지로 규정하는 데 익숙해져 있습니다.

—(정보 전달을 위한 담론의 경우처럼) 지시 대상을 중심에 놓는 메시지가 아니라,

—기표를 중심으로 하는 메시지(문학은 자기 참조적 담론이라는 것).

실제로 자기 자신을 참조하는 모든 담론은 적어도 문학의 일반적 형태를 갖게 될 것입니다(제가 "지금 내가 발화하고 있는 것은 중요하다 혹은 우스꽝스럽다"고 말하기만 해도, 저는 이미 문학과 같은 어떤 것을 행하는 것으로 보기에 충분할 것입니다).

〔문학이 언어에 대한 언어라는 것은 비평가들의 생각입니다. 이는 언어에 대해서만 말하는 비평가들이 문학에 접근하는 하나의 방식입니다. 그들은 〔문학에 대한〕 이해를 통해서만

이 아니라, 글을 쓰는 행위 자체를 통해서도 문학이라는 것에 최대한 가까이 접근하려고 합니다.][a]

b. 그러나 문학은 전적으로 자신의 내부를 향한 언어 행위로 이해하는 것이 훨씬 더 적절합니다.

그것은 "외부를 향해 펼쳐지는" 행위입니다. 자신이 걸어가는 발걸음 아래서, 혹은 더 정확히 말하면 자신의 경계 위에서, 자기 이전에는 존재하지 않았던 언어 외적인 것을 생성해 내는 행위입니다.

그래서 아마도 문학의 본질은 발레리보다는 아르토의 경험 쪽에서, 야콥슨의 분석보다는 오히려 블랑쇼의 비평 쪽에서 찾아야 할 것입니다.

문학을 자기 자신 위에 겹쳐져 이중화된 언어로 간주해서는 안 됩니다. 오히려 어떤 "바깥"에 의해 가공된 언어, 언어 바깥에 있지만 언어 자체로부터 온 것이나 다름없는, 무언가에 사로잡힌 언어로 간주할 필요가 있습니다.

문학이란, 언제나 자기 고유의 외부 경계 쪽으로 이주해가는 중에 있는 언어일 것입니다. 문학을 존재하게 하는 이 공백, 이 외부를, 비평이 채우려 해서는 안 됩니다.

—옛날처럼 저자의 내면(그의 의도, 삶, 감정)으로 채워서도 안 되고,

—최근처럼 언어의 내부(언어학의 실증적 구조들)로 채워서도 안 됩니다.

a 이 구절은 원고에서 각괄호 안에 들어가 있다.

IV

비평이 결코 논외로 해서는 안 되는 것은 바로 "바깥", 즉 작품에 내재하는 언어 외적인 것입니다.

문학 분석은 작품을 모방하거나, 다시 쓰거나, 그 내밀성 속에 들어가거나, 그것을 (성서처럼) 해석해서는 안 될 것입니다. 문학 분석은 바로 그 고유의 장소인 "바깥"에 자리를 잡아야 합니다. 문학 분석의 역할은, **작품의 담론에 내재하는 언어 외적인 것을 언표들로 변환하는 것**이라고 정의할 수 있습니다.

도식적으로, 그리고 하나의 프로그램으로 말한다면, 이러한 분석은 다음과 같은 사항들을 다루어야 합니다.

A. 말해진 것과 말해지지 않은 것 사이의 관계.

여기서도 주의해야 합니다. 작품의 비밀을 억지로 파헤쳐 드러내는 것이 목적이 되어서는 안 됩니다. 문제는 훨씬 더 구체적인 것들입니다.

1) 잘 알려져 있듯이(그리고 프리에토의 분석들이 보여주었듯이)

—아마도 언어 체계 안에 현존하지 않는 것은 아무것도 없겠지만,

—그러나 언표들은 결코 모든 것을 말하지는 않습니다.

하나의 단일한 의미(피에르가 폴에게 폴의 책을 달라고 하는 명령)에 대해서도, 상이한 다른 여러 언표들이 가능합니다. 그거 나 줘봐, 그 책 줘, 네 책 좀 등.

이러한 다양한 언표들은 〔발화〕 주체들이 처해 있는 상황과 그들이 말하는 사항에 따라 달라집니다.

2) 그러나 문학에서는 이러한 비언어적 맥락들이 존재하

지 않습니다. 그러므로 **모든 것**을 말할 수 있어야 하지만 모든 것이 말해지진 않습니다. 작품은, 설령 중단되었거나 단편적일지라도 완결된(유한한) 것입니다.

담론 내에는 지시되거나 표현되거나 묘사되면서 언어 외적 맥락의 역할을 담당하는 여러 사물들이 존재합니다.

《감정 교육》의 서두에서 플로베르가 "생베르나르 부두le quai Saint-Bernard"[9] 앞에서 연기를 내뿜는 배에 대해 말할 때, 단순히 정관사(le)를 사용하는 행위만으로도 그 언표는 파리라 불리는 도시의 공통 존재에 근거를 두게 됩니다. 그리고 그 공통 존재는

—한편으로 강나루, 강, 사람들을 포괄하고

—다른 한편으로 이 책에서 말하고 있는 것으로 간주되는 화자와 독자들 모두에게 이미 알려진 것들입니다.

이 도시는 부분적으로 묘사됩니다. 거리의 이름들, 특정 구역의 특징들, 몇몇 아파트들의 배치와 실내의 양태를 통해서. 항시 하나의 고유명사 이상의 것이지만, 결코 완전한 묘사는 아닙니다.

반면 로브그리예가《미로》의 서두에서 "나는 지금 여기 홀로 있으며, 아주 안전한 곳에 있다"[10]고 말할 때, 그 인물이 있는 아파트, 거리, 도시가 지시됩니다. 이것들은 책 속에서 부분적으로 묘사될 것입니다.

그러나 도시가 말해진 것 안에 존재하면서도 동시에 말해지는 것 바깥에 현존하는 방식, 언표들과 언표들 바깥에서 이

9 G. Flaubert, *L'éducation sentimentale*, *op. cit.*, p. 33(《감정 교육》, 1부 1장).
10 A. Robbe-Grillet, *Dans le lanyrinthe*, *op. cit.*, p. 9.

언표들에 의미를 부여하는 것들 간의 맞닿음, '여기', '지금', 오른쪽, 왼쪽 등과 같은 체계 전체, 정관사나 고유명사로 이루어진 체계 전체, 결코 발화되지 않은 것 위에 언표를 고정시키는 지시들의 체계 전체, 곧 이러한 현존과 부재의 들쭉날쭉한 윤곽 전체는 플로베르와 로브그리예 각자에 있어서 동일하지 않습니다.

바로 이것이 우리가 픽션〔말의 양태-옮긴이〕이라 부를 수 있는 것을 구성합니다.

만약 우리가 "담론의 세계"를 모든 것이 언표되기 위해 말해져야 할 것들의 총체라고 부른다면, 픽션이란 그 총체의 일부가 드러나도록 언어 속에서 이루어지는 선별, 스크랩, 세공, 가공 과정입니다.

그러므로 말해야 할 사항으로 이루어진 무한한 덩어리인 **담론의 세계**와, 이야기의 여러 요소(많은 서사들에 공통되는, 한정된 수의 것들)로 이루어진 **파블**fable 사이에 **픽션**이 존재할 것입니다. 다시 말해 픽션은 담론의 내부에서 언표를 조직하고 구조화하는 언어 외적인 것을 마치 음각처럼 규정하는 행위, 혹은 행위들의 집합입니다.

〔신화 속에서 파블과 담론의 세계 사이에는 단지 결합 관계가 있을 뿐입니다. 그렇기 때문에 픽션은 극히 적습니다.〕[a]

3) 하지만 즉각적으로 주목해야 할 것은 이 픽션이 환상이나 순간적 선택의 문제가 아니라는 것입니다. 픽션에는 그 자체의 논리와 구속적 규칙들이 존재합니다.

—예를 들어 발자크가 **여기** 혹은 **지금**이라고 말할 때,

a 이 구절은 원고에서 각괄호 안에 들어가 있다.

그는 이 **여기**에 대해 말할 수 있는 모든 것을 다 말하지는 않습니다. 하지만 우리는 도시의 이름, 객관적 달력 속의 날짜, 이야기 속에서의 날들의 순서, 그리고 집, 벽지의 색깔까지 알게 됩니다.

—반대로 로브그리예가 **여기, 지금**이라고 말할 때 우리가 도시의 이름, 날짜를 알 수 있는 가능성은 거의 희박합니다. 하지만 벽의 색깔, 벽에 난 얼룩들의 위치, 벽이 드리우는 사선의 그림자, 그때 행해지는 몸짓 등은 알 수 있습니다.

이러한 픽션의 논리는 아마도 우리가 곧 검토해야 할 두 다른 수준(말하는 주체의 위치, 글쓰는 행위)과 연결될 것입니다. 그러나 이 픽션의 논리는 자기 고유의 정합성을 갖고 있습니다.

—이 정합성은 특정 시대, 특정 문학에서 굵직한 패턴을 따라 추적될 수 있습니다. 예를 들어 (단순히 추상화로 넘어간다고 말하기 위해서가 아니라) 고유명사의 소멸과 그것이 인칭대명사로 대체되는 현상을 면밀히 분석해볼 수 있습니다.

—또한 이 정합성은 특정 저자나 작품 속에서 더 섬세한 세부를 따라 추적될 수도 있습니다.

—예를 들어《보바리 부인》에서 파리와 관련해 관여하고 있는 것.[11]

—그리고《살람보》[12]의 카르타고와 관련해 관여하고 있는 것.

---

11 G. Flaubert, *Madame Bovary*, *op. cit.*

12 G. Flaubert, *Salammbô*, dans *Œuvres*, t. I, *op. cit.*, p. 741-1028(《살람보》, 김계선 옮김, 지만지, 2016.).

그러므로 문학과 문학의 각 형태는 문학이 자신의 가장자리에 출현시키고 또 그것을 토대로 문학의 언표들이 유기적으로 구성되는, 언어 외적인 것으로 특징지을 수 있습니다.

문학은 의미가 중단되거나 기표 자체가 스스로에게 갇히는 것이 아닙니다. 오히려 문학은 자신에게 필수적인 어떤 공허를 향해 열려 있습니다. 문학이 그 공허를 발생시키기 때문입니다. 또한 그 공허는 문학이 모든 것을 말하지 않도록 제한하고 옥죄는 역할을 합니다.

바로 이러한 한에서 문학은 열린 형태, 모호한 형태가 되며, 여러 해석이 가능한 형태가 됩니다. 이는 의미의 결여나 과잉이 아닙니다. 작품의 다의성은 언어 외적인 것이 담론 내에, 그리고 담론으로부터 존재한다는 사실이 표면에 드러난 효과에 불과합니다.

B. 말하는 주체와 그가 말하는 것의 관계.

도스토예프스키는 《카라마조프가의 형제들》을 다음과 같은 방식으로 시작합니다. "알렉세이 표도로비치 카라마조프는 우리 지방 한 지주의 셋째 아들로 태어났다."[13] 외관상 이보다 더 단순한 것은 없어 보입니다.

—도스토예프스키라 불리는 인물이 어떤 방식으로 자기가 거주하고 있는 지역에서 발생한 이야기를 알게 되었습니다.

—그리고 그는 그 이야기를 백지 위에 옮겨 적었고, 그것

13 F. Dostoïevski, *Les frères Karamazov*, "Bibliothe1que de la Pléiade", Paris, Gallimard, 1990, p. 5(《카라마조프가의 형제들》, 제1부 제1권 1).

이 다시 어떤 과정을 거쳐 어떤 인쇄업자의 손에 들어가게 되었습니다.

그러나 사실 문제가 되는 것은 훨씬 더 복잡한 어떤 것입니다. 겉보기에 이 책의 "전기적" 성격을 강화하기 위해 쓰인 듯한 〈서문〉의 독서는, 오히려 사태를 더 복잡하게 만들 뿐입니다.

일상 언어의 경우, 말하는 주체는 (자기 자신과 무관한 이야기를 하거나 **나**라고 말하지 않더라도) 특정한 공간과 시간 속에 위치합니다. 그리고 그의 담론(그가 사용하는 동사의 시제, 인칭대명사, 장소와 시간을 지시하는 모든 표현, 고유명사 등)은 그가 말하고 있는 바로 그 지점과 순간을 중심으로 배열됩니다. 담론은 그 영점zero에서 펼쳐집니다.

그러나 문학에서는 어떻게 되는 걸까요?

작가가 "나"라고 말할 때, (복잡한 메커니즘을 거치긴 하지만) 일상의 개인과 동일한 척 가장하는 난해한 문제는 제쳐둡시다.

1) 플로베르가 《감정 교육》 서두에서 "1840년 9월 15일 새벽 6시 무렵, 출항을 앞둔 빌 드 몽트로호는 생베르나르 부두 앞에서 뭉게뭉게 연기를 뿜어내고 있었다"[14]라고 말할 때, 우리는 여기서 말하는 주체가 없는 듯한 인상을 받습니다. 혹은 오히려 말하는 주체는 이야기하는 자로서의 플로베르, 책의 바깥에 있는 플로베르, 펜을 손에 쥔 플로베르라는 느낌을 갖게 되고, 그는 적절한 거리를 두고 개입하지 않는 채 이야기를 한다는 인상을 줍니다(도스토예프스키가 자기 소설 속에 교묘히 눈에 띄지 않게 끼워 넣은 "**우리** 지방" 같은 종류의 표현으로도 개입하지 않습니다).

화자는 등장인물들에 대해 때로는 (마치 그들의 속내 이야기를

14 G. Flaubert, *L'éducation sentimentale*, *op. cit.* p. 33(《감정 교육》, 1부 1장).

들어서 그들의 생각을 알고 있는 것처럼) 세밀하게 말하고, 때로는 멀리서—마치 길모퉁이에 서 있는 낯선 관찰자나 사정을 전혀 모르는 정보 제공자처럼— 서둘러 말합니다. 예컨대 이렇게 말할 때처럼. "그는 여행을 했다. 돌아왔다. 살롱에 드나들었다."[15] 이는 사실 이야기를 할 때 누구나 하는 일입니다. 주의를 기울이는 방식이 때로는 섬세하고, 때로는 거칠 뿐.

다만 문학에서는 오직 말해진 것만 존재하고(비록 실제 사건을 이야기하는 경우라도), 말하는 주체는 그가 말하는 한에서만 존재한다는 것입니다. 여기서 대단히 복잡한 관계가 생겨납니다.

—말하는 주체가 자신이 말하는 것에서 멀어져 그의 담론이 축소되면, 주체 자신도 소거되는 경향을 보입니다.

—반대로 말하는 주체가 등장인물들에게 가까이 다가가 주의를 기울여 그들의 행동을 세심히 바라보는 듯할 때, 바로 그때 말하는 주체가 표면에 나타나 부피를 갖게 되어 자기 존재를 확대시킵니다.

담론과 말하는 주체의 이러한 상호적인 팽창과 수축, 이러한 박동을 플로베르의 작품은 지극히 분명하게 증언하고 있습니다.

플로베르는 자신의 소설들 속에서 결코 **나**라고 말하지 않지만, 말하는 주체와 그의 담론의 관계에는 대단히 큰 가변성

15 *Ibid.*, p. 448(《감정 교육》, 3부 6장). 푸코는 플로베르의 텍스트를 부정확하게 인용했다. 원문은 다음과 같다:
그는 여행했다.
그는 기선의 우울함, 텐트 속 차가운 잠으로부터의 깨어남, 풍경과 폐허의 현기증, 중단된 동정심의 씁쓸함을 알게 되었다.
그는 돌아왔다.
그는 사교계에 드나들었고, 또 다른 사랑을 했다.

이 있습니다.

—《감정 교육》의 시작 부분에서 날짜, 시간, 군중: 말하는 주체는 사람들이 통상 사건이나 신문 기사거리, 혹은 살인 사건 등을 이야기할 때와 같은 일정한 거리를 유지합니다.

그러나 불과 스무 줄도 지나지 않아, 말하는 주체는 프레데릭 모로 쪽으로 즉각 다가섭니다(그의 이름은 알지 못하는 채로). 그는 프레데릭의 옆모습을 보고, 그의 긴 머리를 인지하며, 그의 시선이 향하는 방향을 알아차립니다. 그리고 아주 미세한 이동이 일어나, 말하는 주체는 프레데릭 모로와 거의 나란한 위치, 매우 가까운 자리로 옮겨 가 그의 시선과 얽히게 됩니다. "그는 마지막 한 번의 시선으로 생루이 섬을 바라보았다."[16]

—그리고 대단히 신속한 하나의 전환: "안개를 가로질러 그는 (…) 이름 모를 건물들을 바라보고 있었다."[17] 이 전환은 양의적으로 해석될 수 있습니다.

—말하는 주체와의 동일시: 왜냐하면 "이름 모를" 이라는 말은, "나는 그것들의 이름이 무엇인지 궁금하다"와 거의 동등하기 때문입니다.

—혹은 반대로 후퇴의 움직임: 일종의 자료 참조와 같습니다. 우리는 프레데릭 모로가 알고 있는 것과 모르고 있는 것을 압니다. 그리고 그것들은 자료의 정확성에 의해 확립됩니다.

16 *Ibid.*, p. 33(《감정 교육》, 1부 1장).
17 *Ibid.*

이러한 양면적 방향을 가진 움직임은, 그다음 페이지에서 다음과 같은 두 가지 방식으로 다시 나타납니다.

—전기적 자료

—대상과의 동일시: "프레데릭은 파리에서 거주하게 될 방, 희곡의 구상, (…) 미래의 연애에 대해 생각하고 있었다."[18]

《감정 교육》 전체는 이러한 말하는 목소리, 프레데릭 모로의 주변에서, 옆에서, 뒤에서, 내부에서, 바깥에서 나비처럼 춤추는 목소리로 이루어집니다. 이 목소리는 자신이 말하는 것과의 불확실한 관계, 끊임없이 변화하는 거리 때문에 **나**라고 말할 수 없습니다.

그러나 이 춤과 불확실성이 어떤 법칙과 논리에 따르고 있다는 사실은 배제되지 않습니다. 문학 분석이 찾아내야 하는 것은 바로 이 논리입니다.

2) 《감정 교육》에서 말하는 화자의 목소리는 프레데릭의 위성 같은 것이 됩니다(프레데릭에게 예속됩니다-옮긴이). 《보바리 부인》에서 그것은 우선 샤를, 그리고 엠마의 위성이 되고, 그다음에는 그들로부터 자유로워져 살아남은 사람들 주변을 떠돕니다. 이 밖에도 많은 다른 해법들이 가능하며, 그것들은 목록을 완벽하게 작성할 수 있는 유형입니다.

이 목록의 다른 쪽 끝에는 인칭대명사 **나**에 의해 담론 내부에 고정된 목소리가 있습니다.

어떤 의미에서 문학 내에서 인칭대명사 **나**의 사용은, 말하는 주체와 그가 말하는 것 사이의 거리를 결정적으로 고정시

18 *Ibid.*, p. 34(《감정 교육》, 1부 1장).

킵니다(혹은 그래야 합니다). 물론 그는 다소 상세하게 말할 수도 있지만, 자신의 담론에 대한 그의 위치는 움직이지 않을 것입니다.

이러한 거리 고정은 다시 여러 문제들을 제기하고 다양한 가능성들을 열어젖힙니다.

1. 때로 그것은 단순히 매개의 역할만 합니다. 요컨대 일종의 허구적 1인칭이 나타나, 이러저러한 이야기를 들었으니 그것을 이야기하겠다고 말하는 것입니다(토마스 만, 《파우스트 박사》[19]).

이 기법은 이야기 속에서 일본 인형처럼 반복될 수 있습니다. 즉 어떤 (3인칭) 등장인물이 개입해 1인칭으로 자신이 이야기를 들려주겠다고 선언하는 식으로(《천일야화》[20]).

2. 때로는 반대로, 처음부터 도입된 1인칭이 이야기의 본질적 내용 자체를 구성하기도 합니다.

그 결과, 말하는 주체와 담론 사이의 관계는 고정된 것처럼 보입니다. 요컨대 말하는 주체는 자신의 생각, 감정, 체험, 지식 등을 말합니다.

그러나 곧바로 여러 불확실성이 발생합니다. 아니, 오히려 문학 작품을 구성하는 복잡한 관계망 전체가 드러납니다.

—저자와의 관계에서 생겨나는 불확실성, 즉 표지에 적힌 이름을 가진 인물과의 관계에서 생겨나는 불

19 T. Mann, *Le Docteur Faustus*, trad. Fr. L. Servicen, Paris, Albin Michel, 1950
20 *Les mille et une nuits*, *op. cit.*

확실성.

—더욱 중요한 것은 글 쓰는 행위와 관련된 불확실성(그 행위가 언제 수행되었는지, 그 행위의 본질이 무엇인지와 관련된 불확실성)입니다. 왜냐하면 말하는 자가 자기 글쓰기 행위를 자신이 말하는 것 안에 개입시키는 순간, 그는 이미 한 걸음 물러서서 말하고 있는 것이며, 그 글쓰기 이전에 또 다른 담론이 존재하게 되기 때문입니다.

여기에는 독립적으로 전개되어야 할 분석들의 장이 있습니다.

—이러한 분석들은 아마도 문학을 하나의 파롤로 정의하는 것을 가능하게 할 수도 있습니다. 그 파롤 내에서 말하는 주체의 위치는

—한 개인의 가시적, 시간적, 공간적 실존에 의해 외부에서 규정되는 게 아니라, 내부에서 일련의 파롤 행위들에 의해 규정됩니다.

—그럼에도 불구하고 실제 담론과 관련해서는 언제나 가변적이며 담론 내에서, 담론과 더불어, 또는 담론에 대항해 끊임없이 움직입니다.

— 만약 우리가 (익명이든, 가시적이든, 허구적이든, 실제적이든, 현존하든, 부재하든) 말하는 주체가 자신의 담론과 관련해 점유할 수 있는 모든 가능한 위치들의 총체를 파롤의 영역 혹은 장이라 명명한다면, 그리고 말해진 것 혹은 말해져야 할 것을 렉톤이라 부른다면, 우리는 말해진 것을 통해(렉톤을 통해) 드러나는 말하는 목소리의 위치들과 이동 전체를 렉시스라 부를 수 있을 것입니다.

담론의 세계와 파블〔이야기-옮긴이〕 사이에 언어학이나

민화, 신화 연구에도 속하지 않고 문학에만 속하는 어떤 수준(**픽션**이라 불려온 것)이 발견된 것과 마찬가지로, 파롤의 영역과 렉톤(전자는 철학에, 후자는 문체론에 속함) 사이에는 문학에 고유한 수준인 렉시스의 수준이 존재합니다.

문학이란 파블이 픽션에 의해 구성되는 담론입니다. 문학이란 렉톤이 렉시스에 의해 규정되는 파롤 행위입니다.

렉시스와 픽션은 문학 분석의 특권적이자 고유한 영역들입니다. 그것들은 철학적 모델에도 속하지 않고, 언어학적 모델에도 속하지 않습니다.

이는 아마도 다음과 같은 점들과 관련해 중요한 것 같습니다.

1) 한편으로, 로고스의 정의와 관련해.

—로고스는 현실의 주체가 발화하는 담론이 아니라, 익명의 목소리가 발화하는 담론입니다.

—그러나 이 목소리는 오직 렉톤 내부에서만 지시될 뿐이며, 그것이 말하는 것과 절대적으로 고정된 관계를 맺고 있습니다.

로고스(철학, 과학, 담론적 파롤—그것이 논쟁적이든, 서정적이든, 비이성적이든)를 특징짓는 것은 합리성도 아니고 진리와의 관계(혹은 진리와의 관계라는 가정)도 아닙니다. 그것을 특징짓는 것은, 로고스의 렉시스가 최종적이고 결정적으로 정해져 있다는 점입니다.

로고스에서는 파롤, 렉시스, 렉톤이 정확히 서로 맞물려 조정됩니다. 담론과 픽션, 파블이 신화에서 정확히 서로 맞물리는 것과 동일합니다.

바로 이러한 이유 때문에 문학은 야콥슨이나 레비스트로스의 생각과 달리 신화가 아닙니다. 또한 사르트르나 루카치의 생각과 달리 로고스도 아닙니다.

2) 다른 한편으로, 모방으로서의 문학의 정의와 관련해.

C. 이러한 모든 것은 문학을 특수하고 동시에 **제도화된 파롤 행위**로서 분석해야 한다는 결론으로 이끕니다.

—이상하게도 문학과 그것이 놓여 있는 문화적 형식들 총체와의 관계에 대해 사유하려 할 때마다, 문학 고유의 형식을 박탈해버리는 일이 일어납니다.

—문학을 철학이나 이데올로기 등과 소통하게 만드는 것을 내용 쪽에서 찾으려 함으로써.

—문학을 사회적 형식 및 제도와 소통할 수 있게 만드는 것을 저자 쪽에서 찾으려 함으로써.

문학을 다른 어떤 것으로도 환원될 수 없는 고유한 파롤 행위로 간주할 필요가 있습니다(여기서는 어디까지나 암시하는 데에만 그치겠습니다). 그리고 우리와 같은 사회 내에서 이러한 파롤 행위의 존재와 그 형태들을 제도로 간주할 필요가 있습니다.

a)퍼스는 여러 사회에서 파롤 행위를 연구했습니다(마담 그리올[21]도 도곤족의 파롤 행위에 대해 연구했습니다).

행위 수행적인 명제들에 대한 오스틴의 분석(형식적이고 비사회적인 분석)도 파롤 행위에 대한 연구입니다.

21 주느비에브 칼람그리올Geneviève Calame-Griaule(1924-2013)은 민족언어학자이며, 역시 민족언어학자인 마르셀 그리올Marcel Griaule의 딸이다. 푸코는 여기서 다음 저서를 참조하고 있다. *Ethnologie et langage. La parole chez les Dogon*, Paris, Gallimard, 1965.

b)우리는 마술적이고 종교적인 흔적을 찾는 대신, 우리와 같은 사회에서 문학적 파롤이 갖는 존재 양태를 (종교적, 신화적, 마술적, 철학적 발화에 대립하는 것으로서) 연구할 필요가 있습니다.

이 파롤 행위의 분석은 여러 수준에서 수행될 수 있으며, 또 반드시 수행되어야 합니다.

—문학은 그 지지체〔매체-옮긴이〕의 수준에서 일정한 방식으로 의례화되어 존재합니다.

—오랜 기간 동안 낭독 행위 속에서,

—혹은 연극 공연 속에서,

—혹은 마침내 책 속에서. 그러나 책 자체는 결코 중립적이거나 백지 상태의 지지체는 아닙니다.

우리는 보통 책을 그 소비와 발행 부수 등의 관점에서만 바라봅니다. 하지만 책은 훨씬 더 복잡한 총체로 이루어진 것이며, 거기에 다음과 같은 것들이 개입합니다.

—한 사회 속에서 책의 존재 양태: 예를 들어, 책은 18세기 말에 변화합니다.[a] 그것은 공포 문학〔의〕 대량 출판으로 인한 결과였습니다.[22]

—책과 에크리튀르의 관계:

책은 신문 연재소설이 나오기 전까지는 에크리튀르에 관여하지 않았습니다.

책이 신문이 아니라 책이라는 사실을 최초로 인

---

a 원고의 여백에 다음과 같이 적혀 있다:
도서관〔혹은 장서들-옮긴이〕
가제본

22 푸코는 "Le langage à l'infini"(art. cit., p. 285-286)에서 18세기 말부터 19세기 초까지의 공포소설의 성공에 대해 언급한다(〈한이 없는 언어〉, 《미셸 푸코의 문학비평》, p. 140-141).

식한 이는 말라르메입니다.

그 결과 책 자체가 에크리튀르 행위 속에 등장하게 됩니다.

—어떤 프로젝트의 형태로 :《잃어버린 시간을 찾아서》.[23]

—(즉각적)[a] 현실태로: 필립 솔레르스.

—애초에 책을 위한 것이 아니었던 언어를 수집한 모음집의 형태로: 뷔토르의《산마르코》.[24]

—그러나 파롤 행위(이 경우에는 에크리튀르) 자체의 본질 수준에서도 분석이 이루어져야 합니다.

—파롤 행위는 확언의 행위가 아닙니다(자연주의적이고 소설적인 유형의 문학에서 그러한 양상을 띤다 하더라도).

—그것은 또한 바람이나 권고의 행위도 아닙니다(서정적, 시적인 종류의 문학에서 그러한 형태를 취한다 하더라도).

—아마도 파롤 행위는 오스틴이 행위 수행적이라는 이름하에 구별한 언어 행위들과 상당히 가까운 것일지도 모릅니다.

그러한 언어 행위들은 참도 거짓도 아닙니다.

그것들은 무엇인가를 존재하게 합니다.

---

23 M. Foucault, "Guetter le jour qui vient"(1963), DE I, *op. cit.*, n°15, p. 293 : "프루스트는 자신의 이야기를 시작의 순간, 즉 시간이 돌아와서 이야기를 들려줄 수 있는 순간까지 이끌고 간다. 따라서 작품의 부재가 텍스트 전체에 걸쳐 움푹 패인 곳에 새겨져 있다면, 그 부재는 작품을 가능하게 하는 모든 것으로 가득 차 있으며, 작품이 탄생하는 순수한 순간이 이미 살고 죽게 만든다." 또한 다음을 보라. "Littérature et langage", art. cit., p. 92-93.

a 읽기 어려워 추측했다.

24 M. Butor, *Description de San Marco*, *op. cit.* 다음을 보라. M. Foucault, "Le langage de l'espace"(1964), DE I, op. cit., n°24, p. 439-440.

그것들은 어떤 의례를 따릅니다.

그것들은 실패할 수도 있습니다.

그것들은 동일한 문법적 구조를 갖습니다.

아마도 바로 이러한 방향에서 문학적 파롤 분석을 행해야 할 것입니다.

그것들이〔파롤 행위와 문학적 파롤 행위 - 옮긴이〕 완전히 동일하다고는 할 수 없지만, 분명 연관성이 존재합니다.

—왜냐하면 문학은 참도 거짓도 아니기 때문이고(문학이 포함하고 있는 진실에 대한 모든 분석은 어쩔 수 없이 실패하게 됩니다)

—문학은 무엇인가를 존재하게 만들기 때문이며(단순히 자신의 담론을 존재하게 만든다는 것이 아닙니다. 우리가 살고 있는 문화적 세계가 도스토예프스키, 프루스트, 조이스에 의해 변화되었다는 것을 우리는 잘 알고 있습니다)

—〔문학적 파롤 행위는〕 어떤 의례를 따르고 있기 때문이고(책이나 연극: 하나의 파롤은 그것이 아무리 아름다운 것이라 해도 이 의례를 통과하지 않는다면 문학에 속할 수 없습니다. 문학사회학의 영역).

—문학적 파롤은 실존하지 않는다는 의미에서 실패의 가능성이 있기 때문입니다. 문학은 종종 미의 관점에서 판단된다고 여겨지지만, 그것은 실존의 관점에서만 판단됩니다.

—또한 어떤 문법적 혹은 언어학적 분석도 문학이 무엇인지를 말해주지 못하는데, 문학적 파롤 행위는 모든 행위 수행적 행위들과 마찬가지로 일상 언어를 사용하기 때문입니다.

문학의 고유성, 그것은 문학이 말하는 사물들이나 문학이 사용하는 어휘들에 있는 것이 아닙니다. 오히려 그것은 문학이 수행하는 낯선 파롤 행위 자체에 있습니다.

12. 《부바르와 페퀴셰》
두 가지 유혹[*]

지식에 관한 이 두 위대한 우화〔《성 앙투안의 유혹》과 《부바르와 페퀴셰》-옮긴이〕를 차례로 분석해보고자 합니다.

—하나는 은둔 수도자—완고한 신앙인—가 악마적 지식에 유혹당하는 우화.

—다른 하나는 무지한 두 사람이 인간의 지식 전체를 자신의 것으로 만들기 위해 행하는 시도에 관한 우화.

지식에 관한 이 두 우화 간에는 상당수의 공통된 특질들이 존재합니다.

a. 플로베르는 평생 이것들에 몰두해 완전히 떨쳐낼 수가 없었습니다.

—세 가지 버전의 《성 앙투안의 유혹》[1]:

1849 《보바리 부인》[2] 이전.

1856 《살람보》[3] 이전

1874 《부바르와 페퀴셰》[4] 이전

---

* 1970년 뉴욕 주립대학 버펄로 캠퍼스에서의 강연(BnF, Fonds Foucault, NAF 28730, boîte 54, dossier 3). 푸코는 1964년 출간된 독일어판 《성 앙투안의 유혹》을 위해 쓴 후기postface의 몇 가지 분석을 이 텍스트에 다시 가져왔다. 다음을 참조할 것. Foucault, "(무제)", DE I, *op. cit.*, n°20, p. 321-353. 버펄로에서 강연한 바로 그해, 그 후기는 수정되어 "La bibliothèque fantastique"이라는 제목으로 다음의 책에 수록된다. R. Debray-Genette, *Flaubert*, Paris, Didier, 1970, p. 171-190〔〈도서관 환상〉, 《미셸 푸코의 문학비평》, 김현 편, 문학과지성사, 1989〕.

1 세 버전의 텍스트, 즉 1874년 텍스트뿐 아니라 1849년 텍스트와 1856년 텍스트를 암시한다〔초판은 《성 앙투안느의 유혹》(김용은 옮김, 열린책들, 2010)으로, 최종판은 《성 앙투안의 유혹》(김계선 옮김, 지만지고전천줄, 2008)으로 번역되었다. 다만 후자는 4장과 5장을 요약했다. 여기서 푸코는 주로 최종판을 인용하고 있다〕.

2 G. Flaubert, *Madame Bovary, op. cit.*

3 G. Flaubert, *Salammbô*, *op. cit.*

4 G. Flaubert, *Bouvard et Pécuchet*, dans Œuvres, t. II, "Bibliothèque de la Pléiade", Paris, Gallimard, 1959, p. 711-987〔《부바르와 페퀴셰》, 진인혜 옮김, 책세상, 2023〕.

그러나 그보다 먼저《스마르》(1839)[5]가 있었습니다.

—《부바르와 페퀴셰》를 위한 참고 자료는 수십 년에 걸쳐 축적되었습니다.

그 자료는 여러 차례 사용되었습니다(《보바리 부인》에 등장하는 오메 씨). 그리고 그 이전에는 〈박물학 강의: '필경사' 종에 관하여〉가 있었습니다.[6]

b. 두 텍스트는 몇 가지 공통 요소들, 교환된 문구들, 한쪽에서 다른 쪽으로 오가는 텍스트의 단편들을 통해 서로 신호를 주고받습니다.

예를 들어:

《부바르와 페퀴셰》에서: "이성은 당신에게 전체가 부분을 포함한다고 말하고, 신앙은 당신에게 실체 변화를 통해 응답한다. 이성은 당신에게 셋은 셋이라고 말하고, 신앙은 당신에게 셋은 하나라고 말한다."[7]

첫 번째 버전《성 앙투안의 유혹》에서도 거의 동일한 대화가 등장합니다.

《성 앙투안의 유혹》: "교회는 결혼을 성례로 만들었다."[8]

《부바르와 페퀴셰》에서 죄프루아 신부: "결혼이란 예수께서 정해주신 것이니까……." 페퀴셰: "어떤 복음서에 있지요?

---

5 G. Flaubert, *Smarh*, dans *Œuvres de* jeunesse, t. II, Paris, Louis Conard, 1910, p. 8-120.

6 G. Flaubert, *Une leçon d'histoire naturelle. Genre commis*, dans *Œuvres de jeunesse*, t. I, Paris, Luis Conard, 1910, p. 198-203.

7 G. Flaubert, *Bouvard et Pécuchet*, *op. cit.*, p. 944. 〔《부바르와 페퀴셰》, p. 433〕. 플로베르의 원문은 (위의 인용문과) 약간 다르다."이성은, 전체가 부분을 포함한다고 말한다. 그러나 신앙은 성변화聖變化〔보통은 transubstantiation이지만, 플로베르는 여기서 substantiation으로 표현〕로 답한다. 예수가 사도들과 성체를 나눌 때, 예수의 손에는 자신의 몸이 들려 있었고, 예수의 입 안에는 자신의 머리가 들어가 있었다. 〔…〕 이성은 셋을 셋이라 하나, 신앙은 셋이 곧 하나라고 선언한다."〔《부바르와 페퀴셰》, p. 433(번역 수정)〕.

8 G. Flaubert, *La Tentation de saint Antoine*, dans Œuvres, t. I, "Bibliothe1que de la Pléiade", Paris, Gallimard, 1946, p. 97〔《성 앙투안의 유혹》, p. 86. 성관계 및 임신을 피하라는 마니교도의 주장 후 일라리옹이 대꾸하는 부분〕: "교회는 결혼을 성사로 만든다!"

사도 시대에는 결혼을 아주 경시하여, 테르툴리아누스는 결혼을 간음과 동일시하고 있는데요 〔…〕 그건 성사聖事가 아니에요! 성사에는 어떤 표식이 필요하지요. 결혼에 어떤 표식이 있는지 말씀해보세요!"[9]

《부바르와 페퀴셰》: 페퀴셰의 자학 행위〔채찍질〕.[10]

《성 앙투안의 유혹》: 자학〔편달 고행〕.[11]

실체와 무한.

자살과 블랙홀.

순교.

그리고 아마도《성 앙투안의 유혹》의 결말은《부바르와 페퀴셰》의 첫 번째 전원 풍경에 해당할 것입니다.

결국 어디서나 문제는 은둔, 욕망, 지식입니다.

c. 그러나 이런 지엽적 교류나 유사성보다 더 중요한 것은, 이 두 텍스트의 연관성이 시사하는 것은, 양쪽 모두에서 다루어지는 것이 여러 종류의 언어의 덩어리들이라는 점입니다. 이 덩어리들은

—전부가 박식함으로 가득 차 있으며, 플로베르는 거기에 수많은 독서와 메모를 쏟아부었습니다.

—매우 단순하고 원초적 방식으로 구성됩니다. 연속해서 나타나는 등장인물들, 일련의 시도들.

—그것들은 자신들이 외관으로서 취하고 있는 담론의 장르와 유형으로 환원되지 않은 채로 존재합니다.

이렇게 해서 플로베르 자신이 쓰는 데 큰 어려움을 겪었

9 G. Flaubert, *Bouvard et* Pécuchet, op. *cit.*, p. 949(《부바르와 페퀴셰》, p. 442).

10 *Ibid.*, p. 923(《부바르와 페퀴셰》, p. 395).

11 G. Flaubert, *La Tentation de saint Antoine*, *op. citi.*, p. 79(《성 앙투안의 유혹》, p. 54-56).

던, 자신도 성공작인지 실패작인지 말할 수 없었던, 전통적인 범주, 판단, 분석을 적용할 수 없는 이 기이한 텍스트들이 구성되었습니다.

이 텍스트들은 확실히 진실과 대단히 특수한 관계를 맺고 있습니다.

—물론 과학적 관계는 아닙니다(비록 세심한 정확성을 추구하는 태도를 보이지만).

—우리가 문학에서 발견할 수 있는 관계와도 닮지 않았습니다.[a]

이 텍스트들은 알렉산드리아의 클레멘스가 쓴《스트로마타》,[12] 르네상스 시기에 존재했던 수많은 방대한 텍스트, 그리고 현대 문학에서 생산되고 있는 담론적 픽션과 같은 방대한 텍스트의 집적과 비교해볼 수 있습니다.

I. 베껴 쓰기

A.《성 앙투안의 유혹》

1. 겉으로 보이는 구성 방식:

세 가지의 유혹: 알렉산드리아; 단순한 쾌락

콘스탄티노플; 권력과 부

오리엔트(; 시바 여왕)

a 여백에 다음과 같이 적혀 있다: 주제계를 연구할 게 아니라, 픽션과 문헌의 관계 혹은 담론의 두께 내에서의 기성의 언어와 에크리튀르의 관계를 연구하기.

12 Clément d'Alexandrie, *Les Stromates*, trad. Fr. A.-E. de Genoude, Paris, Librairie de Perrodil, 1839.

이단들.

순교자들.

신들(인도와 그리스).

온 세상.

살아 있는 세포.

이 모든 것은 성자Saint의 환영, 증식하는 환각, 화려한 이미지들이 교차하는 장면으로 제시됩니다.

그리고 플로베르가 이 작품을 집필하던 당시 자신의 작품에 대해 말하면서 자신의 망상, 상상력의 향연, 도취 상태에 대해 설명했습니다.

2. 그런데 주의 깊게 살펴보면, 이 모든 거대한 광기의 이미지들이 사실은 지식의 파편들, 치밀하게 가공되지 않은 채 던져진 문헌적 요소들임을 알 수 있습니다.

a. 때로 그것이 텍스트인 경우도 있습니다. 예를 들면

—보소브르 신부의 회상(메모 카드[b]).

—그리고 순교자들에 관한 구절.[13]

b. 때로 그것이 도식인 경우도 있습니다. 예를 들어 플레로마Plérôme.[14]

---

b 푸코가 강연 중에 읽은 것으로 보이는 이 카드에는 이자크 드 보소브르Isaac de Beausobre의 《마니교도와 마니교의 역사*Histoire de Manichée et du manichéisme*》(Amsterdam, 1734-1739)의 다음과 같은 구절들이 자유롭게 적혀 있었다.

보소브르의 '회상'(순교자에 대하여):

"그리스도교도는 순교자들의 시체에 지나치게 애착을 갖고 있었다. 그들은 그 성포에 입을 맞추고 있었다. (…)모니크는 빵과 마실 포도주와 라틴 사람들이 풀티스pultis라 부르는, 물과 밀가루와 달걀로 만든 요리(스프의 일종)를 가져오게 했다. (…)

진수성찬이 더해진다. 이러한 밤의 기도는 좋지 않은 결과를 가져올 수밖에 없었다. 여성들이 거기에 참가하는 것을 금할 필요가 있었다. 거기에 또 다른 종류의 방탕인 취태가 있었기 때문이다."

13 G. Flaubert, *La Tentation de saint Antoine*, *op. cit.*, p. 117-118(《성 앙투안의 유혹》, p. 86-87).

14 *Ibid.*, p. 98(《성 앙투안의 유혹》, p. 86. 영지주의 발렌티너스파와 관련된다).

c. 때로 그것은 판화입니다.

뒤러Dürer: 〈음욕과 죽음〉.

텍스트.[15]

비슈누Vishnou(상징적 형상).[16]

3. 이것은 플로베르가 다른 곳(《살람보》)에서 사용했던 기법[17]이라고 사람들이 말할지도 모릅니다. 그러나 다음과 같은 점을 지적할 필요가 있습니다.

—이 기법은 작품 전체에 걸쳐 전면적으로 적용되고 있습니다. 사실상 작품 속 거의 모든 요소가 문헌 자료에 의거하고 있습니다.

대응물의 기법

—이 기법은 지식을 어떤 등장인물, 장면, 에피소드 혹은 사건 내부로 끌어들이는 것이 아니라, 그것을 파편 상태로, 즉 정교하지 않은 조각들로 내버려두는 것입니다.

예: 영지주의자들과 이단자들.[18]

삽입

—이 기법은 단순히 글로 쓰인 자료에서 출발하는 것이 아니라 그 자체가 다른 텍스트, 다른 주제, 다른 이미지를 표현하는 글로 쓰이고, 그려지고, 채색된 자료에서 출

15 *Ibid.*, p. 184-185(《성 앙투안의 유혹》, p. 95-102).

16 *Ibid.*, p. 142(《성 앙투안의 유혹》, p. 88).

17 이 '기법'이라는 용어는 별것 아닌 것이 아니다. 이것은 《레몽 루셀》(1963)에서부터 "제7 천사에 대한 일곱 가지 설명"(1970)에 이르기까지 푸코의 분석들에서 끊임없이 등장하며, 언어의 물질성 속에서 글쓰기(에크리튀르)를 통해 수행되는 특정 작업을 가리킨다.

18 G. Flaubert, *La Tentation de saint Antoine*, *op. cit.*, p. 95, 98, 99(《성 앙투안의 유혹》, p. 86).

발합니다. 플로베르는 이러한 모든 요소를 에크리튀르라는 보편적 요소 내에서 복원시킵니다.

전사轉寫

—그렇지만 플로베르는 이 요소들을 다음과 같이 활용합니다.

때로는 담론을 만들기 위해.

때로는 등장인물을 만들기 위해(무대 지시문에는 인물들이 어떤 복장을 하고 있는지, 어떤 동작을 취하고 있는지가 드러납니다).

때로는 담론을 만들기 위해(이 역시 무대 지시문의 영향을 받습니다).

때로는 등장인물이 말하는 환상을 만들어내기 위해.

그런데 플로베르는 어떤 이미지를 사용해 담론을 만들어내기도 하고(플레로마Plérôme), 어떤 담론을 사용해 무대장치나 등장인물을 만들어내기도 합니다(경마장에 대한 묘사).

재배치

—플로베르는 다음과 같은 문체적 변형을 가합니다.

구체적인 텍스트를 추상화하거나

색채가 없었던 곳에 색채가 생겨나게 하거나

하나의 문장만 있던 곳에 어떤 동작이나 정경을 덧붙입니다. 예를 들면, 순교자들에 관한 대목에서: 밤의 장막 속에서 빛나는 유골들.[19]

19 *Ibid.*, p. 117(《성 앙투안의 유혹》, p. 87).

변형

결론: 그러므로 이 에크리튀르 기법은 사물도 사상도 인상도 아닌, 이미 존재하던 일련의 문장, 담론, 그림, 판화, 이미지의 총체를 전제로 합니다. 즉 다른 요소들을 표상하고 복제하며 이중화하는 요소들을 전제로 하는 에크리튀르 기법인 것입니다.

이 에크리튀르는 결코 기원적인 것이 되려 하지 않고, 한 번도 말해진 적 없는 것을 말하려 하지도 않습니다. 반대로 무한히 이어지는 반복 가능한 것들의 물결침[20] 속에 자신을 위치시키려는 에크리튀르입니다.

이 에크리튀르는 기원의 흔적이라는 성스러움을 벗어던지고, 끊임없이 계속되는 자유로운 반복 운동 속에 있는 수많은 파고들 가운데 하나에 불과한 것이 됩니다.

그래서 우리는 이러한 종류의 텍스트에서 연극이 의미하는 바가 무엇인지를 이해할 수 있습니다.

—《보바리 부인》 혹은 《감정 교육》에서의 소설적 에크리튀르는 감각으로부터 출발하여, 그리고 사물들 자체가 사유, 욕망, 권태, 혐오와 직접적으로 접촉되는 지점에서 출발하여 하나의 텍스트에 도달하는 반면에

—연극에서 에크리튀르의 역할은 정반대입니다. 이미 말해졌거나, 이미 보였거나, 이미 표상된 사물들로부터 출발하여 그것들을 등장인물, 무대장치, 공간 등으로 만드는 것입

20 이 표현(물결침, le moutonnement)은 1970년 12월 2일 콜레주드프랑스에서 열린 취임 강연에서 "주석의 끝없는 물결침le moutonnement indéfini des commentaires"이라는 형태로도 사용되었다. 다음을 참조하라. M. Foucault, *L'ordre du discours*, Paris, Gallimard, 1971, p. 27(《담론의 질서》, p. 391). Elle est déjà présente dès *Les mots et les choes*, *op. cit.*, p. p.55(《말과 사물》, p. 78).

니다.

B.《부바르와 페퀴셰》

1. 사용되는 기법은 거의 동일합니다. 요컨대 모든 주요 에피소드들의 배후에는 다음과 같은 종류의 텍스트들이 있습니다. 농학, 원예, 가계, 화학, 해부학, 생리학, 천문학, 지질학, 고고학, 역사학, 문학, 정치학, 체육, 심령술, 철학, 종교, 교육학.

2. 그러나 여기서는 기법이 훨씬 단순하고 훨씬 가독성 있어 보입니다. 그것이 텍스트의 내부에서 말해지기 때문입니다.

—인물들〔부바르와 페퀴셰〕은 텍스트를 읽습니다(무슨 텍스트인지도 명시됩니다).

—그들은 그 텍스트의 (따옴표로 제시된) 인용문들이나 일반적인 생각들(요약 형태로 제시됨)을 기억합니다.

—그들은 그것들을 적용해보거나, 검증하거나, 토론하거나, 논쟁 중에 활용합니다.

3. 그러나 다음과 같은 이유로 복잡성이 존재합니다.

—어떤 인용문이 〔다른 문 안으로〕 은밀히 잠입함으로 인해 "진리는 이쪽에서는……"이라는 말이 레비에게 귀속됩니다.[21]

—어떤 텍스트가 왜곡됨으로 인해.

—어떤 요소가 구별 없이 제시됨으로 인해. 그래서 그것이 그 인물들의 생각인지, 그들이 어떤 책에서 배운 것

21 G. Flaubert, *Bouvard et Pécuchet*, *op. cit.*, p. 777(《부바르와 페퀴셰》, p. 113): "피레네 산맥 이편에서는 진리이고, 저편에서는 잘못된 생각이다, 레비는 말하고, 베크렐은 그것은 과학이 아니라고 덧붙이고 있다." 물론 이 문장은 파스칼의 다음 책에서 따온 것이다. B. Pascal, "Misère", *Pensées*, Brunschwicg 294, Lafuma 60: "Vérité au deçà des Pyrénées, erreur au delà".

인지, 인용문인지, 심지어 플로베르 자신의 주장인지조차 알 수 없습니다. "모든 책들이 개인의 관찰에 〔필적할〕 수 있는 것은 아니다"[22]를 참조.[a]

—플로베르가 텍스트를 거의 언급하지 않는 부분에서도 이미지들을 끼워 넣음으로써(예: 지질학 부분).

정원과 관련해서는 그 반대입니다.

—플로베르는 전혀 인용이 나오지 않는 대목에서도 여전히 이미 존재하는 기성의 언어를 사용합니다. 파베르주 백작의 발언 전체.

그 결과 여기서도 말해지는 모든 것은 이미 그 전에 말해진 것들이지만, 그 방식은 〔《성 앙투안의 유혹》과는〕 완전히 다릅니다.

—《성 앙투안의 유혹》에서는 이 기법이 은폐되어 있는 반면, 여기서는 중심부에서 명확히 드러나며 가장자리에서는 식별할 수 없습니다.

—《성 앙투안의 유혹》에서는 이 기법이 환영들 내에 고정되어 있지만(아래에서 들리던 속삭임은 잠잠해지고), 여기서는 인용된 것, 교묘히 재인용된 것, 이미 말해진 것일 수도 있는 것, 그리고 아직 한 번도 말해진 적 없는 것이 불확실하게 얽혀 있습니다.

—유일하게 고정된 지점들:

—시작 부분

22 G. Flaubert, *Bouvard et Pécuchet*, *op. cit.*, p. 780(《부바르와 페퀴셰》, p. 119(번역 수정)).

a 여백에 이렇게 적혀 있다:
속과 종에 따라 분류하는 린네의 분류법은 대단히 편리하다. 그렇지만 종을 어떻게 결정할 것인가?(*ibid.*, p. 772(《부바르와 페퀴셰》, p. 105)).

—혁명의 파열

—결말

그리고 시간과 온도에 관한 몇몇 묘사.

그리고 다음과 같은 것들에 주목할 필요가 있습니다.

—이러한 묘사 속에 두 주인공들 자신의 인상, 사고 방식 혹은 더 정확히 말해 사태를 말하는 방식, 그리고 그들의 반응이 곧바로 스며듭니다.

—1848년의 혁명에 관한 이야기는 주로 소문과 그것에 대한 사람들의 말을 통해 전해집니다.

—그리고 서두 부분은 모자 속에 쓰여진 이름의 상징적 독해로 시작됩니다.[23] 이후 두 남자는 마치 마술사의 모자에서 토끼가 튀어나오듯, 자신들의 모자로부터 튀어나온 것처럼 묘사됩니다.

(플로베르는 그들의 이름을 두고 오랫동안 망설입니다).

《성 앙투안의 유혹》에서 에크리튀르는 이미 말해지고 이미 보았던 것들의 끝없는 속삭임을 갑작스러운 환상 속에 멈추게 하고 정착하게 하는 역할을 담당합니다.

반면《부바르와 페퀴셰》에서는 에크리튀르가 이미 말해지고 이미 보았던 것들을 드러냄과 동시에 교묘히 비껴가게 하는 역할을 담당합니다. 그 결과 꿈속의 이중화와 같은 효과가 발생합니다.

내가 지금 듣고 있는 것 혹은 읽고 있는 것은, 예전에 이미 들었던 것일까? 이 목소리는 어디서 오는 것일까? 누가 말하고 있는가? 그것은 너인가, 다른 누구인가? 오늘인

23 *Ibid.*, p. 713(《부바르와 페퀴셰》, p. 8).

가? 어제인가? 정말 나에게 말을 거는 것은 너인가?

《성 앙투안의 유혹》에서 전사轉寫는 더 정교하고 더 조직적이며, 《부바르와 페퀴셰》에서는 그것이 유동적이고 불확실하며 불안합니다. 그것은 중단되지 않습니다.

II. 주체의 분산

1. 《성 앙투안의 유혹》

이것은 겉으로 보기에 매우 단순한 장면입니다. 한 수도사가 자신의 오두막 앞에 무릎을 꿇고 있고, 유혹들이 아주 얌전히 차례로, 결코 둘이 동시에가 아니라 하나씩 나타납니다. 인형극처럼 평면적이고 선형적인 세계입니다.

브뤼헐[24]과의 〔차이점〕과 회화의 동시성. 다만 텍스트 안에는 선형성에도 불구하고 깊이의 효과가 존재합니다

—실제로 성 앙투안은 성서를 읽습니다.

—왜냐하면 그것이 그의 의무이기 때문이고,

—그를 엄습하는 기억들을 지워버리기 위해서입니다.

그러나 그는 거기에서 유혹을 불러일으키는 세 구절과 마주치게 됩니다. 나타나는 세 가지 이미지—식탁, 재물, 시바 여왕—는 사실 그 책에서 솟아난 것들입니다.

—일라리옹Hilarion:

24 플로베르는 1845년 제노바의 팔라초 발비(발비 궁전)에서 소小 피터르 브뤼헐의 〈성 앙투안의 유혹〉을 보고, 《성 앙투안의 유혹》 기획의 영감을 얻었다. 한편 푸코 역시 회화를 매개로 '성 앙투안'이라는 인물과 관계를 형성하게 되는데, 이는 1963년 11월 리스본에서 보았던 히에로니무스 보스의 〈성 앙투안의 유혹〉(혹은 〈성 안토니우스의 유혹〉)과 관련되어 있다. 푸코는 이 그림을 4년 후인 1967년 9월, 네덜란드 노르드브라반츠 미술관에서 열린 보스 회고전에서도 다시 보게 된다.

—그는 시바 여왕의 후계자이자

—"검은 아이"이고

—제자(과학-지혜)이기도 합니다.

그는 욕망과 지식을 동시에 지니지만, 앙투안에게 있어 그는

—억제된 욕망이자

—전달되는 지식이었습니다.

이제 그 반대의 것이 됩니다. 요컨대 정복된 지식, 그리고 〔정복하는〕[a] 욕망이 됩니다.

그리고 이러한 환상들을 도입하는 것은 바로 일라리옹입니다.

두 번째 국면에서 일라리옹은 새로운 층위의 환영들을 낳게 될 지식이 됩니다.

—그러므로 환영들은 각자 자신만의 이론, 자신만의 지식, 자신만의 환영들을 가지고 전진합니다.

예: 마니〔마니교 창시자-옮긴이〕, 그의 책과 그의 구체.

혹은 크누피스를 숭배하는 자들Knouphites.

—이 환영들이 자기만의 또 다른 환영을 갖기도 합니다.

그러나 이것이 희곡이라는 사실을 잊어서는 안 됩니다. 요컨대 성 앙투안 자신도 관객들에게는 무대 위에 있는 하나의 환영에 불과하다는 사실을 잊어서는 안 됩니다.

게다가 희곡은 읽힌다는 사실, 현실의 독자들에 의해 읽히는 책이라는 사실도 잊어서는 안 됩니다.

a 읽기 어려워 추측했다.

따라서 다음과 같은 도식이 얻어집니다.[25]

		V1	V1	V2		V3	
독자 —	책 —	성 앙투안 —	책 —	일라리옹 —	(숨겨진 책들) —	환영들 —	책
	플로베르가 실제로 쓴	무대 위의 현실적 등장인물	무대 위에서 실재하는				

우리는 다음과 같이 결론지을 수 있습니다.

—선형적 구성 너머에서, 그 구성을 부단히 수직으로 가로지르는 깊이의 구성이 존재합니다. 환영들 속의 환영들. 서로를 감싸고 있고 서로로부터 나오는 환영들. 이들 각각의 환영이 눈앞에 나타날 때, 우리는 그것이 어느 정도의 현실성을 지니는지 알 수 없습니다.

콩디야크식 세계에서는[26] 가장 깊숙한 환영이 가장 희미해야 합니다(기억의 기억의 기억이므로). 반면에 여기서는 그것의 양태와 강도는 비례하지 않습니다. 환영들은 욕망과 관련해 동일한 가치를 지닙니다.

—또한 환영들을 누가 보고 있는지 정확히는 알 수 없습니다. 아마도 성 앙투안이겠지만.

하지만 그와 환영들 사이에 무엇이 있을까요? 일라리옹, 또 다른 누군가, 그리고 어쩌면 세 번째의 누구일까요? 보는 주체들이 서로들 안에 겹쳐 들어 있고, 그러는 동안 앙투안은 그들 속에서 그 수직선 전체를 따라 산산이 분산됩니다. 그는 자기 혼자서 환영들 내의 가장 깊고 가장 먼

25 이 도식을 《성 앙투안의 유혹》 독일어판 서문에 있는 도식과 비교해보면 흥미롭다. 다음을 참조하라. M. Foucault, "(무제)", art. cit., p. 33.

26 É. Bonnot de Condillac, *Traité des sensations* (1754), éd. F. Picavet, Paris, Delagrave, 1885(6e édition 1928).

후방에까지 도달하는 화살의 모든 지점들을 차지합니다.

《성 앙투안의 유혹》: 주체의 다수의 심급들 내에서의 분산. 아킬레우스가 욕망의 화살 위에 서 있는 형국.

2.《부바르와 페퀴셰》

여기서도 역시 인형극 같은 효과가 있습니다. 겉으로는 선형적이고 기계적인 구성입니다. 무대 위에는 두 남자, 벤치, 모자들, "나도 그래"라는 대사, 신체의 외관, 그리고 〔처음에〕 등장한 두 남자와 〔함께〕 나타나는 다음의 등장인물들.

—결혼 → 보르댕 부인.

—매춘부 → 멜리.

—노동자 → 고르쥐.

—신부 → 죄프루아.

그다음은 일련의 에피소드들: 농학, 화학, 해부학, 물리학, 천문학, 지질학, 고고학, 역사학, 문학, 정치학, 체육, 철학, 심령학, 교육학.

이러한 선형적 구성은《성 앙투안의 유혹》에서와 마찬가지로 변형되지만, 그것과는 대단히 다른 방식으로 변형됩니다.

—《성 앙투안의 유혹》에서 환영들은 서로로부터 나와 전개되며, 너무 깊은 곳에 있어서 누가 보고 있는지 알 수 없을 정도에 이릅니다.

—《부바르와 페퀴셰》에서 문제는 오히려 누가 말하는가입니다. 그러나 여기서의 어려움은《천일야화》[27]나《운명론

27 *Les milles et une nuits*, *op. cit.*

자 자크와 그의 주인》[28]처럼 발언들이 서로 중첩되어 생기는 것이 아닙니다. 오히려 종종 익명인 여러 목소리가 얽혀 있고, 그들의 말이 자신의 독창적인 말인지 아니면 무언가를 반복하는 말인지 불분명하다는 점에서 비롯됩니다.

이 목소리들을 분석하려면, 플로베르의 문장 하나하나를 취해서 그에게 세 가지 질문을 던져야 합니다.

a. 말하는 주체와 관련된 질문

지금 읽고 있는 문장은 누구의 것으로 생각해야 할까요? 그것을 발화한 것으로 간주되어야 하는 자는 누구일까요?

예: "그리고 예전처럼……"[29]

1. 서술하는 자, 즉 결코 **나**라고 말하지 않으며 등장인물들을 따라다니는 익명의 관찰자의 문장들: 서술문.

2. 그 반대편 끝에는 부바르와 페퀴셰가 발화한 문장들: 발화문.

3. 그 둘 사이에는 간접화법 형식의 중간 문장들: 간접화법문.

4. 묘사적 문장 측면에서는 그것이 서술문인지, 그들의 의식 속 침묵 안에서 발화된 문장인지, 간접화법문인지 판단하기가 쉽지 않습니다.

예: "창공은 군도들과 작은 섬들이 떠 있는 푸른 바다처럼 보였다."[30] : 혼합문.

5. 대화문 측면에서는 다른 사람들이 이미 말했던 문장들, 책이나 안내서에서 읽은 문장들, 방돔 광장의 망원경

28 D. Diderot, *Jacques le Fataliste*, *op. cit.*

29 G. Flaubert, *Bouvard et Pécuchet*, *op. cit.*, p. 778(《부바르와 페퀴셰》, p.114-115).

30 *Ibid.*

견학 중에 들었던 문장들처럼 단지 반복되기 위해 발화되는 문장들이 있습니다.[31]: 반복문.

b. 지지체〔매체-옮긴이〕의 문제.

이 문제가 제기되는 것은 텍스트 전체에 걸쳐, 심지어 서술자의 문장들에도 어딘가로부터 전달된 요소들이 존재하기 때문입니다. 이 요소들로 인해 텍스트는 기성의 문장들의 콜라주나 모자이크가 되는 경우가 있습니다.

—너무도 여러 번 반복되어서 언어 체계langue 자체의 일부처럼 생각되는 요소들.[a] 그 요소들은 아무것도 가리키지 않고, 특정한 말하는 주체를 지시하지도 않으며, 어떤 의미도 갖지 않습니다. 그저 사람들의 발화가 이루어지고 있다는 사실만 보여줄 뿐입니다. "모든 것이 요동치고 모든 것이 지나간다."[32]

다음은 담론의 불특정 기표들입니다.

—특정한 사회 계급, 특정한 대화 유형, 특정한 상황 유형을 지지체로 하는 요소들:

예를 들어 파베르주 백작의 "엄격한 훈육".[33 b]

또는 두 명의 어리석은 독신 남성이 여성에 관해 나누는 대화.[34]

다음은 어떤 담론적 상황에 의해 결정되는 기표들입니다.

31 *Ibid.*

a 이 위에 푸코는 다음과 같이 적어놓았다: 연사들syntagmes

32 *Ibid.*, p. 779(《성 앙투안의 유혹》, p. 116).

33 *Ibid.*, p. 947(《성 앙투안의 유혹》, p. 437).

b 여백에 다음과 같이 적혀 있다:
가장 신성한 것, 요컨대 가정, 사유재산, 결혼을 〔조롱하는 것〕(*Ibid.*, p. 843).

34 *Ibid.*, p. 731-732(《성 앙투안의 유혹》, p. 10).

—특정한 책이 아니라 책 일반을 지지체로 하는 요소들. 여러 책들 안에서 발견할 수 있는, 아마도 대단히 많은 다양한 버전들을 수반하는 일련의 문장들을 단 하나의 구문으로 요약, 압축한 형태: "오히려 감각에 의뢰해 얻은 결과를 신뢰하는 편이 더 낫지 않을까?"[35]

다음은 책 안에만 존재하는 것의 기표들입니다.

—특정한 책 혹은 복수의 책들이 형성하는 특정한 계열을 지지체로 하는 요소들. 예를 들어 스피노자와 그의 주석자들, 퀴비에와 대홍수, 앙굴렘 공작의 생애.

다음은 지식의 기표들에 관해서입니다.

〔c.〕 삽입 지점

이러한 "기성의" 요소들은 등장인물들의 다양한 수준에 고정됩니다.

—가장 분명하게는 그들의 담론과 대화의 수준(천문학에 관한 부분 참조)에서입니다.[36]

—그러나 아마도 좀 더 깊은 차원에서는, 그들의 경험과 실천 내에서일지도 모릅니다. 즉 기성의 언어는 행동 지침이나 행위의 유형이 됩니다(원예).

—어쩌면 더 나아가 타인과의 관계 속에서 고정될 수 있습니다. 언쟁의 재료, 논박의 도구 또는 정치적 사회적 구분의 수단으로 기능하는 경우: 신부와의 종교 논쟁.

—그보다 더 깊숙이 그들의 내밀한 확신, 심층적인 공상, 환상 차원에까지 스며들 수 있습니다: 원시 세계에 대

35 *Ibid.*, p. 906〔《부바르와 페퀴셰》, p. 364〕.

36 *Ibid.*, p. 778-779〔《부바르와 페퀴셰》, p. 115-117〕.

한 꿈.[37]

—더 깊이 나아가면, 그들의 신체 자체에까지 스며들 수 있습니다. 현실의 담론이 몸에 고정되는 것입니다.

그들이 체조를 할 때.[38]

혹은 그들이 자신들의 음식 섭취를 전신에 걸쳐 통제할 때.[39]

—그리고 마지막으로 그들의 신체와 정체성이 분리될 때도 이 담론이 개입할 수 있습니다. 즉 그들이 무엇을 먹어야 할지, 어떤 식단을 따라야 할지, 자신이 영혼인지 육체인지 물질적 실체인지 혹은 어떤 〔전용된〕[a] 집합체인지조차 모를 때.

자살을 참조.

이 모든 것으로부터 다음과 같이 결론지을 수 있습니다.

1.《부바르와 페퀴셰》는 전통적인 범주들로 분석할 수 없습니다.

즉 한쪽에 "이야기récit"가 있고, 다른 〔쪽〕에 (저자가 특별한 설명을 덧붙이기 위해 개입할 때의) 담론이 있는 것이 아닙니다.

이야기된 요소들의 모자이크 외에도 서로 교차하고, 나타났다 사라지며, 어디서 왔는지 알 수 없고, 각기 다른 역할들을 수행하며 다양한 수준들에 기입되는 다수의 목소리가 존재합니다.

—통사 구조의 이질성(플로베르가 대화, 책, 신문 등 여기저기

37 *Ibid.*, p. 782(《부바르와 페퀴셰》, p. 121-122).
38 *Ibid.*, p. 879-880(《부바르와 페퀴셰》, p. 317-321).
39 *Ibid.*, p. 766-767(《부바르와 페퀴셰》, p. 96).
a 읽기 어려워 추측했다.

서 가져온 것들을 단순히 이어 붙였다는 사실) 외에도

—담론적 양태들의 다양성.

2. 그리고 그 결과 등장인물들은 자기 자신의 정체성 속에서 소멸합니다.

—전통적으로 소설의 등장인물은 말해지는 것과 그가 직접 말하는 것 간의 중계 지점입니다. (작가에 의해) 말해진 것과 (등장인물이) 말하는 언어가 교차하는 지점입니다.

—그러나 여기서 등장인물들은 담론들의 결절점에 불과합니다. 서로 다른 주체들, 서로 다른 매개체(지지체)들, 서로 다른 기능들을 가진 단편적인 담론들이 얽힌 네트워크 속의 별들일 뿐입니다.

3. 이로부터 우리는 플로베르가 자신의 서간에서 붙였던 이 소설의 부제, "과학에서의 방법의 결여에 관하여"[40]를 이해할 수 있습니다.

《부바르와 페퀴셰》는 독학자에 대한 비판이 아니라 이미 말해진 것과 관련된 거대한 우화입니다. 이미 말해진 것은 어디에서나 오고, 모든 형태를 취하며, 모든 층위에 달라붙어 나타납니다. 담론이 되고, 무기가 되고, 표지가 되고, 문장紋章이 되고, 몽상이 되고, 이미지가 되고, 신체, 동작, 고통, 해체된 사지, 죽음이 됩니다.

학문은 이미 말해진 바를 제한하고 이용하기 위한 일종의 정수定數(규칙-옮긴이)입니다. 학문은 **말로 어떤 일을 행하는** 특정한 방식입니다.[41]

---

40 G. Flaubert, "Lettre du 16 décembre 1879 à Madame Tennant", dans *Correspondance*, t. VIII, Paris, Louis Conard, 1930, p. 336.

41 오스틴의 저서 "*How to Do Things with Words*"를 가리킨다. 프랑스어 번역판은 1970년 세이

부바르와 페퀴셰는 이미 말해진 것 속에서, 무질서하고 파편화된 이미 말해진 것 속에서 허우적거리고 제자리걸음을 합니다. 한계도 규칙도 없이 그들이 바로 이미 말해진 것이며, 그들이 하는 것도 이미 말해진 것입니다. 아무것도 행하지 않으면서, 아무것도 되지 않으면서.

어떻게 말로 아무것도 행하지 않을 수 있을까?

어떻게 말로 아무것도 아닌 것이 될 수 있을까?

III. 계열들의 법칙

A.《성 앙투안의 유혹》

따라서 이것은 연극입니다.

—한편에는 혼자이며, 아무것도 모르고, 알지 않기를 욕망하는 성 앙투안이 있고

—다른 한편에는 지식을 발판 삼아 욕망의 이미지들 자체를 구축하는 일라리옹[a]이 있습니다.

—그리고 양자 사이에는

—성 앙투안 쪽에 가까운 위치에 욕망하지 않는 것을 알기 위한 도구로서의 책이 있고,

—일라리옹 쪽에는 지식이 아닌 것, 요컨대 환영과 같은 형태로 욕망의 이미지들을 출현시키는 악마가 있습니다.

유Seuil 출판사에서 "*Quand dire, c'est faire*"라는 제목으로 출간되었다(《말과 행위》, 김영진 옮김, 서광사, 2005).

a 푸코는 이 위에 다음과 같이 적어놓았다: 악마.

즉

	욕망	지식
한쪽 극단에 성 앙투안	–	–
책	–	–
환영	+	–
일라리옹	+	+

성 앙투안은 결국 **외딴 곳**에 있습니다.

그리고 욕망과 지식의 이미지들이 그의 앞에서 플로베르가 오랫동안 고심하여 구성한 복잡한 순서로 펼쳐집니다.

—고행에서 삶으로, 그리고 그 사이에 이단들, 신들과 학문들이 놓입니다.

—가장 먼 동양(그리고 가장 환상적인 곳: 시바 여왕)에서 서양(과학)으로

—그의 욕망에서 다시 그의 욕망으로(연속되는 정화를 거쳐).

건축적 질서, 백과사전적인 질서를 따릅니다.

B.《부바르와 페퀴셰》

겉으로는 다음과 같은 변덕으로 보입니다.

자연의 변덕

혹은 그들의 권태

혹은 다른 사람들의 ([…][a])

그러나 〔《성 앙투안의 유혹》과는-옮긴이〕 완전히 다른 질서입니다.

---

a 해독 불가능한 약어.

왜냐하면 그들은

—자기 자신에게 스스로 일라리옹이기 때문입니다. 그들을 이끄는 것은 그들의 욕망, 그들의 권태, 그들의 실패, 그들의 성공, 즉 자기 자신뿐입니다.

—그들 자신이 지식, 즉 이미 말해진 것과 본질적으로 결합되어 있습니다. 그들은 기성의 문장들로 이루어진 존재입니다. 그들의 사유와 신체의 골조 자체가 바로 담론입니다.

이 긴 계열은 다음과 같은 다양한 원리들로 구성되어 있습니다.

1. 책 속에서의 연속성의 원리: 처음 세 장—농학, 수목 재배, 가사 경제(농장, 정원, 집).

이는 《시골 저택*Maisons rustiques*》〔16세기부터 전해 내려온 프랑스의 유명한 백과사전적 농업 도서-옮긴이〕의 세 장과 일치합니다.

2. 학문들의 백과사전적 연속성의 원리:

—해부학, 생리학.

—고대사, 중세사, 근대사.

3. 인식론적 토대의 원리: 식품 보존—화학.

4. 의미론적 대립의 원리: 체조—영혼.

5. 역전된 함축의 원리:

—생리학의 비참함과 불확실성.

—천체의 거대한 수학적 평온.

6. 은유의 원리:

—메달(화석).

—화석(배).

고생물학〔에서〕 고고학으로.

7. 언어 유희의 원리:

—원자성atomicité.

—해부학anatomie.

8. 전통적 형태의 원리: 크리스마스 밤, 부활.

이러한 계열의 원리는 언어에 〔속하는〕[a] 것이지만, 단순히 언어체계langue에 속하는 것은 아닙니다. 담론의 연속성의 원리가 문제인 것입니다.

그들이 활동하는 공간이 곧 담론이고, 그 안에는 수사학, 언어유희, 논리적 연결, 백과사전식 연속성, 이야기의 형태 등과 같은 모든 요소들이 들어 있습니다.

일반적으로 말해서

—《성 앙투안의 유혹》에서는 담론을 사용해 담론과 다른 것을 만들어내는 것이 관건입니다. 즉 **언어**를 깨뜨리는 환영, 이미지, 섬광을 만들어내는 것이 관건입니다.

(《스마르》에는, 언어가 감각적 쾌락의 이미지 자체를 불러내는 데 적합하지 않다는[42] 구절이 있습니다.)[b]

—《부바르와 페퀴셰》에서는, 이미 완성되어 있는 담론 속에서 활동하는 것이 관건입니다. 즉 텍스트의 텍스트일 뿐인 텍스트를 구축하는 것이 관건입니다.

만일 문학이 자신의 언어로 만들어진다는 것이 사실이라면, 다시 말해 특정한 말하기 방식에 불과하다면, 담론으로 만들어진 텍스트가 있을 수 있으며 그것은 특정한 반복 방식 그 이상도 이하도 아니라는 사실을 발견하게 됩니다.

---

a 누락된 단어.

42 G. Flaubert, *Smarh, op. cit.*, p 96.

b 여백에 이렇게 적혀 있다:
세계를 다시 만드는 것.

주제: 재시작, 반복.

〔IV.〕 지식과 욕망

은둔.

A.《성 앙투안의 유혹》

성 앙투안은 모든 욕망으로부터 벗어나기 위한 은둔으로서 사막에 은거하고 있습니다.

a. 그러나 욕망은 결코 사물이 아닙니다. 여러 도시, 항구, 산처럼 쌓인 과일, 물을 길어 올리는 소녀의 복사뼈는 욕망의 형상 혹은 욕망의 대상이지, 욕망 그 자체는 아닙니다. 욕망의 바깥으로 벗어나는 것은 불가능합니다.[c]

그리하여 욕망은 되돌아오고, 소멸한 욕망의 대상은 이제 은유가 됩니다. 같은 복사뼈는 감각적 쾌락의 은유로 돌아오고, 같은 배의 흔들림이 이번에는 부富의 은유로 돌아옵니다.

b. 그러므로 욕망하지 않는 법을 아는 것으로서 책, 성서가 개입하게 됩니다. 그러나 책이 열리자마자 그 본질, 그 중심에 욕망이 모습을 드러냅니다.[d]

—부富,

—권력과 영광(느부갓네살 왕-다니엘),

---

c　여백에 다음과 같이 적혀 있다: 피하기 어려운 욕망을 꿈꾸기.

d　여백에 다음과 같이 적혀 있다: 독서하는 것: 욕망하지 않는 법을 아는 것.

—육욕(시바 여왕).

제1장면과 제2장면.

여기서 욕망하지 않는 법을 알려는 것을 포기합니다.

c. 그리고 세 번째 계기가 나타납니다. 알고자 하는 욕망.[43a]

그런데 무엇을 알고자 욕망하는 걸까요?[b]

a) 이단의 교주들처럼 욕망이 어떤 상태에 있는지를 알려는 것일까요? 그러나 교주들은 욕망이 무엇인지 알려고 욕망하는 게 아니라, 그저 욕망하기를 욕망합니다. 그리고 그들의 지식은 욕망에 불과합니다.

b)신들처럼 욕망 너머에 있는 것을 알려고 욕망하는 걸까요? 그러나 신조차도 욕망의 엄격한 법칙에 예속되어 있습니다. 신들은 싸우고, 승리하고, 질투하며, 다시 싸우고 죽습니다. 유대인들의 신조차 오만의 신에 불과합니다.

c) 과학처럼 모든 욕망이 벗겨진 것을 알려고 욕망하는 걸까요? "나는 언제나 나아간다. 증오도, 두려움도, 자비도, 사랑도, 그리고 의심도 없이 정신을 해방시키고 세계들을 가늠하면서. 나는 과학이다."[44]

그러나 욕망을 갖지 않는 지식조차 그 자체가 공포, 전율, 냉정, 선, 악으로 온통 가득 차 있습니다.

인간은 세계와 물질의 무관심을 안다고 믿고 있지만,

---

43 G. Flaubert, *La Tentation de saint Antoine*, *op. cit.*, p. 93(《성 앙투안의 유혹》, p. 78).

a 여백에는 다음과 같이 적혀 있다:
환영.
알기를 욕망하는 것.

b 여백에는 다음과 같이 적혀 있다:
환영.

44 *Ibid.*, p. 175. (《성 앙투안의 유혹》, p. 89). 플로베르의 원문은 살짝 다르다: "나는 언제나 나아간다. 증오도, 두려움도, 자비도, 사랑도, 그리고 하느님도 없이 정신을 해방시키고 세계들을 가늠하면서. 사람들은 나를 과학이라 부른다."

사실 아는 것은 자기 자신의 욕망뿐입니다.

욕망 없는 지식은 있을 수 없습니다.

d. 거기로부터 제4의 계기가 생겨납니다. 그것은 지식 없는 욕망입니다.

—죽음과 색욕.

무에 대한 욕망과 순간에 대한 욕망.

—어리석음과 침묵에 대한 욕망인 스핑크스와, 불가능과 비현실에 대한 욕망인 키마이라.

동물들을 관통하는 순수한 욕망.

가장 작은 세포 속에 나타나는 욕망.

성 앙투안은 이 욕망이 되고자 하지만 그것은 자신의 바깥에 있으며, 그는 그것을 바라보고 관조하고 지각할 수 있을 뿐입니다. 그리고 순수한 욕망이어야 하는 것 내에서 지식이 다시 시작되고, 날이 다시 밝을 수 있습니다. 이렇게 해서 이 순환은 영원히 계속됩니다. **응시**.

그 결과 은둔에서 출발한 세 가지 요소가 생겨납니다. 알기—욕망하기—보기.

1) 은둔으로부터 출발한 알기와 욕망하기는 오직 부정적 관계로만 결합될 수 있습니다.

2) 그리고 네 가지 부정적 관계 형태에 대응하는 네 가지 보기 유형이 있습니다.

—알기 위해 욕망하지 않는 것: 꿈.

—욕망하지 않기 위해 알려는 것: 독서.

—욕망 너머의 것을 알고자 하는 욕망: 환시.

—욕망하면서도 알려고 하지 않는 것: 환상.

3) 욕망하면서 이미 알기 시작합니다. 그것이 응시입니다.

B.《부바르와 페퀴셰》

그들은 알기 위해 은둔 상태에 들어간 게 아닙니다.

—그들을 타인들과 구별시키는 것은 그들의 욕망입니다.

—그들은 도서관을 포기합니다.

—그들은 성 앙투안의 마지막 관조에 대응하는 관조로 시작합니다.

a) 그런데 알고자 하는 욕망은 성공에서 비롯됩니다.

—그들의 개입 없이—그것은 자연의 성취이기 때문에— 이루어진 성공에서 발생하는 지식에의 욕망.

—그러나 그 성공을 자신들의 공으로 여깁니다. 왜냐하면 자신들의 정원에서 이루어졌기 때문에.

그들은 타인들이 어떻게 행하고 있는지를 알고 싶어 합니다.

—백작에게 묻습니다.[45]

—책을 읽습니다(가스파랭,[46] 농학자들, 원예와 가사 경제 서적).

무엇을 위해 알고자 하는 욕망.

b) 지식을 위한 지식에의 욕망.

화학에서 문학에 이르기까지.

그러나 이럴 경우, 인간은 자신의 지식 이외의 아무것도 아닙니다: 역사, 문학.

c) 알고자 하는 욕망.

45 파베르주 백작은 그들이 자신의 농장을 방문하도록 허락한다. 다음을 참조하라. G. Flaubert, *Bouvard et Pécuchet*, *op. cit.*, p. 733-736.

46 Agénor de Gasparin(1783-1862), 농학자이자 정치인(*ibid.*, p. 736).

13. 《절대의 탐구》*

I. 텍스트의 배치

여러 철학적 작품(《미지의 걸작》, 《감바라》, 《루이 랑베르》[1])에서의 명확한 주제는 부재하는 작품, 그리고 광기의 작업입니다.

감바라, 프렌호퍼(《미지의 걸작》의 주인공인 화가-옮긴이), 그리고 아마 루이 랑베르도 신에 거역하는 자들입니다. 그들은 결코 완성하지 못할 작업을 영원히 계속합니다. 휴식도 안식일도 없이, 그들의 죽음 때문에 폐허로 남게 될 작업을 말입니다.

그렇다고 이 거역자들이 악마의 위치에 있는 것은 아닙니다. 그들은 완성된 작품에 대해서는 해체하지도 왜곡하지도 않습니다. 그들은 부정하는 힘이 아니라, 무효화하는 힘을 갖고 있습니다. 그들이 하는 일은 선도 아니고 악도 아닙니다. 그것은 **무**無입니다.

무를 만들어내는 열광적인 노동자들. 보다 정확히는 다음과 같습니다.

---

* 1970년 버펄로 뉴욕 주립대학교에서의 강연(BnF, Fonds Foucault, NAF 28730, boîte 57, dossier 4).

1 H. de Balzac, *Le chef-d'œuvre inconnu* et *Gambara*, dans *La comédie humaine*, t. X, "Bibliothèque de la Pléiade", Paris, Gallimard, 1992, p. 412-438 et 459-516〔둘 중 첫 번째 작품이 우리말로 번역되어 있다. 《미지의 걸작》, 김호영 옮김, 녹색광선, 2019〕; Id., *Louis Lambert*, dans *La comédie humaine*, t. XI, "Bibliothèque de la Pléiade", Paris, Gallimard, 2005, p. 589-692〔《루이 랑베르》, 송기정 옮김, 문학동네, 2010〕. 발자크는 푸코가 1960년대에 꾸준히 읽었던 작가들의 목록에는 거의 등장하지 않는다. 그러나 이 주제는 1967년 2월과 4월 튀니스의 클럽 타하르 하다드에서 진행된 두 차례의 강연인 〈구조주의와 문학 분석〉 및 〈광기와 문명〉에서 언급되며, 날짜와 제목이 없지만 (1967년에 쓴 것으로 추정되는) 〈언어 외적인 것과 문학〉이라는 제목으로 이 책에 실린 텍스트에서도 언급된다. 발자크에 대한 이러한 관심은 M. 파르조 앙브리에르M. Fargeaud-Ambrière의 《발자크와 '절대의 탐구'*Balzac et la "Recherche de l'Absolu"*》(Paris, Hachette, 1968)가 출간되면서 꾸준히 이어진 것이 분명하다.

a) 무, 그것은 마지막 조각이 없어서 와해되는, 최종 국면에서의 실패가 아닙니다.

그것은 영원히 출발점으로 되돌아가 다시 시작하는, 최초 단계에서의 제자리걸음도 아닙니다.

그것은 호프만[2]이 창조한 화가가 아무것도 그려지지 않은 화폭을 가만히 바라보고 있는, 모든 행위에 앞서는 공백도 아닙니다.

그것은 결코 완성된 적 없는 작업에 대한 능동적이고 항상적인 파괴 행위, 끈기 있거나 격정에 사로잡힌 파괴 행위입니다. 그것은 존재하지 않는 작품을 찢는 것입니다. 하나의 동일한 행위 속에서 창조와 파괴의 행위가 즉각적으로 혼합되는 것입니다. 어떤 부재에 대한 요란하고 오색찬란하며 소란스러운 열중입니다.

휘갈긴 것.

《감바라》의 혼돈스러운 연주.

《미지의 걸작》에서의 발. 그것은 거듭되는 가필 때문에 조금씩 망가지는 작품에서 마지막에 남는 것이 아닙니다. 그것은 오히려 온통 휘갈겨놓은 것에서 우연히 떠오르는 것이며, 그 휘갈김 자체가 전체 작품을 구성합니다.[3]

문제는 작품을 존재에 이르게 하는 운동 내부에서 작품을 무효화하는 작용입니다.

b) 이로부터 이 주제의 또 다른 측면이 나타납니다. 이 창

---

2 《아르투스의 궁정*La cour d'Artus*》에 등장하는 화가 버클링거Berklinger일 수 있다. 다음을 참조하라. E. T. A. Hoffmann, "La cour d'Artus", dans *Contes fantastiques*, t. IV, trad. Fr. H. Egmont, Paris, Béthune et Plon, 1836, p. 373-375.

3 《미지의 걸작》에서 프렌호퍼가 그린 그림 위에는 "색채의 혼돈"에서 나온 "맨발의 끝부분"만이 드러나 있다. (H. de Balzac, *Le chef-d'œuvre inconnu*, *op. cit.*, p. 436(《미지의 걸작》, p. 127).)

조와 무효화의 몸짓은 광기에 고유한 몸짓으로 드러납니다.

—실제로 이 몸짓은 탄생에서 최후의 뿌리에 이르기까지 작품의 전체 사이클을 포괄합니다. 그러나 이 사이클은 일순간에 완수되고 늘 다시 시작됩니다.

—광기는

—작품으로 하여금 전체 순환 과정을 완수하게 한다는 점에서 천재성과 맞닿아 있습니다(광기는 천재성을 넘어서기까지 합니다. 자신의 한계까지 나아가기 때문입니다).

—신비주의에 도달합니다. 시간을 벗어나, 수년에 걸친 구상과 수 세기에 걸친 풍화를 요구하는 작업을 한순간에 완성시키기 때문입니다.

—관조에 도달합니다. 아무것도 없는 곳에서 무언가를 보기 때문입니다.

광기는 작품의 부재를 발생시키는 우발적이고 병리학적인 원인과 같은 것이 아닙니다. 오히려 시간과 영원, 실재와 무, 현세와 꿈의 갑작스러운 충돌이라 할 수 있습니다.

—그것은 작품이 자기 실존의 운동 속에서 파괴될 수 있게 합니다.

—그것은 저자를 저편 세계와 연결시킵니다.

2. 이 주제(부재하는 작품-광기의 작업)는 《절대의 탐구》[4]에서 유지되는 동시에 변형됩니다.

a) 변형 없이 유지되는 것: 발타자르 클라에스(《절대의 탐구》

---

4 H. de Balzac, *La Recherche de l'Absolu*, dans *La comédie humaine*, t. X, *op. cit.*, p. 657-835(《고리오 영감/절대의 탐구》, 조홍식 옮김, 동서문화사, p. 285-485).

의 주인공-옮긴이)는 여러 발견을 하지만 마치 그것들이 존재하지 않는다는 듯 무시합니다. 그리고 그가, 프렌호퍼가 발을 만들어내듯 다이아몬드를 만들어낸다 해도 그것은 우연에 의한 것입니다.

그는 또한 감바라가 자신의 연주 능력에 대해 그러는 것처럼 자신의 발견들을 무시합니다.

b) 그러나 이 주제는 다음의 두 방식으로 변화하기도 합니다.

—파괴의 대상이 자리를 옮깁니다. 발타자르 클라에스는 자기가 만든 것은 그렇게까지 파괴하지 않습니다. 그는 다른 뭔가를 파괴합니다. 중심에 있는 것을 무효화하기보다는 측면에 있는 것을 무효화하는데, 그것이 훨씬 더 큰 중요성을 갖습니다.

—그것은 사회관계, 혈연관계, 부부의 사랑, 부모의 책무에 영향을 미칩니다.

—그것은 재산에도 영향을 미칩니다. 돈, 토지, 다이아몬드, 은식기가 연기처럼 사라집니다.

—그것은 다른 예술 작품들, 이를테면 회화나 조각 작품에도 영향을 미칩니다.

자기 무효화는 타자 무효화가 됩니다(《미지의 걸작》에서는 일어나지 않는 일입니다).

—그런데 무효화의 메커니즘 역시 변형됩니다. 그것이 서사의 형식적 특성 중 하나가 되기 때문입니다.

—《미지의 걸작》과 《감바라》에서 이야기되는 것은 작품의 구성 원리들로부터 비롯된 작품의 무효화입니다.

—《절대의 탐구》에서 발타자르의 작업과 관련된 모든 것은 회피되거나 침묵 속으로 들어갑니다.

a. 프렌호퍼나 감바라와 달리 발타자르는 자신이 뭘 하고 있는지 결코 설명하려 하지 않습니다.

—그는 심오한 지식을 전수받아야 한다고 이야기합니다. ("당신은 말해도 몰라."(한국어판 321쪽) - 옮긴이)

—다른 때는 딸이 그의 설명을 가로막습니다. ("그보다 당장 빵 한 조각을 원해요."(한국어판 421쪽), "무슨 소릴 하시는 거예요, 아버지! 금속을 기화시키는 대신, 그 금속을 환어음 지불에 충당해야 할 형편인데."(한국어판 423쪽) - 옮긴이)

b. 그 누구도 결코 연구실에 들어가지 못합니다.

—아내와 딸은 배제되어 들어오지 못합니다. ("이곳에 오지 말라고 그렇게 일렀는데!"(한국어판 323쪽), "앗! 아가씨, 가까이 오지 마세요!"(한국어판 423쪽) - 옮긴이)

—단 한 번, 그가 출발을 앞두고 어떤 준비를 하는 장면이 보일 뿐입니다. ("발타자르는 슬픈 빛으로 위험한 가스와 산을 증발시키고, 폭발을 부를 수 있는 물질을 격리하라고 르뮐키니에에게 지시했다."(한국어판 451쪽) - 옮긴이)

발타자르는 오르락내리락하는 자, 나타났다 사라지는 자, 거기 있을 때 다른 곳에 있는 자입니다. 그가 있는 장소는 결코 여기가 아닙니다.

—발타자르는 프렌호퍼와는 달리 최후의 대

결을 하지 않습니다. 또 감바라와 달리 결정적 시험을 경험하지도 않습니다.

죽음의 모호함.

그 결과 작업만 무효화되는 것이 아니라 그 무효화의 절차 자체도 이야기 속에서 무효화됩니다. 작업은 두 번 부재합니다.

—주제의 차원에서 작업은 실패합니다.

—형식의 차원에서 그 실패는 외부에서만 보입니다.

그렇다면 이야기되는 것은 무엇일까요?

a. 작업의 무효화가 아니라 작업에 의한 무효화, 즉 사회관계, 재산, 다른 작업들의 무효화. 심연으로서의 작업의 부재, 사물과 존재가 소실되는 중심으로서의 심연.

b. 작업에 의해 무효화된 것과는 완전히 다른 것들로부터 시작되는 재구축. 복원되는 재산, 복원되는 가족, 다시 맺어지는 사회관계.

모든 망이 복구됩니다.

그 결과 《절대의 탐구》는 근본적으로 《미지의 걸작》과는 정반대 구조를 가집니다.

—프렌호퍼는 이상적인 작품의 모든 원리를 설명합니다. 그는 수년 동안 작업합니다. 그리고 갑작스레 무효화가 나타납니다. 은밀하지만 끊임없이 작용해온 무효화가.

—여기(《절대의 탐구》-옮긴이)서는 그 모든 효과들 속에서 차츰차츰 드러나는 무효화가 문제입니다. 그리고 나서 갑자기 무효화의 무효화 과정이 나타납니다. 모든 것이 복구됩니다.

(II). "절대"란 무엇인가?

"그런데 아버지는 대체 뭘 탐구하고 계신 걸까요?"[5]

이 문제는 결코 완전히 해명되지 않습니다.

—두 가지는 명백합니다:

1. 발타자르는 (과학적으로 타당하긴 하지만) 전통적 의미에서의 화학자는 아닙니다.

그는 라부아지에를 넘어섭니다.

근대 화학의 발견들이 그의 연구를 뒷받침해주지만 그는 거기에 머무르지 않습니다.

2. 그는 전통적 의미에서의 연금술사도 아닙니다. 다이아몬드와 금을 만들어 가족을 부유하게 만들고 싶어 한다는 것을 숨기지 않긴 하지만 말입니다(그래서 집과 아내 등의 상징적 요소들이 있는 것입니다).

—그가 탐구하는 것은 무엇일까요? 그의 탐구에는 명확하게 공식화된 수준이 있고, 거의 드러나지 않는 수준이 있으며, 전혀 언급되지 않는 세 번째 수준이 있습니다.

1. **명확화된 것의 수준**: 무기화학-유기화학의 통합입니다.[a]

—유기물: 생체

—무기물: 금속

이것들을 환원시키고 아마도 더 나아가 3원설로 회귀하는 것.

5 *Ibid.*, p. 786(《고리오 영감/절대의 탐구》, p. 430. 이 번역본에서는 이 문장이 누락되어 있다-옮긴이).

a 원고 여백에 이렇게 적혀 있다: 명시적 요소들.

이는 데비,[6] W. 프라우트,[7] 그리고 (금속의 기화에 대해 말한) 뒤마[8]의 일부라 할 수 있습니다.

2. **암시된 것의 수준**: 물냉이와 유황에 관한 실험. 그런데 이 실험은 이전 연구들과는 반대 방향으로 나아갑니다.[a]

어떻게 하면 단일한 원리와 단일한 에너지로부터 유기적이고 생명이 있는 다양한 물질을 발생시킬 수 있을 것인가.

이는 뒤트로셰,[9] 피람 드 캉돌,[10] 브롱냐르[11]의 연구 계보에 속합니다.

그 너머에 괴테,[12] 조프루아 생틸레르,[13] 퀴비에[14]의 문제가 있습니다. 요컨대 생명 있는 자연의 동질성, 그리고 다양성 창출의 문제가 있습니다.

3. **결여된 것의 수준**: 발타자르 클라에스가 탐구하고 있지만 작품에서 이야기되지 않은 것은, 화학적 다수성을 환원시키는 원리가 유기적 다양성을 창출하는 원리가 되는 지점에 도달하는 것과 관련됩니다.

—모든 물질을 하나의 물질로 환원시키기.

—그 하나의 물질로부터 모든 존재들을 재창조하기.

이러한 입장에서 발타자르 클라에스가 자신의 행동을 통해 자연의 단일성을 실현하려는 것을 볼 수 있습니다. 그는 신

---

6 Humphry Davy(1778-1829), 영국 화학자이자 물리학자.

7 William Prout(1785-1850), 영국 화학자.

8 Jean-Baptiste Dumas(1800-1884), 프랑스 화학자.

a 원고 여백에 이렇게 적혀 있다: 암시적 요소들.

9 Henri Dutrochet(1776-1847), 프랑스 물리학자.

10 Augustin Pyrame de Candolle(1778-1841), 스위스 식물학자.

11 Alexandre Brongniart(1770-1847), 프랑스 광물학자이자 박물학자.

12 괴테는 그의 과학적 활동들의 틀 안에서 본다면 특히 식물학과 동물학에 관심을 가졌다.

13 Étienne Geoffroy Saint-Hilaire(1772-1844), 프랑스 박물학자.

14 Georges Cuvier(1769-1832), 프랑스 박물학자.

의 자리에 있게 될 것입니다.

이 결여된 것의 수준은 이 텍스트에서 상징적 요소들로 표현됩니다.

—"오! 오! 신이시여!"[15]

—발타자르 클라에스의 하강과 상승 운동. 그는 고차원의 존재입니다. 그는 〔신이 그러하듯 - 옮긴이〕 "나타납니다".

—그의 부재를 둘러싼 숭배.

4. **배제된 것의 수준**: 말해질 수 없는 것. 자연의 단일성이란, 그 자체만으로 자연 전체를 창조하고 재창조할 수 있는 지점입니다. 거기서 관계, 타자, 성性 같은 것은 무용해지고 소멸합니다.

이는 유일성으로 귀착된 창조 원리이며, 선형적이지 않아서 역설적인 성 현상입니다. 이는 여성 없는 남성, 반대 성 없는 남근입니다. 욕망이지만, 타자와의 관계가 부재하는 욕망입니다. 다음과 같은 것들에 주의해야 합니다.

a) 이 요소는 소설에서 배제되어 있지만(소설의 외적 체계를 지배하고 있음에도) 당시의 과학적, 철학적, 이데올로기적 담론들로부터는 배제되지 않았다는 사실입니다. 자연의 단일성, 성 현상의 전복(슐라이덴[16]).

b) 발자크 소설의 힘은, 이 절대적인 것에 대한 탐구를 과학 자체의 은유로 삼는다는 데 있습니다. 왜 두 성의 소멸 지

15 H. de Balzac, *La Recherche de l'Absolu*, *op. cit.*, p. 720 : "얼마나 저주받을 학문인가요, 그건 저주받을 악마라구요! 잊었어요, 클라에스? 당신은 악마가 저지른 오만의 죄를 저지르고 있어요. 신을 능멸하고 있어요. 신을 부정하는 거라구요!" 그녀는 몸부림치면서 소리쳤다. "클라에스, 신은 당신이 무슨 짓을 해도 가질 수 없는 힘을 마음대로 쓸 수 있어요."〔《고리오 영감/절대의 탐구》 p. 356 - 옮긴이〕

16 Matthias Jakob Schleiden(1804-1881), 독일의 박물학자. 〔식물이 세포라는 기본 단위로 이루어져 있다는 주장으로 세포설의 기초를 확립했다. 또한 린네의 성 체계 전통을 계승하여 식물의 암수 구분을 인정하고, 이를 세포론적 관점에서 확장시켜 수분과 수정 과정을 과학적으로 설명했다 - 옮긴이〕

점을 탐구하려는 걸까요? 그것이 지식의 가장 높은 차원의 형태라서? 그렇지 않다면, 서구에서 지식이 욕망으로부터 해방되어야 했기 때문이 아닐까요? 그러나 지식은 알고자 하는 욕망으로부터 해방될 수 없으며, 이 알고자 하는 욕망은 관계가 부재하는 욕망에 대한 욕망일 수밖에 없습니다.

즉 지식을 욕망한다는 것은, 타자를 필요로 하지 않는 욕망에 도달하고자 하는 욕망인 것입니다.

그렇기 때문에 서구에서 지식은 항상 성 현상과의 관계에서 그것을 배제하려 했습니다.

지식은 여성들의 일이 아닙니다(여성은 비非지식, 감정, 비이성의 세계에 속해 있습니다).

지식은 다음과 같이 상징화됩니다.

—신비롭고 순결한 결합으로,

—혹은 동성애로. 최초의 철학자들이 소년들을 사랑했던 것처럼.

그러나 이 순결한 사랑 혹은 이 동성애적 사랑은 지식에의 사랑에 비하면 퇴색한 이미지에 불과합니다. 지식의 리비도로서의, 타자 없는 욕망의 격렬함에 비한다면 말입니다.

그러므로 발자크 소설의 위대함은 다음 두 가지에서 비롯됩니다.

—사교계, 가문, 부유함, 소유 재산, 거래 등 요컨대 타자와 타자에 대한 욕망만을 다루는 소설의 담론 내에, 관계가 부재하는 욕망에 대한 욕망이 자리 잡게 했다는 점.

—이 소설 전체에서 실제로 그리고 명시적으로 문제가 되는 것은 이러한 관계뿐이며, 배제된 형태로 음각처럼 드러나는 것이 타자를 배제하는 욕망의 이면이라는 점.

이 모든 것을 요약하면, 이 소설 전체는 발타자르 클라에스가 자주 반복하는 다음과 같은 말의 전개라 할 수 있습니다. "가문의 영광과 재산을 이루는 것."[17]

—그는 다음과 같이 전제함으로써 그것들을 이루고자 합니다.

—가문은 영광스러운 것이 아니다. 가문은 쓸모없다.

—가문은 값어치가 없다. 너무나도 풍요로운 단일성 앞에서 가문은 아주 초라하다.

—그런데 그렇게('절대'를 탐구해 가문의 영광과 재산을 이루려고-옮긴이) 함으로써 그는 정반대의 결과를 낳습니다. 가문을 궁핍하게 하고 가문에 치욕을 안기기 직전까지 가게 되는 것입니다.

—그러나 이 기획 자체는 끊임없이 더 많은 재산을 필요로 하며, 결국 가족들이 제공해야 합니다. (그러므로-옮긴이) 그의 가문은 점점 더 부유해져야 하고, 점점 더 영광스러워져야 합니다.

그리하여 교류, 타자, 가문, 혼인, 성 현상 등의 체계가, 그것들이 무의미하다는 것을 증명하는 것을 목적으로 하는 탐구의 조건으로 나타납니다.

17 H. de Balzac, *La Recherche de l'Absolu*, *op. cit.*, p. 696(《고리오 영감/절대의 탐구》 p. 326, 300 등).

〔III.〕 지식의 '양성애적' 자리

이 자리는 이 이야기의 여러 요소들에서 나타납니다.

1. 모든 다양성의 수렴점이자 소멸점으로서의 발타자르 클라에스.

—플랑드르 지방: 상업, 여러 고장들의 다양성, 사치와 평온.

—클라에스 가문의 재산 안정화: 상업적 교류에 더해 저택, 세간, 소유지.

—지극히 다양한 수집품: 여러 위인, 회화, 은식기, 꽃. 이것들은 점점 더 손에 잡히지 않게 됩니다.

이제 남은 것은 내면화된 수집품으로서의 과학뿐입니다. 모든 관계는 한 점을 중심으로 맺어졌고, 그를 중심으로 견고해졌으며, 그의 안에 내재화되었습니다. 마지막 특징으로, 그는 자신의 스페인 성을 버리고 클라에스라는 성만 유지합니다.〔"두에에 뿌리내린 클라에스 집안의 가계는 누로 백작, 발타자르 클라에스-몰리나 씨라는 인물이 대표하고 있었는데, 그는 그저 발타자르 클라에스로 불리길 원했다." 한국어판 292쪽 - 옮긴이〕

2. 발타자르 클라에스와 보편성의 기호들

—심오한 지식의 전수(와 발타자르의 아내 조제핀 클라에스의 성찰): "아니, 나를 이 멋진 길로 인도한 것은 관념 같은 것이 아니오. 한 사람의 남자요." "한 남자라니요?" 그녀는 두려움을 느끼고 소리를 질렀다.

발타자르의 말이 다음과 같은 〔조제핀의 - 옮긴이〕 말에 대한 답변이었다는 점에서, 〔조세핀의 - 옮긴이〕 성찰은 더 주목할 만합니다. "당신에겐 오직 나만이 기쁨의 원천이 되어야 하는 것 아닌가요?"[18]

—르뮐키니에[19]와의 친밀성:

—그와는 모든 비밀을 공유합니다. 그는 실험실에 아무도 들어오지 못하게 감시합니다.

—마르그리트[20]는 자신의 아버지가 르뮐키니에와 "불쾌하게 느껴지는 허물없는 관계"를 맺었다고 느낍니다.[21]

—"우리가 어디까지 다다랐는지 네가 안다면……" "**우리**라니, 누구 말이에요?" "르뮐키니에지 누구겠니. 이제야 겨우 내 일을 이해하게 되었는데."[22] : 그런데 바로 조금 전 마르그리트는 에마뉘엘 드 솔리스에게 당신과 결혼하기로 결심했다며 "우리"라는 말을 사용했습니다. 이에 에마뉘엘은 말합니다: ""우리라니!" 그는 황홀 속에서 되풀이했다."[23]

—그러나 훨씬 더 중요한 것은 성생활과 연구가 명백히 양자택일의 성격을 갖는다는 것입니다.

—연구 초기 발타자르 클라에스는 내내 부인과 떨어져 지냈습니다.

—그녀가 실신하여 그가 그녀를 그녀의 방으로 데리고 올라갔을 때, 그는 〔자기 방에서 아내 방으로 이어지는-옮긴이〕 문

18 *Ibid.*, p. 714(《고리오 영감/절대의 탐구》, p. 348-349).

19 르뮐키니에Lemulquinier는 때로 친근하게 뮐키니에Mulquinier라는 이름으로도 불리며, 발타자르 클라에스의 시종이자 그의 연구실 조수다.

20 발타자르의 딸, 마르그리트 클라에스.

21 H. de Balzac, *La Recherche de l'Absolu*, *op. cit.*, p. 816(《고리오 영감/절대의 탐구》, p. 464).

22 *Ibid.*, p. 818(《고리오 영감/절대의 탐구》, p. 466, 강조는 인용자).

23 *Ibid.*, p. 786(《고리오 영감/절대의 탐구》, p. 430(번역 수정)).

을 자기 쪽에서 잠가버렸었다는 사실을 알아차렸습니다.[24]

—그녀는 성관계를 통해 남편을 다시 정복하려고 시도합니다.[25]

—같은 〔장면〕[a] 마지막: "클라에스, 오늘 밤은 반쪽짜리 행복은 안 돼요."[26]

—마침내 그들 자녀들이 결혼할 때.

—그러나 더 깊이 생각할 필요가 있습니다: 모든 사회적 교류의 체계가 중단된 상태입니다. 가문의 지위, 결혼의 결과, 결혼의 조건으로서의 사회적 교류가.

—이 가문은 "민사사民事死"〔법적으로 사망한 것으로 간주하여 시민으로서의 권리를 인정하지 않는 것-옮긴이〕라는 타격을 입습니다.

—클라에스 가문의 잔치는 과학(〔요컨대〕 관계가 부재하는 욕망에 대한 욕망)이 중단될 때에야 비로소 재개됩니다.

—마찬가지로 죽음은 가족 간 교류가 강화되는 순간으로 나타납니다.

—결국 관계가 부재하는 욕망에 대한 욕망이라는 것의 역설이 드러납니다.

a) 만약 관계가 부재하는 욕망이 있다면, 아무도 그것을 욕망할 수 없습니다. 그런 욕망은 사람 손을 거치지 않고 성취됩니다. 그것이 바로 다이아몬드 에피소드입니다.

—마르그리트가 실험실에 들어섰을 때 그녀의 아

---

24 *Ibid.*, p. 699(《고리오 영감/절대의 탐구》, p. 332).

25 *Ibid.*, p. 722-724(《고리오 영감/절대의 탐구》, p. 358-361).

a 읽기 어려워 추측했다.

26 *Ibid.*, p. 724(《고리오 영감/절대의 탐구》, p. 361(번역 수정)).

버지와 르뮐키니에는 숯으로 다이아몬드를 만들려 하고 있었습니다.

그녀가 그것을 방해했습니다(그들은 그렇게 믿었습니다).

―그러나 다이아몬드 생성은 저절로 이루어집니다. 이때 다시 한 번, 클라에스는 추방을 탓하고[27] 가족으로서의 의무를 탓합니다〔숯이 다이아몬드로 변하는 힘의 작용을 직접 확인하지 못했기에 - 옮긴이〕.

―그것은 사실입니다. 하지만 〔숯이 다이아몬드가 된 것은 - 옮긴이〕 그가 거기 없었기 때문이기도 합니다. 관계가 부재하는 욕망(즉 자연)은 사람 없이 성취됩니다. 그는 결코 거기에 있을 수 없습니다.

b) 그리고 이를 설명하는 중요한 에피소드는 분명 클라에스의 죽음입니다.

―그는 더 이상 말을 할 수 없게 됐을 때에야(관계가 부재하는 때에야) 죽음에 도달할 수 있습니다.

―그리고 더 이상 살아 있는 존재가 아닐 때에야 죽음에 도달할 수 있습니다. 관계가 부재하는 욕망에 도달했을 때, 이미 관계 바깥에 놓이게 됩니다.

―혹은 관계 바깥으로 떨어집니다.

결론.

지식의 이러한 보편적 혹은 동성애적 "자리"를, 정신분석학적 해석이 이 소설의 동성애적 의미라고 부를 수 있는 것과 잘 구분

27 *Ibid.*, p. 823(《고리오 영감/절대의 탐구》, p. 471-472).

해야 합니다.

—분명 많은 요소들이 정신분석학적 해석으로서의 동성애적 의미를 생각나게 합니다: 도시의 속삭임, 비밀, 심오한 지식의 전수, 아이들로부터 공격당하는 두 노인.[28]

—그러나 이는 한층 더 깊은 다른 결정 요인, 즉 관계가 부재하는 욕망에 대한 욕망으로서의 지적 욕망의 부수적 효과에 불과합니다.

이 점에서 발타자르와 파우스트는 대조적입니다. 파우스트에게 지적 욕망은 곧 보편적 관계에 대한 욕망이기 때문입니다. 여기서 보편적 관계란

—요소들 간의 관계,

—사람들 간의 관계(성관계 포함),

—그리고 권력입니다.

III. 관계가 부재하는 욕망*

클라에스의 이중적 부재:

—그의 작업에 대한 모든 결과의 부재.

—소설 담론에서 클라에스 자신의 부재. 그의 자리가 가문과의 관계 및 성적 관계 바깥에 있다는 것, 즉 생산 및 생식력 관계의 바깥에 있다는 것.

그는 어떻게 해서 이런 자리를 점유하게 되었으며, 그 자리의

28 *Ibid.*, p. 831-833.

* 이 부분은 앞선 부분의 재구성인 것 같다. 따라서 동일한 번호를 부여한다.

효과는 무엇일까요?

1. 그는 모든 다양성의 수렴점이자 소멸점으로 나타납니다.

—플랑드르: 생산 활동, 상업, 다양한 지방들과의 관계. 이 모든 것을 플랑드르가 특유의 명암과 연기와 맥주 속에서 하나로 통합한 방식. 지금 플랑드르의 평온함.

—그는 클라에스 가문에 속해 있습니다: 상인들, 시장市長들, 부자들, 사회적(정치적, 상업적) 교류들. 이 모든 것은 1만 5000프랑의 금리 수입으로 안정되었습니다.

—그는 대대로 살아온 흔적이 켜켜이 쌓여 있는 저택에 살고 있습니다: 초상화들, 수집품들, 꽃들에 이르기까지.

—그리고 이 저택에는 응접실이 있습니다. 집의 앞쪽 건물에 의해 외부 세계와 차단된 내밀한 공간. 사교적 교류보다는 가족 간 유대의 중심지. 슬하, 품.

이러한 정주, 안정, 내면화의 지점에서 클라에스는 관계의 인물이 아닌 사유의 인물, 수집의 인물이 아닌 단일성의 인물, 축적하는 인물이 아닌 유희하는 인물이 됩니다.

그리고 그의 특수성은 그가 클라에스라는 성을 사용하기 위해 스페인 성을 버렸다는 사실로 상징됩니다. 그는 모든 다양성들의 수렴점이자 소멸점입니다.

2. 지식은 동성애의 형태로 전달되고 실행됩니다.

—심오한 지식의 전수

특히 다음의 대화 참조 : "아니, 나를 이 멋진 길로 인도한 것은 관념 같은 것이 아니오. 한 사람의 남자요." "한 남자라니

요?” 그녀는 두려움을 느끼고 소리를 질렀다.[29]

—르뮐키니에와의 친밀함:

—클라에스 부인의 질투.

—마르그리트는 자신의 아버지가 르뮐키니에와 “불쾌하게 느껴지는 허물없는 관계”를 맺었다고 느낍니다.[30]

—“우리가 어디까지 다다랐는지 네가 안다면……” “**우리**라니, 누구 말이에요?” “르뮐키니에지 누구겠니. 이제야 겨우 내 일을 이해하게 되었는데.”[31] : 그런데 이와 같은 **우리**라는 표현은 마르그리트와 드 솔리스 씨 간의 사랑의 징표로 나타나기도 합니다(p.786). 유배 상황을 사이에 두고 양쪽에서 동일한 **우리**가 사용된 것입니다.[32]

3. 지식은 이항적 성 현상을 배제합니다. 지식을 수행하는 것은 성적 행위의 중단을 함축〔합니다〕. 역으로 성적 관계의 부활은 지식에 종지부를 찍습니다.

a):

—발타자르는 교류의 장, 가문의 장, 계약이 이루어지는 장, 교환이 행해지는 장인 응접실을 “떠났습니다”.

—그러나 열쇠에 얽힌 이중의 이야기도 있습니다.[33]

—그는 아내 방 열쇠를 갖고 있지 않습니다.

—그는 〔자기 방과 아내 방을 이어주는 - 옮긴이〕 문을 자기 방 쪽에서 잠갔습니다.

29 *Ibid.*, p. 714(《고리오 영감/절대의 탐구》, p. 348-349).
30 *Ibid.*, p. 816(《고리오 영감/절대의 탐구》, p. 464).
31 *Ibid.*, p. 818(《고리오 영감/절대의 탐구》, p. 466, 강조는 인용자).
32 *Ibid.*, p. 786(《고리오 영감/절대의 탐구》, p. 430).
33 *Ibid.*, p. 699(《고리오 영감/절대의 탐구》, p. 332).

—그의 딸들은 그가 탐구하는 동안에는 결혼할 수 없습니다. 그들은 그의 탐구가 끝난 뒤에야 결혼하게 될 것입니다.

b) 반면 그가 연구를 중단하는 세 시기가 찾아옵니다.

—첫 시기는 그의 아내가 그를 성관계를 통해 재정복하려고 할 때입니다. 유혹의 장면 참조(p. 722-724〔한국어판 358-361쪽〕). 이 장면은 다음과 같이 끝납니다. "클라에스, 오늘 밤은 반쪽짜리 행복은 안 돼요."[34] 이 말은, 결혼한 사람들은 결코 혼자 행복해선 안 된다는 의미입니다.

—두 번째 시기는 아내가 죽었을 때로, 지식에 금기의 낙인이 찍힙니다. 왜냐하면 죽음이 사랑의 유대를 부활시키기 때문입니다. 죽음은 현실에서의 관계를 단절시키지만 리비도적 유대를 되살립니다. 그 결과 과학을 단념하게 됩니다.

—세 번째 시기는 자식들이 결혼할 때로, 이때 그는 지식에 대한 열망을 포기합니다.

4. 보다 일반적으로 말해, 결국 사회적 교류는 지식과 양립할 수 없습니다:

—가문은 "민사사"라는 타격을 받습니다. 더 이상 클라에스 가문을 방문하는 자가 없습니다.

—그리고 지식이 중단되는 시기들은 강도 높은 사회적 교류가 이루어지는 때입니다.

—두 번의 잔치,

34 *Ibid.*, p. 724〔《고리오 영감/절대의 탐구》, p. 361〕.

—죽음.

5. 발타자르 클라에스의 죽음

클라에스의 (과학에 관한) 부재하는 담론은, 소설 전반에 걸쳐 침묵 속에 유지되는 또 다른 담론을 대신합니다. 그 담론은 다음과 같습니다: "지식을 원한다면 관계 바깥에 위치하라. 타자인 것을 일절 욕망하지 말고, 오히려 너의 유일한 욕망이 관계가 부재하는 욕망에 도달하기를 욕망하라. 여자보다는 남자를 선호하라. 적어도 남자는 여자보다는 조금 덜 타자이니 말이다. 그러나 되도록이면 모든 인간의 완전한 부재를 선호하라. 모든 대상에 대한 욕망을 억제하는 법을 안다면, 그때 너는 욕망의 법칙이란 타자가 아니라는 것을 발견할 것이다. 욕망의 법칙은 욕망 그 자체의 운동, 욕망 그 자체의 분배, 부단히 욕망을 배가시키고 욕망으로부터 욕망을 발생시키는 분열 작용이며, 욕망이 자기 자신에게 발생시키는 차이라는 것을 깨닫게 될 것이다. 너 자신의 욕망 자체에서 자연의 단일성을 발견하게 될 것이다. 네 욕망을 성 현상의 대립과 한계로부터 해방시키게 될 것이다. 네 욕망과 네 지식은 동일한 하나의 것이 될 것이다."

이 담론(클라에스의 담론이 아니라 그의 실존과 침묵을 지탱하는 담론)은 쥘리에트〔마르키 드 사드Marquis de Sade의 《쥘리에트 이야기, 혹은 악덕의 번영*L'Histoire de Juliette, ou les Prospérités du vice*》의 주인공-옮긴이〕나 파우스트의 담론과는 분명히 구분됩니다.

—파우스트는 자신의 지식에 대한 욕망이 성 현상 내에서의 욕망이 되기를 메피스토에게 요구합니다.

—쥘리에트는 자신의 성적 욕망이 지식을 증대시키고, 그 지식이 자신의 성적 욕망을 무한하게 만든다고 단언합니다.

—발타자르 클라에스는 자신의 지식이 자신에게 절대적

욕망의 영역을 열어주기를 요구합니다. 그 욕망은 타자가 부재하는 욕망, 성적이지 않은 욕망입니다.

IV. 불균형과 교환

결코 발화되지 않는 이 담론 위에 소설의 담론이 전개됩니다. 마치 클라에스의 부재하는 작업 위와 주변에서 사회적 교류, 교환, 계약, 상속, 경매의 유희가 펼쳐지듯 말입니다.

두 부분으로 구성된 담론:

1. 클라에스 부인:

a) 불균형의 기호들:

곱사등, 절뚝거림〔한국어판 307쪽 - 옮긴이〕.

찢어진 드레스, 나무 난간.[35]

b) 대립 관계:

—신체, 생식.

—신체적인 것과 영혼.

—그녀의 무지, 마음과 관련한 그녀의 정통함.

—그녀의 수줍음과 그녀의 대담함.

c) 불균형들:

—그녀는 스페인 혈통을 가졌지만 클라에스 가문의 조상은 스페인인에게 살해당했습니다(피의 부채). 또한 스페인인들이 클라에스 가문으로부터 재산을 빼앗은 일이 있

35 *Ibid.*, p. 699〔《고리오 영감/절대의 탐구》, p. 332〕.

었습니다(누로 백작 가문).[36]

—그녀는 오빠를 위해 자신의 재산을 희생했고 그로 인해 가난한 상태에서 결혼합니다.

—그녀는 클라에스와 결혼하는데 그녀는 못생긴 여인이고 그는 잘생긴 남자입니다.

d) 그러나 이 모든 불균형들은 동시에 교환과 순환을 가능하게 해주는 요인들이 됩니다.

—그녀는 못생겼지만, 완전한 사랑을 그에게 바치며 안정적인 감정의 상호성을 확립합니다.

—그녀는 가난하지만 남편의 재산과 정확히 같은 정도의 재산을 회복합니다. 결혼이 훌륭한 거래였음이 드러납니다.[37]

—그녀는 남편의 연구를 스페인에 소유하고 있는 재산으로 지원합니다(그 재산을 다이아몬드로 교환하지만 그것은 숯이 됩니다).

—그리고 최종적으로 그녀는 목숨을 바칩니다.

그리하여 그녀는 클라에스가 박탈당한 모든 것을 그에게 되돌려줍니다.

그러나 역설적인 점은 다음과 같습니다. 그녀는 클라에스를 관계망 안으로 데려오기를 원하지만, 그가 관계들을 단절할 때에야 그와 연결됩니다. 그녀는 결국 다음의 상황으로 내몰립니다.

—남편에게 그를 짓누르는 것〔탐구-옮긴이〕을 단념하기

36 *Ibid.*, p. 662〔《고리오 영감/절대의 탐구》, p. 292〕.
37 *Ibid.*, p. 683〔《고리오 영감/절대의 탐구》, p. 315〕.

를 요구하거나,

—혹은 남편의 절대의 탐구를 위해 자신의 재산과 자녀들의 재산까지 모조리 쏟아붓게 됩니다.

그리고 이 두 경우 모두에서, 그녀는 관계의 한 축을 끊어내게 됩니다.

관계의 부정적 여주인공.

2. 마르그리트 클라에스. 성 현상의 포기.

a) 어머니처럼 그것들[a]을 조종하려 하기보다, 자신의 책임으로 모든 역할들을 떠맡습니다.

p. 782 참조: "전 지금까지 아버지의 딸 노릇을 지나치게 해왔어요."[38]

—그녀는 형제자매들의 어머니 역할을 합니다(…).[b] 그녀는 아버지 역할도 수행합니다(지참금 마련, 직업 선택, 자산 운용).

—아버지에게 그녀는 다음과 같은 존재입니다.

—아내: 그는 그녀 앞에서 "죄 지은 남편"처럼 느낍니다.[39]

—어머니: "천상의 영혼들도 찬양할 내 천사여. (…) 너는 애비를 위해 도대체 몇 번이나 목숨을 바친 것이냐!"[40]

—아버지: "아버지의 엄연한 권리를 자식에게 내주

a 푸코는 아마도 "관계들"을 말하고자 했던 것 같다.

38 *Ibid.*, p. 782(《고리오 영감/절대의 탐구》, p. 425).

b 푸코가 공백 상태로 놔두었다.

39 *Ibid.*, p. 815(《고리오 영감/절대의 탐구》, p. 463-464).

40 *Ibid.*, p. 824(《고리오 영감/절대의 탐구》, p. 473).

고 만 것에 대해 굴욕감을 느끼고 있는 것일까?"[41]

b) 그녀는 아버지를 관계로 끌어들이려 하지 않고, 오히려 그를 관계 바깥으로 배제합니다.

—그의 모든 권리들을 박탈함으로써

—그를 유배 상태에 처하게 만듦으로써

—절대의 탐구에 필요한 자금을 납세자들의 돈으로 충당하게 함으로써.

c) 이로부터 위대한 부흥이 시작됩니다.

스페인 혈통을 계승한 딸인 그녀는, 스페인인들이 클라에스 가문으로부터 빼앗아 간 것보다 더 많은 것을 가져다줄 것입니다. 그녀는 발타자르의 딸로서, 고인이 된 어머니 조세핀의 명예를 위해 아버지가 탕진한 것 이상의 가치를 되찾을 것입니다.

재산 회복의 원리는 명확합니다.

—스페인에 있는 재산인 토지는, 자연의 단일성〔발타자르가 추구한 것-옮긴이〕보다 훨씬 더 풍요로운 결실을 가져다줄 것입니다.

—그 토지는 클라에스 가문의 자녀 수에 따라 분할될 것이고, 한 소작인의 자녀들에 의해 경작될 것입니다.

—이 지참금으로 자녀들은 결혼할 것입니다.

—둘째 딸 펠리시는 두에 지역의 부자 피에르캥과 결혼합니다.

—첫째 아들 가브리엘은 캉브레지와 플랑드르 지역의 부호인 코냉크 가문의 여인과 결혼합니다.

41 *Ibid.*, p. 799(《고리오 영감/절대의 탐구》, p. 445).

—그리고 마르그리트의 남편 솔리스는 그녀에게 스페인의 재산을 되돌려줍니다.

이렇게 해서 클라에스 가문의 전 재산이 회복됩니다(과거에 프랑스령, 플랑드르령, 스페인령으로 삼분되었던 토지가 각기 할증분을 추가해 재결합된 것입니다).

—한편으로 모든 채무가 깔끔히 청산됩니다. 늙은 클라에스의 초상화가 목재 장식들과 함께 팔린다 해도 이제 더 이상 중요하지 않습니다.

—다른 한편, "절대"가 발견됩니다. 그것은 관계 속에 있습니다. 클라에스가 죽어가며 절대를 발견했다고 말할 때, 죽음 속에서 어떤 비밀을 발견했다는 느낌을 받게 됩니다. 하지만 사실 절대는 방금 일어난 일〔관계의 회복-옮긴이〕 자체입니다.

V. 진주와 담론

설명해야 할 에피소드가 있습니다. 생성된 다이아몬드와 관련된 것입니다. 두 가지 층위에서 설명이 가능합니다.

a) 자연적 층위: 만약 자연이 단일성으로부터 생성되는 것이라면, 그것은 아무도 필요로 하지 않습니다.

인간은 관계를 갖지 않는 존재를 욕망할 수 없습니다. 바로 그렇기 때문에 발타자르는 〔다이아몬드가 생성될 때-옮긴이〕 부재해야 했습니다.

b) 사회적 층위: 다이아몬드는 마르그리트가 재산을 재건하던 와중에 생성되었습니다. 따라서 다이아몬드는 재산 재

건이 진정한 절대였음을 상징하는 것입니다. 아버지도 그것을 잘 알고 있습니다. 그는 딸에게 마르그리트라고 명명한 그 다이아몬드를 줍니다. 진주와 다이아몬드: 증여물과 지참금, 남편의 부와 아내의 [보석[a]].

욕망이 부재하는 관계와 관계가 부재하는 욕망 사이의 근친상간적인 덧없는 형상.

---

a 판단하기 어려워 추측했다.

옮긴이 해제

1.

이 책은 미셸 푸코의 저서 《Folie, langage, littérature》(앙리 폴 프뤼쇼Henri-Paul Fruchaud, 다니엘레 로렌치니Daniele Lorenzini, 쥐디트 르벨Judith Revel 편집, 브랭Vrin 출판사, 현재의 철학Philosophie du présent 총서, 2019년)를 완역한 것이다. 푸코가 1960년대 중반, 특히 1965~1967년 전후에 "광기, 언어, 문학"을 둘러싸고 수행한 13편의 강연, 원고, 개요, 분석 등을 한데 모은 책이다. 《광기의 역사》, 《임상의학의 탄생》, 《말과 사물》과 연속성을 가지고 있으면서도 이 시기 푸코 사유의 문제틀 전환을 집약적으로 드러낸다. 이 책은 광기, 문학, 언어를 각각 독립된 대상이 아니라, 동일한 분할 장치와 한계체험의 서로 다른 국면으로 사유한다는 점에서 결정적인 의미를 지닌다.

이미 번역 출간된 《거대한 낯섦》(그린비, 2023) 역시 미간행 문학론을 모은 책이지만, 두 저작 사이에는 중요한 차이가 존재한다. 《거대한 낯섦》이 비록 미간행 텍스트이긴 하나 강연이나 라디오 방송을 통해 이미 공개된 자료를 중심으로 구성되어 있는 반면, 본서는 완전히 미발표 상태였던 초고들을 다수 포함하고 있다는 점에서 차별성을 지닌다. 이러한 차이 때문에 본서는 푸코의 사유가 완결된 형태로 제시되기 이전의 움직임, 즉 사유가 형성되고 수정되며 때로는 중단되는 과정을 보다 직접적으로 보여준다. 동시에 이 과정 속에서 등장했다가 사라지는 다양한 주제들과 문제계들을 독자가 어떤 방식으로 다루어야 하는가라는 해석상의 문제 역시 제기한다. 실제로 《거대한 낯섦》에 수록된

〈광기의 언어작용〉과 〈문학과 언어작용〉은 본서의 문학론 텍스트들과 동시기의 것일 뿐 아니라 내용상 중복도 적지 않다. 보다 정확히 말하면, 본서에 포함된 여러 초고들이 《거대한 낯섦》에 실린 강연과 방송의 토대가 되었을 가능성이 크다. 따라서 두 저작은 상호 비교 속에서 읽힐 필요가 있다.

이 책은 크게 네 부분으로 구성된다. 첫째, 편집자 일러두기와 서문. 둘째, 광기에 관한 일련의 텍스트들. 셋째, 문학·비평·구조주의·“언어 외적인 것l'extralinguistique”에 관한 텍스트들. 넷째, 플로베르와 발자크의 개별 작품 즉 《부바르와 페퀴셰》 및 《절대의 탐구》에 대한 분석이다.

이 책을 관통하는 첫 번째 축은 광기 개념의 재정의다. 푸코에게 광기는 자연적 병리나 개인적 이상 상태가 아니다. 그것은 사회가 수행하는 “분할partage”의 기능이다. 광기는 정상과 비정상, 노동 가능성과 노동 불가능성, 이성과 탈이성을 구분하는 사회적 분할의 효과이며, 하나의 사건이라기보다 구조적 작동에 가깝다. 근대 정신의학은 이러한 분할 기능을 폐지한 것이 아니라, 병리화와 의학화라는 형식으로 변형하고 은폐했을 뿐이다. 따라서 광기의 역사는 의학 내부의 진보사가 아니라, 노동·치안·국가·가족이 얽힌 사회적 분할의 역사로 재구성되어야 한다.

두 번째 축은 문학에 대한 이해이다. 푸코에게 문학은 이미 존재하는 의미를 언어로 표현하는 활동이 아니다. 문학은 오히려 언어 자체의 조건과 한계를 문제 삼는 실천이다. 특히 현대 문학은 자신이 언어로 구성되어 있다는 사실을 자각함으로써 언어의 표층, 음성적 물질성, 규칙, 경계에 집요하게 접근한다. 이때 문학은 자기 존재의 조건을 자기 언어 안에 포함시키는 담론이 되며, 바로 이 점에서 광기와 구조적 유사성을 갖는다.

이러한 맥락에서 푸코는 문학과 광기를 "서로 이웃한 언어 경험"으로 규정한다. 고전기에는 광기가 문학 속에서 표상의 대상이었으나, 20세기에 이르러 문학과 광기는 모두 언어의 한계체험으로 재편된다. 즉 양자는 기존 언어 질서의 내부가 아니라, 그 경계 혹은 바깥에서 각자의 코드를 작동시키는 방식으로 결합한다. 바로크 연극에서 광기가 연극의 자기-표시 장치로 기능했다면, 아르토와 루셀에 이르러 광기는 문학 자체를 끝까지 밀어붙이는 균열과 공백의 원리가 된다.

책 후반부에서 푸코는 문학 비평과 구조주의 논쟁을 통해 문학 분석의 대상 자체를 재규정한다. 문학은 의미 해석의 대상이 아니라 읽기 방식, 소비 구조, 책의 물질성, 그리고 언어 외적인 것의 구성을 포함하는 담론적 장이다. 문학은 메타언어가 아니라, 자기 내부에서 "바깥dehors"을 산출하며 끊임없이 자기 한계를 넘어 이동하는 언어다. 요컨대 《광기, 언어, 문학》은 광기를 사회적 분할 기능으로, 문학을 언어의 한계체험으로 사유함으로써, 근대적 이성·주체·의미 중심의 사유를 근본적으로 해체한다. 이 책에서 푸코의 관심은 특정 이론의 정립이 아니라, 담론이 자기 조건을 드러내고 교란하는 지점, 곧 사유가 스스로를 시험하는 임계선에 있다.

2.

첫 번째 텍스트 〈광기와 문명〉에서 푸코가 다루는 핵심 문제는 광기의 본질이 아니다. 그는 광기가 무엇인지 정의하려 하지 않는다. 그의 질문은 전적으로 관계적이다. 즉 광기는 문명과 어떤 관계 속에서 성립하는가, 그리고 문명은 광기를 어떤 방식으로 다루는가라는 문제다. 이 텍스트는 의학사나 정신병리학의 영역에 속하지 않으며, 광기를 하나의 문명사적 사실로 다룬다.

푸코는 광기를 자연적으로 주어진 대상이나 인간 정신의 보편적 병리로 간주하는 관점을 단호하게 거부한다. 광기는 언제나 이미 사회적으로 구성된 범주이며, 특정 문명 안에서만 성립하는 의미 체계를 갖는다. 따라서 광기를 이해하기 위해서는 개인의 내면이나 병적 증상으로 시선을 돌릴 것이 아니라, 문명이 스스로를 조직하는 방식, 다시 말해 이성과 탈이성, 정상과 비정상을 구분하는 사회적 분할의 논리를 분석해야 한다.

이 글에서 중요한 개념은 "분할"이다. 광기는 단순히 배제된 것이 아니라, 분할을 통해 만들어진다. 문명은 자신을 이성의 질서로 규정하기 위해, 그 질서에 속하지 않는 것을 바깥으로 밀어낸다. 이때 광기는 그 바깥을 대표하는 이름이 된다. 그러나 이 바깥은 완전히 제거되지 않는다. 오히려 광기는 문명의 내부에서 끊임없이 참조되며, 문명이 자기 동일성을 유지하기 위한 부정적 기준점으로 기능한다. 푸코에게 광기는 문명의 실패나 결함이 아니다. 그것은 문명이 작동하기 위해 필연적으로 생성되는 구조적 효과다. 문명은 광기를 통해 자신이 무엇인지를 말할 수 있으며, 광기가 없다면 이성의 질서 역시 명확한 경계를 가질 수 없다. 그렇기 때문에 광기는 문명에 대한 단순한 비판적 외부가 아니라, 문명이 자기 자신을 정립하는 내적 조건이다.

이 텍스트는 이후 《광기의 역사》에서 전개될 논의의 핵심 문제 설정을 이미 포함하고 있다. 다만 여기서 푸코는 아직 장대한 역사적 서사를 구축하지는 않는다. 그는 광기와 문명의 관계를 하나의 구조적 문제로 제시하며, 광기를 문명 전체의 작동 원리 내에 위치시키는 데 집중한다.

〈광기와 문명—1967년 4월 튀니스의 클럽 타하르 하다드에서의 강연〉은 앞선 〈광기와 문명〉과 동일한 문제를 다루지만, 접근 방식에서는 분명한 변화를 보여준다. 푸코는 여기서 광기를 서구 근대의 특수한 현상으로 한정하지 않는다. 오히려 그는 광기를 모든 사회에 존재하는 항구적 기능으로 규정한다. 그러므로 이 강연은《광기의 역사》의 강한 역사주의를 부분적으로 수정하는 성격을 지닌다.

푸코는 강연의 서두에서 명확히 말한다. "광기 없는 사회는 없다." 이 명제는 광기를 병리적 예외로 보는 관점을 정면으로 거부한다. 광기는 모든 사회가 자신을 조직하는 과정에서 반드시 만들어내는 요소이며, 사회는 광기를 통해 자신이 허용하는 것과 허용하지 않는 것을 구분한다. 따라서 문제는 광기의 존재 여부가 아니라, 각 사회가 광기를 어떻게 조직하고 관리하는가에 있다. 그렇기 때문에 푸코는 사회학과 민족학의 연구 성과를 적극적으로 참조한다. 다양한 문화권에서 광기와 유사한 범주들이 발견되며, 그것들은 언제나 일정한 사회적 역할을 수행한다. 어떤 사회에서는 종교적 예언자의 형태로, 어떤 사회에서는 금기의 위반자로, 또 어떤 사회에서는 치료의 대상이나 격리의 대상으로 등장한다. 이처럼 광기는 보편적이지만, 그 제도적 형태는 역사적·문화적으로 달라진다.

이 강연의 중요한 특징은 광기를 보편적 구조와 역사적 변형의 이중 틀 속에서 파악한다는 점이다. 광기는 모든 사회에 존재하지만, 결코 동일한 방식으로 존재하지 않는다. 이를 통해 푸코는 광기를 단순히 역사적 산물로 환원하는 것도, 반대로 초역사적 본질로 고정하는 것도 피한다. 이 강연은 푸코 사유의 중간 지점을 선명하게 보여준다. 푸코는 여전히 역사적 차이를 중시하지만, 동시에 광기를 사회 일반의 구조적 기능으로 자리매김한다.

이는 이후 그가 민족학적 모델과 구조적 분석에 점점 더 관심을 기울이게 되는 경향을 예고한다.

〈광기와 사회〉에서 푸코는 광기와 사회의 관계를 보다 직접적으로 분석한다. 앞선 글들이 광기를 문명 전체의 구조 속에서 파악했다면, 여기서는 사회 질서의 일상적 작동 속에서 광기가 수행하는 역할이 문제로 제기된다.

푸코의 출발점은 단순하지만 결정적이다. 사회는 광인을 단순히 배제하지 않는다. 오히려 사회는 광인을 분류하고, 명명하고, 관리함으로써 자신이 어떤 규범 위에 서 있는지를 분명히 한다. 광인은 규칙을 어기는 존재로 낙인찍히지만, 바로 그 낙인을 통해 규칙은 가시화된다. 여기서 광기는 사회의 외부가 아니라, 사회 규범이 작동하는 한계 지점이다. 법, 도덕, 관습은 모두 광기와의 대비 속에서 자신을 규정한다. 사회는 광기를 통해 "이것은 허용되지 않는다", "이것은 정상의 범위를 벗어난다"라고 말할 수 있다. 따라서 광기는 사회 질서의 실패가 아니라, 그 질서를 유지하는 데 필수적인 장치다.

이러한 이해를 통해 푸코는 광기를 억압의 희생자로만 이해하는 관점을 비판한다. 물론 광인은 폭력과 배제를 경험한다. 그러나 그 폭력은 단순한 오해나 편견의 결과가 아니라, 사회 질서가 스스로를 유지하기 위해 수행하는 구조적 작동이다. 광기는 이 구조의 희생자인 동시에, 그 구조를 드러내는 증상이다. 이 텍스트는 광기를 도덕적 문제나 인도주의적 문제로 환원하지 않는다. 푸코는 광기를 통해 사회가 스스로를 어떻게 생산하는지를 분석하며 사회 규범의 은폐된 메커니즘을 드러낸다.

〈문학과 광기—바로크 연극과 아르토 연극에서의 광기〉에서 푸코는 광기와 문학의 관계를 역사적 변형 내에서 분석한다. 그는 특히 두 가지 연극 형식, 즉 바로크 연극과 앙토냉 아르토의 연극을 대비시킨다. 이 대비는 광기가 문학 속에서 서로 다른 방식으로 작동하는 양상을 드러내기 위한 것이다.

바로크 연극에서 광기는 무대 위에서 재현 가능한 대상이었다. 광인은 특정한 역할을 수행하며, 광기는 이야기의 한 요소로 기능한다. 이 경우 광기는 질서의 외부에 있으면서도, 연극이라는 형식 안에 포섭된다. 광기는 관객에게 보여질 수 있고, 이해될 수 있으며, 해석될 수 있는 대상으로 남아 있었다. 그러나 아르토의 연극에 이르면 상황은 근본적으로 달라진다. 광기는 더 이상 재현되지 않는다. 그것은 언어와 형식 자체를 파괴하며, 연극의 재현적 구조를 붕괴시킨다. 아르토에게 광기는 하나의 주제가 아니라, 연극을 가능하게 하던 조건 자체를 무너뜨리는 힘이다. 언어는 더 이상 의미를 전달하지 못하고 몸과 소리, 외침이 언어를 대체한다.

푸코는 이 변화를 단순한 미학적 차이로 이해하지 않는다. 그는 여기서 문학과 광기의 관계가 질적으로 변형되는 순간을 포착한다. 문학은 더 이상 광기를 묘사하거나 설명하지 않는다. 문학은 광기와 함께 언어의 질서를 시험하고, 그 질서를 붕괴시키는 실천이 된다. 이 텍스트는 이후 레몽 루셀, 바타유, 블랑쇼에 대한 분석으로 이어지는 결정적 연결 고리를 형성한다. 광기는 문학의 외부 대상이 아니라, 문학이 스스로의 한계를 드러내는 내적 사건이 된다.

〈문학과 광기—레몽 루셀 작품에서의 광기〉에서 푸코는 레몽 루셀을 "광기를 주제로 다룬 작가"로 읽지 않는다. 그의 관심은 루셀의 작품 속에 등장하는 광인의 형상이나 병리적 내용에 있지 않다. 푸코가 문제 삼는 것은 루셀의 글쓰기 방식 자체가 광기와 어떤 구조적 친연성을 맺고 있는가이다. 따라서 이 글의 질문은 광기가 작품 안에서 무엇으로 나타나는가가 아니라, 작품이 작동하는 방식 속에서 광기가 어떻게 기능하는가라는 점에 놓여 있다.

푸코에 따르면 루셀의 글쓰기는 의미 전달을 목표로 하지 않는다. 그의 작품은 이야기나 메시지를 전달하기보다는, 언어 내부의 형식적 규칙에 따라 자동적으로 생성된다. 단어들의 음성적 유사성, 문장의 기계적 전환, 규칙의 반복적 적용은 작품을 하나의 언어 기계처럼 작동하게 만든다. 이 과정에서 저자의 의도, 체험, 심리 상태는 결정적인 역할을 하지 못한다. 작품은 주체의 표현이 아니라, 언어 자체의 작동 결과로 나타난다.

푸코는 이러한 작동 방식 속에서 광기와 루셀의 글쓰기가 맺는 구조적 친연성을 드러낸다. 광기는 여기서 심리적 이상이나 의식의 붕괴를 의미하지 않는다. 그것은 언어가 의미의 질서를 이탈하여 스스로 작동하는 상태, 다시 말해 의미에 의해 통제되지 않는 언어의 운동을 가리킨다. 루셀의 작품에서 언어는 더 이상 사물을 지시하거나 세계를 설명하지 않는다. 언어는 자기 자신의 규칙에 따라 끝없이 증식하며, 그 과정에서 의미는 부산물로 밀려난다.

이러한 글쓰기에서는 주체가 소멸한다. 작품을 지탱하는 것은 경험하는 주체도, 표현하는 의식도 아니다. 푸코는 루셀의 작품에서 저자의 심리나 내면을 해석하려는 모든 시도를 무의미한 것으로 본다. 왜냐하면 여기서 작품은 이미 주체 이전의 차원에서 성립하기 때문이다. 광기는 바로 이 지점에서 등장한다. 즉 광기는 주체의 병이 아니라, 언어가 주체를 필요로 하지 않게 되는 상태다. 이 텍스트는 문학과 광기의 관계를 근본적으로 재정의한다. 광기는 문학의 대상이 아니라, 문학이 작동하는 방식 그 자체일 수 있다. 루셀은 그 가장 순수한 사례로 제시된다.

〈현상학적 경험—바타유에게 있어서의 경험〉은 이 책 전체에서 독특한 위치를 차지한다. 푸코는 여기서 광기나 문학을 직접적으로 분석하지 않는다. 대신 그는 조르주 바타유의 "경험" 개념을 분석함으로써, 자신이 문제 삼고 있는 주체 개념의 근본적 한계를 드러낸다.

푸코가 바타유에게서 주목하는 것은 경험의 성격이다. 전통적인 현상학에서 경험은 주체를 확증하는 역할을 수행한다. 현상학적 경험은 "내가 경험한다"는 구조를 통해, 주체의 동일성과 의식을 강화한다. 그러나 바타유에게 경험은 전혀 다른 방식으로 작동한다. 경험은 주체를 안정시키는 것이 아니라, 오히려 주체를 자기 동일성에서 찢어내는 사건이다.

바타유의 경험은 언제나 한계에서 발생한다. 그것은 죽음, 에로티즘, 과잉, 금기의 위반과 같은 영역에서 나타나며, 이 경험 속에서 주체는 더 이상 자신을 동일한 "나"로 유지할 수 없다. 푸코는 이러한 경험을 "주체를 자기 자신으로부터 탈거시키는 경험"으로 해석한다. 경험은 더 깊은 자아를 발견하는 계기가 아니라, 자아가 더 이상 유지될 수 없음을 드러내는 순간이다.

이러한 이해를 바탕으로 푸코는 현상학과 바타유를 분명히 구분한다. 현상학은 경험을 통해 의식의 구조를 드러내려 하지만, 바타유의 경험은 의식의 구조 자체를 붕괴시킨다. 경험은 더 이상 의미를 산출하지 않으며, 설명될 수 없는 과잉으로 남는다. 이 텍스트는 이후 푸코 사유에서 반복적으로 등장하는 "한계체험" 개념의 이론적 원형을 제공한다. 비록 한계체험이라는 용어가 명시적으로 사용되지는 않지만, 주체를 해체하는 경험이라는 문제 설정은 이미 여기서 분명하게 제시된다. 그런 의미에서 이 글은 문학과 광기를 분석하는 텍스트들에 철학적 심층을 부여하는 역할을 한다.

〈문학 분석의 새로운 방법들〉에서 푸코는 문학 비평의 기존 전제를 정면으로 문제 삼는다. 그의 비판 대상은 문학 작품을 하나의 의미 체계로 간주하고, 그 의미를 해석하려는 접근 방식이다. 푸코에 따르면 전통적 문학 비평은 언제나 "이 작품은 무엇을 말하는가"라는 질문에서 출발해왔다. 그러나 푸코에게 문학의 핵심은 말해진 내용 자체가 아니라, 그러한 발화가 어떤 조건과 방식 속에서 가능해지는가에 있다.

푸코는 이 글에서 구조주의 언어학과 기호학의 성과를 적극적으로 참조한다. 그러나 그는 구조주의를 문학 이론으로 그대로 수용하지는 않는다. 그의 관심은 언어 체계 자체보다는, 언어의 산물인 담론이 특정한 규칙 아래에서 어떻게 작동하는지에 있다. 문학 분석은 작품 속 의미를 해독하는 작업이 아니라, 언표들이 어떤 규칙에 따라 배치되고 반복되며 변형되는지를 분석해야 한다는 것이다. 이러한 관점에서 문학은 더 이상 표현의 공간이 아니다. 문학은 하나의 실천이며, 특정한 규칙과 제약 아래에서 작동하는 담론적 장이다. 이 글을 통해 푸코는 문학 분석을 해석학에서 고고학적 분석으로 이동시키려는 시도를 분명히 한다.

〈문학 분석〉에서 푸코는 "작품이란 무엇인가"라는 고전적 질문을 다시 제기한다. 그러나 그에 대한 답은 전통적인 미학이나 비평과는 전혀 다른 방향으로 나아간다. 푸코에게 작품은 하나의 실체가 아니다. 그것은 의미의 총합도, 저자의 의도를 담은 그릇도 아니다. 작품은 특정한 역사적·담론적 조건하에서 언표들이 특정한 방식으로 결집된 결과, 다시 말해 하나의 효과다. 따라서 분석의 대상은 작품 내부의 의미가 아니라, 그 작품이 작품으로 성립할 수 있었던 조건이다. 문학 분석은 작품을 설명하거나 평가하지 않는다. 그것은 작품이 성립하기 위해 필요했던 규칙, 제도, 담론적 배치를 드러낸다. 여기서 저자는 중심적 위치를 차지하지 않는다. 저자는 작품의 원인이 아니라, 조건들 가운데 하나에 불과하다. 이 텍스트는 이후 《지식의 고고학》에서 전개될 담론 분석의 문학적 전조로 읽힐 수 있다. 그러나 동시에 이 글은 여전히 문학이라는 구체적 대상에 밀착해 있으며, 문학이 철학적 실험의 장이 될 수 있음을 분명히 보여준다.

〈구조주의와 문학 분석—1967년 2월 4일 튀니스의 클럽 타하르 하다드에서의 강연〉은 《광기, 언어, 문학》에 수록된 텍스트들 가운데 가장 급진적이며, 동시에 가장 실험적인 입장을 취한다. 푸코는 여기서 문학 분석에서 역사적 설명, 인과적 환원, 생산의 계보를 의도적으로 중지시킨다.

푸코는 먼저 전통적 문학 비평의 설명 방식을 문제 삼는다. 비평은 작품을 설명해왔으며, 그 설명은 거의 언제나 작품의 기원, 원인, 생산 조건을 묻는 방식으로 이루어졌다. 그러나 푸코에게 이러한 설명은 작품을 그것이 아닌 다른 것—저자의 의도, 사회적 맥락, 역사적 원인—으로 환원하는 행위다. 그는 이 환원적 설명을 문학 분석의 장애물로 규정한다.

이 지점에서 구조주의는 하나의 전략으로 등장한다. 구조주의는 주체, 역사, 의미라는 설명 장치를 일시적으로 제거함으로써, 텍스트의 내적 작동을 드러내기 위한 방법이다. 따라서 여기서 구조주의는 목적이 아니라 수단이며, 반역사적 실험의 성격을 띤다. 푸코는 특히 "생산"과 "인과" 개념을 비판하며, 문학을 결과가 아니라 사건으로 파악한다. 이 강연은 이후 《지식의 고고학》

에서 역사 개념이 다시 중요해진다는 점에서, 푸코 사유의 하나의 극단적 실험, 즉 역사 없는 분석이 어디까지 가능한지를 시험한 한계 지점으로 이해될 수 있다.

〈언어 외적인 것과 문학〉에서 푸코는 문학을 언어 체계 내부의 현상으로 환원하는 모든 시도를 비판한다. 구조주의 언어학은 언어를 자율적 체계로 분석하는 데 성공했지만, 바로 그 성공 때문에 문학은 종종 언어 내부의 특수한 사용 사례로만 이해되었다. 푸코는 이 관점에 정면으로 이의를 제기한다. 그러기 위해 푸코가 도입하는 핵심 개념이 바로 "언어 외적인 것"이다. 이 개념은 언어 바깥에 있는 사회적·심리적 현실을 의미하는 게 아니다. 그것은 언어가 작동할 수 있게 만드는 가능 조건이지만, 언어 자체의 규칙으로 환원될 수 없는 차원이다. 문학은 언어를 사용하지만, 동시에 언어가 성립하는 가능 조건 자체를 문제 삼는다. 푸코에 따르면 문학은 언어 체계를 충실히 따르는 담론이 아니다. 문학은 언어 규칙을 시험하고, 전복하고, 한계로 몰아넣는다. 이때 문학은 언어 내부의 의미 생산을 넘어, 언어가 의미를 생산할 수 있게 만드는 외적 조건을 호출한다. 바로 이 지점에서 문학은 언어 외적인 것과 접속한다.

이 텍스트에서 중요한 점은, 언어 외적인 것이 문학의 "배경"이나 "맥락"으로 이해되지 않는다는 사실이다. 그것은 설명을 위해 나중에 덧붙여지는 외부가 아니라, 문학이 작동하는 순간마다 함께 작동하는 조건이다. 문학은 이 조건을 드러내는 방식으로 언어의 자율성을 무너뜨린다는 것이다. 따라서 문학은 언어의 내부에 있지 않다. 그것은 언어의 경계에서, 언어와 그 조건이 만나는 지점에서 발생하는 담론이다. 이 텍스트는 문학을 언어학의 부속물로 다루는 모든 시도들을 근본적으로 차단한다.

〈문학 분석과 구조주의〉에서 푸코는 구조주의와의 관계를 보다 명시적으로 정리한다. 그는 구조주의를 비판하거나 옹호하는 대신, 그것을 문학 분석을 가능하게 한 역사적 계기로 위치시킨다.

구조주의는 작품을 저자의 표현이나 의미의 집합으로 보지 않고, 기호들의 관계와 배치로 분석하도록 만들었다. 이 점에서 구조주의는 주체 중심 비평을 해체하는 데 결정적인 역할을 했다. 그러나 푸코는 구조주의가 언어 체계 자체에 머무를 경우, 문학이 다시 폐쇄된 체계로 환원될 위험을 지적한다.

푸코의 관심은 구조 그 자체가 아니라, 구조가 작동하는 사건성에 있다. 구조주의는 고정된 교리가 아니라, 문학 분석을 위해 전략적으로 사용되는 장치다. 그는 조이스, 프루스트, 로브그리예, 발자크, 플로베르 등의 사례를 통해 구조적 분석이 단일한 방식으로 적용되지 않음을 보여준다. 결국 구조주의 이후의 문학 분석은 구조를 넘어서, 구조가 발생하는 조건을 묻는 방향으로 나아가야 한다는 것이 푸코의 결론이다.

〈《부바르와 페퀴셰》—두 가지 유혹〉에서 푸코는 플로베르의 《부바르와 페퀴셰》를 단순한 풍자소설로 읽지 않는다. 그는 이 작품을 근대 지식 체계에 대한 급진적인 비판으로 해석한다. 작품의 중심에는 두 인물의 욕망이 있다. 하나는 모든 것을 알고자 하는 욕망이며, 다른 하나는 지식을 체계화하고 완성하고자 하는 욕망이다.

부바르와 페퀴셰는 과학, 철학, 역사, 농학 등 모든 지식을 탐욕적으로 습득하려 하지만, 그 시도는 반복적으로 실패한다. 이 실패는 무능이나 우연의 결과가 아니다. 푸코에게 이 실패는 지식 욕망 자체의 구조적 귀결이다.

푸코는 이 반복되는 실패에서 지식의 역설을 읽어낸다. 지식은 축적될수록 세계를 더 잘 설명하지 못하고, 오히려 세계를 파편화한다. 지식은 통합을 약속하지만, 실제로는 끝없는 분열과 반복을 낳는다. 이때 주체는 지식을 통해 강화되지 않고, 오히려 공허 속에 남겨진다. 이 텍스트에서 플로베르는 지식을 비판하는 것이 아니라, 지식이 스스로를 무효화하는 방식을 문학적으로 실험한다. 푸코는 이 작품을 통해 근대적 합리성의 자기 붕괴를 읽어낸다.

마지막 텍스트 〈《절대의 탐구》〉에서 푸코는 발자크의 《절대의 탐구》를 통해 문학의 존재 방식을 근본적으로 재고한다. 이 작품에서 주인공이 추구하는 목표는 절대적 지식, 완전한 이해에 도달하는 것이다. 그러나 이 목표는 결코 실현되지 않는다.

푸코가 여기서 주목하는 것은 이 실패의 의미다. 실패는 단순한 결말이 아니라, 작품 전체를 조직하는 원리다. 탐구는 언제나 계속되며, 완성은 끊임없이 지연된다. 그 결과 작품은 하나의 완결된 결과물이 아니라, 끝나지 않는 과정으로 존재한다. 그렇기 때문에 푸코는 문학을 완결물로 이해하는 관점을 거부한다. 문학은 무엇인가를 완성하는 행위가 아니라, 완성이 불가능하다는 사실을 끝까지 밀어붙이는 실천이다. 작품의 중심에는 성취가 아니라 성취의 불가능성, 다시 말해 작품의 부재가 놓여 있다.

이 마지막 텍스트는《광기, 언어, 문학》 전체를 관통하는 문제를 다시 한 번 응축한다. 광기, 언어, 문학은 모두 완결을 거부하는 영역이며, 푸코에게 사유란 바로 이 불가능성 위에서 지속되는 탐구다. 따라서 이 열세 편의 텍스트는 단순한 주제별 모음이 아니라, 광기에서 출발해 언어와 문학을 거쳐 주체의 해체와 작품의 부재에 이르게 되는 하나의 사유 운동을 형성한다. 문학은 푸코에게 예시가 아니라, 철학이 스스로의 한계를 시험하는 결정적 실험장이다.

3.

미셸 푸코의 저작은 오늘날까지도 지속적으로 참조되고 있지만, 그 해석의 상당수는 여전히 그를 특정한 철학사적 범주 안에 위치시키려는 시도에 머문다. 구조주의자, 반구조주의자, 포스트구조주의자, 니체주의자, 반인간주의자, 사회학자, 포스트모더니스트와 같은 다양한 명명들은 푸코의 사유를 설명하는 듯 보인다. 그러나 이러한 분류는 대개 그의 작업이 일관되게 문제 삼았던 바로 그 지식의 분할과 학문적 귀속의 논리를 반복하는 데 그친다. 다시 말해 푸코를 "어디에 속하는가"라는 질문으로 환원시키는 순간, 그가 제기한 보다 근본적인 문제, 즉 그러한 위치와 범주 자체가 어떤 역사적 조건 속에서 형성되었는가라는 문제는 배경으로 밀려난다.

푸코를 수용하는 이러한 양상은 이 책에 수록된 텍스트들의 문제 설정과 정확히 맞물린다. 이 텍스트들에서 푸코는 광기를 사회적 분할의 효과로, 문학을 언어의 한계체험으로 분석한다. 그의 사유는 언제나 특정한 범주에 자신을 귀속시키기보다, 그러한 범주가 어떻게 형성되고 작동하는지를 묻는 방향으로 전개된다. 이 점에서 《광기, 언어, 문학》은 푸코 사유의 한 시기를 대표하는 문학론 모음집이 아니라, 그의 사유가 작동하는 방식 자체를 가장 응축된 형태로 보여주는 장이라 할 수 있다.

푸코 사유의 특이성은 바로 여기에서 분명해진다. 그는 철학을 폐기하지 않으면서도, 철학이 전통적으로 수행해온 자기 정초의 형식을 거부한다. 그의 철학은 초월적 주체나 보편적 이성에서 출발하지 않는다. 오히려 그것은 언제나 특정 시대의 담론, 제도, 실천이 교차하는 역사적 장 속에서만 성립한다.《광기의 역사》에서 이성/탈이성의 분할이 어떻게 제도화되었는지를 분석하고,《임상의학의 탄생》에서 의학적 시선이 어떤 방식으로 구성되었는지를 추적하며,《성의 역사》에서 성이 억압의 대상이 아니라 담론적 생산의 장으로 작동해왔음을 밝힌 작업들은 모두 철학이 역사 바깥에서 말할 수 없다는 사실을 반복적으로 입증한다. 이러한 의미에서 푸코는 철학을 포기한 사상가가 아니라, 역사적 분석을 철학의 조건으로 삼은, 말하자면 "철학 없는 철학자"라 할 수 있다.

이러한 역사성은 푸코의 문학 이해에서 더욱 선명하게 드러난다. 이 책에서 다루어진 루셀, 바타유, 아르토, 플로베르, 발자크에 대한 개별 독해는 단순한 작가론이 아니다. 그것들은 주체, 언어, 이성의 조건을 시험하는 하나의 연속적인 사유 실험을 이룬다. 푸코에게 문학은 철학적 이론을 설명하기 위한 사례나 보조 자료가 아니다. 오히려 문학은 철학이 어떤 방식으로 말할 수 있으며, 동시에 무엇을 말할 수 없는지를 시험하는 장이다. 말라르메의 시에서 언어가 의미를 전달하는 투명한 매개로 기능하지 않고, 스스로를 접고 반복하며 의미의 공백을 드러내는 것은 바로 이러한 문학적 실험의 한 사례다. 푸코는 이를 통해 언어가 자연스럽게 의미를 담지한다는 전제를 의심하고, 언어 자체가 역사적으로 구성된 실천임을 드러낸다. 이때 문학은 철학의 외부 대상이 아니라, 철학이 자신을 성립시키는 언어적 조건을 문제화하는 내적 계기로 작동한다.

이러한 관점에서 사르트르의 참여문학과 푸코의 문학 이해는 뚜렷한 대비를 이룬다. 사르트르에게 문학은 자유와 책임이라는 철학적 입장을 세계 속에 실천적으로 개입시키는 수단이다. 문학은 메시지를 전달하고 독자를 설득하는 매체이며, 그 가치는 의미의 명확성이나 정치적 효과에 의해 평가된다. 반면 푸코에게 문학은 이미 정립된 의미를 전달하지 않는다. 오히려 문학은 의미를 불안정하게 만들고, 주체가 언어의 주인이 아니라 언어의 규칙 속에서 하나의 위치로 구성된다는 사실을 드러낸다. 푸코가 사드, 말라르메, 보들레르, 루셀, 보르헤스를 반복적으로 참조하는 이유 역시, 이들이 하나의 문학사적 계보를 형성해서가 아니라 언어와 주체의 질서가 흔들리는 지점을 가장 극단적으로 보여주기 때문이다.

1960년대의 푸코에게 문학은 이러한 한계체험이 가장 밀도 있게 발생하는 장소였다. 그가 말하는 "위반"은 단순히 규범을 파괴하거나 금기를 넘어서는 행위가 아니다. 위반은 오히려 규범이 설정한 한계가 어디에 놓여 있는지를 가시화하는 사건이다. 문학은 담론 외부로 탈주하지 않는다. 대신 경계 위에서 작동함으로써 의미, 이성, 주체의 안정성을 내부로부터 동요시킨다. 사드의 텍스트에서 규범이 폐기되기보다 과잉적으로 반복되고, 그 반복 속에서 도덕과 법의 한계가 노출되는 것은 이러한 위반의 전형적인 양상이다.

그러나 푸코는 곧 이러한 문학적 위반이 지속적인 저항을 자동적으로 보증하지는 않는다는 사실을 자각하게 된다. 전복은 반복될수록 해석되고 분류되며, 미학적 양식이나 문화적 코드로 흡수된다. 위반은 더 이상 예외적인 사건이 아니라, 예측 가능하고 관리 가능한 차이로 전환된다. 이로부터 푸코의 문제의식은 결정적인 전환을 맞이한다. 이제 중요한 것은 "어떻게 넘어서는가"가 아니라 "어떻게 포획되는가"다. 이 질문은 문학 내부의 문제로만 다룰 수 없으며, 권력이 작동하는 메커니즘 자체에 대한 분석을 요구한다.

이러한 문제의식의 이동 속에서 계보학과 권력-지식 장치에 대한 분석이 본격적으로 등장한다. 푸코는 권력을 억압이나 금지의 형식으로만 이해하지 않는다. 그는 권력을 주체와 규범을 생산하는 관계적 장으로 파악한다. 저항 역시 권력의 외부에 존재하지 않으며, 권력 관계 내부에서 발생하는 효과다. 이러한 관점에서 문학은 더 이상 위반을 독점하는 특권적 외부가 아니다. 문학은 주체화 과정에 개입하는 여러 실천 가운데 하나로 다시 위치 지워진다. 문학의 중요성은 사라지지 않지만, 그것은 이제 단독적인 특권이 아니라 다른 제도와 실천과의 관계 속에서 규정된다.

권력 분석을 통해 주체 형성의 조건을 재구성한 이후, 후기 푸코의 사유는 통치성, 타자의 통치와 자기 통치, 실존의 미학, 자기 돌봄, 자기 테크놀로지에 대한 논의로 이어진다. 글쓰기는 더 이상 언어의 한계를 시험하는 행위에 머물지 않는다. 그것은 주체가 자신과 맺는 관계를 조직하고 변형하는 실천이 된다. 고대의 자기 수양 노트, 일기, 서신 교환, 성찰의 기록—휘포므네마타 hupomnémata—에 대한 푸코의 관심은 글쓰기가 사유의 표현이 아니라, 사유를 수행함으로써 삶 속에 구현하는 기술임을 분명히 보여준다. 이는 문학의 소멸이 아니라, 언어의 문제에서 삶의 양식화로의 개념적 이동이다. 결국 푸코에게 문학은 철학의 타자가 아니라, 철학이 스스로를 시험하고 변형시키는 내적 거울이다.

이러한 맥락에서 푸코의 문학 이해는 니체 이후의 삶의 철학이 제기한 근본적인 문제계와 긴밀하게 접속한다. 니체에게서 삶은 이미 주어진 본질이나 규범에 의해 평가되어야 할 대상이 아니라, 스스로를 끊임없이 초과하고 변형하는 힘의 장이다. 삶은 재현되거나 해석되어야 할 것이 아니라, 실험되고 구성되고 변형되어야 할 것이며, 사유는 그 실험에 내재하는 하나의 실천이다. 이러한 니체적 전회는 진실의 기준을 삶 외부에 두지 않고, 삶이 스스로를 평가하고 양식화하는 능력 속에서 사유의 가능성을 찾게 만든다.

들뢰즈는 이 니체적 문제의식을 문학의 차원에서 급진화한다. 그에게 문학은 세계를 재현하거나 의미를 해석하는 담론이 아니다. 문학은 삶이 병들고 고착되는 지점에서 새로운 가능성을 발명하는 실천이며, 정상성과 동일성을 강제하는 언어에 균열을 가하는 과정이다. 문학은 이미 존재하는 삶을 묘사하지 않는다. 오히려 언어 자체를 변형함으로써 삶이 다시 흐를 수 있는 선, 아직 실현되지 않은 삶의 가능성이 통과할 수 있는 경로를 만들어 낸다. 이러한 의미에서 문학은 미학적 대상이 아니라, 삶을 다시 가능하게 만드는 실험의 장이다.

푸코의 문학 이해는 바로 이 지점에서 들뢰즈의 사유와 의미심장하게 교차한다. 그러나 푸코에게 중요한 것은 문학이라는 특정 장르 자체라기보다, 문학이 수행해온 이러한 실험적 기능이 삶 전반으로 확장될 수 있는 조건이다. 푸코가 후기 사유에서 제기하는 "삶의 기술", "실존의 미학", "삶을 예술 작품으로 만든다"라는 테제는, 예술을 삶에 적용하자는 도덕적 권고가 아니다. 그것은 주체가 자신을 구성해온 규범과 담론, 그리고 진실-진리의 형식을 비판적으로 변형함으로써, 자기 자신과 맺는 관계뿐 아니라 타자와 맺는 관계, 세계와 맺는 관계까지 혁신하려는 하나의 실천으로 조직하려는 시도다. 따라서 삶은 발견되거나 해석되어야 할 본질이 아니라, 주체가 끊임없이 작업을 가하며 변형하고 구축하고 양식화해야 할 작품의 재료와 같은 것으로 전환된다.

이러한 관점에서 문학은 더 이상 철학을 보충하는 예시도, 특권적인 문화 영역도 아니다. 문학은 니체에게서 시작되어 들뢰즈를 거쳐 푸코에 이르는 삶의 철학이 자신을 시험해온 하나의 역사적 실험장이며, 동시에 그 실험이 삶의 양식 전체로 확장될 수 있음을 예고하는 장이다. 푸코에게 문학은 결국 예술의 한 장르라기보다 삶을 다르게 살 수 있다는 가능성을 언어의 차원에서 먼저 시험해온 실천이며, "예술 작품으로서의 삶"이라는 윤리적·미학적 문제로 이행하게 만든 결정적인 매개였다. 그리고 푸코에게 철학이란 진리나 진실을 제시하는 학문이 아니라, 이미 주어진 삶의 방식에 안주하지 않고 그것을 위험 속에서 시험하고 문제화하며 변형할 수 있는 가능성을 언어와 삶의 실천 속에서 동시에 감행하는 비판적 용기 그 자체이다.

2026년 1월

오트르망

찾아보기

〈ㄱ〉

〈ㄴ〉

〈ㄷ〉

〈ㄹ〉

〈ㅁ〉

〈ㅂ〉

〈ㅈ〉

〈ㅊ〉

〈ㅋ〉

〈ㅌ〉

〈ㅍ〉

〈ㅎ〉